城市轨道交通系列丛书

城市轨道交通信号技术丛书

城市轨道交通联锁系统

（第二版）

林瑜筠　主编

赵　炜　主审

U0930325

中国铁道出版社

2018年·北京

内容简介

本书全面介绍城市轨道交通联锁系统的基本概念、基本原理和基本要求，以及我国城市轨道交通所采用的各种计算机联锁系统的组成、工作原理和具体运用。

本书为城市轨道交通信号专业的教材，可作为从事城市轨道交通的工程技术人员和技术工人的学习资料，以及城市轨道交通技术培训用书。

图书在版编目(CIP)数据

城市轨道交通联锁系统/林瑜筠主编. —2版. —北京：中国铁道出版社，2018. 12

(城市轨道交通系列丛书. 城市轨道交通信号技术丛书)

ISBN 978-7-113-25082-9

Ⅰ. ①城… Ⅱ. ①林… Ⅲ. ①城市铁路－轨道交通－铁路信号－联锁设备 Ⅳ. ①U239. 5 ②U284. 3

中国版本图书馆CIP数据核字(2018)第247465号

书　　名：城市轨道交通系列丛书. 城市轨道交通信号技术丛书
　　　　　城市轨道交通联锁系统(第二版)

作　　者：林瑜筠　主编

策　　划：徐　清

责任编辑：徐　清　　编辑部电话：010-51873147　　电子信箱：357716058@qq.com

封面设计：薛小卉　崔丽芳

责任校对：苗　丹

责任印制：高春晓

出版发行：中国铁道出版社(100054，北京市西城区右安门西街8号)

网　　址：http://www.tdpress.com

印　　刷：北京柏力行彩印有限公司

版　　次：2013年4月第1版　2018年12月第2版　2018年12月第1次印刷

开　　本：710 mm×1 000 mm　1/16　印张：23.25　插页：2　字数：477千

书　　号：ISBN 978-7-113-25082-9

定　　价：68.00元

版权所有　侵权必究

凡购买铁道版图书，如有印制质量问题，请与本社读者服务部联系调换。电话：(010)51873174(发行部)

打击盗版举报电话：市电(010)51873659，路电(021)73659

前　言

城市轨道交通具有运量大、速度快、安全可靠、污染轻等特点，对改变城市交通拥挤、乘车困难、空气污染是行之有效的。因此，城市轨道交通是现代化都市所必须的。20世纪90年代以来，我国城市轨道交通加快了建设步伐，尤其是进入21世纪，迎来了城市轨道交通建设的高潮，大陆已经有31个城市运营5 000多公里城市轨道线路，另有11个城市在建设中。我国城市轨道交通呈现着十分广阔的发展前景。

在城市轨道交通的各项设备中，信号设备具有不可替代的作用。信号系统与城市轨道交通的安全、速度、输送能力和效率密切相关，采用CBTC已成为城市轨道交通的共同选择。信号系统不仅是城市轨道交通安全运行的保证，而且实际上已成为城市轨道交通调度指挥和运营管理的中枢神经。事实证明，选择合适的信号系统将产生巨大的经济效益和社会效益。

城市轨道交通的联锁系统，包括正线车站和车辆段/停车场的联锁系统，它和ATC系统共同组成城市轨道交通的信号系统。联锁系统和ATC系统协同工作，形成安全、可靠、严密、高效的城市轨道交通的控制系统，对于保证行车安全、提高运输效率，起到非常关键的作用。因此，各地城市轨道交通无一不采用现代化的联锁系统。城市轨道交通目前均采用计算机联锁。计算机联锁大多为国产的，也有一些是从国外引进的。为了便于城市轨道交通信号专业的师生和工作人员学习，我们于2013年编写出版第一版《城市轨道交通联锁系统》。

随着城市轨道交通信号系统的迅速发展，原书有些内容已不妥，亟需修订。本次修订，对全书进行增删，增加了最新的技术知识，删除了过时的内容。尤其是重写了第一章、第八章，改写了第二章。其中第八章的电路，分正线车站和车辆段进行阐述，但各供货商提供的不尽相同，只能举例说明。

本书全面系统地介绍联锁系统的基本概念、基本原理和基本要求，以及我国城市轨道交通所采用的各种计算机联锁系统的组成、工作原理和具体运用。本书完全结合城市轨道交通信号系统的实际，尽可能涵盖全国各地城市轨道交通所采用的计算机联锁。各校、各地在组织教学时，应本着因地制宜、因时制宜的原则选择教学内容。本书不介绍铁路计算机联锁的有关内容，也不再介绍继电集中联锁的内容，需要了解的请阅读相关书籍。本课程是《城市轨道交通信号基础》的后续课,凡是《城市轨道交通信号基础》中介绍过的内容,一律不再重复。本课程是《城市轨道交通信号工程设计》《城市轨道交通信号施工》的先导课,凡是本书中介绍过的内容,后续课不再介绍。

本书由南京铁道职业技术学院林瑜筠主编,北京地铁公司赵炜主审。南京铁道职业技术学院朱柏洋、通号万全信号设备有限公司马学霞、西南交通大学陈林秀、济南电务段张韫斌、卡斯柯信号公司钱蔚担任副主编。其中林瑜筠编写第一章、第二章、第八章,并对全书进行统稿。钱蔚编写第三章,陈林秀编写第四章,马学霞编写第五章,朱柏洋编写第六章,张韫斌编写第七章。

在本书编写过程中,得到许多单位和同仁的大力支持和热情帮助,于此表示衷心的感谢。

由于我国城市轨道交通信号系统本教材,制式纷杂,资料难以搜集齐全,再加上编者水平所限,时间仓促,教材中不免有错误、疏漏、不妥之处,恳望读者批评指正,以不断提高本教材水平,为我国城市轨道交通事业的发展尽绵薄之力。

编　者

2018 年 5 月

第一版前言

城市轨道交通(包括地下铁道和轻轨交通)具有运量大、速度快、安全可靠、污染轻、受其他交通方式干扰小等特点,对改变城市交通拥挤、乘车困难、行车速度下降、空气污染是行之有效的。因此,城市轨道交通是现代化都市所必须的。20 世纪 90 年代以来,我国城市轨道交通加快了建设步伐,尤其是进入 21 世纪,迎来了城市轨道交通建设的高潮。我国城市轨道交通呈现着十分广阔的发展前景。

在城市轨道交通的各项设备中,信号设备是非常重要和关键的技术装备,具有不可替代的作用。城市轨道交通的安全、速度、输送能力和效率与信号系统密切相关,采用 ATC 系统(列车运行自动控制系统)已成为城市轨道交通的共同选择。信号系统不仅是城市轨道交通安全运行的保证,而且实际上已成为城市轨道交通调度指挥和运营管理的中枢神经。选择合适的信号系统可以产生很大的经济效益和社会效益。

城市轨道交通的联锁系统,包括正线车站和车辆段/停车场的联锁系统,它和 ATC 系统共同组成城市轨道交通的信号系统。联锁系统和 ATC 系统协同工作,形成安全、可靠、严密、高效的城市轨道交通控制系统,对于保证行车安全、提高运输效率,具有非常关键的作用。因此,城市轨道交通无一不采用现代化的联锁系统,早期曾经采用过继电集中联锁,目前均采用计算机联锁。计算机联锁大多为国产的,也有从国外引进的。为了便于城市轨道交通信号专业的师生和工作人员学习,我们编写了本书。

本书全面系统地介绍城市轨道交通联锁系统的基本概念、基本原理和基本要求,我国城市轨道交通所采用的各种计算机联锁系统的组成和工作原理以及具体运用。本书完全结合城市轨道交通信号系统的实际,尽可能涵盖全国各地城市轨道交通所采用的计算机联锁。各校、各地在组织教学时,应本着因地制宜、因时制宜的原则选择教学内容。本书不介绍铁路计算机联锁的内容,也不再介绍继电集中联锁的内容,需要了解的读者请阅读相关书籍。本课程是《城市轨道交通信号基础设备》的后继课程,凡是《城市轨道交通信号基础设备》中介绍过的内容,一律不再重复。

本书由南京铁道职业技术学院林瑜筠主编,北京地铁公司赵炜主审。南京铁道职业技术学院朱柏洋、束元,西南交通大学陈林秀,兰州交通大学谭丽,华东交通大学涂序跃,南京地铁公司吴国兴,卡斯柯信号有限公司汪小勇,南京恩瑞特实业有限公司黄克勇担任副主编。林瑜筠策划并进行了全书统稿,朱柏洋编写了第一章,束元编写了第二章,涂序跃编写了第三章,陈林秀编写了第四章,吴国兴编写了第五章,谭丽编写了第六章,汪小勇编写了第七章,黄克勇编写了第八章。

在本书编写过程中,得到许多单位和同仁的大力支持和热情帮助,于此表示衷心地感谢。

由于我国城市轨道交通信号系统制式纷杂,资料难以搜集齐全,再加上编者水平所限,时间仓促,书中不免有错误、疏漏、不妥之处,恳望读者批评指正,以不断提高本书水平,为我国城市轨道交通事业的发展尽绵薄之力。

编　者

2013 年 2 月

目　录

第一章 联锁基本概念

第一节 联　锁

联锁是保证行车安全的重要技术措施,指的是信号设备与相关因素的制约关系。广义的联锁泛指各种信号设备所存在的互相制约关系。狭义的联锁,即一般所说的联锁,专指车站范围内进路、信号、道岔之间的制约关系。对于城市轨道交通,“车站”包括正线车站和车辆段/停车场。为确保行车安全,联锁关系必须十分严密。

一、联　锁

城市轨道交通正线终点站、折返站有折返线或渡线、存车线,车辆段/停车场内有许多用道岔联结着的线路。列车和调车车列在站内运行所经过的径路,称为进路。按各道岔的不同开通方向可以构成不同的进路。列车和调车车列必须依据信号的开放通过进路,即每条进路必须由相应的信号机来防护。进路上的道岔位置不正确,或已有车占用,有关的信号机就不能开放;信号开放后,其所防护的进路不能再变动,即此时该进路上的道岔必须被锁闭,不能再转换。信号、道岔、进路之间的这种相互制约的关系,称为联锁关系,简称联锁。

二、联 锁 区

在城市轨道交通中,正线的联锁系统以集中站为核心,联锁区范围包括集中站和所管辖的若干个非集中站。设有联锁设备的称为集中站,否则称为非集中站。集中站一般设在有岔站,根据需要也可以设在无岔站(这种情况较少见)。集中站和邻近的若干个(一般不超过 4 个)非集中站合称联锁区。联锁区设有一套计算机联锁设备,设在集中站。

车辆段/停车场单独设有一套计算机联锁设备。

三、联锁道岔

在车站和车辆段/停车场联锁区范围内参加联锁的道岔称为联锁道岔。

1. 道岔的定反位

每组道岔都有两个位置:定位和反位。道岔的定位是指道岔经常开通的位置,而反位则是排列进路时临时改变的位置。

确定道岔定位的原则是:

(1)所有正线上的道岔,除引向安全线者外,均以向该正线开通的位置为定位。

(2)引向安全线的道岔,以该安全线开通的位置为定位。

(3)车辆段/停车场内,列车进路上的道岔除引向安全线者外,为向列车进路开通的位置为定位,其他道岔依据具体情况决定。

2. 联动道岔

排列进路时,几组道岔要定位则同时在定位,要反位则同时在反位,这些道岔称为联动道岔。

渡线两端的道岔就是联动道岔,它们必须同时转换,否则不能保证安全。如图 1-1 中的 3 号和 6 号道岔,3 号道岔定位时 6 号道岔必须在定位,3 号道岔反位时 6 号道岔也必须在反位,即 3 号道岔和 6 号道岔是联动道岔,记为 3/6 号。

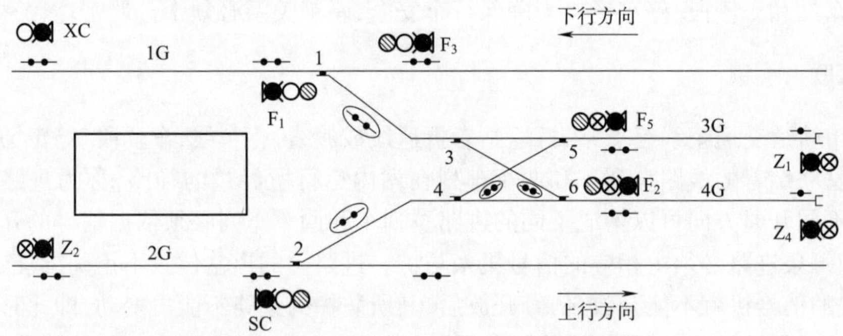

图 1-1 某折返站的信号设备平面布置图

但是,城市轨道交通正线车站对于联动道岔的控制不按双动道岔处理,而全部为单动,在联锁系统中用侧面防护的方法来保证安全。

复式交分道岔包括两组尖轨和两组可动心轨,需 4 台转辙机牵引。其中前一组尖轨和前一组可动心轨联动,后一组尖轨和后一组可动心轨联动,如图 1-2 所示。根据不同的站场布置,可能有三动道岔、四动道岔和假双动道岔(所谓假双动,指室外由两台转辙机牵引,室内道岔控制电路按单动道岔处理的双动道岔)的情况。如图 1-3(a)所示,2 号、4 号、6 号道岔为三动道岔,记为 2/4/6 号,简记为 2/6 号;8 号、10 号为假双动道岔,记为 8/(10)号。如图 1-3(b)所示,2 号、4 号、6 号、8 号为四动道岔,记为 2/4/6/8 号,简记为 2/8 号。10 号、12 号和 14 号、16 号为假双动道岔,分别记为 10/(12)号、14/(16)号。

3. 防护道岔

为了防止侧面冲突,有时需要使不在所排进路上的道岔处于防护位置并予以锁闭,这种道岔称为防护道岔。

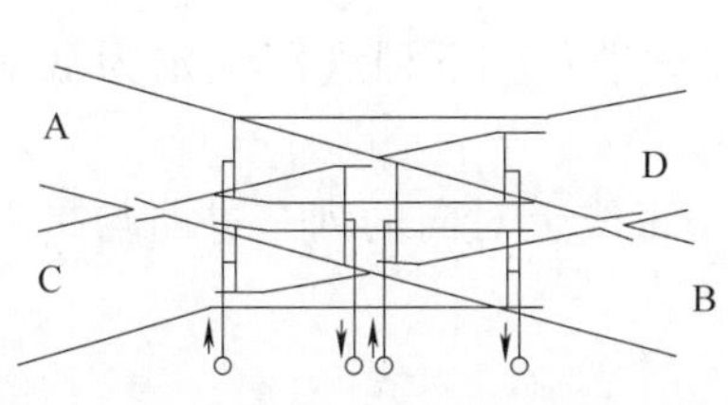
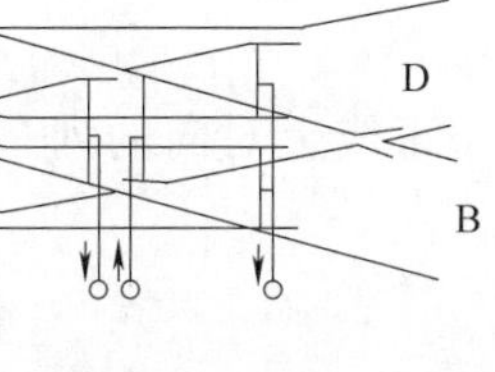

图 1-2 复式交分道岔

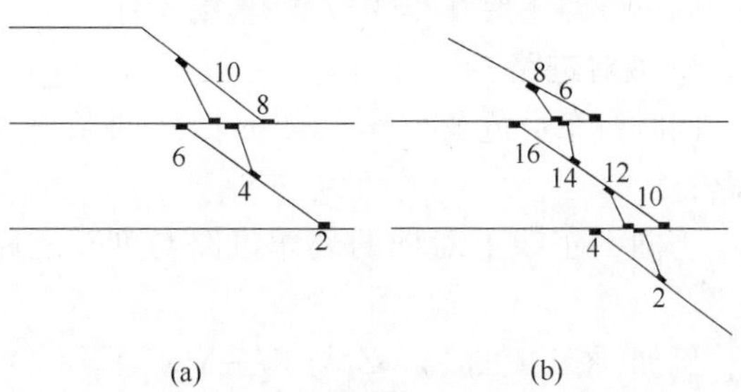

图 1-3 三动道岔和四动道岔

经由交叉渡线的一组双动道岔反位排列进路时，应使与其交叉的另一组双动道岔防护在定位。如图 1-1 中经 3/6 号道岔反位的进路，4/5 号道岔不在该进路上，但为了防止侧面冲突，应使其防护在定位。否则，排列经 3/6 号道岔反位的进路时，若允许再排列经 4/5 号道岔反位的进路，将会在交叉渡线处造成侧面冲突。将 4/5 号道岔防护在定位，经两组双动道岔反位的进路就不能同时建立，而且由于 3/6 号道岔已锁闭在反位，经两组双动道岔定位的进路也不能建立，从而避免侧面冲突的发生。

四、进　　路

进路是车站内列车或调车车列由一点运行至另一点的全部径路。进路分为列车进路和调车进路。列车用的进路称为列车进路，调车车列用的进路称为调车进路。进路要求其包括的道岔必须处在规定位置。进路可包括数个轨道电路区段。

1. 列车进路

列车进路分为接车进路、发车进路和通过进路。

接车进路指列车进入车站所经过的径路。在车辆段/停车场称为进段/场进路。有的车辆段/停车场还设有进库进路。

发车进路指列车由车站驶出所经过的径路。在车辆段/停车场称为出段/场进路。有的车辆段/停车场还设有出库进路。

通过进路指列车经正线不停车通过车站的进路。

2. 调车进路

调车进路包括短调车进路和长调车进路。

短调车进路指从起始调车信号机开始，到次架阻挡信号机为止的一个单元调车进路。

长调车进路则是由两个以上的单元调车进路组成的进路。

调车进路的长与短，不是指进路长度的长与短，而是指调车进路中，阻挡信号机是一架还是数架。

调车进路主要在车辆段/停车场才有。

3. 敌对进路

同时行车会危及行车安全的任意两条进路是敌对进路。下列进路规定为敌对进路:

①同一正线上对向的列车进路与列车进路,同一正线上对向的列车进路与折返进路。

例如,图 1-1 的 F_1—Z_4与 F_2—XC。

②同一存车线上对向的列车进路与折返进路。

例如,图 1-1 的 SC—Z_1与 F_5—Z_2。

③经同一道岔对向的列车进路与列车进路,经同一道岔对向的列车进路与折返进路。

例如,附图 1 中 A 站方面,SC—F_6与 F_8—Z_2,F_8—10G 与 F_4—14G。

④防护进路的信号机设在侵限绝缘处禁止同时开通的进路。

所谓超限区段,即设置的计轴点距警冲标不足 3.5 m 的轨道区段。当超限计轴点一边停有车辆,计轴点另一边有车驶过时,有可能发生车辆侧面冲撞,因此要实行检查。

例如,办理图 1-1 的 F_3—1G 进路,当 4/5 号道岔定位时,必须检查 3-5 DG 的空闲,虽然 3-5 DG 不在该进路上。

敌对进路必须互相照查,不得同时开通。

4. 进路的锁闭与解锁

进路锁闭,指进路上的所有道岔被锁住,不能转换。进路解锁,即解除进路上道岔的锁闭,允许转换。

(1)进路的锁闭

进路有建立和未建立两种状态。进路建立,即进路排列且处于锁闭状态。进路未建立,即进路未排列,其在解锁状态。

进路的锁闭是为实现联锁关系而将所排进路上的各道岔限制于规定位置。联锁以道岔区段为主要锁闭对象,进路的锁闭即由构成该进路的各道岔区段的锁闭组成。所以进路锁闭的实质是对进路上各道岔的锁闭。

根据道岔的锁闭情况,可分为进路锁闭、区段锁闭、人工锁闭。进路排出后,该进路上各区段的道岔锁闭在规定位置,即为进路锁闭。道岔区段有车占用时道岔不能转换,即为区段锁闭。人工锁闭指利用操纵设备(如单独锁闭按钮)断开道岔控制电路或用转辙机安全接点断开启动电路的单独锁闭。

在故障情况下,道岔区段被锁闭即为故障锁闭。例如,列车通过进路后因轨道电路故障使个别区段未解锁,轨道电路停电恢复后引起的区段锁闭,维修时更换继电器引起的区段锁闭等。

集中操纵的道岔受上列任一种方式锁闭时,应保证道岔均不转换。

(2)进路锁闭和接近锁闭

进路的锁闭按时机分为进路锁闭和接近锁闭。进路锁闭(又称预先锁闭)在进路选通、有关联锁条件具备时构成,此时列车或调车车列尚未占用该进路的接近区段。接近锁闭(又称完全锁闭)在信号开放后接近区段有车占用时构成。

对于列车进路,接近锁闭须持续到进路第一轨道区段自动解锁或人工解锁。当无接近区段时,信号开放后即构成接近锁闭。之所以设接近锁闭,是为了防止列车或调车车列接近后信号突然关闭而停不住冒进信号时,进路上道岔有可能转换导致挤岔或进异线而危及行车安全。另外,如此时进路不经延时立即解锁,其他与该进路相抵触的进路也可能建立,危及行车安全。

列车及调车进路,应设接近锁闭,其接近区段(应有足够的长度)应符合如下规定:

①接车进路的接近区段一般为前方的轨道区段。

②发车进路的接近区段为发车线。

③调车进路的接近区段为调车信号机前方的轨道区段;当信号机前方未设轨道电路时,信号开放即构成进路的接近锁闭。

(3)进路的解锁

进路的解锁指解除对进路的锁闭。进路的解锁也是构成该进路的各区段的解锁。按不同情况,进路的解锁分为正常解锁、取消解锁、人工解锁、调车中途返回解锁和故障解锁。

①正常解锁

进路的正常解锁是指,列车或调车车列驶入被锁闭的进路使防护该进路的信号机自动关闭,在顺序出清进路上各道岔区段后,各道岔区段自动解锁。

②取消解锁

当信号机开放后,列车或调车车列尚未接近时,即进路处于预先锁闭状态,有可能未占用就要办理解锁,如试验电路时办理的进路,或进路建立后欲变更进路,或因故不再办理,都要取消已建立的进路。取消解锁不应延时。

③人工解锁

进路完成接近锁闭后,即列车或调车车列占用进路的接近区段时,如欲关闭信号机解锁进路,应保证不因进路上任一区段故障而导致进路错误解锁,必须办理人工延时解锁(简称人工解锁)。办理人工解锁手续后信号关闭,进路自动延时解锁。接车进路及有通过列车的正线发车进路人工解锁延时 3 min,防止信号因故障关闭(如灯丝断丝、电路断线或轨道电路故障)或改变进路时,已运行在接近区段的列车看不见突然关闭的信号,或虽看见了信号关闭但不能保证停于机外,而冒进信号造成危险,所以延时 3 min给司机制动时间,以保证停车后再解锁。但是在城市轨道交通信号系统中,由于列车的速度不高,为了提高运营效率,在保证安全的情况下,延时解锁的时间可不按照 3 min考虑,适当缩短。

调车进路和其他发车进路因车速较低,故只延时 30 s 就可解锁。

④调车中途返回解锁

转线作业包括牵出和折返两个过程。为了提高作业效率,牵出时常常不走完牵出进路就按最近的反向调车信号机的显示折返。这时原牵出进路可能有部分区段或全部未解锁,需用调车中途返回解锁电路使未解锁的区段解锁。

调车中途返回解锁是指调车中途折返时,对原调车进路上不能正常解锁的区段,在调车车列退回后也能使之自动解锁。

⑤故障解锁

使故障锁闭后的区段解锁称为故障解锁。对锁闭的区段应能实施区段故障解锁。列车或调车车列占用进路后,其运行前方区段不能实施区段故障解锁。信号因故关闭,不应导致锁闭的进路自动解锁。已锁闭的进路不应因轨道电路瞬间分路不良或轨道电路停电恢复而错误解锁。

轨道电路停电恢复后,已锁闭的区段应经车站值班员办理故障解锁后才能解锁。这是因为轨道电路在停电恢复后,因轨道继电器参数不可能完全一致,吸起有先有后,当吸起顺序和列车或调车车列驶过的顺序一致时,有可能造成错误解锁。所以当轨道电路停电恢复后,须经车站值班员确认无危险因素存在时进行故障解锁。

5. 城市轨道交通列车进路控制

列车进路由防护信号机防护,但列车在进路中的运行安全由 ATP 负责,这为城市轨道交通高密度行车提供了前提和安全保证。在设计中,ATP 与计算机联锁功能的结合,使计算机联锁的功能得到了加强。

列车进路控制采用三级控制,即控制中心控制(ATS 自动控制)、远程控制终端控制和车站工作站控制。

控制中心控制为全自动的列车监控模式,在该模式下,列车进路设置命令由自动进路设定系统发出,其信息来源于时刻表和列车运行自动调整系统。控制中心调度员也可以人工干预,对列车运行进行调整,操作非安全相关命令,排列和取消进路。

在控制中心设备故障或控制中心与下级设备的通信线路故障的情况,自动转入远程控制终端控制模式。此时,由司机在车上输入目的地码,通过列车上的车次号发送系统发出带有列车去向的车次号信息,远程控制终端自动产生进路控制命令,联锁系统根据来自远程控制终端的进路号排列进路。

在站级控制模式下,列车运行的进路在车站工作站控制。

车辆段/停车场的列车进路由值班员控制。

6. 城市轨道交通进路的特殊要求

城市轨道交通因运营的特殊性,其进路具有特殊情况,如多列车进路、追踪进路、折返进路、联锁监控区段、保护区段、侧面防护等。

(1)多列车进路

进路分为单列车进路和多列车进路,这主要是因为城市轨道交通运行间隔小,车流密度大,列车的运行安全由 ATP 系统保护,所以在一条进路中可能有多列列车在运行。在城市轨道交通信号系统中信号机的开放不检查进路的全部区段,只检查一部分区段,这些被检查的区段叫做监控区段,它们在信号机开放时所必须空闲。如图 1-4 所示,$S_1 \to S_3$为多列车进路,只要监控区空闲,以 S_1 为始端的进路便可以排出,S_1 信号机可开放。

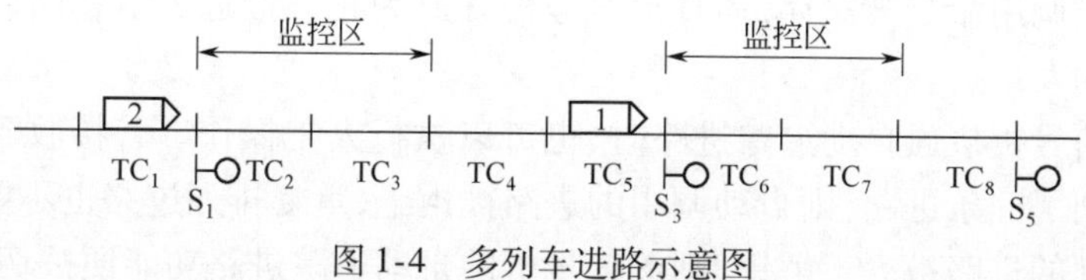

图 1-4　多列车进路示意图

对于多列车进路,当列车 1 离开进路始端信号机后方的监控区后,可以排列第 2 条相同终端的进路。第 2 条进路排出,列车 1 通过后,进路中的轨道区段直到列车 2 通过后才解锁。

多列车进路排出后,如果是进路中有列车运行,则人工取消进路时,只能取消最后一次排列的进路至前行列车所在位置的进路,其余进路由前行列车通过后解锁。人工取消多列车进路的前提是:进路的第 1 个轨道区段必须空闲。

如图 1-5 所示,$S_5 \to S_7$为多列车进路,列车 1 通过 TC_2、TC_3、TC_4以后,这 3 个轨道区段正常解锁,这时可以排列第 2 条进路 $S_5 \to S_7$,S_5开放绿灯信号。如果列车 1 继续前进,则通过区段 TC_5、TC_6、TC_7后,这 3 个区段不解锁,只有在列车 2 通过这 3 个区段后才解锁。

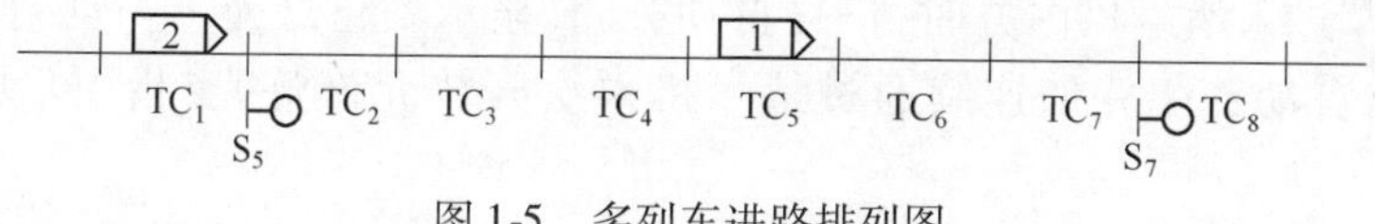

图 1-5　多列车进路排列图

若第 2 条进路排列后,又要取消,这时只能取消从始端信号机 S_5到列车 1 之间的进路,其余的进路会随列车 1 通过后自动解锁。

(2)追踪进路

追踪进路为联锁系统本身的一种自动排列进路功能。列车接近信号机,占用触发区段(触发区段是指列车占用该区段时引起进路排列的区段,触发区段可能是信号机前方第 1 个接近区段,也可能是第 2 个接近区段,触发区段根据线路布置和通过能力而定)时,列车运行所要通过的进路自动排出。追踪进路排出的前提除了满足进路排出的条件外,进路防护信号机还必须具备进路追踪功能。

如图 1-6 所示,S_3、S_5具有追踪功能,TC_1、TC_5分别是以 S_3、S_5为始端的进路的触发区段,列车占用TC_1时,$S_3 \to S_5$进路自动排出,S_3开放。列车占用TC_5时,$S_5 \to S_7$进路自动排出,S_5开放。

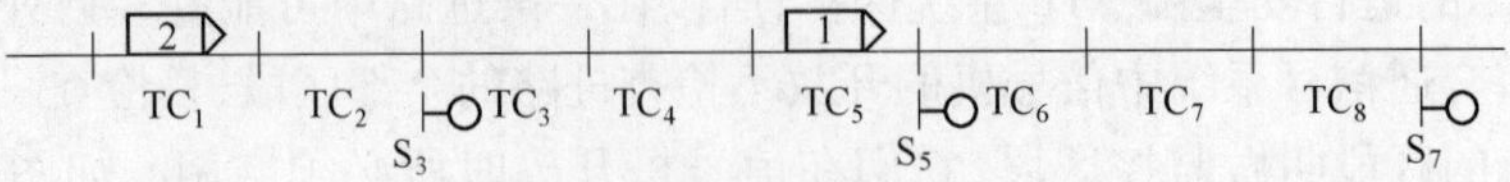

图 1-6 追踪进路示意图

当一信号机被预定具有进路追踪功能时,则对规定进路的进路命令便通过接近表示自动产生。调用命令被储存,一直到信号机开放为止。接近表示将由确定的轨道区段的占用而触发。

当对一信号机接通自动追踪进路时,也可以执行人工操作。若接收到接近表示之前已人工排列了一条进路,则自动调用的进路被拒绝,重复排列进路也不能被储存。

假如排列的进路被人工解锁,则该信号机的自动追踪进路功能便被切断。

(3)折返进路

列车折返进路作为一般进路纳入进路表。通常,通过列车自动选路、追踪进路或人工排列的折返进路从指定的折返线出发。

折返进路包含两条基本进路。列车进入终端站或折返站乘客全部下车后,列车需要由现在运行方向的正线进入另一个运行方向的正线继续运行。在图 1-1 中,列车的转线经过两条进路。首先列车经过始端为 SC 终端为 Z_4的进路,进入折返线,再由 F_2到 XC 的进路进入正线继续运行。

(4)连续通过进路

连续通过进路由联锁系统自动排列进路。当信号机被设置为连续通过信号时,该信号机防护的进路将被自动的排列出来。连续通过信号机所防护的进路平时处于锁闭状态。当列车进入信号机内方时,信号自动关闭,显示禁止灯光。一旦列车离开该进路,则该进路自动锁闭并使连续通过信号机再次开放允许灯光,指引后续列车进入进路。

(5)联锁监控区段

在铁路上,信号机开放必须检查所防护进路的所有区段空闲,而在城市轨道交通中,开放信号机前联锁设备不需要检查全部区段,只要检查部分区段,这些被检查的区段叫做监控区段,即排列进路时信号机开放所必须空闲的区段,一般为信号机内方两个区段,如果监控区段内有道岔,则在最后一个道岔区段后加一区段作为监控区段。监控区段的长度,应能从 RM 模式(限制人工驾驶模式)转换到 SM 模式(ATP 监督人工驾驶模式)或 ATO 模式(ATP 监督自动驾驶模式)。

进路设有监控区段,只要监控区段空闲,防护信号机便可正常开放。

列车通过监控区段后自动将运行模式转为 ATO 自动驾驶模式或 SM 模式(ATP 监督人工驾驶模式),列车之间的追踪保护就由 ATP 来实现。

(6)保护区段

为了保证列车的运行安全,避免列车由于某种原因不能在信号机停住而导致事故的发生,充分考虑了列车的制动距离及线路等因素,在停车点后设置了保护区段,即终端信号机后方的一至两个区段为保护区段。

进路可以带保护区段或不带保护区段排出。如进路短,排列进路时带保护区段。多列车进路无保护区段时,防护信号机可以正常开放。

根据设计,保护区段可以在主体信号控制层内受到监督,也可能不在主体信号控制层内受到监督。此外,也有可能在进路排列时直接征用保护区段,或进路先排列,保护区段设置延时直至进路内的接近区段被占用。延时的保护区段设置是一种标准方式,为多列车进路内的每个列车提供保护区段条件。

当排列的运行进路无法成功进行保护区段设置或保护区段设置延时没有成功时,保护区段可稍后设置,只要到达线和指定保护区段的轨道区段空闲,并且设置保护区段的条件得以满足。

在设定的时间(预设值为 30 s)截止之后,保护区段便解锁。延时解锁从保护区段的接近区段被占用时开始。在列车反向运行情况下,保护区段的延时解锁仍将继续。

(7)侧面防护

城市轨道交通的正线道岔控制全部设为单动,不设双动道岔,所有的渡线道岔均按单动处理,也不设带动道岔。这些都靠采取侧面防护来防止列车的侧面冲突。

侧面防护是指为了避免其他列车从侧面进入进路,与列车发生侧向冲突,类似铁路的双动道岔和带动道岔的处理。

侧面防护可以分成两种:主进路的侧面防护和保护区段的侧面防护。防护主进路的侧面防护称主进路的侧面防护,防护保护区段的侧面防护称保护区段的侧面防护。

列车进路需要侧面防护是为了保证其运行的径路安全,侧面防护由防护道岔或者通过显示红色信号来实现。

道岔为一级侧面防护,信号机为二级侧面防护。排列进路时先找一级侧面防护,再找二级侧面防护,无一级侧面防护时,则将信号机作为侧面防护。

侧面防护必须检查侵限绝缘。

侧面防护的任务是,通过操作、锁定和检查邻近分歧道岔,使通向已排运行进路的所有进路均不能建立。侧面防护也可通过具有停车显示和位于有侧面防护要求的运行进路方向的主体信号机来获得。在进路表中已为每一条运行进路设计了侧面防护区域。

如果采用了一个道岔的侧面防护,而道岔的实际位置和所要求的位置不一致时,则应发出一个转换道岔位置的命令。当该命令不能执行(如道岔因封锁而禁止操作)时,该操作命令将被存储直至要求的终端位置达到为止。否则通过取消或解锁该运行进路来取消该操作命令。

排列进路时,除检查始端信号机外,还检查终端信号机和侧防信号机的红灯灯丝,只有这两种信号机的红灯功能完好,进路防护信号机才能开放。

当要求侧面防护的运行进路解锁时,运行进路侧面防护区域也将解锁。

五、联锁的基本内容

联锁的基本内容包括:防止建立会导致车辆相冲突的进路;必须使列车或调车车列经过的所有道岔均锁闭在与进路开通方向相符合的位置;必须使信号机的显示与所建立的进路相符。

1. 进路空闲时才能开放信号

进路(正线为联锁监控区段)空闲时才能开放信号,这是联锁最基本的技术条件之一。即,向有车占用的进路(正线为联锁监控区段)排列进路时,有关列车信号机不得开放。如果进路(正线为联锁监控区段)上有车占用,却能开放信号,则会引起列车、调车车列与原停留车冲突。

如图1-1中,要建立SC向Z_4的进路,必须2DG、4-6DG、4G都空闲。

2. 进路上有关道岔位置正确且被锁闭才能开放信号

进路上有关道岔在规定位置才能开放信号,这是联锁最基本的技术条件之二。即进路上有关道岔位置不正确,道岔的尖轨与基本轨不密贴(有4 mm及其以上间隙),防护该进路的信号机不得开放。如果进路上有关道岔开通位置不对却能开放信号,则会引起列车、调车车列进入异线或挤坏道岔。信号开放后,其防护进路上的有关道岔必须被锁闭在规定位置且不能转换。

如图1-1中,要建立SC向Z_4的进路,必须2号道岔反位和4号、6号道岔定位。

3. 敌对信号未开放且被锁闭在关闭状态才能开放信号

敌对信号未关闭时,该信号机不能开放,这是联锁最基本的技术条件之三。即,敌对进路未解锁或照查条件不符合时,防护该进路的信号机不得开放。否则列车或调车车列可能造成正面冲突。信号开放后,与其敌对的信号也必须被锁闭在关闭状态,不能开放。

如图1-1中,要建立SC向Z_1的进路,必须F_5在关闭状态。

六、基本联锁功能

联锁设备必须在规定的联锁条件和规定的时序下对进路、信号和道岔实行控制,应保证车站(车辆段/停车场)值班人员对接车、发车、调车进路及信号机开放与关闭的控制。对于来自操作设备的错误操作,应具备有效的防护能力。

1. 进路的锁闭和解锁

(1)进路的锁闭

①当向邻接的联锁区开通进路时,应与邻接联锁区照查锁闭。

②在车辆段/停车场,无岔区段有车占用时允许向该区段排列调车进路,但不允许经由该区段排列长调车进路。

③列车及调车进路应设接近锁闭。引导锁闭分为引导进路锁闭和咽喉引导总锁闭(后者只有车辆段/停车场才有)。

(2)进路的解锁

①任何操作不得使占用的区段解锁,也不得使列车、调车车列运行前方的区段解锁。

②进路的解锁必须在信号关闭后进行。锁闭的进路应能随列车、调车车列的正常运行而自动解锁。解锁时,有条件的区段均应满足三点检查,经 3 s 自动解锁。必要时,接车进路的接近区段也可作为三点检查的条件之一。

③已锁闭的进路不应因轨道电路瞬时分路不良或轨道电路停电恢复后错误解锁。

④调车中途返回解锁

在车辆段/停车场内进行中途折返调车作业时,在下列条件下调车进路应能实现中途返回解锁。

a. 当调车车列驶入调车进路后,因中途折返而使该进路的部分区段不能解锁时,在检查调车车列确已根据开放的折返信号机驶入该信号机的内方,且出清全部未解锁的区段后,该部分区段应自动解锁。

b. 当调车车列驶入调车进路后,因中途折返作业而使该进路全部区段均不能解锁时,在检查调车车列顺序退出该进路和其接近区段后解锁。

c. 当调车车列完全驶入并置调车信号机内方后,因中途折返而使该进路全部区段均不能解锁时,在检查调车车列确已根据开放的反向并置调车信号机驶入该信号机的内方,且出清全部未解锁的区段后,该进路自动解锁。

⑤进路的取消或人工解锁进路

进路在预先锁闭状态时,办理取消解锁应检查信号机关闭和进路空闲。

进路在接近锁闭后,应能办理人工解锁,接车进路及正线发车进路的人工解锁自信号机关闭时延时 3 min 或者规定的时间,其他进路的人工解锁自信号机关闭时延时 3 s。

⑥除占用区段和处于列车、调车车列走行前方的区段外,其他区段均可采用区段故障解锁方式解锁。

⑦引导进路建立后,需在人工确认后办理进路解锁。

2. 信号的开放和关闭

(1)正常办理进路或办理了重复开放手续,除引导信号外,防护该进路的信号机必须检查进路空闲、侵限绝缘相邻区段空闲、有关道岔位置正确、进路已锁闭、未施行人工解锁、敌对进路未建立以及照查条件正确后方可开放。出站信号机还必须检查区间条件。

(2)一次排列由几条进路组成的组合调车进路,只当其各条进路均构成后,防护各进路的调车信号机由进路最远端开始依次开放或同时开放。

(3)在信号机关闭后,不经再次办理,不得重复开放信号。

(4)信号机的关闭

已开放的信号机在下列情况之一时应及时关闭:

①列车信号,当列车第一轮对进入该信号机内方第一轨道区段时;

②调车信号,当车列全部越过信号机时或当信号机外方区段留有车辆(含未设轨道区段),出清其内方第一轨道区段时;

③发生故障导致联锁条件不能满足时;

④办理取消或解锁进路时。

必须保证值班人员能随时关闭开放的信号机。应具备多于一个关闭信号的独立手段。

(5)进段信号机因故障不能正常开放信号,应使用引导信号。

引导信号开放时必须办理引导进路、检查引导进路中的道岔位置正确、未建立敌对进路、引导进路在锁闭状态;或者对道岔进行总锁闭。开放引导信号必须检查其主体信号机为红灯显示。

引导信号在下列情况下应及时关闭:

①列车未驶入引导进路之前,信号保持开放的条件不能满足时;

②信号机内方第一轨道区段无故障的情况下,列车第一轮对进入该区段时;

③办理引导进路解锁时;

④解除道岔总锁闭时;

⑤人工关闭信号时。

(6)信号灯丝监督

当采用信号灯泡的信号机时,必须有信号灯丝监督。

①列车主体信号机和调车信号机应设灯丝监督;

②在信号开放后,应不间断地检查灯丝完好;

③出站信号机,当开放的信号机灯丝断丝,应自动转为较低级信号显示;

④正线出站信号机应检查红灯灯丝完好方能开放;

⑤开放预告信号机时,应不间断地检查其主体信号机在开放状态。

3. 道岔的控制

(1)集中联锁道岔应能单独操纵或随进路的排列而自动选动。道岔的单独操纵应优先于进路的自动选动。

(2)联锁道岔应受进路锁闭、区段锁闭及人工锁闭。

(3)道岔控制电路应符合下列要求:

①道岔转换设备的动作,须与 ATS 控制命令或者车站值班员操纵意图的要求相一致;

②道岔在任一种锁闭状态下均不得启动;

③道岔一经启动,不论其所在区段轨道电路故障或有车进入轨道区段,均应继续转换到底;

④道岔因故被阻不能转换到底时,当所在区段无车占用时,对非 ATS 操纵的道岔,应保证经操纵后转换到原位;对 ATS 操纵的道岔,当道岔的转换时间超过 30 s 时,应自

动切断道岔控制电路，道岔停止转换；

⑤电动机电路故障，道岔不应再转换；

⑥道岔转换完毕，应自动切断启动电路；

⑦采用三相交流电源控制的电动或电液转辙机，必须设置断相保护装置；

⑧当设计有列车储存进路或道岔接受遥控时，必须对道岔的启动采用能自动切断供电电路，停止转换的防护措施；必须采取防止因轨道电路瞬间失去分路而解锁，导致道岔错误转换的措施。

(4)道岔表示电路应符合下列要求：

①道岔表示与道岔的实际位置一致，并检查自动开闭器两排接点组及其他表示装置均在规定位置；

②多点牵引道岔，必须检查各牵引点的道岔转换设备均在规定位置；

③当道岔处于不密贴位置时，严禁出现定位或反位表示；

④道岔启动时，应先切断位置表示；

⑤人工锁闭时，不影响道岔的位置表示；

⑥道岔发生挤岔时，应有挤岔表示。

七、联锁设备

1. 联锁设备

控制车站的道岔、进路和信号机，并实现它们之间联锁关系的设备，称为联锁设备。联锁设备可以采用机械的、机电的或电气的方法来实现，可以分散控制也可以集中控制。

联锁设备是城市轨道交通的重要信号设备，用来在正线联锁区或车辆段/停车场实现联锁关系，建立进路、控制道岔的转换和开放信号机，以及进路解锁，以保证行车安全。

城市轨道交通正线上的集中站和车辆段/停车场设有联锁设备。正线上的集中站包括本站及其所控制的非集中站的道岔和信号机，由设于该站的联锁设备控制，除了实现联锁关系外，还将有关信息传送至 ATP/ATO，并接收 ATS 的命令。通常，正线上集中站的联锁设备与 ATC 设备结合在一起。车辆段/停车场设一套联锁设备，用以实现车辆段/停车场的进路控制，并通过 ATS 车辆段/停车场分机与行车指挥中心交换信息。

2. 联锁设备分类

目前联锁设备主要是集中联锁设备。

集中联锁用电气的方法集中控制和监督全站的道岔、进路和信号机，并实现它们之间的联锁。集中联锁包括继电式电气集中联锁和计算机联锁。若是用继电器组成的电路来进行控制并实现联锁的设备，称为继电式电气集中联锁，简称继电集中联锁。计算机联锁用计算机及其程序完成联锁及控制功能。

城市轨道交通联锁设备早期采用继电集中联锁,现在均采用计算机联锁。计算机联锁有国产的和从国外引进的。

随着计算机技术的迅速发展,尤其是对于可靠性技术和容错技术的深入研究,出现了计算机联锁,正渐趋成熟并推广使用。计算机联锁用计算机和其他电子、继电器件组成具有故障—安全性能的实时控制系统。它与继电集中联锁相比具有十分明显的技术经济优势,无论在安全性、可靠性、经济性等方面都是继电集中联锁无法比拟的,而且设计、施工、维修和使用大为方便。

3. 计算机联锁

(1)计算机联锁的技术特征

计算机联锁是以计算机为核心构成的联锁控制系统,它与继电集中联锁相比,主要区别是:

①利用计算机对车站值班员的操作命令和现场监控设备的表示信息进行逻辑运算后,完成对信号机、道岔及进路的联锁和控制,全部联锁关系由计算机及其程序完成。

②用屏幕显示代替表示盘,大大缩小了体积,丰富了显示内容。

③采用积木式的模块化硬件和软件设计,便于站场变更,并易于实现故障检测分析功能。

(2)计算机联锁的优点

与继电集中联锁相比,它具有以下优点:

①进一步提高了安全性、可靠性。

②增加和完善了联锁功能。

③方便设计。

④省工省料,降低造价。

(3)计算机联锁系统的组成

就控制的层次而论,计算机联锁系统可分为人机对话层、联锁层和执行层,相应地可由人机对话计算机、联锁计算机来承担各层的任务。这样,整个系统可以分为上下两层,即上层为人机会话层,下层为联锁层,其结构如图 1-7 所示。

人机对话计算机(各种型号的计算机联锁称呼不一)接收来自控制台的操作输入和来自联锁计算机的表示信息。

联锁计算机实现高可靠性与高安全性的联锁功能。

现多采用输入输出接口继电器,用以与现场设备连接,完成信息采集和控制命令输出的任务,也用电子模块来代替继电器。

通常还设有维修机,可自动储存长达一个月的站场信息、车站值班员操作信息、联锁系统提供的提示信息、故障诊断信息的全部记录,并可在线以图像方式再现,便于维修。

控制台曾有多种形式,现多采用鼠标加显示器。根据需要可分设控制台,每个控制台既可分区局控,又可统一集中操作。

现场设备保留继电集中联锁采用的设备,道岔启动电路、信号机点灯电路、轨道电路仍采用成熟的电路。当采用计轴设备时,就不用轨道电路。

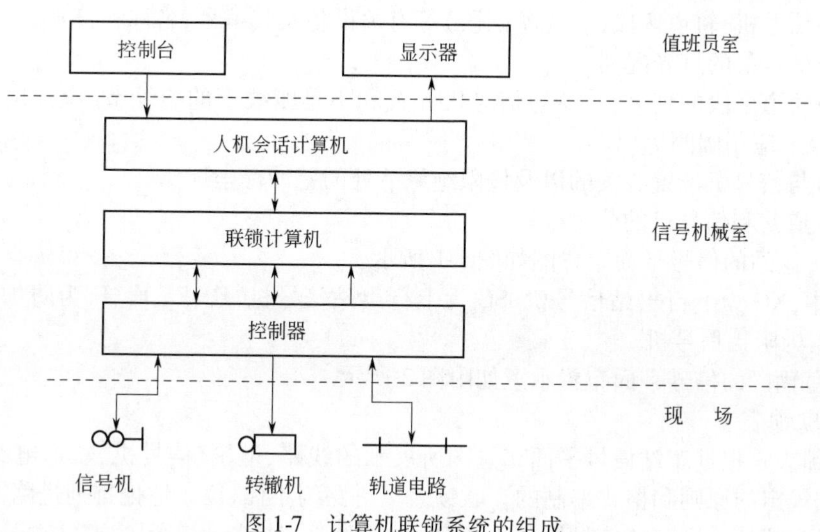

图 1-7　计算机联锁系统的组成

系统软件分为人机对话处理、联锁逻辑处理、执行表示三个软件包,各个软件包之间由专用的系统管理软件沟通。

(4)计算机联锁系统功能

计算机联锁系统除完成电气集中联锁的全部功能,还可扩展功能。

选用大屏幕显示器时,屏幕上除能显示所有表示信息外,还增加了时间显示、音响信号、语音报警和汉字提示。

系统具有检错、诊断、储存记录功能,故障可被诊断至板级。

第二节　联锁图表

联锁图表是车站联锁关系的说明,采用图和表的形式来表示。它由信号平面布置图和联锁表两部分组成。联锁图表显示了进路、道岔、信号机以及轨道电路区段之间的基本联锁内容。电路设计是根据联锁图表的要求严密进行的,联锁试验和竣工验收时也以联锁图表作为检查工程质量的重要依据。因此,联锁图表必须认真编制,避免任何差错和遗漏。

1. 信号平面布置图

信号平面布置图是编制联锁表的主要依据,为满足编制联锁表的需要,信号平面布置图上一般应有以下主要内容:

(1)联锁区范围内的线路及非联锁区与联锁区有密切联系的线路布置及编号,正线应以粗线标出。

(2)正线的接车方向。

(3)联锁区范围内所有道岔的定位状态。

(4)信号机、轨道区段(含无岔区段)等有关设备及其编号、名称和符号。

(5)信号机的灯光配列。

(6)轨道区段的划分,对不与信号机并置和不是渡线上的绝缘节,应标出其坐标,侵限绝缘节应用圆圈标出。

(7)与信号机位置有关的以及侵限绝缘节处的警冲标坐标。

(8)道岔和信号机的公里标。

某折返站的信号平面布置图如图 1-1 所示。

图中,XC 为下行出站信号机,SC 为上行出站信号机,F_1、F_2、F_3、F_5为防护信号机,Z_1、Z_2、Z_4为阻挡信号机。

某车辆段的信号平面布置示意如附图 2 所示。

2. 联锁表

联锁表是根据车站信号平面布置图所展示的线路、道岔、信号机、轨道电路区段等情况,按规定的原则和格式编制的。联锁表以进路为主体,逐条地把排列进路需顺序按压的按钮、防护该进路的信号机名称和显示、进路要求检查并锁闭的道岔编号和位置、进路应检查的轨道电路区段名称,以及与所排进路的敌对信号填写清楚。

联锁表有以下各栏:

(1)方向栏。填写进路性质(通过、接车、发车、调车进路)和运行方向。

(2)进路号码栏。按全站列车进路、折返进路和调车进路顺序编号。

(3)进路栏。逐条列出列车进路、折返进路和调车进路。

列车进路:如将列车接至某区段时记作"至×G"。列车由某信号机发车时记作"由×信号机"。

调车进路:如由 $D_{××}$信号机调车时记作"由 $D_{××}$"。调车至另一顺向调车信号机时记作"至 $D_{××}$"。调车至另一反向调车信号机时记作"向 $D_{××}$"。

(4)排列进路按下按钮栏。填写排列该进路时需按下的按钮名称。

(5)确定运行方向道岔栏。当有两种以上方式运行时,为了区别开通的进路,填写关键对向道岔的位置。

(6)信号机栏。填写排列该进路时开放的信号机名称及其显示。色灯信号机按显示颜色表示。

(7)道岔栏。顺序填写进路中所包括的全部道岔及防护和带动道岔的编号和位置。其填写方式如:3/6,表示将 3/6 号道岔锁在定位;(4/5),表示将 4/5 号道岔锁在反位;[3/6],表示将 3/6 号道岔防护在定位;[(4/5)],表示将 4/5 号道岔防护在反位;{14},表示将 14 号道岔带动到定位;{(14)},表示将 14 号道岔带动到反位。

(8)敌对信号栏。填写排列该进路的全部敌对信号。

有条件敌对时的填写方式如:〈1〉D_1,表示经 1 号道岔定位的 D_1信号机为所排进路的敌对信号。

(9)轨道电路区段栏。顺序填写排列进路时须检查空闲的轨道电路区段名称。

其填写方式如:1DG,表示排列进路时须检查 1DG 区段的空闲; < 4/5 > 3-5DG,表示当 4/5 号道岔在定位时排列进路须检查侵限绝缘区段 3-5DG 区段空闲; < (17) > 17DG,表示当 17 号道岔在反位时排列进路须检查侵限绝缘区段 17DG 空闲。

某折返站(图 1-1)的联锁表如表 1-1 所示。

表 1-1　某折返站的联锁表

进路性质	进路号码	进　路	排列进路按下的按钮	信号机		道　岔	敌对信号	轨道区段	其他联锁	自动进路	折返说明
				名称	显示						
列车进路	1	F_1—Z_1	F_1A、F_5A	F_1	B	(1)、3/6、4/5		1DG、3-5DG、3G		否	
	2	F_1—Z_4	F_1A、F_2A	F_1	B	(1)、(3/6)、[4/5]	F_2	1DG、3-5DG、4-6DG、4G		否	
	3	F_3—1G	F_3A、F_1A	F_3	L	1		1DG、1G、< 4/5 > 3-5DG		是	
	4	SC—Z_1	SCA、F_5A	SC	U	(2)、(4/5)、[3/6]	F_5	2DG、4-6DG、3-5DG、3G		否	
	5	SC—Z_4	SCA、F_2A	SC	U	(3)、4/5、3/6	F_2	2DG、4-6DG、4G		否	
	66	SC—下站	SCA、下站列车按钮	SC	L	3		2DG、< 4/5 > 4-6DG		是	
	77	XC—下站	XCA、下站列车按钮	XC	L					是	
折返进路	8	F_2—XC	F_2A、F_1A	F_2	U	(3/6)、[4/5]、(1)	F_1	4-6DG、3-5DG、1DG、1G		否	
	9	F_5—Z_2	F_5A、SCA	F_5	U	(4/5)、[3/6]、(2)	SC	3-5DG、4-6DG、2DG、2G		否	
自动折返进路	ZZ	SC/F_2ZZ	SC/F_2ZZA								由 SC—Z_4 和 F_2—XC 组成站后折返进路

某车辆段(附图 2)的联锁表(部分)如表 1-2 所示。

表 1-2　某车辆段的联锁表(部分)

方　向			进路号码	进路	排列进路按下按钮	信号机		道　岔	敌对信号	轨道区段	其他联锁
						名称	显示				
列车进路	正线车站方向	接车	1	至 ZHG_1	JD_1LA　D_9LZA	JD_1	L		< 7/8 > D_{12}、< 5/6 > D_{13}	ZHG_1	保护区段
			2	至 ZHG_2	JD_2LA　$D_{10}LZA$	JD_2	L		D_{15}	ZHG_2	保护区段
			3	至 ZHG_3	JD_3LA　$D_{11}LZA$	JD_3	L		D_{15}	ZHG_3	保护区段

续上表

方向			进路号码	进路	排列进路按下按钮		信号机		道岔	敌对信号	轨道区段	其他联锁
							名称	显示				
调车进路	由	D_1	4	至 D_8	D_1A	D_7A	D_1	B	1、(2)、(3)、(4)	D_5、D_7	1-2DG、3-4DG	
		D_2	5	至 D_8	D_2A	D_7A	D_2	B	2、(3)、(4)	D_5、D_7	1-2DG、3-4DG	
		D_3	6	至 D_8	D_3A	D_7A	D_3	B	3、(4)	D_7	3-4DG、1-2DG	
		D_4	7	至 D_8	D_4A	D_7A	D_4	B	(1)、(2)、(3)、(4)	D_5、D_7	1-2DG、3-4DG	
		D_5	8	向 D_4	D_5A	D_4A	D_5	B	(2)、(1)	D_4	1-2DG	
			9	向 D_1	D_5A	D_1A	D_5	B	(2)、1	D_1	1-2DG	
			10	向 D_2	D_5A	D_2A	D_5	B	2	D_2	1-2DG	
		D_6	11	至 D_8	D_6A	D_7A	D_6	B	4	D_7	3-4DG	
		D_7	12	至 D_5	D_7A	D_5A	D_7	B	(4)、(3)	D_4、D_1、D_2	3-4DG	
			13	至 D_3	D_7A	D_3A	D_7	B	(4)、3	D_3	3-4DG、1-2DG	
			14	至 D_6	D_7A	D_6A	D_7	B	4	D_6	3-4DG	
		D_8	15	至 D_{21}	D_8A	D_{12}A	D_8	B	5/6、7/8	D_{12}、<13/14>D_{22}	5-8DG、	
			16	至 D_{14}	D_8A	D_{13}A	D_8	B	5/6、[7/8]	D_{13}	5-8DG、6-7DG	
		D_9	17	至 D_{21}	D_9A	D_{12}A	D_9	B	(7/8)、[5/6]	D_{12}、<13/14>D_{22}	6-7DG、5-8DG	
			18	至 D_{14}	D_9A	D_{13}A	D_9	B	7/8、5/6	D_{13}	6-7DG	
		D_{10}	19	至 D_{16}	D_{10}A	D_{15}A	D_{10}	B	39	D_{15}	39DG	

第二章
计算机联锁系统的基本原理

计算机联锁通常采用通用的工业控制计算机，由一套专用的软件来实现车站信号机、进路、道岔间的联锁关系。它实质上是一个满足故障—安全原则的逻辑求值器，自动采集、处理信号机、道岔、轨道电路（或计轴设备）的信息，把车站值班员的控制命令和现场的各种表示信息输入计算机，再根据储存在计算机内的有关条件，进行联锁关系的逻辑运算和判断，然后输出信息至执行机构，实现对车站信号设备的控制和监督。它实现的是多变量输入和多变量输出的复杂传递函数的转换。

第一节　计算机联锁系统硬件

一、计算机联锁系统的体系结构

计算机联锁系统由于控制规模、功能的完备程度、经济因素、技术实现以及技术背景和历史背景的不同而有多种体系结构。各国的计算机联锁系统的体系结构不仅与技术和经济因素有关，而且还涉及到运输组织、规章制度以及历史背景。

就功能而言，计算机联锁系统要完成多项任务：人机对话、联锁运算、现场设备的监控等等，这些任务如果由一台计算机来完成，不仅存在很多困难，而且也不省时。

就控制规模而论，一台计算机所能控制的室外设备总有一个限度，如果室外监控对象的数量超过了规定限度，就需用两台或多台计算机。

就可靠性和故障安全性，计算机联锁系统必须采用冗余结构，也需要多台计算机。

由于上述原因，计算机联锁系统一般是由多个计算机构成的。若把每个计算机看成是系统的一个模块，则计算机联锁系统是多模块结构。多模块结构对于设计、生产维护和扩充都有其优越性。

由于系统的功能划分方法并非是唯一的，而模块之间的联系方式也是多样的，因此目前国内外存在着多种体系结构。

按执行功能的计算机数量划分，可分为单模块系统和多模块系统两类。

1. 单模块结构

单模块结构如图 2-1 所示。当系统的功能比较简单时才可使用这种结构。单模块结构需要具有一个或几个串行数据接口,以便与其他系统(如 ATS、集中监测等)相联系。

2. 多模块结构

计算机联锁系统大多采用多模块结构,但各计算机的功能及计算机之间的联系是不尽相同的。在多计算机系统中,将整个功能划分为若干相对独立的功能模块,分别由计算机进行处理。根据功能的繁简,模块的划分不尽相同。按功能划分为多个模块,分别由各自的计算机进行处理,这便于设计、修改和扩展,而且多个模块具有相对独立的并行处理性能,可提高整个系统的处理速度。

图 2-2 是一种双模块的计算机联锁系统框图。在该系统中配备人机对话计算机和联锁计算机,分别完成人机对话和联锁运算的任务。

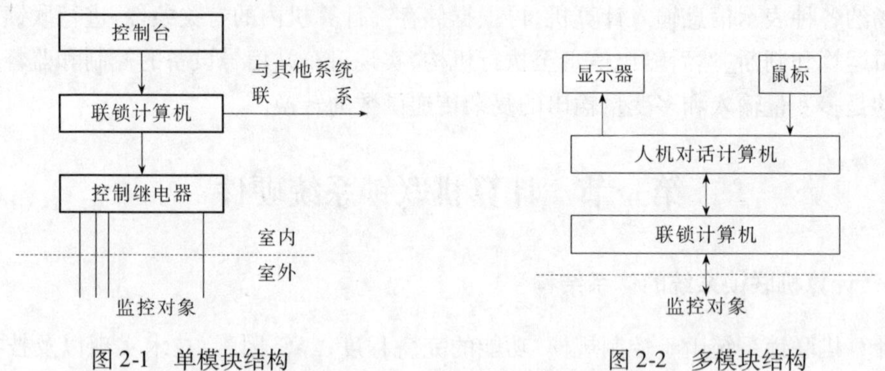

图 2-1 单模块结构　　　　图 2-2 多模块结构

二、计算机联锁系统的层次结构

计算机联锁系统的功能要求与性能要求均比较高,既要求具有友好而准确的人机界面,同时又要求具有高可靠性与高安全性,只采用单层结构难以全面完成各项技术要求,需要采用上下两层乃至多层的分层结构。

就控制的层次而论,计算机联锁系统可分为人机对话层、联锁层和监控层,相应地可由人机对话计算机、联锁计算机以及控制器(也称做集中器)来承担各层的任务。这样,整个系统可以分为上下两层,即上层为人机会话层,下层为联锁层,其具体结构如图 1-7 所示。

(1)人机对话计算机

人机对话计算机接收来自控制台的操作输入,判明操作输入能否构成有效的操作命令,并将操作命令转换成约定的格式,由串行口输送给联锁计算机。另外,接收来自联锁计算机的表示信息,将它们转换成显示器能够接受的格式。

采用了人机对话计算机,可以加快人机会话的响应速度,对控制台的操作命令进行预处理,提供丰富的表示信息,减轻联锁计算机的工作量,使联锁计算机能承担更多其他功能；并可使联锁计算机的硬件结构标准化，联锁计算机只需一个串行接口与人机对话计算机联系，而不需要许多并行的操作输入和表示输出接口。

当车站规模较大时，采用人机对话计算机也是经济的。

人机对话计算机所处理的信息不涉及行车安全，所以不要求该计算机具有故障—安全功能，但它必须十分可靠才能保证联锁系统正常工作。一般采用动态冗余的计算机结构。为了简单起见，可用人工方式控制它的切换。

由于人机对话计算机的功能是传送和生成操作命令和表示信息的，所以在有的系统中也将它作为联锁计算机与 ATS 的联系机构。

(2)联锁计算机

联锁计算机是联锁系统的核心部分，实现高可靠性的与高安全性的联锁功能。

联锁计算机接收来自人机对话计算机的操作命令，接收来自人机对话计算机的室外监控对象的状态信息，进行联锁逻辑运算，发出控制道岔转换和开放信号的控制命令。

联锁计算机与人机对话层的联系一般是经由串行接口实现的。

联锁计算机与执行层的联系有两种方式：专线方式和总线方式。

(3)控制器

控制器用来实现对象群与室内联锁计算机之间的联系。设置控制器的主要目的是为了节省干线电缆。控制器设于对象群的附近，它与所辖各对象之间采用专线联系方式。控制器与对象群越近，不仅有利于节省电缆，而且也有利于减少电缆芯线之间的串音干扰。

控制器是控制命令和状态信息的转送站，它接收来自联锁计算机的控制码，经过变换形成控制命令以驱动相应的控制电路；它又接收监控对象的状态信息，经过编码再传送到联锁计算机。控制器是数传终端，没有联锁功能，但它所处理的信息均属于涉及安全的信息，因此，它不仅应十分可靠，而且应具有故障—安全性能。控制器本身发生故障时也应能自动地通知联锁计算机，以便及时进行处理。

但目前，基本上没有设置控制器，而采用输入输出接口继电器来连接现场设备。

三、计算机联锁系统的室内外联系方式

室内外联系方式指室内设备和室外监控对象的联系方式，有专线方式和总线方式两种。

1. 专线方式

专线方式即对应每一监控对象都有专门的控制命令输出口和状态信息输入口(对轨道电路来说仅有状态信息输入口)相对应。专线方式就和继电集中联锁一样，室外各监控对象(信号机、道岔、轨道电路或计轴设备)直接用专用的电缆芯线与室内设备相联系。或者说，基本上保留了继电集中联锁系统的道岔控制电路和信号机

点灯电路。

目前,绝大多数计算机联锁均采用专线方式。

2. 总线方式

总线方式是将室外的监控对象按地理位置划分为若干群,也可能将一个咽喉的设备划为一群,对于每一对象群,在其附近设置一个由计算机构成的现场控制器(也称作集中器)。各集中器可分别与室内联锁计算机联系,也可通过总线相联系。由它作中介,实现联锁计算机与监控对象之间的联系。在这种情况下,联锁计算机与控制器之间以串行通信方式交换数据(控制命令和状态信息),可以节省干线电缆,而且为使用光缆创造条件,有利于提高系统的抗干扰能力和安全可靠性。总线方式特别适用于新建车站。

图 2-3 是联锁计算机与控制器之间的两种联系框图。其中图(a)是星型网联系方式。联锁计算机与各个控制器之间采用了专用通道,有利于采用光缆,而且一条通道损坏了,不致造成整个系统的瘫痪。但这种结构要求联锁计算机有多个串行接口。图(b)是一种总线网联系方式。多个控制器都挂接在数据总线上再与联锁计算机相联系。当控制器的控制规模较小,且距信号楼较远时,这种结构由于节省通道而比较经济。

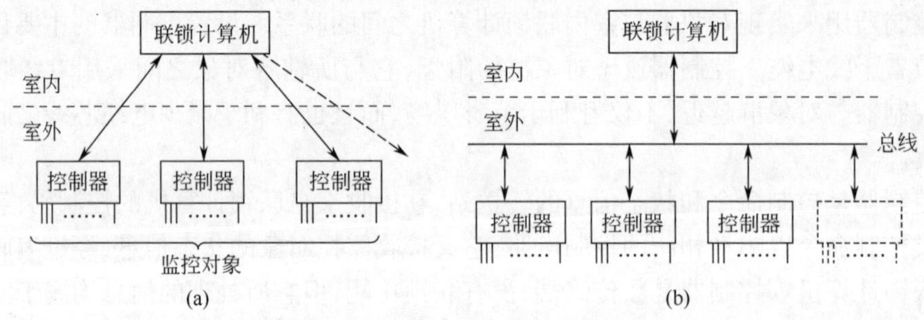

图 2-3　联锁计算机与控制器之间的联系框图(1)

图 2-4 是联锁计算机和控制器另一种联系框图,其特点是车站的一个咽喉的监控对象以专线方式与联锁计算机联系,另一咽喉的对象通过控制器与联锁计算机联系。这种结构适用于信号楼靠近一个咽喉,而另一咽喉离信号楼较远的情况。

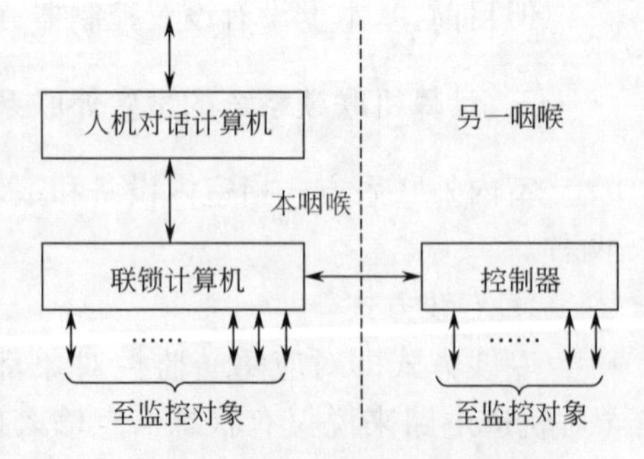

图 2-4　联锁计算机与控制器之间的联系框图(2)

四、计算机联锁系统的可靠性与安全性结构

对于计算机联锁系统,既要求具有比较高的可靠性,又要求具有比较高的安全性。这是因为

该系统不仅需要昼夜不停地连续运转，而且一旦出现故障，就有可能导致重大损失。所以，计算机联锁系统需要利用冗余技术，使其自身构成容错控制系统。

1. 计算机联锁系统的可靠性与安全性要求

（1）平均故障间隔时间 MTBF 值达到 10^6 h；

（2）"故障—安全"系统的安全完善度等级必须达到 SIL4 级。

从系统结构来看，靠单机自我测试和监督的系统结构，在 SIL4 级系统中是不推荐或不允许使用的，而基于组合故障安全、反应故障安全和/或固有故障安全技术的系统是安全系统的基本结构要求。

欧洲铁路标准 EN 50129，对铁路安全电子系统推荐了三种故障—安全型设备的体系结构：

①反应故障—安全

这种体系的前提是由快速的故障检测和对任何危险失效进行避错来保证它的安全（例如通过编码、多版软件比较、或通过连续的测试）。"反应故障—安全"系统的设计前提是，系统的控制和防护部分是完全独立的两部分硬件，而且这两个部分的硬件功能不同，软硬件也不同。

②组合故障—安全

铁路信号计算机安全系统中常用的"组合故障—安全"系统结构模式有二取二、三取二等。使用这种技术时，每个安全性相关功能必须至少由两个部件同时执行，每个部件应当独立于其他的部件。只有当大多数部件一致时，才允许进行输出。与"反应故障—安全"系统不同的是："组合故障—安全"的不同部件，其功能一般是相同的，其软件设计也可以是相同的，从理论上说，"组合故障—安全"系统的设计，应该避免由于不同模块之间共模故障或不同步而可能造成危险性输出结果。

③固有故障—安全

这种技术是在假定单个部件所有可信的失效模式均无危险的情况下，允许一个安全性功能由一个单独部件来执行。"固有故障—安全"也可用在"组合和反应故障—安全"系统的某些功能中，例如，用来确保部件之间的独立性或如果检测到一个危险侧失效时来强制停止系统的非安全性输出。但由于"固有故障—安全"技术的设计复杂性，"固有故障—安全"技术一般只用在功能强大的计算机联锁系统的个别关键模块中。

2. 避错技术和容错技术

不管计算机系统多么可靠、技术多么先进，从理论上讲，任何普通的计算机，由于其"0"、"1"逻辑的对称性及系统瞬间运算出错的可能性，决定了普通计算机系统并不具备故障—安全特性，仅仅依靠自检的系统是不能用于信号安全系统的，这样的系统出现偶发的、不能再现的误动是完全有可能的，一旦出现问题，也很难查找和定位事故发生的原因及部位。

(1)避错技术

避错技术是通过对系统进行完善设计,力求使系统避免发生故障的一种技术。避错技术开始于计算机问世。它的基本思想是试图构造出一个不包含任何故障的“完美”系统。采用正确的设计尽量避免把故障引入系统,用质量控制、减载使用等方法避免故障的发生,以减少系统失效的可能性。随着计算机技术的发展,避错技术一直是提高计算机系统可靠性的基本方法。

在实际应用中,避错技术主要包括质量控制技术和环境防护技术。质量控制技术是在计算机系统的研制过程中,加强对元器件的选择、管理和使用,采用高可靠的部件和计算机系统,并在此基础上对组装工艺实行严格的质量管理。环境防护技术是通过散热、抗震、化学防护、电磁兼容等设计,提高施工质量,并改善系统运行环境,采取各种抗干扰措施,提高系统运行的稳定性和环境适应性。

避错技术有相当的局限性,这是因为系统故障概率的减少是有一定限度的,一个系统不发生任何故障是不可能的,因此必须采用容错技术。

(2)容错技术

容错,即当系统出现硬件或软件故障时,程序不会因系统中的故障而终止或被修改,并且执行结果也不会包含系统中故障引起的差错。即容许某种失效的存在,而使其后果不致造成系统工作失效,或能及时发现而缩短修复时间。容错的基本思想是在系统的体系结构上精心设计,利用外加资源的冗余技术来达到掩蔽故障影响的目的,从而自动恢复系统或安全停机。

容错技术主要依靠外加资源的方法来换取可靠性,外加资源有硬件、软件、时间和信息,因此容错技术的主要方法有:

①硬件冗余

通过硬件的堆积冗余或待命储备冗余来达到容错。硬件的堆积冗余可以体现在物理级的元件重复,也可以体现在逻辑域的多数表决。待命储备冗余体现在具有 $n+1$ 个模块并带有检错和切换装置的计算机系统中。

②软件冗余

提高软件可靠性有两种方法:一是研究无错软件;二是研究容错软件。后者将具有设计差异、完成同一任务的不同软件组成一个有机整体,完成错误检测、程序系统及系统恢复等功能。

③时间冗余

通过消耗时间资源来达到容错。

④信息冗余

增加信息的多余度来提高可靠性。比如增加检错码、纠错码,附加位越多,检错纠错的能力就越强。

在这些主要方法中,更多采用的是硬件冗余和软件冗余。因此,容错控制系统无论在硬件结构方面,还是在软件结构方面均存在着一些明显的特点。

根据对故障处理的不同方式,可以把容错技术分为动态冗余和屏蔽冗余。

动态冗余指主机故障时备机(热备)自动代替。采用动态冗余的系统需要具有故障检测和动态切换功能。

屏蔽冗余是将故障模块对系统的影响屏蔽掉。采取屏蔽冗余的系统具有表决功能。

3. 计算机联锁系统冗余结构

为了提高系统的可靠性和安全性,计算机联锁系统大多采用了冗余结构。按处理故障的方式,冗余结构分为两大类:一类是故障切换结构,一类是故障屏蔽结构。

(1)故障切换结构

故障切换结构采用动态冗余技术。

这类结构又分为双机热备结构和二乘二取二结构。在双机热备系统中,一个 CPU 执行联锁(主机),另一 CPU 虽然也进行联锁运算(热备),但无控制输出。在二乘二取二系统中,两个 CPU 构成一个子系统执行联锁任务(主机),另两个 CPU 处于热备状态(备机)。

在双机热备系统中,对主机故障的检测是由一个 CPU 执行两套功能相同而编码各异的联锁程序以及诊断程序来实现的。通过这样的检测,认为主机故障漏检的可能性极小,即便万一漏检,而产生危险侧输出的概率在容忍范围以内。

在二乘二取二系统中,主机采用两个 CPU 各执行一套编码相同的联锁程序,并在码元(Bit)一级对两个 CPU 的操作进行比较以检测故障。只有当两个 CPU 同时发生了同样的故障才可能漏检,但认为这种可能性是微乎其微的。

对于故障切换系统来说,当主机发生故障时,只有备机处在无故障的热备状态,才允许替代主机工作或者说才允许切换,否则可能产生危险后果。在不允许切换时,除非主机的 CPU 发生了故障,否则应坚持工作,以免造成全站作业的瘫痪。另外,故障修复后,联锁机内的程序进程和数据必须与主机取得一致时方允许作为热备机使用,否则也是危险的。因此,故障切换系统的切换机理既涉及可靠又涉及安全,在人工参与切换时应特别注意。

(2)故障屏蔽结构

故障屏蔽结构采用屏蔽冗余技术。

属于这类结构的目前只有三取二系统。在三取二系统中,3 个 CPU 运算结果两两进行比较,只要有两个 CPU 的运算结果一致时,就认为联锁系统处在安全可靠的运用状态。从功能角度来看,这相当于有一个 CPU 系统的故障被屏蔽了。对于三取二系统来说,只有两个 CPU 同时发生相同的故障,才有可能产生危险输出,但这种可能性极小,这类似于二乘二取二系统。

与故障切换系统一样,修复后的 CPU 系统的程序进程和数据必须与正在工作的 CPU 取得一致时,方可投入使用。

4. 计算机联锁系统的可靠性与安全性冗余结构

(1)计算机联锁系统的可靠性冗余结构

计算机联锁系统可靠性的定义是:系统在规定的时间内、在规定的条件下完成规定功能的能力。度量可靠性的定量标准是可靠度,可靠度常用平均故障间隔时间 MTBF 来表征。

对于一般的电子产品,其 OEM 板级产品的 MTBF 约为 10^5 h,计算机系统由若干块 OEM 板级产品组成,其 MTBF 约为 10^4 h。而要求计算机联锁系统的 MTBF 值达到 10^6 h,亦即要求至少在系统进行技术改造前(一般按 15 年计算)不出现故障。显然,只依靠单个计算机构成的单机系统是不能够达到该目标值的,必须导入冗余资源以构成冗余系统,使得整个系统的可靠性达到或者超过该目标值。

计算机联锁系统的可靠性冗余结构,往往采用双机热备系统。双机热备系统的 MTBF 值可概略地估算如下:若单机系统的 MTBF 值约为 10^4 h,当单机系统的每一个故障均能够被检测到并且倒机逻辑电路的故障率为零时,双机系统的 MTBF 值可能达到 $10^7 \sim 10^8$ h。

(2)计算机联锁系统安全性冗余结构

计算机联锁系统安全性的定义是:当系统的任何部分发生故障时,其后果不会导致重大损失的性能。度量系统安全性的技术指标是系统产生不安全性输出的平均间隔时间。对于计算机联锁系统,根据有关的技术标准,要求产生不安全性输出的平均间隔时间为 10^{11} h 以上。显然,对于平均故障间隔时间为 10^6 h 的可靠性冗余系统而言,如果不采取必要的安全性技术措施,是不能够达到安全性要求的。

使系统具有安全性并且使安全性指标达到规定标准的途径也是要为系统导入冗余资源。常采用双机同时工作并彼此间进行频繁比较的二取二冗余结构。

在极短的时间间隔内,两台计算机同时出错并且错误呈现同一种模式的概率几乎为零,这就要求两台计算机的校核频率要相当高,亦即校核的时间间隔要足够短,最好短到可以用计算机的机械周期来计算的程度。

(3)计算机联锁系统的可靠性与安全性冗余结构

计算机联锁系统既要求有比较高的可靠性指标,又要求有比较高的安全性指标。因此,计算机联锁系统的可靠性与安全性系统结构是将上述两种结构结合。

为了使系统既具有可靠性又具有安全性,可采用多重冗余结构,构成二乘二取二系统,共用四台计算机,其中的两台处于热备状态,如图 2-5 所示。

也可采用三取二系统,即三台计算机同时工作,两两进行比较,当有两个结果相同(当然包括三个结果完全相同)时,则认为正确无误,如图 2-6 所示。

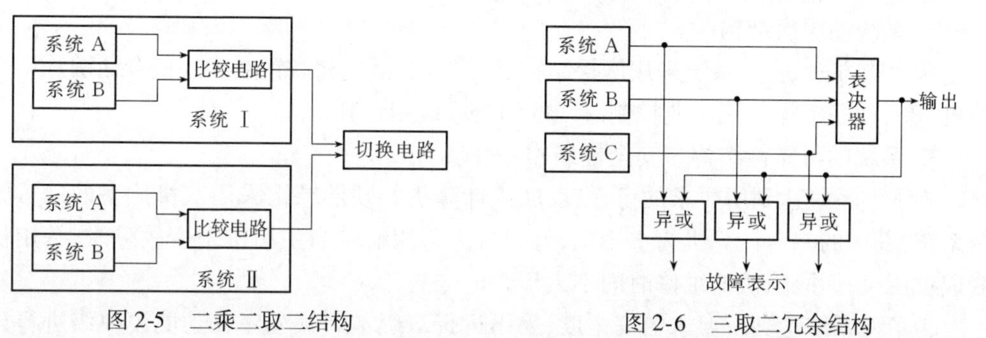

图 2-5　二乘二取二结构　　图 2-6　三取二冗余结构

采用三取二冗余结构需要妥善解决一些技术问题：三台计算机的同步运行；具有更高数量级的可靠性与安全性的表决器；故障机的及时切离与及时修复。

五、一般计算机联锁系统的硬件构成

现以采用双机热备的最典型的系统结构为例介绍计算机联锁系统的硬件构成。

1. 系统硬件构成

图 2-7 是计算机联锁系统硬件结构图，各种型号计算机联锁系统的实际结构详见本书相关章节。其中，人机对话计算机和联锁计算机，以及联锁计算机和联锁计算机之间的通信方式很多，最早采用 RS-232 等标准串行通信，随着网络技术和电子技术的发展，采用成熟的以太网。现又出现了一些面向控制系统的基于现场总线的网络，如 LONWORK、CAN 等，为计算机控制系统的联系方式提供了新的选择。

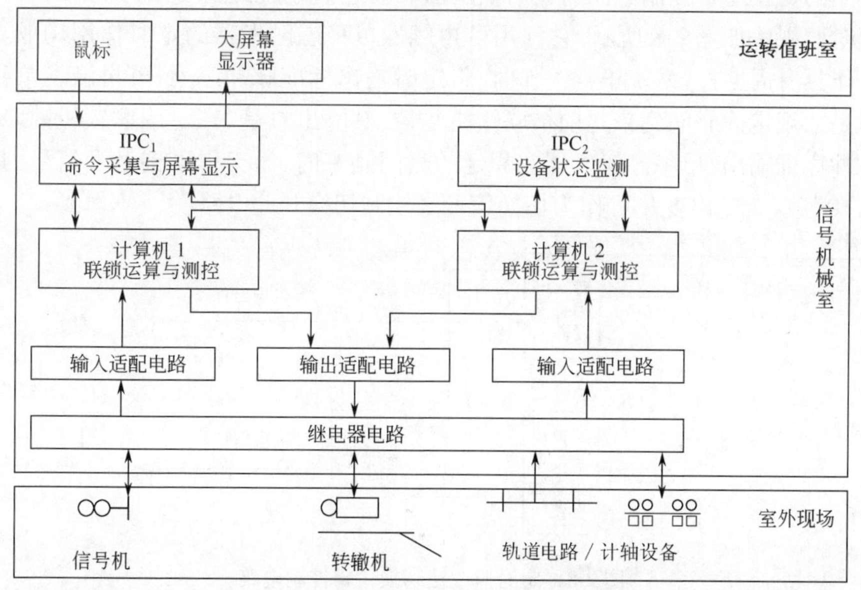

图 2-7　计算机联锁系统硬件结构图

2. 系统的层次结构

从功能方面划分，系统采用两层结构，即人机会话层和联锁层。人机会话层选用工控机 IPC，而联锁层选用工业控制总线的测控系统用计算机。

3. 系统的可靠性结构与安全性结构

为了使系统达到所要求的可靠度，联锁计算机的硬件结构采用双机热备的二重冗余系统，其中的一台计算机为主用机，另一台为备用机。当主用机发生故障时，备用机变成主用机，而故障机的维修时间不大于 8 h。

为了使系统达到所要求的安全度，采用运行双版本联锁程序在功能模块级进行比较的方式。

六、切换开关电路和表决电路

在计算机联锁系统中，一般采用双机热备或三机表决系统，而切换开关电路和表决电路是实现单个系统硬件冗余，保证联锁机可靠性和安全性的关键部件，这些电路也必须是故障—安全的。

1. 切换逻辑控制与切换开关电路

在双机热备系统中，对切换逻辑控制和切换开关电路的基本要求是结构简单，可靠性高。切换逻辑控制电路监测联锁机的工作状态，当发现联锁机工作不正常时，产生切换信号控制切换开关电路动作并报警。

(1) 切换逻辑控制电路

常用的切换逻辑控制电路有定时监视法和动态信号监视法两种。

定时监视法如图 2-8 所示，它利用可再触发单稳态触发器的定时作用构成。联锁机的工作具有周期性，系统正常工作时，将定时输出标准脉冲序列，可再触发单稳态触发器总是在规定的时间到来之前被联锁机复位，其输出总是“1”。当联锁机故障时，不会有脉冲序列输出，单稳态触发器在规定的时间到来时，由于得不到触发信号，其输出将变为“0”，这个输出变化可作为切换信号来控制切换开关电路。

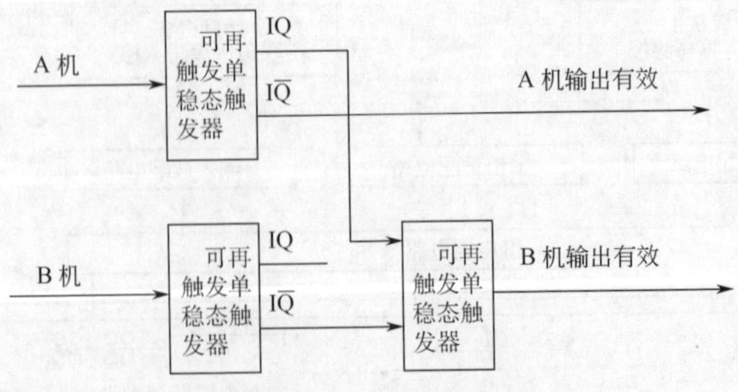

图 2-8　定时监视法切换逻辑控制电路

动态信号监视法和定时监视法的工作原理相类似,只是用动态信号检测器代替可再触发单稳态触发器,具体电路与动/静一电平输出接口电路相同。联锁机在无故障时,定时调用动态信号驱动程序,向动态信号检测器输出方波信号,动态信号检测器只有在接收到方波信号时,其输出为"1",否则为"0",用动态信号检测器的输出去控制切换开关电路进行切换。

但是这两种方法本身的故障检测覆盖率不高,为了提高故障检测覆盖率,在复位定时器或执行动态信号输出程序之前,应尽量使系统中的所有部件都被用到,或者调用检测程序以扩大检测范围。

(2)切换开关电路

切换开关电路可以由多种器件构成,图 2-9 是切换开关及其控制电路的一个例子。其中,由继电器 X_a 代表 A 机的报警信号,X_b 代表 B 机的报警信号,X_a 和 X_b 的接点构成切换 S_1 和 S_2 的控制继电器 AJ 和 BJ 的电路。当继电器 AJ 励磁时使开关 S_1 导通;当 BJ 励磁时使开关 S_2 导通。

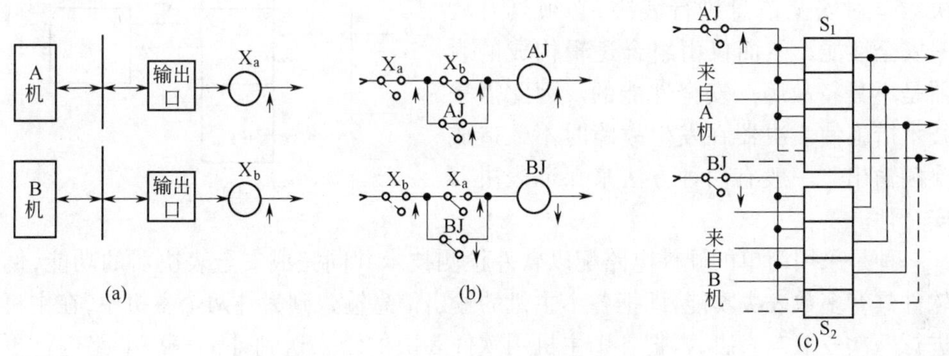

图 2-9　切换开关及其控制电路

假定计算机 A 和 B 输出的故障报警信号均为电平信号,并约定无故障时为高电平"1",故障时为低电平"0";同时假定系统开始工作时计算机 A 处于工作机位置,计算机 B 处于备用机位置,此时,由于 AJ 吸起,BJ 落下,切换开关使 A 的输出作为系统的输出。在此以后,可能有以下情况发生:

若 B 机先发生故障,则低电平信号使 X_b 继电器落下。在这种情况下,AJ 仍保持吸起,BJ 保持落下,切换开关维持在原位。在 B 机修复后,输出的高电平信号又使 X_b 吸起,切换开关维持原状。

若 A 机先发生故障,则 X_a 继电器落下。此时 AJ 落下,BJ 吸起,切换开关转换,使 B 机的输出成为系统的输出。在 A 机修复后,尽管 X_a 吸起,但切换开关不动,仍维持 B 机处于工作机的位置。此后,若 A 机发生故障,切换开关不动;若 B 机先发生故障,则转换切换开关。

2. 三取二表决电路

三取二冗余计算机联锁是利用静态屏蔽技术构成的的联锁系统,它共有三个主机,每个主机是联锁机的一个子模块,只要三个中的任意两个的输出是一致的,就将这个一致性的输出作为主机的输出,且认为联锁机的主机在可靠的工作,而不管第三个主机是否发生了故障。

对三个子模块输出的比较以及对主机输出的控制,是通过表决器来实现的,表决器的任务是对三个子模块的输出两两进行比较,只要有两个子模块的输出信号是一致的,则表决器就有输出信号。假如三个 A、B 和 C 的输出信号分别为 a、b 和 c,则表决器完成如下逻辑运算:

$$V(a,b,c)=a\cdot b+a\cdot c+b\cdot c$$

这很容易用组合逻辑电路来实现。

图 2-10 所示是表决器构成的一个例子,它由三个两两比较器和一个或门组成。由于表决器是对安全信息进行表决,必须具有故障—安全性能。然而仅由组合逻辑构成的表决器是不具备故障—安全性能的。因此需采取技术措施使表决器在发生故障时不致造成危险侧输出。一般有两种方法来保证表决器的安全性。

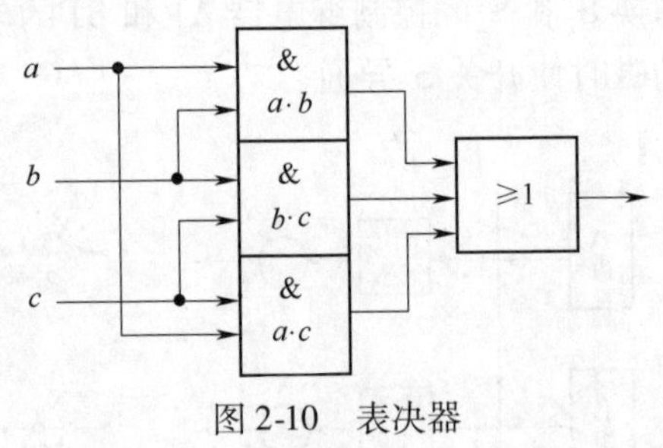

图 2-10　表决器

一种是采用简单的硬件电路配以软件检测技术共同完成安全表决器的功能,例如让软件具有多数表决功能,即把各个主机的输出信息输入到另外两个主机中,在主机内部进行一次三取二表决,再把各个主机用软件表决的结果送到外部表决电路进行再次表决,这样就极大地提高了表决的安全性。

另一种是采用较复杂的时序电路构成安全表决器,图 2-11 所示是安全表决器的一个例子。图中仅画出了三个比较器中的一个,它对主机 A 和 B 的输出信号 a 和 b 进行比较,该比较器由四个脉冲信号 CP_1 ~ CP_4 推动工作,如图 2-12 所示,当 a 和 b 均为高电平(两者一致)时,CP_1 脉冲到来时或门 1 就输出一个脉冲信号,在 CP_3 脉冲到来时,或门 2 就输出一个脉冲信号。当 a 和 b 均为低电平(两者一致)时,在 CP_2 到来时,或门 1 输出一个脉冲信号,在 CP_4 到来时,或门 2 输出一个脉冲信号信号。当 a 为高电平、b 为低电平(不一致)时,在 CP_1 和 CP_2 的作用下,或门 1 连续输出两个脉冲信号。当 a 为低电平、b 为高电平时,在 CP_3 和 CP_4 的作用下,或门 2 连续输出两个脉冲信号。或门 1 和或门 2 的输出脉冲作用于两位双向移位寄存器 R,在 R 中事先置为"10"状态,当两个主机的输出信号 a 和 b 为脉冲序列(危险信息)且两者一致时,移位寄存器就能左右移位,从而输出脉冲序列,经或门 3 成为表决器的输出,当信号 a 和 b 不一致时,移位寄存器 R 被向一个方向连续推动两次,于是它的内容变成"00",它的输出也就保持在"0"态了。当比较器发生固定型单一故障时，表决器的输出为稳态输出(0 或 1)。因此该电路是故障—安全的。

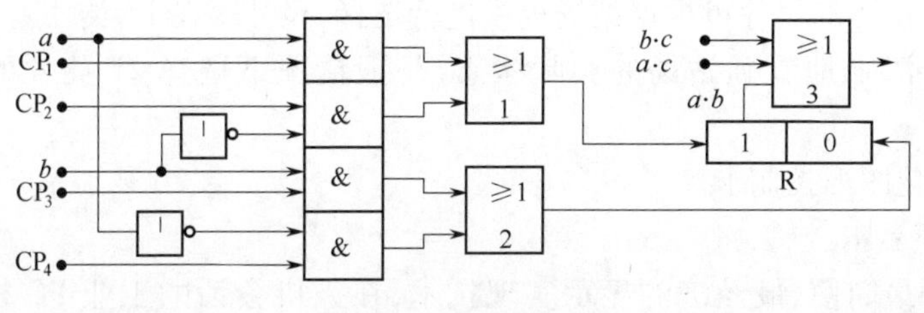

图 2-11 安全表决器

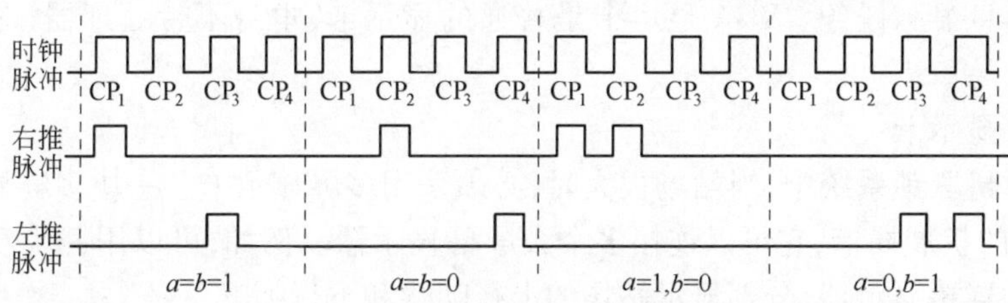

图 2-12 脉冲信号波形

三机表决系统中，当某一模块出现故障时虽然可以被掩盖过去，但系统已失去了容错能力，这时若不及时修复，则当另一模块再发生故障时，将表决失误。为此，三机系统必须具有模块故障检测功能，即三个主机中任何一个发生故障时，应能及时检测出以便通过检修消除故障。主机故障检测电路可在表决器电路的基础上增加少量的电路来完成。

例如把三个主机的输出信号和表决器的输出信号同时加到异或门，就能判明是哪个模块发生了故障。当三个模块均正常工作时，它们的输出信号电平和表决器输出的信号电平一致，各个异或门均无输出。如果某一模块的输出电平与表决器的输出电平不一致，则相应的异或门就有输出，从而可判明是哪个模块发生了故障。

七、人机会话层的硬件

人机会话层的硬件支持系统包括按钮操作的硬件和信息显示的硬件以及人机会话层与联锁机通信的硬件。

1. 按钮操作的硬件

在计算机联锁系统中，系统的操作可以通过多种方式来实现。曾经采用过控制台方式、数字化仪方式、键盘方式，但是都不方便，而不再使用。目前多采用鼠标方式。

鼠标是通过标准串口和 PC 机相连接的通过显示器屏幕上的站场显示来定位。

2. 信息显示的硬件

在计算机联锁系统中，要求将计算机采集或计算机所获得的信息显示出来。曾采用指示灯方式、CRT 显示方式。目前多采用 LCD 显示方式。

(1)大屏幕显示器

大屏幕显示器的尺寸可根据站场规模进行选择,尺寸多在 17 英寸以上。为了让车站值班员能够清晰地看到站场的实际状态,一般情况下选择 21 英寸的平面直角显示器。

(2)智能化图形控制卡

①VGA 显示卡

这是一种最简便、最经济的显示实现技术,在人机会话的工业 PC 机上插入一块 VGA 显示卡,并通过 VGA 显示电缆将显示卡和大屏幕显示器连接起来,就实现了人机会话机的信息显示任务。VGA 显示卡是普通的显示卡,本身不带处理器,图形处理速度比较慢。

②多屏显示卡

在计算机联锁系统中,当站场很大时,必须采用多屏显示卡。一块多屏显示卡占用一个 PC 机的扩展插槽,它可以连接多个大屏幕显示器。例如,可以用一块双屏显示卡连接两个大屏幕显示器,分别显示站场的上行咽喉和下行咽喉。

第二节 计算机联锁系统软件

计算机联锁系统的软件分为系统软件和应用软件。

系统软件包括标准程序库、语言处理程序、操作系统、服务性程序、数据库管理系统、网络软件等。系统软件主要用来管理整个计算机系统,监视服务,使系统资源得到合理调度,确保高效运行。系统软件的基本结构应设计成实时操作系统或者实时调度程序支持下的多任务实时系统。应用软件是根据任务需要所编制的各种程序。

在计算机联锁系统中,每一计算机都有相对独立的软件。为使计算机之间能协调工作,还必须有类似操作系统的调度软件。

这些软件应当是可靠的、高标准的和易于扩展的。

一、计算机联锁系统软件的功能与总体结构

1. 计算机联锁系统软件的功能

一般来说,计算机联锁系统的软件应具有人机界面信息处理功能、联锁控制功能、执行控制功能、自动检测与诊断功能等。

(1)人机界面信息处理功能

人机界面信息处理功能包括操作信息处理、表示信息处理、维护与管理信息处理功能。

①操作信息处理

对正常的操作进行处理，形成有效的操作命令，并在屏幕上给出相应的表示，使车站值班员确认自己的操作、对错误的操作进行处理，并在屏幕上给出相应的提示，使车站值班员能立即发现自己的错误操作，及时采取措施纠正错误的操作。

②表示信息处理

对现场信号设备的状态，在屏幕上实时地给出显示，使车站值班员能随时监督现场设备的运用情况。

③维护与管理信息处理

对现场信号设备的故障状态，在屏幕上及时给出特殊显示，以便使维护人员迅速、准确地查找故障；自动记录并储存车站值班员办理作业的时间及被操作的按钮；完成与其他有关系统的联系。

(2)联锁控制功能

联锁控制功能指基本的联锁功能，即进路控制功能，主要包括：

①建立进路；

②进路锁闭；

③信号开放；

④信号开放保持；

⑤进路正常解锁；

⑥进路非正常解锁；

⑦道岔单独操纵；

⑧ 进路引导锁闭。

(3)执行控制功能

执行控制功能即输入控制和输出控制功能。

①输入控制功能

采集现场设备的状态信息，为联锁运算提供数据。

②输出控制功能

根据联锁软件生成的控制命令来驱动现场设备控制电路。

(4)自动检测与诊断功能

主要是在执行联锁程序的过程中检测故障的现象、检查硬件的失效、软件的缺陷以及故障的位置。

(5)其他功能

其他功能指基本的联锁功能以外的功能，包括：

①与 ATS 系统联系功能。

②与其他系统，如站内调度、管理信息系统等的结合功能。

③监测联锁设备状态功能等。

这些功能尽管存在着某些联系，但它们的目的不同，而且在一个具体车站上也不需要联锁系统具备所有这些功能,因此对于每项功能需由独立的软件甚至是由独立的计算机来实现。

在这些软件中,人机界面信息处理软件、基本联锁软件、执行控制软件、自动检测与诊断软件是计算机联锁系统必须具备的。

2. 计算机联锁系统软件的任务划分

计算机联锁系统软件的任务由联锁机、人机会话机、电务维修机的软件分工完成。

联锁机软件完成按钮操作处理及站场信息处理,联锁运算,输入和输出。

人机会话机软件完成对操作命令的接收、判断与发送,站场信息显示,系统信息提示。

电务维修机软件完成站场状态跟踪与回放,操作命令记录与故障记录,输入/输出故障定位。

3. 计算机联锁系统软件的总体结构

不同的计算机联锁系统,软件的组成和原则是不一样的,但软件的基本结构可归结如下。

(1)按照系统层次结构分类

按照软件的层次结构,可分为三个层次,即人机会话层、联锁运算层和执行层。每个层次又根据功能需要划分为几个功能模块。如图 2-13 所示。

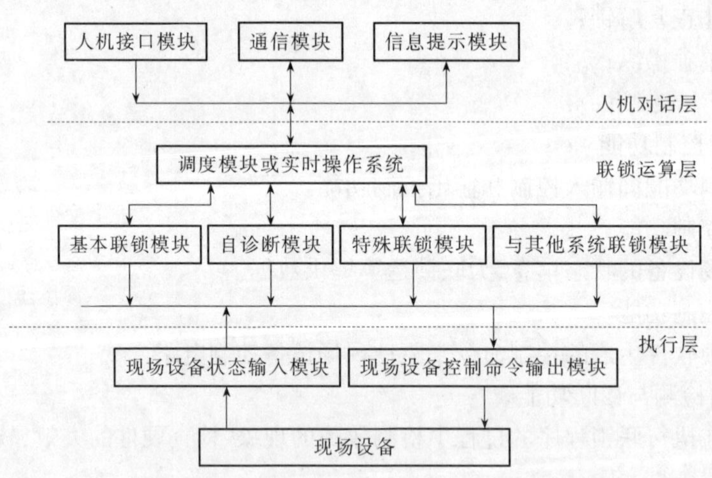

图 2-13 计算机联锁系统软件的总体结构

人机对话层完成人机界面信息处理;联锁运算层完成联锁运算;执行层完成控制命令的输出和表示信息的输入。

(2)按照冗余结构分类

按照冗余结构,可分为双机热备制式的双版本软件结构和三取二系统的单软件结构。

(3)按照联锁数据的组织形式分类

按照联锁数据的组织形式,可分为联锁图表式软件结构和进路控制式软件结构,前者适用于小站规模,后者适用于中站以上规模。

二、联锁数据与数据结构

联锁数据是指在联锁计算机中,所有参与联锁运算的数据。

在联锁数据中,有一些数据有可能由于硬件故障或受到干扰而发生错误时,其后果不仅能导致系统失败,而且会造成危险输出。例如,一个涉及行车安全的逻辑变量的安全侧代码可能由于故障而畸变成危险侧代码,这是十分危险的。又如一个地址码在传输过程中发生错误而未识别出来,也将造成数据传输的去向混乱,其后果也是十分危险的。

因此必须采取适当的数据编码和差错控制技术以提高系统的可靠性和安全性。

联锁数据在存储器中的组织方法称作数据结构。数据有静态数据(常量)和动态数据(变量)两类,相应地有静态数据结构和动态数据结构。

数据结构的形式不仅影响联锁程序的结构,而且直接关系到占用空间、搜索时间以及搜索算法等衡量系统的参数,即关系到数据结构自身的生成方式问题。一种好的数据结构可用计算机辅助设计方法生成,这样可以减少或避免编制数据结构时的人为错误。

1. 联锁数据

在联锁程序中,参与逻辑运算的逻辑变量统称为联锁数据。联锁数据可按信号机、道岔和轨道电路等监控对象划分为相应的数据块。例如对一组道岔来说,在数据块中应包括道岔定位操纵、反位操纵、定位表示、反位表示、道岔锁闭等数据结构。数据量确定后,数据块的格式就定型化了,也就是说数据块本身与车站结构无关。

(1)数据的编码

在计算机联锁系统所处理的大量数据中,代表安全信息的二值逻辑变量占有重要的地位。电子器件是一种对称出错元件,不能仅以 1 和 0 来代表状态信息和控制信息这些开关量,如果简单地用一个二值码元代表一个具体逻辑量,不符合故障—安全要求。因此,必须采取多个码元编码,以多元代码代表开关量,才是故障—安全的。即,有关监控对象的状态和控制的所有开关量,在电子电路(包括计算机本身)中的存储、传递和处理过程中必须以代码形式存在,才符合故障—安全的要求。

编码技术是冗余技术在信息领域里的具体应用。

对于涉及安全的逻辑量,取一个字节的全 8 位编码作为一个逻辑量值,并取其中的相间码 10101010 和 01010101 作为有效值。因为 10101010 和 01010101 间具有最大的码距,且具有更高的故障—安全值。

对于参与运算的一些非逻辑变量(如一些标志),可以采用增加码位的方法来判别它是否因故障而出现错误,还可以采用比较法或多数表决法来提高该类数据的安全性。

在计算机系统中还有一些常量。对于参与运算的常量的检测,除了用比较法外更多的是用校验法,即设计一种算法对数据进行整批的检测。常量一般存于 ROM 中,对于常量的检测也就是对 ROM 的检测,检查方法很多。

(2)数据的传输

在多计算机的安全系统中,当计算机之间相距较远时,一般采取串行数据传输方式。所传输的数据有逻辑量、数字量和地址数据等。为了克服数据在传输中出错,一般采取避错和容错相结合的技术。避错技术是采用可靠的器件、抗干扰的通道介质以及严格的工艺措施等,力求数据不发生错误。容错技术就是传输理论中的差错控制技术。

从目前使用中的安全系统来看,多采用标准的编码形式,例如汉明码和 BCH 码等,而不采用纠错能力很强的特殊编码方式。在实时控制系统中,要求数据及时刷新,因此可利用周期循环传输的特点采取比较或表决方法提高数据的安全性,这也就是说数据的接收端必须是安全系统。如果在运算时间上允许的话,可对重要数据附上它的产生或传输的时间标志,在使用时检查它的时间标志是否过时,从而提高了系统的安全性。

2. 静态数据及其结构

(1)静态数据

静态数据即常量,在联锁运算中保持不变。例如,对于一条进路,该进路的特性和有关监控对象的特征及其数量就是静态数据。

联锁程序需要哪些静态数据以及这些数据在存储器中的组织形式,对于联锁程序的结构有很大的影响。

这里介绍标准的、各条进路共享的联锁程序的静态数据及其结构形式。

建立任何一条进路,它的静态数据包括:

①进路性质,是列车进路还是调车进路;

②进路方向,是接车方向还是发车方向;

③进路的范围,即进路的始端和始端,如果是迂回进路,应指明变更点(相当于变通按钮所对应的位置);

④防护进路的信号机(信号机名称);

⑤与建立进路相敌对的信号机及敌对条件;

⑥进路中的轨道电路(或计轴)区段(名称)及数量;

⑦进路中的道岔(名称)、所处的位置、数量;

⑧进路所涉及的侵限绝缘轨道区段(名称)及检查条件;

⑨进路的接近区段(名称) 和离去区段(名称);

⑩进路末端是否存在需要结合或照查的设施。

给定一个车站的信号平面布置图后，就可据图选定全部静态数据块。

(2)静态数据结构

进路表结构和站场形结构是两种可供选择的基本数据结构。

①进路表结构

若将各项数据纳入一个数据表中就构成了一个进路表。将一个车站的全部进路(包括迂回进路)的进路表汇总在一起就构成了总进路表(很像联锁表)。总进路表存于ROM中就是一个静态数据库。

进路表结构中，各个数据块间没有联系，而是利用进路表指明每条进路所涉及的数据块。表中数据块是按对象类别列出的(也可按对象在进路中的顺序列出)，进路表结构实际上记录了进路与对象间的关系。只要信号布置图不变，则进路表结构也不变。

办理进路时，根据进路操作命令可从静态数据库中选出相应的进路，从而可找到所需的静态数据。通过进路表查询数据的过程是：根据操作信息确定进路号；根据进路号查到数据块的首址；根据数据块首址算出数据所在单元的地址，读出或写入数据。

进路表结构容易找到进路中的数据块。但当车站规模较大，进路数量很多时，总进路表十分庞大，进路表本身占用的存储容量较大，尽管现代的计算机中存储器容量已不是限制因素，但是占用ROM的容量愈大就意味着增大了ROM检测程序的长度和执行时间，不利于提高系统的可靠性。而且，当车站改建和扩建时，需对总进路表进行较大的修改，这也是不足之处；同时，由于总进路表是人工编制的，编制大型的总进路表时十分繁琐，而且容易出错，因此需对总进路表进行严格审查。

为此，设计并开发了进路生成软件，它能根据站场图自动搜索并生成所需进路。把该程序嵌入到联锁软件中。办理进路时，由进路操作命令调用该程序，自动生成一个与进路操作命令相符的进路表，供联锁软件使用。不需要此进路时从存储器中将该进路表删除。这样，就不再需要总进路表，而是需要一个可以表达站场拓扑结构的站场形数据结构。

②站场形结构

站场形结构是指各个数据块在链接形式上和站场形状是一样的。假设以圆圈表示数据块所占用的存储区，并称之为节点。每个节点由数据场和指针场两部分组成。数据场用来存放数据块；指针场用来实现节点之间的联系，即用来指明相邻节点的存贮首址，对于信号节点和轨道区段节点只能与相邻两个节点链接，所以每个节点仅需具有两个指针指明左右节点的首址。对于道岔节点来说，它与三个节点相邻，所以应有三个指针，以记录相邻节点的首址。在站场形数据结构中找出与进路有关数据块的过程是，在按压了进路始端和终端按钮后，首先确定了进路的始端数据节点和终端数据节点。由始端数据节点开始，按指针的链接方向搜索下去，总能找到一条由始端节点到终端节点的通路。如果这条通路与进路相对应，则这条通路上的节点就是与进路有关的数据块。

站场形结构占用存储容量较小，搜索过程不及进路表那样简明，但搜索程序是标准化的。站场形结构类似于6502电气集中的组合连接图,便于掌握,对于大型车站尤其如此。

3. 动态数据及其结构

参与联锁运算的动态数据是变量,主要包括操作输入变量、状态输入变量、表示输出变量、控制输出变量以及为实现联锁逻辑所需的控制变量及中间变量等。

(1)操作输入变量

操作输入变量是反映操作人员操作动作的开关量。

在联锁系统中,为了防止误动一个操作而形成操作命令,一般需由两次或两次以上的操作才能形成操作命令,例如办理一条基本进路需按压进路始端和终端按钮。所以操作输入变量是形成操作命令的原始数据。在RAM中需开辟一个区域集中地存放操作命令,这个区域称为操作命令表。每个操作变量在操作命令表中的逻辑地址应与它的输入通道地址一一对应。一条操作命令形成后,就可从操作命令表中删去相应的操作变量了。

操作变量表根据系统的硬件体系结构,可能存于人机会话计算机或存于联锁计算机中。

操作输入变量除了用以形成操作命令外,还作为表示信息的原始数据以及监测系统的记录内容。为了记录,需将操作输入变量表的内容复制一份存于监测系统中,保存时间应不小于8 h。

(2)状态输入变量

状态输入变量是反映监控对象状态的变量,如轨道电路区段状态、道岔状态、信号机状态、灯丝状态,以及与进路有关的其他设备状态等。状态变量是参与联锁运算的安全数据,每个变量最好经由两个通道输入,形成两个变量分别存入两个相距较远的存储单元中,其目的在于对两个变量进行直接或间接比较可以发现输入通道是否发生故障。如果发现故障则给出故障信号,促成双机切换,以提高系统的可靠性。如果不采取双通道输入方式,则需通过双机互检方法才有可能发现输入通道故障。

状态变量应周期性地及时刷新,以保证变量能确切反映监控对象的实际状态。刷新周期一般应不大于250 ms。

状态变量除了参与联锁运算外,还作为表示信息和监测系统的原始数据。

状态变量在RAM中有集中存储方式和分散存储两种方式。

①集中存储方式

集中存储方式是将同类输入变量集中在一个变量表中,例如将全部轨道电路区段变量集中在轨道电路区段变量表中。对于这种数据结构,只要给出变量表的首址以及各个变量在表中的逻辑地址,就能查到所需变量。对应这种结构形式,在站场形数据结构中,应把状态变量的逻辑地址列入相应的轨道电路区段静态数据模块中。这样,在建立进路时就可把进路中的所有状态变量的逻辑地址找出来,并构成进路表,从而为联锁程序提供了状态变量的地址。因此,进路表不仅反映了进路的特征和哪些监控对象与进路有关,而且指明了监控对象的状态变量的地址。

②分散存储方式

分散存储方式是在 RAM 中为每一监控对象开辟一个存储区,称做动态数据模块,动态数据模块与静态数据模块一一对应。凡是与监控对象相关的变量均设在该模块中,例如在轨道电路区段动态数据模块中,包括状态变量、进路锁闭变量、进路解锁变量以及其他变量等。在这种情况下,将动态数据模块的首址列入相应的静态数据模块中,那么搜索出进路的静态数据模块后,就找到了各动态数据模块,也就找到了所需的状态变量。在进路表中给出动态数据模块首址就可以了。

(3)表示输出变量

表示输出变量是指向控制台、显示器提供的变量。通过这些变量反映有关列车或调车车列运行情况、操作人员的操作情况以及联锁设备工作状况。

这些信息取自状态输入变量、操作输入变量、中间变量以及控制命令输出变量。一般是将表示输出变量集中在一个存储区以便输出。

(4)设备控制变量

设备控制变量是指控制信号机和转辙机的变量。对于任何一个控制对象都由两套程序产生双份控制变量,只有双份变量一致时才可形成有效控制命令并经由安全输出通道输出。

控制变量可存放在动态数据模块中,而控制命令存放在专辟的控制命令表中。控制命令的逻辑地址与输出通道一一对应。

控制变量和控制命令都应周期性地刷新,以保证数据的实时性。

(5)中间变量

中间变量是指联锁程序执行过程中产生的一些变量。这些变量是为实现联锁逻辑而起过渡或中间转换作用的。有的存放在动态数据模块中,有的动态产生并动态释放。不同的数据结构往往所需的中间变量的个数及类型也是不同的,但好的数据结构可以避免使用太多的中间变量。

三、人机会话软件

1. 人机会话软件的任务

人机会话软件的任务主要包括按钮命令发送任务和信息显示任务。

(1)按钮命令发送任务

按钮命令发送任务就是将车站值班员的操作命令通知给联锁机,使得联锁机可根据车站值班员的操作意图实现联锁运算。

在计算机联锁系统中,用到各种按钮。每个按钮都有一个唯一的编号,各个按钮排布在显示器屏幕上,并有它唯一的位置范围;通过程序不断扫描鼠标的动作及其在显示器屏幕上的物理位置;通过分析鼠标被按下时其所处的位置属于哪个按钮所辖的位置范围,就可以知道哪个按钮被按下了。人机会话计算机将此按钮的编号送到联锁机,由联锁机进行后续处理工作。

①按钮的分类

计算机联锁系统中的按钮包括列车按钮、调车按钮、道岔按钮、功能按钮。有时根据现场的实际需要会增加或减少部分按钮。对一般站场来说,所用按钮如表 2-1 所示。

表 2-1　一般站场计算机联锁所用按钮

分　类	按　钮
列车按钮	上行列车按钮、下行列车按钮、通过按钮、列车终端按钮、引导信号按钮
调车按钮	上行调车按钮、下行调车按钮、调车终端按钮
道岔按钮	上行道岔按钮、下行道岔按钮
功能按钮	上行引导总锁闭按钮、下行引导总锁闭按钮、总定位按钮,总反位按钮、单锁按钮、单解按钮、封锁按钮、封解按钮、进路故障解锁按钮、区段故障解锁按钮、关信号按钮、总取消按钮、总人工解锁按钮、信号名按钮、道岔名按钮、复原按钮

②按钮的操作原则

为了防止因误操作或误碰输入器件而产生不必要的后果,计算机联锁系统采取顺序按压两个及以上的按钮或为按钮设置密码才能形成有效操作命令的原则。

按压按钮能形成的有效操作命令有:

列车始端按钮+(变更按钮)+列车终端按钮:排列列车进路。

调车始端按钮+(变更按钮)+调车终端按钮:排列调车进路。

列车始端按钮:重新开放列车信号。

调车始端按钮:重新开放调车信号。

取消+列车始端按钮:取消列车进路。

取消+调车始端按钮:取消调车进路。

总人解(带锁)+列车始端按钮:人工解锁列车进路。

总人解(带锁)+调车始端按钮:人工解锁调车进路。

总定位+道岔按钮:单独操纵道岔转向定位。

总反位+道岔按钮:单独操纵道岔转向反位。

单锁(带锁)+道岔按钮:排列进路时单独锁闭道岔。

单解(带锁)+道岔按钮:解除道岔单独锁闭。

封锁(带锁)+道岔按钮:维修道岔时单独封锁道岔。

封解(带锁)+道岔按钮:解除道岔单独封锁。

区故解(带锁)+道岔按钮(或区段按钮):区段因故障未能自动解锁时故障解锁。

上行引导总锁闭:锁闭上行咽喉道岔。

上行引导总解锁(带锁):取消上行引导总锁闭,上行引导信号关闭。

下行引导总锁闭:锁闭下行咽喉道岔。

下行引导总解锁(带锁):取消下行引导总锁闭,上行引导信号关闭。

信号名:显示信号表示器名称。

道岔名:显示道岔名称。

关信号(带锁):紧急关闭全站信号。

复原:清除错误操作及由于其他故障而出现的各种表示和汉字提示。

凡带锁的按钮,必须先开锁后,按压才有效。

(2)信息显示任务

信息显示任务就是将车站设备的状态、车站值班员当前的操作状态以及计算机联锁系统的系统状态实时地通知给车站值班员,使车站值班人员完全地了解现场状态、操作状态和系统状态,按计划安全而有效地完成各种作业。

信息显示任务包括接收联锁机数据、处理接收的数据和显示处理后的数据三个阶段:

①接收联锁机数据

通过终端将联锁机实时发送到通信总线的数据接收下来,并将其放在缓冲区。

②处理接收的数据

人机会话机将数据分解为信号数据、道岔数据、区段数据、提示数据等。

③显示处理后的数据

以各种数据形式将信号机、道岔、区段、提示的状态等显示在屏幕上,最终实现人机会话显示任务。

计算机联锁系统中的信息显示包括区段状态显示、道岔状态显示、信号状态显示、功能按钮状态显示、道岔名和信号名显示、操作提示和其他提示。

①区段状态

未办理进路或进路处于解锁状态;轨道电路或计轴区段有车;轨道电路或计轴区段发生故障;进路锁闭。

②道岔状态

道岔开通定位位置;道岔开通反位位置;道岔四开;道岔挤岔;道岔封锁;道岔单锁。

③信号状态

列车信号关闭;列车信号开放;调车信号关闭;调车信号开放;列车信号灯丝断丝;调车信号灯丝断丝。

④功能按钮状态

未按压功能按钮(按钮处于常态);按压功能按钮后按钮的状态。

⑤道岔名和信号名显示

道岔在转换期间,道岔名显示;进路在选路期间,信号名显示;进路在人工解锁期间,信号名显示。

⑥操作提示

“操作错误”:操作不符合规定。

“操作无效”:操作符合规定,但不具备执行条件。

“选排不一致”:因某种原因,道岔不能转换到所需位置。

“进路不能锁闭”:因条件不具备而不能实现进路锁闭。

“信号不能开放”:因条件不具备而不能开放信号。

“信号不能保持”:信号开放命令送出或信号已开放,因条件不具备而不能保持开放。

“1 灯泡断丝”:相应的信号表示器闪光。

“2 灯泡断丝”:反映列车信号机的辅助允许灯光的主副灯丝均损坏。

⑦其他提示

以双机热备系统为例。

“A 机工作正常”:A 机为主机,并且工作正常。

“B 机工作正常”:B 机为主机,并且工作正常。

“A 机热备”:A 机为备机,并且处于热备状态。

“B 机热备”:B 机为备机,并且处于热备状态。

“按 A 机联机按钮”:通知电务人员按压 A 机联机按钮。

“按 B 机联机按钮”:通知电务人员按压 B 机联机按钮。

“A 机通信中断”:A 机线路中断或 A 机程序中断。

“B 机通信中断”:B 机线路中断或 B 机程序中断。

“B 机信息不同”:B 机现场信息不一致。

“站场不能更新”:由于 B 机通信同时中断而使站场信息不能更新。

2. 人机会话软件的实现

(1)按钮接收与发送任务的实现

①通过程序扫描被按下的按钮

各种按钮均在屏幕上有一个固定位置,也就是说对于任何一个按钮,都有一个坐标范围与其相对应。当某一按钮被按下时,通过程序可以知道当前鼠标光标所在位置的坐标,而这一坐标恰好处于某一按钮的坐标范围内,这样就知道哪一个按钮被按下。

②将该按钮的编号发送到联锁机

在任何一个计算机联锁系统中,所有按钮都统一编号,这样对于每一个按钮都有一个唯一的编号与它相对应。人机会话计算机判断到某一按钮被按下时,就将该按钮的编号送到联锁机,联锁机根据这一编号,就知道哪一个按钮被按下,可进一步进行联锁运算。

(2)信息显示任务的实现

①接收联锁机的数据

人机会话机计算通过中断将联锁机实时发送到通信总线的数据接收过来,并将其放在缓冲区中。

②处理接收到的数据

人机会话计算机将缓冲区中的数据进行处理，将数据分解为信号数据、道岔数据、区段数据、提示数据等。

③将处理过的数据在屏幕上显示出来

人机会话计算机通过各种数据将信号机、道岔、区段、提示的状态显示在屏幕，最终完成人机会话机的信息显示任务。

(3)人机会话软件的调度模式及流程

目前广泛采用的操作系统是DOS622或Windows系统，在DOS系统下任务的调度一般采用顺序执行的方法，而Windows下通常采用的是消息触发的方式来实现程序调用。从当前计算机的处理速度来看，两种方式的程序执行效率是差不多的，有时在DOS622系统下的执行速度要比Windows下还要快一些。

无论采用何种调度方式，软件的功能结构是一样的，人机会话软件调度流程如图2-14所示。

图中“2”部分是整个上位机软件的核心部分，主要完成操作输入的定位与信息转换、站场图形的动态显示、动态文字提示信息的显示、语音提示等功能。

①DOS系统下的软件调度模式

在DOS系统下采用的是“循环调用+顺序执行”的调度模式，如图2-15所示。在这种模式下，程序进入主程序后，从第一个功能模块开始顺序执行各功能模块，当完成所有任务后，再回到第一个功能模块，进入下一次循环扫描过程，从而保证了程序执行的实时性和较高的效率。一般来说，在DOS系统下程序的执行频率大于10次/s，对于速度较快的计算机，程序的执行频率会更快，但考虑到程序的稳定性和设备的功耗问题，往往要选择一个最佳的执行周期。

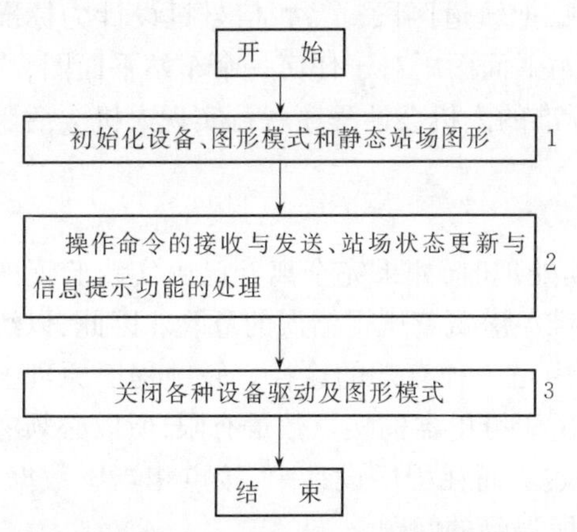

图2-14　人机会话软件调度流程

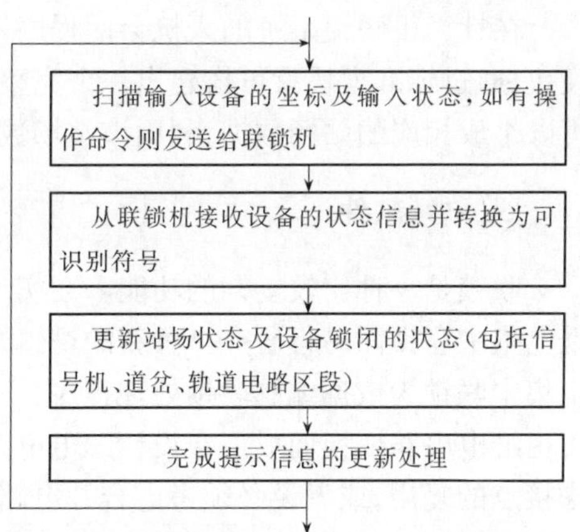

图2-15　DOS系统下的软件调度模式

②Windows 系统下的软件调度模式

在 Windows 系统下采用的是"任务队列+消息触发"模式,如图2-16所示。在这模式下,程序的调用不是周期循环的方式,而是采用集中调度的方式。当接收到操作命令或下位机传上来的信息后,先确定任务的数量及类型,再以消息触发的方式来调度程序。

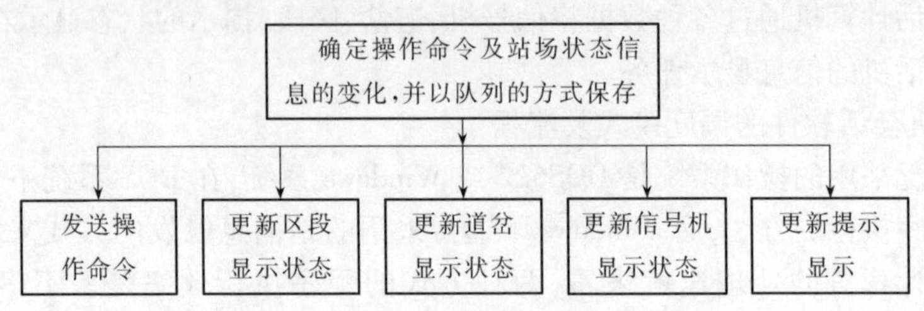

图2-16 Windows 系统下的软件调度模式

3. 人机会话软件的特点

在软件设计中,最重要的是软件的标准化和模块化。标准化就是程序的通用化,模块化就是程序由单独的模块组成。

虽然人机会话层软件并不涉及联锁运算和室外设备的输入与输出,但是它的可靠性直接影响整个计算机联锁系统的可靠性,如果人机会话机出现故障,整个计算机联锁系统也将瘫痪。因此,在计算机联锁系统人机会话层程序的设计中必须遵循软件设计的标准化和模块化。

在人机会话层程序设计中,程序和数据是独立的,即对于不同的站场,程序是完全通用的,只需修改相应站场的数据就可完成人机会话任务。如果人机会话需要增加新的任务,由于程序是模块化结构,模块与模块之间是相互独立的,只需加入相应的模块即可完成新的任务,并不影响以前的任务。

在计算机联锁系统的人机会话程序设计中,把轨道区段、道岔、信号机设计为标准模块,通过标准模块就可搭建出一个完整的车站平面图。对于任何一个车站平面图,均可以生成相应的站场数据,利用该站场数据,标准的人机会话程序就可实现人机会话。

四、联锁软件

联锁是一种比较复杂的功能。在实现联锁处理时,如果完全离开已由实践验证的继电集中联锁而另行研究一种新的逻辑算法,难免潜藏着逻辑错误的危险。因此,以继电集中联锁为依据编制联锁处理程序,一般认为是一种有效的途径。联锁程序原理上可由继电电路变换而成。在设计继电电路时,由于继电器的接点数量有限,所以必须考虑接点的复用,或者说必须考虑合并电路的问题。而在程序设计中,接点相当于数据,数据的使用是不受限制的,不需考虑电路合并所遇到的问题。

1. 联锁软件的基本模块

车站规模的大小、站场结构的繁简主要影响进路的数量,而各条进路的控制过程则基本上是一样的，这是由安全作业的要求所决定。一条进路从办理到解锁需经历一个过程。这个过程包括操作、选路、道岔动作、选排一致性检查、进路锁闭、信号开放以及进路解锁阶段，这些阶段的划分与车站结构无关。因此，进路控制过程很自然地就作为设计联锁程序的依据，这可使它为各条进路所共用，也就使联锁程序标准化，为各个车站所通用。

对于每一个阶段的程序，可设计成相应的模块，模块再划分为若干个子模块，这样可使联锁程序尽量模块化，以摆脱车站结构的约束。

对于进路控制，有些过程必须有操作人员的参与，例如办理进路、取消进路、人工解锁进路等。有些过程不需人的参与，例如进路锁闭、信号开放、进路自动解锁等。在进路控制过程中必须了解监控对象的状态，必须向操作人员提供表示信息，以及向道岔控制电路和信号机控制电路提供控制命令。

因此，联锁软件一般来说可分成六个模块：操作输入及操作命令形成模块、操作命令执行模块、进路处理模块、状态输入模块、表示信息输出模块、控制命令输出模块。

(1)操作输入及操作命令形成模块

操作输入是指把车站值班员操作按钮形成的操作信息输入到计算机中并记录下来，分析操作信息是否能构成合法的操作命令，不合法时则向操作人员提示。

操作输入量很大，形成的操作命令的种类也有十几种。该模块一般可由人机会话计算机完成。人机会话计算机将形成的操作命令经由串行数据通道输送到联锁计算机中，并储存在一个操作命令表中。

(2)操作命令执行模块

操作命令执行模块是根据操作命令执行相应功能的程序模块。该模块中包括许多子模块。实际上，有多少种操作命令就有多少个子模块。每个子模块执行时间很短，勿需考虑它们的优先级别，在执行顺序上不受限制。在执行“操作命令执行模块”时，根据操作命令表每一条现在的命令，从操作命令执行模块中找出相应的子模块予以执行。如果执行结果达到预期目的，则从操作命令表中删去相应的操作命令。否则应给出表示信息，提醒车站值班员采取相应的措施。

(3)进路处理模块

进路处理模块是在执行了进路搜索子模块对所办进路已形成进路表之后，对进路进行处理的模块。进路处理分成五个阶段，进路处理程序也相应的分成五个子模块。

①进路选排一致性检查及道岔控制命令形成子模块

检查道岔位置是否符合进路要求，如果不符则形成相应的道岔控制命令。

②进路锁闭模块

检查进路的锁闭条件是否满足，若满足时给出进路锁闭变量及提示信息(如白光带等)。

③信号开放与保持子模块

检查进路信号开放条件是否满足,若满足时形成防护该进路信号机的开放命令。在信号开放后,不间断地检查信号开放条件,条件满足时使信号保持开放,否则使信号关闭。

④进路正常解锁子模块

实现进路正常解锁和调车进路的中途返回解锁。

⑤取消进路子模块

实现进路的取消和人工解锁。

(4)状态输入模块

将道岔、信号和轨道电路等的状态信息输入到联锁计算机中。

(5)表示信息输出模块

将已形成的各种表示信息通过相应的接口,使显示器工作。

(6)控制命令输出模块

将已形成的道岔控制命令和信号控制命令通过相应的输出通道,来控制道岔控制电路和信号控制电路。

2. 联锁软件的任务调度方式

在联锁计算机中,如何把各个程序模块管理起来使它们协调而有效地工作,是软件设计的一个重要内容。对于程序模块的管理,也称为程序模块的调度。一般来说,有集中调度方式和分散调度方式两种基本的调度方式。

(1)集中调度方式

集中调度方式是在各个程序模块之外,另设计一套实时调度程序,由它统一调度各个任务的执行,如图2-17所示。

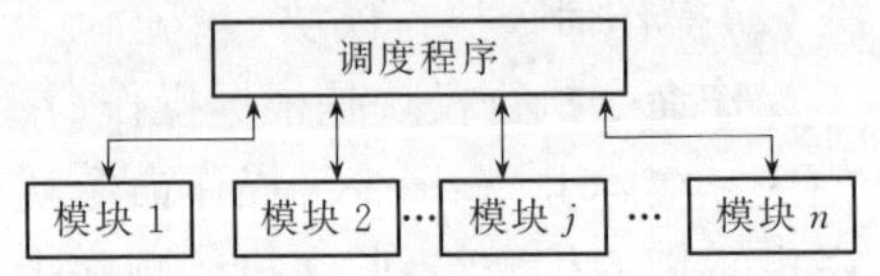

图2-17　程序模块的集中调度方式

这种方式是由调度程序确定向哪个任务发送一组信息,由这些信息激活任务开始工作。任务执行结束时也向调度程序提供一组信息,调度程序收到该组信息后确定下一步调用哪个任务。

集中调度方式具有层次结构清晰的特点,调度程序处于上层,各个任务处于下层。各个任务仅与调度程序交换信息而任务之间不需相互联系,这为扩展任务提供了方便。集中调度方式可以根据各个任务的优先级别进行调度,可以监督任务的执行情况。例如,某个任务由于某种原因超过了规定的执行时间,则强制它停止执行而调用其他任务。集中调度方式还能较方便地根据正在执行的任务的需要确定下一步调用哪个任务,而不局限于某种确定的顺序,也就是说,对于任务的调度具有较大的灵活性。

(2)分散调度方式

分散调度方式是相对于集中调度方式而言的,即不设专门的调度程序而将调度的功能由各个任务分别承担。一个任务执行结束时由任务自身确定下一步执行哪个任务。根据任务之间联系的简繁程度，有多种分散调度方式，其中最简单的是顺序控制方式，如图2-18所示。其任务的执行顺序是固定不变的。这种方式结构简单，节省时间，但灵活性较差。

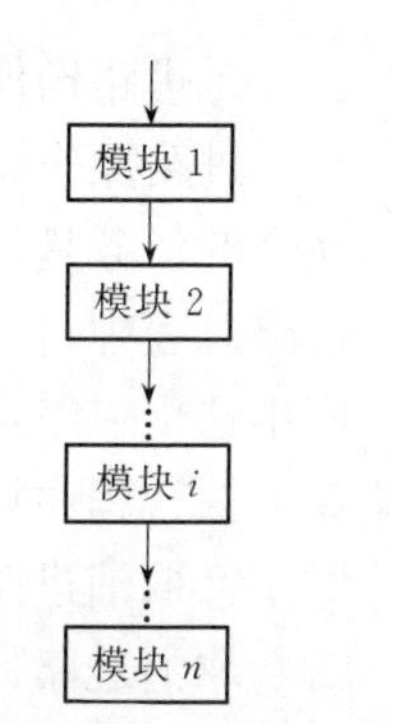

图2-18　程序模块的顺序控制方式

对于计算机联锁系统，上述两种方式原则上均可使用，或者混合使用。但是，采用集中调度方式使得程序的层次化和模块化结构比较清晰，而且充分利用集中调度方式的优点，例如对各模块进行监督等，有利于提高系统的可靠性，所以采用集中调度方式更有优势。

3. 操作命令执行程序

对应每种操作命令都有一个执行程序子模块。这些子模块按一定的程序控制方式联系在一起就构成了操作命令执行模块，如图2-19所示。这个结构构成思路是：操作人员的操作由人机对话计算机采集并传送到联锁计算机，由按钮分析模块对按钮操作进行分析后，形成操作命令并存储在操作命令表中，当主程序执行“操作命令执行模块”时，顺序地从存储区中取出命令并予以执行；当命令的执行条件满足而成功执行后，从存储区删去相应的命令。图2-19所示的模块仅有一个入口和一个出口，而且其中各个子模块也仅有一个入口和一个出口，这种结构符合结构化程序设计，便于对模块进行独立设计和调试。

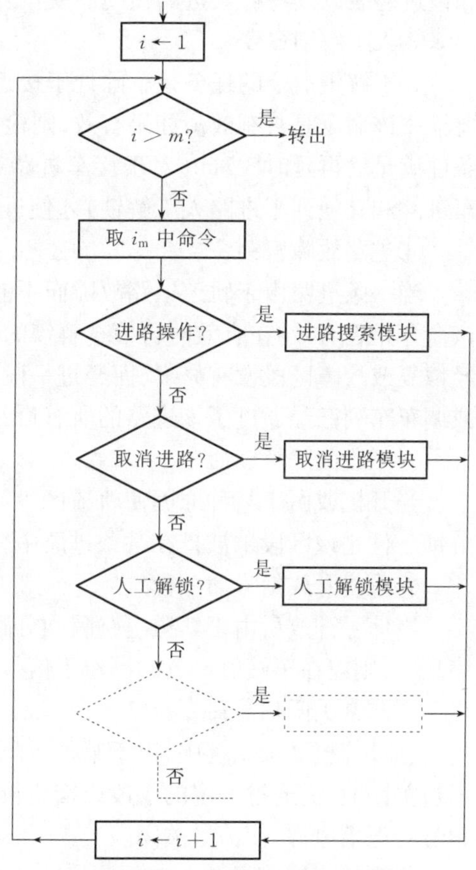

图2-19　操作命令执行模块

(1)操作命令类型与功能

由于操作人员难免有操作失误的可能，所以应尽量通过检验或判断使错误操作不致形成操作命令。因此，对应于按钮的操作有一个按钮操作分析程序，它的任务就是对输入的按钮操作进行分析。符合要求的形成操作命令存于操作命令表中，以便进一步处理；不符合要求的给出“操作错误”的语音及文字提示，提醒操作人员改正错误操作。根据联锁要求，即便是合法的操作命令也必须在规定的条件满足之后才能执行。当执行一条操作命令时，如果它的执行条件没有满足，则也应向操作人员提供“操作命令无效”的信息，以便操作人员采取相应措施，例如取消该命令或进行其他操作等。

①进路操作命令

进路操作命令的任务是选出一条具体的进路。在采用进路表静态数据结构时,该命令的任务是从进路表库中选取符合所选进路条件的数据形成进路表,并将该表存于进路总表中;在采用站场形静态数据结构时,该命令需要通过"进路搜索"从站场数据库中选出一组符合条件的进路数据形成进路表,存放在进路总表中。因此,进路操作命令的执行程序模块称为"进路搜索模块"。

②取消进路命令

取消进路命令的任务是取消已建立的进路。在执行该命令时,应首先检查是否已建立了需取消的进路。如果事先根本没有建立这条进路,则该取消进路命令是无效的。当存在需要取消的进路时,则必须检查:接近区段无车、防护该进路的信号机已关闭,以及进路在空闲状态。当这些条件满足时,才能取消进路。实际上,就是从进路总表中删除该进路表以及将有关进路锁闭的变量复原为解锁状态。

③人工解锁命令

人工解锁命令的任务是解除处于接近锁闭状态的进路。在执行该命令时,同样需要检查该命令是否有效。如果有效,则检查接近区段有车、信号关闭、进路空闲。上述条件满足后再延时 3 min(对于接车进路和正线发车进路的人工解锁)或 30 s(对于调车进路和其他列车进路人工解锁)才使进路解锁。

④进路故障解锁

当一条进路由于轨道电路故障而不能正常解锁时需办理进路故障解锁。首先检查该命令是否有效,在有效时再检查解锁的条件。故障解锁的条件是:故障的轨道电路已经修复或故障区段没有修复,而经过一段时间没有发现轨道电路再有变化,并检查列车或调车车列已经通过了该进路的所有道岔区段。

⑤区段故障解锁命令

当开机或由于某种原因使轨道区段不能解锁时,应分段按故障解锁方式使其解锁。解锁条件是该区段未被排在某条进路中,而且在空闲状态。

⑥重复开放信号命令

当信号开放后由于轨道电路瞬间分路或其他原因而关闭时,若开放信号的条件又满足了,则应在车站值班员的操作下信号才能重复开放。

⑦非常关闭信号命令

在计算机联锁系统中,由于某种故障原因而不能以取消进路、人工解锁等方式使信号机关闭时,需通过一定的手段或措施再按压一个特设的非常关闭信号按钮,强制切断信号继电器电源,使信号关闭。

⑧开放引导信号命令

当进站信号机因故不能正常开放时,可开放引导信号。引导信号开放时一般无联锁保证,引导信号的开放一般为非保留式。当其开放后能保持对进路中的有关道岔施行锁闭时，可采用开放保留方式，并应能随时将其关闭。

⑨引导锁闭命令

引导进路可按进路控制和单独操纵道岔方式建立。若引导进路上的道岔状态信息正确，则应锁闭进路中的道岔和敌对进路。否则应根据咽喉区道岔状态信息的反映情况，扩大锁闭道岔的范围，乃至实现全咽喉锁闭。

⑩引导解锁命令

引导锁闭在列车通过后，由引导解锁命令使其解锁。

⑪道岔单独操纵命令

在道岔未受区段锁闭、进路锁闭和单独锁闭的条件下，可单独操纵道岔。

⑫道岔单独锁闭命令

操作人员无条件地单独锁闭道岔。

⑬道岔单独解锁命令

操作人员无条件地解除道岔的单独锁闭。

(2)操作命令的形成与任务分配

从操作命令的执行对象上来分，可分为进路的操作命令、道岔的操作命令以及其他特殊任务的操作命令。

①进路操作命令的形成

进路的操作命令主要包括进路选路操作、关闭信号操作、解锁进路操作。

a. 进路选路操作

基本进路，一般由进路始端按钮和进路终端按钮组合形成一次有效操作。对于变通进路还要加上变更按钮才可以形成一次有效的操作命令。

长调车进路，以其第一条基本进路的始端按钮加最后一条进路的终端按钮组成一次有效操作。对于有变通进路的长调车进路也要加一个能够确定进路方向的变更按钮才可选出。

通过进路，始端按钮加通过进路的终端按钮才可形成有效操作命令。

引导进路，带密码的引导按钮。

b. 关闭信号操作

关闭信号操作有三种方式：取消按钮+进路始端按钮，人工解锁按钮+进路始端按钮，区段故障解锁按钮+进路中道岔按钮。

c. 解锁进路操作

对于正常的接发车进路，根据进路的状态一般采用取消进路、人工解锁进路、区段故障解锁方式来解除进路的锁闭，它们的共同点是由进路的控制命令按钮与进路中选路按钮或道岔按钮相组合才可形成有效操作。

②道岔操作命令的形成

道岔的操作命令主要包括定操、反操、单锁、单解、封锁、封解操作，道岔的控制命令按钮与道岔按钮相组合才可形成有效操作。

③其他特殊任务操作

其他特殊任务操作的办理,只有选择相应的按钮才可形成有效操作。

操作命令形成后要进行任务的分配,根据操作命令的类型分配给相应的功能模块,进行进一步的判断与处理。调度模式如图 2-20 所示。

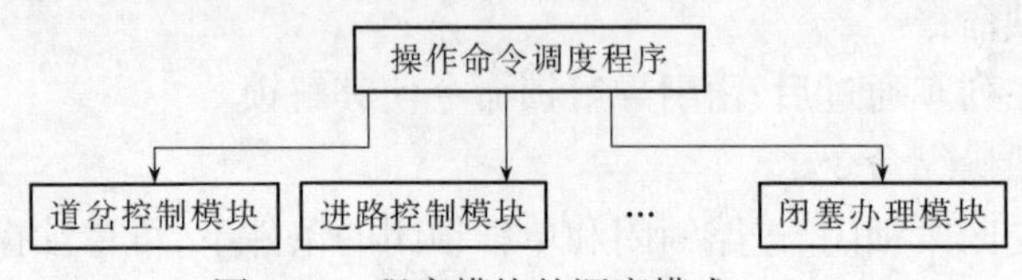

图 2-20　程序模块的调度模式

对应每种操作命令都有一个执行程序子模块。这些子模块按一定的程序控制方式联系在一起就构成了操作命令执行模块。这种结构符合结构化程序设计,便于对模块进行独立设计和调试。

(3)道岔控制程序的实现

①道岔控制技术条件的检查

a. 道岔总定位、总反位

检查道岔锁闭情况,如果道岔被进路锁闭和单锁,则不允许转换道岔;

检查道岔所在区段是否有车占用,如果占用,则不允许操作;

检查道岔所在区段的侵限绝缘情况,如相邻区段有车,则不允许操作;

检查双动道岔的另一道岔及其所在区段是否被锁闭或有车占用,如果锁闭或占用,则不允许操作;

道岔转换时间如果超过 13 s,则取消控制命令,并给出提示"命令不能执行"提示。

b. 单锁、单解

道岔未被封锁;

道岔不在转换之中;

单锁后允许排列经锁闭道岔位置的进路,但不能转换道岔;

单解道岔应在满足相应的检查条件后方可进行。

c. 封锁、封解

道岔未被进路锁闭;

道岔未被单独锁闭;

道岔不在转换之中;

在对设备进行维护或维修时,锁闭后不允许再排列经该道岔的进路。

②道岔操作命令程序的结构流程

道岔操作命令的处理模块是一个相对独立的部分,不与进路的处理发生联系,有较好的独立性,实现的技术条件也比较简单。该模块的总体结构流程如图 2-21 所示。

接收道岔控制命令并确定任务类型

检查道岔控制任务的相应技术条件是否满足，如不满足清除该命令，如满足则进行下一步

发出道岔控制命令，并检查命令的执行情况，执行完成则清除相关任务表，如不能实现则给出提示

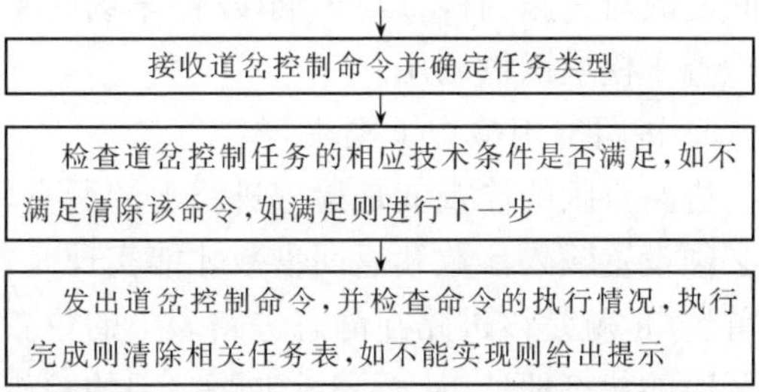

图 2-21　道岔控制程序的总体结构流程

4. 进路处理程序

进路处理程序是联锁程序的核心部分，对进路的处理采用进程控制方式。进路的处理主要包括进路搜索和进路处理。

(1)进路搜索程序

进路搜索程序根据形成的进路操作命令搜索进路，选出符合进路需要的静态数据，构成一个进路表，并存于进路总表中。目前广泛采用的进路搜索方式有动态生成进路和从进路表中选出进路两种。

①动态生成进路

动态生成进路方式把站场中所有设备作为进路中的一个节点，根据进路中的相关节点之间的关联关系，从进路始端向进路终端搜索出一条符合要求的进路并存储到进路控制表中。但从经验及理论分析得知，最佳的方式是从进路终端向进路始端进行搜索。

②从进路总表中选出进路

从进路总表中选出符合进路需要的静态数据，并存于进路控制表中。这种方式是事先把与进路相关的数据都存于进路总表中，在进路总表中指明各设备之间的联锁关系，从而便于进路的处理。

上述两种进路搜索方式各有优缺点。动态生成进路的方式不必事先存储大量的数据，节省了存储空间，也避免了因手动输入数据而产生的人为差错。但是这种方式对程序的要求很高，程序必须是完善的和可靠的才可以使用。静态进路表方式大大减少了搜索程序的复杂程度，而且搜索速度快，但较大站场的静态数据量是很庞大的，需要很大的内存空间才行。

目前计算机的发展已经解决了内存的容量限制问题，所以综合上述两种方式，最佳的方案就是采用计算机辅助设计(CAD)方式来生成静态进路表，在CAD中设计出一套完整成熟的进路搜索程序来完成进路表的制作，从而避免了手工输入进路表而产生的人为错误，大大提高了联锁程序的效率和可靠性。

(2)进路处理模块

进路搜索完成后，联锁程序将进入进路处理模块。进路处理包括进路的选排一致检查、进路锁闭、信号开放并保持、进路解锁，其中进路解锁又包括进路正常解锁、取消进路、人工延时解锁、故障解锁等。

一般进路处理模块通用的子模块可划分：标准检查子模块、进路处理基本子模块。

①标准检查子模块

进路处理过程中，不少地方需检查进路空闲、道岔位置正确、照查条件（包括两咽

喉间的敌对进路的检查与车辆段/停车场联系等)是否满足等。对此,可设计相应的标准检查子模块以供调用。

a. 进路空闲检查子模块

进路空闲的检查就是检查进路上的所有轨道区段都无车占用或轨道电路故障,因此必须设置输入参数和返回参数才能实现完备的检查。输入参数主要是所要检查进路的首址,也就是该进路在静态进路表中的位置。这样就可从静态进路表中提取进路上各区段的状态地址,从而完成进路空闲的检查。检查完成后,有两种情况:一是进路空闲,二是进路不空闲,要把进路的状态通知给调用它的模块就必须设置返回参数,并在参数中指明进路处于上述两种情况中的哪一种状态。该子模块的流程如图2-22所示。

b. 道岔位置检查子模块

道岔位置检查就是检查进路上的道岔开通位置是否满足进路建立的状态。与进路空闲的检查处理方式相类似,也是从静态进路表中找到要检查道岔的首址,将从道岔动态控制表中采集到的道岔位置与进路建立所要求的位置相比较,来确定道岔的位置是否正确,同要在返回参数中指明检查的结果。输入参数就是进路在静态进路表的地址。该子模块的流程如图 2-23 所示。

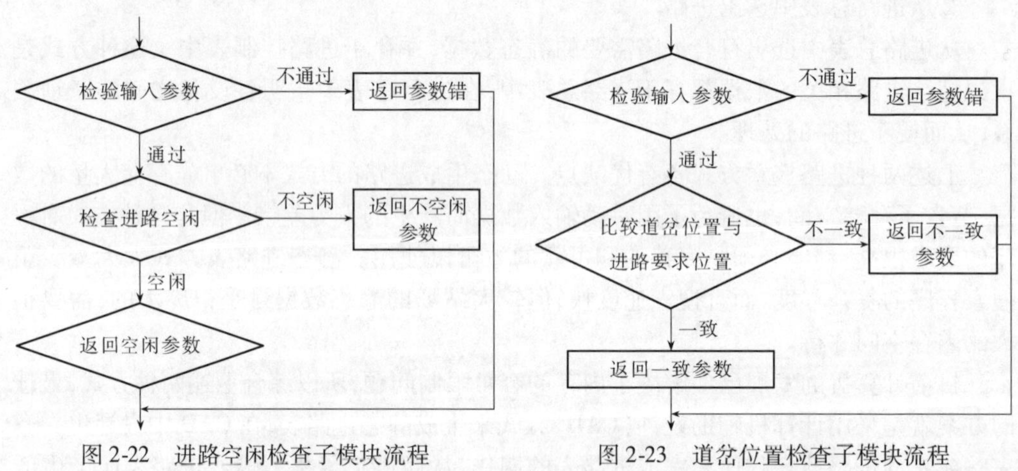

图 2-22　进路空闲检查子模块流程　　图 2-23　道岔位置检查子模块流程

c. 照查条件检查子模块

照查条件就是指与该进路有联锁关系。有的进路有照查条件,有的进路没有照查条件,但总可以建立一个标准的照查条件检查模块,通过设置一个或几个照查参数来反映照查条件(如果无照查条件就设控制参数为0)。

d. 进路控制表设置子模块

当完成进路搜索并找到要处理的进路时,下一步就是对进路的处理了。采用进路控制表来实现进路的控制。要把找到的进路及其相关参数转移到进路控制表中,以便于控制。进路控制表的维数就是一个站场能够同时排列进路的最大数。一个进路控制的长度就是所有与进路控制相关的参数长度的总和。可采用插空的方式来添加进路控制表。从进路控制表的第一行向下扫描,当找到空闲的一行时就把进路的控制参数添加以该行中。在进路处理时,根据该条进路的进程来实现各功能模块间的转换与处理。

②进路处理基本子模块

a. 进路选排及道岔控制命令生成子模块

当执行了进路操作命令选出一条进路后,在该进路的进路表中首先将进程标志设置成选排标志。当程序进入进路处理阶段而对进路进行处理时,可根据选排标志进入进路选排子模块。

进路选排子模块完成进路的选路功能,检查道岔位置是否符合进路要求。其基本流程如图2-24所示。

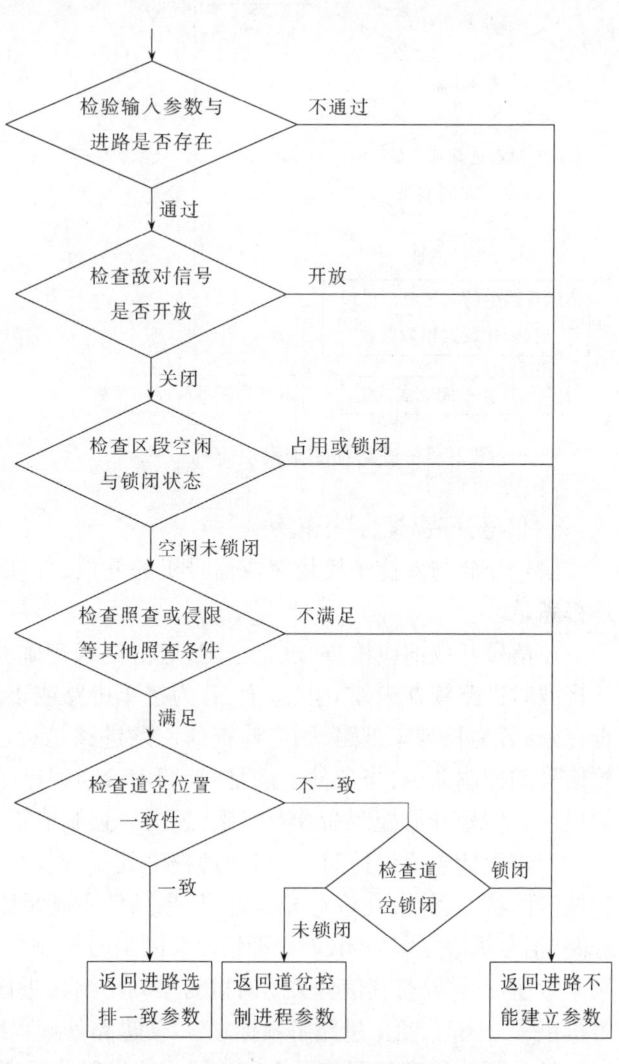

图2-24　进路选排一致检查子模块流程

在这个模块里要检查所有与进路建立相关的条件,如果条件不满足则说明进路不能建立;如果条件满足,则将进路的进程标志置成锁闭标志,为执行锁闭模块做准备。当进路中某一道岔位置不符合要求时,则生成相应的道岔控制命令。在生成道岔控制命令以前,检查道岔所在区段是否空闲,该道岔是否被单独锁闭。

道岔控制命令的保持时间不大于规定的时间,若超过规定时间道岔仍选排不一致,则强制取消该操作命令。

b. 进路锁闭子模块

当进路处理模块的进路标志为锁闭标志时,进路处理程序转到执行进路锁闭子模块。

进路锁闭是在进路选排一致后,表明进路建立条件成立的情况下,把进路中的区段、道岔及各种锁闭变量设置为相应锁闭状态或标志。进路锁闭前必须检查满足进路建立的条件,这些条件是:进路中的所有区段空闲,包括侵限的道岔区段;道岔位置正确;照查继电器吸起。在条件满足时,实现进路锁闭;在条件不满足时,调用诊断程序,分析不能锁闭的原因,给出提示信息。

进路锁闭子模块流程如图 2-25 所示,其中进路建立条件的检查流程如图 2-26 所示。

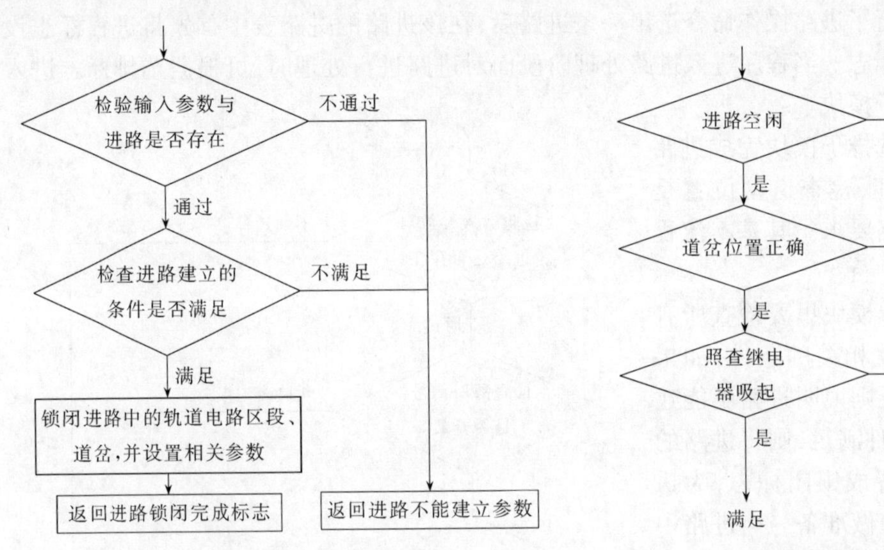

图 2-25　进路锁闭子模块流程

图 2-26　进路建立条件的检查流程

c. 信号开放与保持子模块

信号开放与保持子模块完成信号机的开放,并在信号开放后检查信号开放的条件是否满足。

在信号开放前应检查:进路空闲;道岔位置正确并锁在规定的位置;道岔条件满足并将敌对进路锁在未建立状态上;若为接车进路或正线发车进路,则应检查红灯灯丝是否完好;若为长调车进路,则应检查前一条进路是否已开放信号。条件满足时,给出开放信号的控制命令;当条件不满足时,调用诊断程序,分析信号不开放的原因,给出相应的提示。信号开放控制命令有时限,超时应强制取消开放命令。

当进程标志为保持时,进路处理程序处于保持信号开放阶段。在该阶段应持续地校核进路状态,检查允许灯光完好,如果条件不满足则马上关闭信号机。列车一旦驶入进路,信号机应立即关闭,即立即给出关闭信号控制命令。但对于调车进路来说,考虑到调车中途折返情况,其信号关闭时机为车列出清接近区段或出清进路的第一区段。当信号机正常关闭时,给出进路解锁标志,以便进路处理程序自动进入进路解锁子模块。

信号开放程序流程如图 2-27 所示,信号保持程序流程如图 2-28 所示。

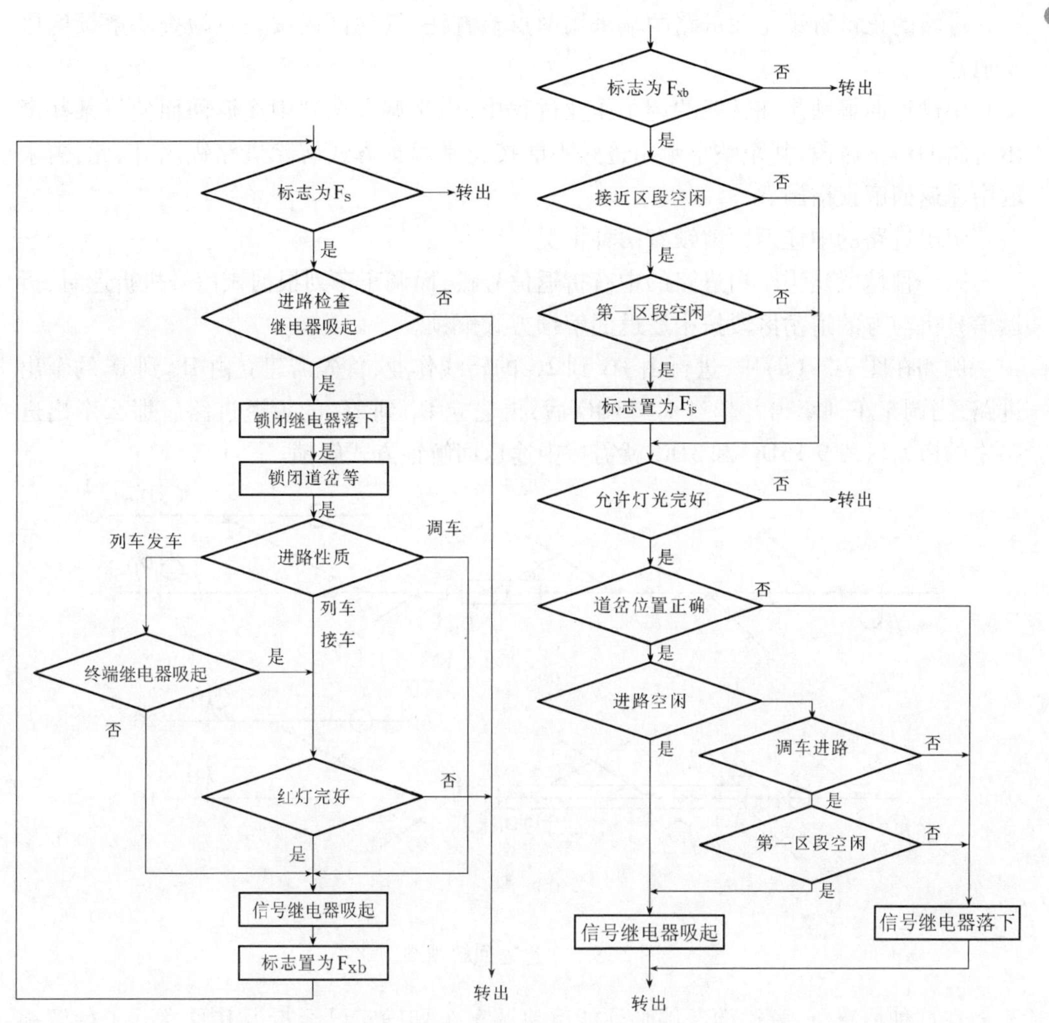

图 2-27　信号开放程序流程　　　图 2-28　信号保持程序流程

d. 进路正常解锁子模块

当进路处理的进程标志为解锁标志时，进路处理程序进入进路自动解锁阶段。在该阶段要确定调车信号的关闭时机，实现进路正常解锁，以及实现中途返回解锁。与这三个功能相应地设三个程序模块：确定调车信号关闭时机的模块；正常解锁模块；中途返回解锁模块。

调车信号关闭的时机：一是当调车车列进入信号机内方第一区段且出清接近区段时；二是当接近区段留有车辆时，当调车车列出清信号机内方第一区段并压入下一相邻区段时。

进路的正常解锁是在进路两端采用两点检查法,其他区段按三点检查法解锁区段及道岔。

中途返回解锁是在转线的调车作业过程中,由于调车车列中途返回而使得某些牵出进路的道岔区段,甚至整个牵出进路不能按正常解锁方式解除进路锁闭,因此,需采取中途返回解锁措施。

牵出进路的中途返回解锁有两种情况。

第一种情况是当牵出进路的中有折返信号机,而调车车列根据该信号机折返时,折返信号机前方的道岔区段按中途返回解锁方式解锁。

例如在图 2-29(a)中,进行由 1G 到 2G 的转线作业,首先需建立由 D_{17} 到 D_7 的牵出进路,当调车车列牵出并越过 17-23DG 后,再建立 D_{13} 到 2G 的折返进路。那么牵出进路中的道岔区段 9-15DG 和 3DG 就需按中途返回解锁方式解锁。

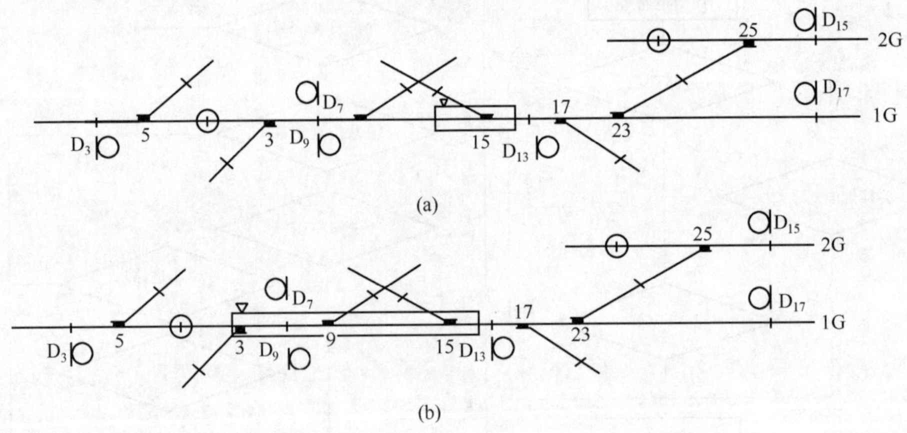

图 2-29 中途返回解锁举例

在这种情况下,解锁的条件必须能反映调车车列确实已经折返并且离开了待解锁的区段,而且这些条件不会由于轨道电路瞬间误动而造成。于是选取如下条件作为中途返回解锁的依据:在牵出进路中有折返信号机;该折返信号机曾开放过;待解锁的各个轨道区段已经空闲;折返信号机内方第一轨道区段有车占用。这些条件满足后,足以表明调车车列确实折返而又出清了待解锁的轨道区段。

另一种中途返回解锁的情况出现在当转线的调车车列较长,需为它办理多条基本进路相衔接的牵出进路时。在如图 2-29(b)所示的线路上,同样办理从 1G 到 2G 的转线作业,首先办理了由 D_{17} 到 D_3 的牵出进路,调车车列在牵出过程中占用过 D_7 到 D_3 的进路后,又根据折返信号机 D_{13} 信号返回 2G。这时,由 D_7 所防护的区段无法正常解锁,而需要用第二种中途返回解锁方式使其解锁。

第二种中途返回解锁的条件是:(牵出)进路曾被占用过,调车车列未驶入过该进路;进路已空闲的同时,它的接近区段有车,即调车车列已退出进路;进路的接近区段又空闲,调车车列确实折返离开进路了。

调车进路中途返回解锁程序流程如图 2-30 所示。

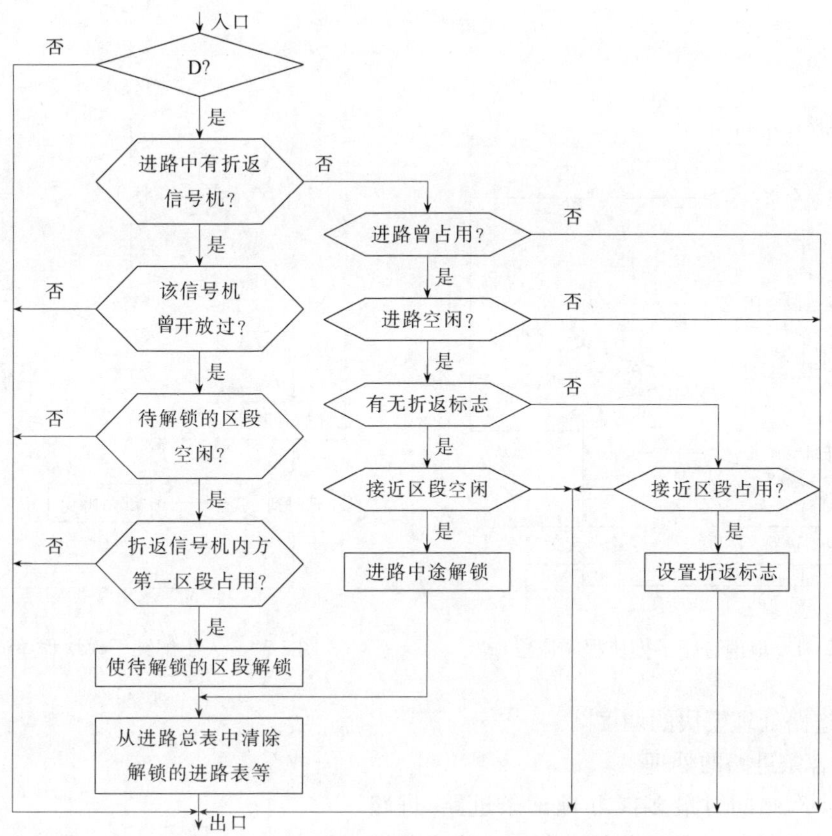

图 2-30　调车进路中途返回解锁子模块程序流程

e. 取消进路子模块

在进路完好的情况下,有时根据作业需要取消已建立的进路,以让其他的作业能够实现,这时就要采用取消进路的方式来解除进路的锁闭。另一种情况是,进路中的区段或道岔瞬间发生故障又恢复,此时信号机已关闭,也可用取消进路的方式解锁进路。取消进路子模块程序流程如图 2-31 所示。

在进路接近区段有车,进路处于接近锁闭的情况下,要使进路解锁必须采用人工解锁,延时解除进路锁闭。人工解锁子模块程序流程如图 2-32 所示。

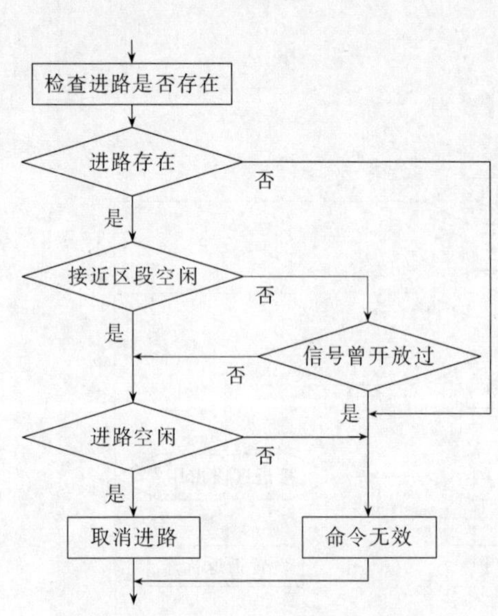

图 2-31　取消进路子模块程序流程

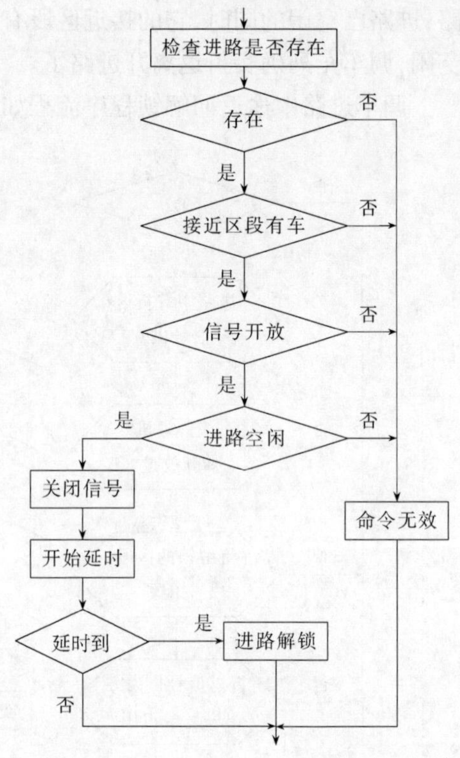

图 2-32　人工解锁子模块程序流程

③进路处理模块的调度

a. 各条进路的处理

一个车站同时最多能办理 x 条进路,进路总表中最多存有 m 条进路的进路表。当主程序进入进路处理阶段时,对进路总表中各条进路处理一遍而后转出。假设进路总表中的存放进路的单元为 i $(1,2,3,\cdots,m)$,单元 i 中可能存有进路,也可能是空着的。进路处理总流程如图 2-33 所示。

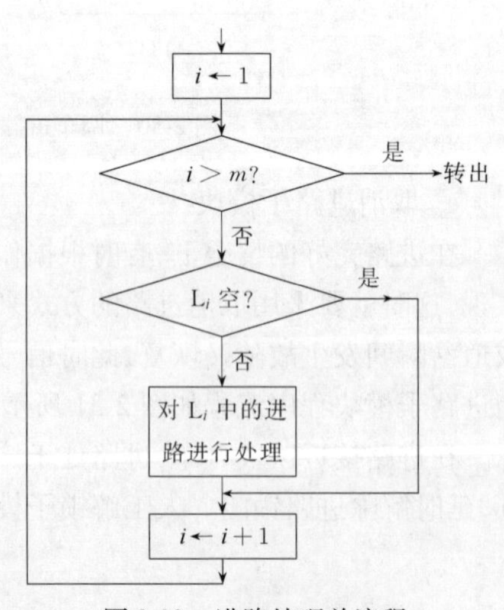

图 2-33　进路处理总流程

b. 一条进路的处理

在对某一条具体进路进行处理时,分五个阶段,并按照顺序方式进行处理。每次进入一个阶段时,其执行条件可能满足也可能不满足。为了不延误时机,当条件满足时,处理完毕后立即处理它的后续模块;若条件不满足,则立即转出而对另一条进路进行处理。一条进路处理流程如图 2-34 所示。

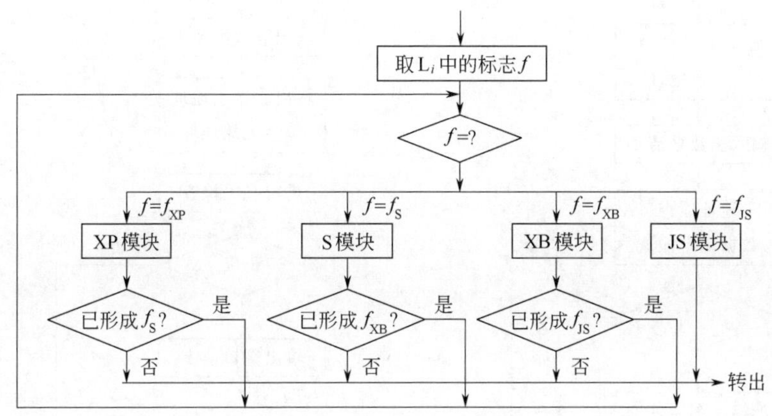

图 2-34 一条进路处理流程

5. 过程输入输出程序

在联锁运算中,需要实时读取现场设备的状态和向转辙机、信号机输出控制命令。这里的过程输入指完成将现场的设备状态读入联锁机的过程,过程输出指向现场设备输出控制命令的过程,相应的有完成现场设备状态输入的安全输入程序,向现场设备输出控制命令的安全输出程序。过程输入输出程序流程如图 2-35 所示。

(1)安全输入程序

安全输入程序由输入清零、读入数据和置回执三个模块组成。

①输入清零模块

输入清零模块的功能是输入表清零。

为了实现输入设备与输入口的一一对应,为每一个输入设备设一个说明表,表中存放该备的名称、输入地址和输入的状态数据,将所有输入设备的说明表集中存放,称作输入表。

为了实时输入动态数据,将输入表中的输入地址、输入数据均清为无效数据,保证每一次输入的数据都是现场设备的实际数据,防止因输入口故障造成数据的长久不变。例如,某一个道岔,上一次的输入数据表示该道岔在定位,输入前不将其清为无效,这时若输入口故障,使得本次输入没有采集进来,联锁程序就会误把上次的数据当作此时的设备状态而进行联锁运算,这是很危险的。

②读入数据模块

读入数据模块的功能是读输入口数据并进行数据分离。

将全部用到的输入数据端口的数据读入到输入表中的对应字节中去,将每一输入端 8 位或 16 位数据分别处理后送入到数据输入缓冲区中去,进行有关的检查。

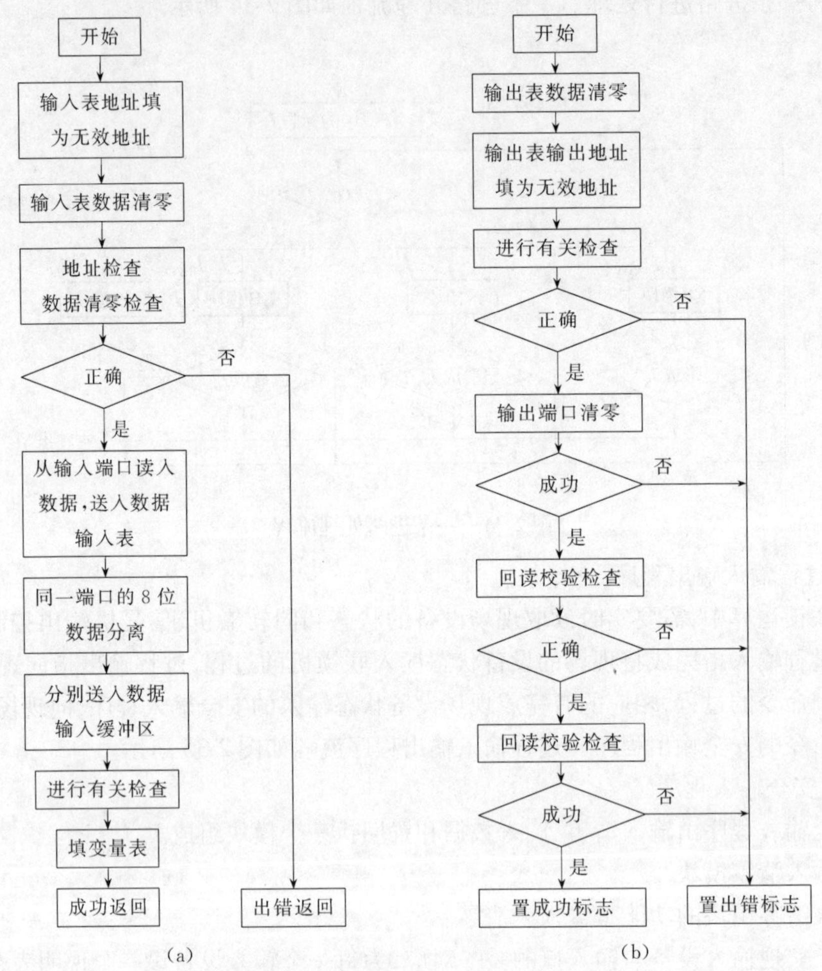

图 2-35　过程输入输出程序流程图

③置回执模块

置回执模块的功能是将输入缓冲区中的数据处理后送入动态变量表。

先进行数据转换处理，把输入缓冲区中的数据取出后，判断对应的继电器状态，填写对应的动态表（即联锁运算程序同安全输入程序的接口数据区）。再检查动态变量表，根据检查的结果设置相应的标志，如信号曾开放标志等。若此次读入程序运行成功，设置成功返回标志；若不成功，设置不成功返回标志，以便主程序能够知道该程序的运行情况，并且通过返回标志得知不成功的原因及故障点。

(2)安全输出程序

在驱动继电器前必须作最后的输出数据一致性检查。检查的内容是：两套软件的输出一致性校验、输出回读校验、设备名称校验、输出地址校验、输出回读地址、输出位地址校验等。在各种校验中,最重要的是对两套软件的输出表进行一致性校验,不一致时不能输出。

输出模块由输出模块 0 和输出模块 1 组成。

输出模块 0 的功能是:将全部的输出端口清零,将输出表数据清零,进行回读检查,进行输出表与输出回读校验表数据一致性检查。

输出模块 1 的功能是:将有吸起输出控制命令的继电器对应的输出通道输出指定代码,按一定的时间间隔不断调用输出模块 0 和输出模块 1,使有吸起命令的继电器吸起。为了实现故障—安全原则,采用动态输出方式,即连续数目的变化输出为有效的控制命令输出。因为,当输出口故障时,会导致输出保持一种状态不变。若将控制命令的输出指定为一种稳定状态,就有可能使故障时的输出与控制命令的输出相一致,造成危险输出,这是不允许的。

安全输出程序的算法如下:

①调用输出模块 0

②检查有无控制命令

从输出控制命令表(由联锁程序填写)中取出控制变量,检查有无控制命令。若有控制命令,对控制命令进行处理。即将有控制命令的输出继电器在输出表中的对应位置位高电平。

③调用输出模块 1

④输出安全性检查

进行各种输出安全性检查,无误后从输出表中取出数据送往输出端口。

⑤一致性检查

将输出数据与输出回读数据及地址进行一致性检查,一致时输出,不一致时不输出。

6. 提高软件可靠性的措施

软件可靠性一般指软件本身完成指定功能的能力。对于联锁程序来说,就是指程序本身是否能正确地实现联锁要求。软件的缺陷或故障是指在开发设计阶段考虑不周造成的。在投入使用前,尽管经过检验和调试,也可能有潜在错误未被发现。提高软件可靠性的措施,类似于提高硬件可靠性的措施,也是从避错、检测和屏蔽三方面来考虑的。在设计联锁处理程序时,参考设计继电集中联锁的经验,采用结构化设计方法,采用车站模拟系统对软件进行检验都是避免错误的重要措施。

在计算机联锁系统中,检测软件故障的技术多采用双软件技术(软件冗余),即针对同样联锁条件,由不同设计者,采用不同的数据结构、不同的程序结构甚至不同的语言设计成两套程序,将其运算的中间结果和最终结果进行比较,当比较一致时才有控制输出。在现实的计算机联锁系统中,有的将两套程序由一台计算机执行,有的将两套程序分别由两台计算机执行,甚全有的由两台计算机各执行两套程序经过两次比较来检验运算结果的正确性。

软件故障屏蔽技术主要是采用三个功能相同的软件(三台计算机分别执行或单机执行),就其运算结果进行多数表决。只要任何两个运算结果相同时,表决的输出即为可靠的。但目前的计算机联锁系统中还没有采用单机执行三个软件的系统。

应当指出,软件可靠技术虽然是针对软件故障设计的,但它对硬件故障和数据故障均有反映,所以从效果上看,它不仅是提高了软件可靠性,而是提高了整个系统的可靠性。

第三节 计算机联锁系统的通道与接口

计算机联锁系统通道与接口指计算机联锁系统与外部设备的联系通道与接口,包括开关量输入通道、开关量输出通道以及故障—安全输入/输出接口,而不是通用的标准接口。

一、计算机联锁系统输入、输出信息与接口

1. 计算机联锁系统输入/输出信息的性质

计算机联锁系统从外部设备采集状态信息,向外部设备发送驱动命令。计算机联锁系统和外部设备之间有大量的信息交换。这种信息交换具有两种性质:一是开关性;二是安全性。

(1)开关性

外部设备向联锁机提供的输入信息具有开关性。信号机的状态信息有开放和关闭,亮灯和灭灯。道岔的状态信息有在定位和在反位,在锁闭状态和解锁状态。轨道电路的状态信息有空闲状态和占用状态。操作信息有按钮按下和复原。在实际系统中均是用具有两个状态的器件(也称作二值器件),如继电器来反映。在处理时需要用开关量输入通道将它的两种状态转换成二值逻辑量才能送到联锁机中参与联锁运算。同样,联锁机的输出信息也具有开关性,同样需要用开关量输出通道将二值逻辑量变换成二值执行器件的动作信号。

(2)安全性

输入、输出信息的安全性是根据其与行车安全的关系来确定的。一类是与安全无关的信息,称做非安全信息;另一类是与安全有关的信息,称做安全信息。联锁机和控制台之间所传送的信息,无论是操作信息还是表示信息,都是非安全性的,因此可以采用通用的输入输出通道和接口,勿需采取故障—安全技术措施。联锁机和监控对象之间交换的信息属于安全信息,因此必须考虑当输入输出通道发生故障时,一定使传送的信息导向安全侧。为此,在通道设计上必须采用安全输入/输出接口,以保证传送的涉

及安全的信息经由接口电路时，不致因接口电路本身的故障而错误地产生危险侧信息。

2. 计算机联锁系统接口的采用

非安全接口是不涉及行车安全数据的接口，无论是并行还是串行，均可采用通用的标准接口。

对传输安全数据的串行接口电路来说，可采用编码理论中的差错控制技术发现数据是否因故障而发生错误，从而可用检测数据出错的方法使系统输出不会产生危险侧信息。所以这种接口也可以采用标准通用接口。

传输安全数据的并行接口电路，不能简单地用通用标准接口，由于不能用编码控制数据传输的错误，而且标准开关量输入输出接口电路的故障模型属于逻辑层的固定型故障，若以电平信号(0、1)作为开关量信号，则在接口电路发生故障时，不能保证开关量的值必然导向安全侧。

状态信息的采集采用动态输入的方式，计算机按规定格式周期地输出代码，该代码经继电器接点输入到计算机中去。计算机可通过检验输入的代码是否畸变来判断输入电路是否失效。

控制信息的输出采用动态驱动的方式，将控制码以串行方式输出。该动态输出经由静态鉴别电路以驱动继电器工作。如果计算机系统内部采取了故障—安全措施，也可采用静态驱动方式。

尽管利用编码理论可以实现电子电路内部的故障—安全要求，然而目前对安全性信息的输入和输出仍由继电器来完成。

二、开关量输入通道

开关量输入通道是将二值开关量信息变换成计算机能接收的两种电平信号，并抗干扰，保证输入信号的正确性。开关量输入通道框图如图 2-36 所示。

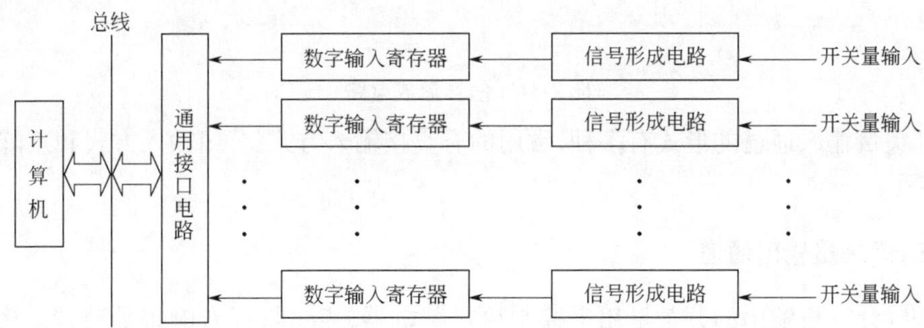

图 2-36　开关量输入通道框图

开关量输入通道一般由信号形成电路、数字输入寄存器、其他通用接口组成。其特点是每个二进制位都可以代表开关量，即一个二值器件的状态。

信号形成电路应具有变换、隔离和去抖功能。

1. 变换

对于有触点的开关来说,例如继电器接点,要把它的“通”与“断”两种状态变换成计算机能识别的“0”和“1”。

2. 隔离

为防止现场强电磁干扰或工频电压通过输入通道反串到计算机系统中,需要采用通道隔离技术。在开关量输入通道的隔离中,最常用的是光—电隔离技术,因为光信号的传输不受电场、磁场的干扰,可以有效地隔离电信号。

3. 去抖

有接点的开关元件,在接点刚刚接通或刚刚断开时,有机械振动,这种抖动对继电器来说不会产生影响,而计算机对此是敏感的,抖动可能使检测结果出错。一般可以用硬件电路去抖,也可以用软件延时的方法去抖。

信号形成电路可有多种形式,图 2-37 所示为两种开关信号形成电路。它们用光电耦合器将接点输入侧与计算机输入侧进行隔离。两者的区别仅在于滤波电容的位置不同。

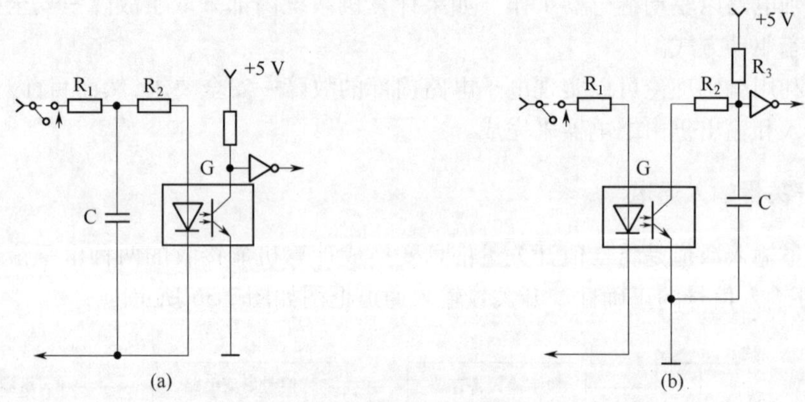

图 2-37 信号形成电路

开关量输入通道的形式有多种,常用的有直接输入方式、分组输入方式和矩阵输入方式。

三、开关量输出通道

联锁计算机输出的开关量用来控制执行继电器、表示灯或音响报警装置。图2-38是开关量输出通道的一般组成框图。该图与图 2-36 相比,它们的构成形式基本相同,只是信号的流通方向相反而已。数字输出寄存器的每一位可控制一个开关量,也就是去控制一个继电器的励磁或失磁,一个表示灯的点亮或者熄灭,一个扬声器的响与不响等。

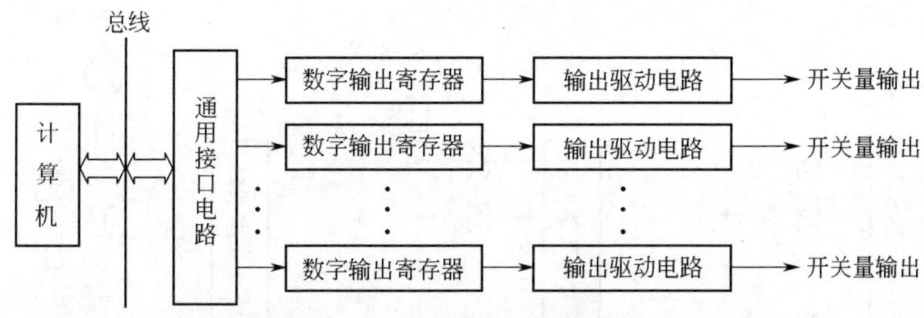

图 2-38　开关量输出通道框图

开关量输出通道的主要功能：一是提高驱动能力，将 TTL 电平信号转换成能驱动继电器等执行器件的信号；二是实现计算机与外部设备之间的电气隔离，防止干扰信号侵入，保证系统可靠工作。

1. 继电器输出接口

继电器输出接口如图 2-39 所示。CPU 执行输出指令使输出寄存器相应位置“1”，高电平信号加到光电耦合器输入级使它导通，其导通电流使继电器励磁；当输出指令使输出寄存器相应位置“0”时，光电耦合器截止，继电器失磁。这种接口方式，其输出既可用于高压场合；也可用于低压场合，既可适用于大电流，又可适用于小电流，这主要取决于继电器接点所能承受的电压及流过的电流的大小。继电器线圈和触点没有电的联系，因此继电器输出接口还兼起隔离作用，在有的场合可省去光电隔离器件。

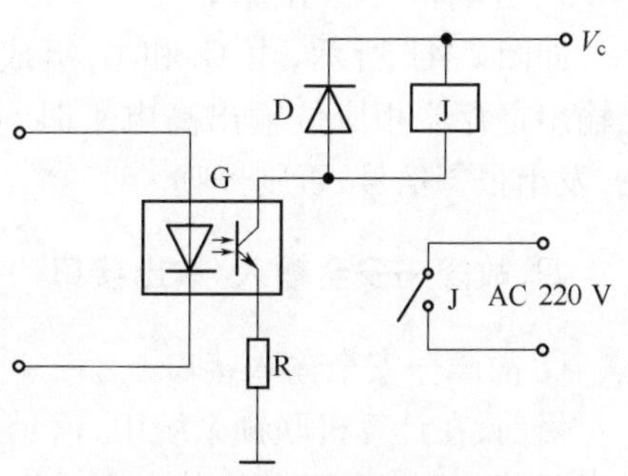

图 2-39　继电器输出接口

但是，由于继电器采用电磁吸合方式，在开关瞬间，接点容易产生火花引起干扰；对接点施加交流高压时，接点容易氧化；由于继电器的驱动线圈有一定的电感，在关断瞬间可能会产生较大的电压，因此在继电器线圈一侧常反接一个保护二极管，用于反向放电。

2. 表示灯输出接口

发光二极管(LED)的点灯一般不必加驱动器，可由输出的 TTL 电平信号直接驱动，但要注意不同的接法，如图 2-40 (a)和(b)所示。其中(a)为输出高电平有效，(b)为输出低电平有效。表示灯的输出接口如图 2-40 (c)所示，应根据表示灯的规格选用驱动器件。

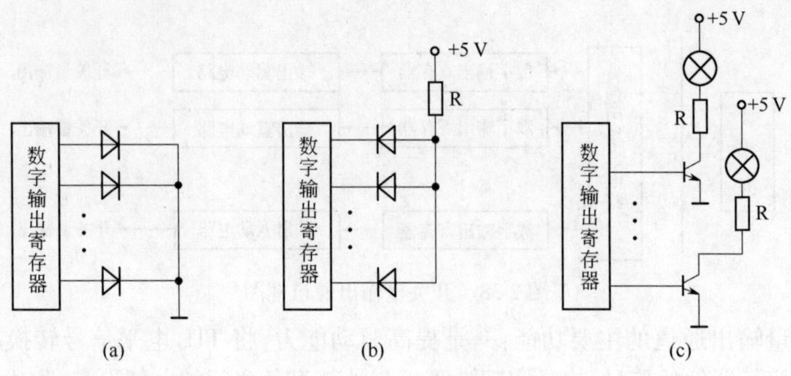

图 2-40　表示灯输出接口

3. 音响报警输出接口

如图 2-41 所示,由 G_1 和 G_2 组成驱动电路。当输出寄存器相应位输出高电平时,音响装置鸣响,发出报警信号,否则停鸣。

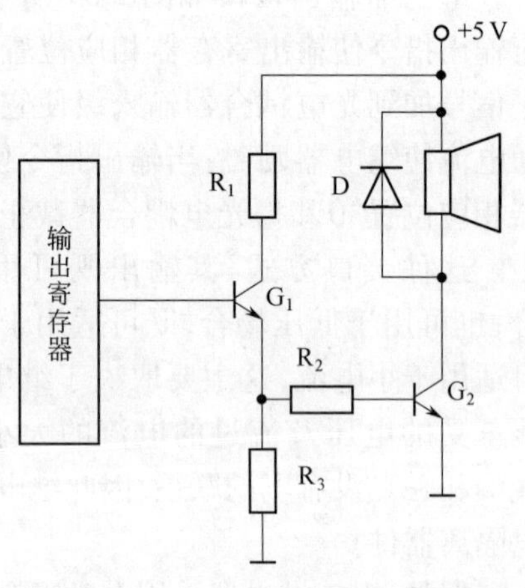

图 2-41　音响报警输出接口

四、故障—安全输入/输出接口

1. 故障—安全输入接口

目前,在计算机联锁系统中,信号机、道岔、轨道电路等监控对象的状态信息多是用安全型继电器的接点状态来反映的,通常用继电器的有能状态(励磁吸起)表征危险侧,如轨道电路区段空闲;用无能状态(失磁落下)表征安全侧,如轨道电路区段占用。显然,这是一种电平形式的二值逻辑数据。输入接口将这种数据安全地采集到联锁机中来。为此,故障—安全输入接口必须做到以下两点:

①采用光电隔离技术,以便有效地抑制接点输入电路的电磁干扰。

②采用静态输入或动态输入方式,以便有效地实现故障—安全原则。

(1)静态故障—安全输入接口

静态故障—安全输入接口采用编码方式,将反映监控对象状态的二值开关量用多元代码来表达。假设取码长为 n,则可组成 $2n$ 个代码。若取其中的一个代码代表危险侧信息,另取其补码作为安全侧信息,称这两个代码为合法码,那么余下的 2^n-2 个代码为非法码。当 n 足够大时,一个合法码错成危险侧代码的概率极小,而错成非法码的可能性很大。利用这种非对称的出错性质,就可以实现二值信息在存储、传送和处理过程中的故障—安全。

静态故障—安全输入接口的结构如图2-42所示,以继电器的前接点(危险侧)接通四个光电耦合器(G)中的发光二极管,光电耦合器的输出通过并行接口输入联锁机,当联锁机读入的代码为全“1”时,说明继电器在吸起状态,否则是落下状态或者输入电路发生了故障。只有当四个耦合器的输出级同时发生了短路故障才会产生全“1”的危险码,但这种概率极小,因此该电路是故障—安全的。理论上讲,代码的码元越多就越安全,但相应的电路也越复杂,如果通过不同的并行接口输入联锁机,还可对并行接口电路本身进行检测。

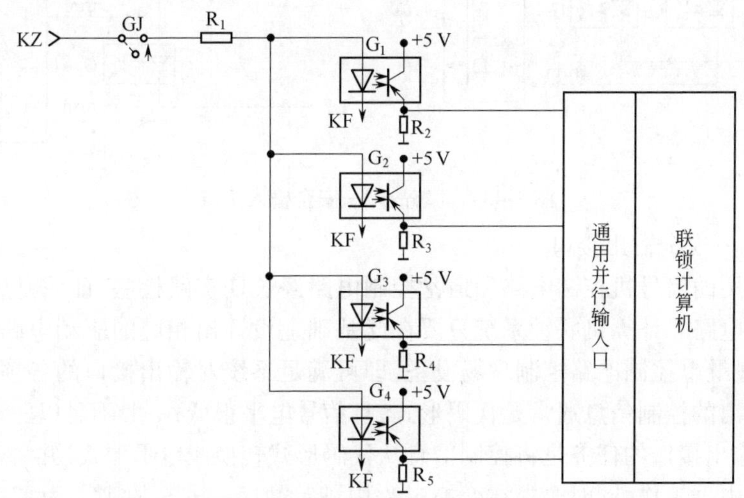

图2-42　静态故障—安全输入接口

(2)动态故障—安全输入接口

电路如图2-43所示,在图(a)中用了两个光电耦合器,光电耦合器G_1的输出级和G_2的输入级并联连接组成安全性校核电路,由电平信号(继电器接点)控制电源的通断。在继电器前接点闭合且电路未发生故障的情况下,计算机输出脉冲序列,则在输入端必然收到反向的脉冲序列信号,这就实现了高电平与脉冲串的变换。当继电器落下或电路发生故障时,G_2的输出端必然呈现稳定电平(1或0)信号,计算机读到该稳定信号,则表明收到了安全侧信息。这个电路采用了两个光电耦合器,以防电路故障时,计算机的输出脉冲窜到输入端。另外起到了电源隔离和一定的抗干扰作用,能确保输入信息的安全性。

但是,当接点输入电路发生故障而输出稳定电平时,联锁系统是不能发现的,将输入安全侧信息,虽然经联锁运算,控制输出的结果是安全的,但影响了整个系统的利用率。为此可采取冗余工作的方式,分别用两个通道同时输入一个接点的状态信息,当某一路发生故障而输出稳定电平时,可及时发现并排除。当采用多条(例如三条)通道同时输入一个接点状态信息时,如果某一通道发生故障时,不仅可以发现故障,而且还可采用多数表决方式判断有效的接点方式,显著地提高了系统的利用率。从计算机的角度来看,该电路又是闭环的,利用闭环原理还能够检测输入输出接口的正确性。在图(b)中,G_1的输出级与G_2的输入级串联连接,构成安全校核电路,其工作原理与图(a)基本相同。

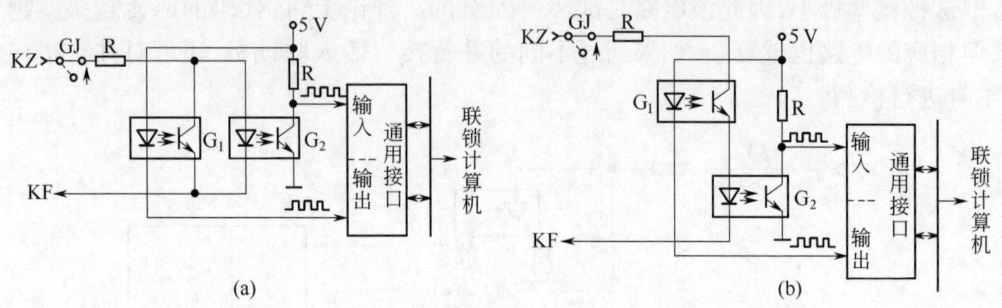

图 2-43　动态故障—安全输入接口

2. 故障—安全输出接口

广泛使用的信号机控制电路和道岔控制电路经长期实践检验,证明是确实可行的故障—安全电路。计算机联锁系统只要在此基础上设计出相应的驱动电路,带动继电器动作,通过继电控制电路控制现场设备,即可满足系统对输出接口的各项技术要求。而联锁机输出的控制信息通常是代码形式,且信号电平很低,一般不足以驱动继电器工作。为此,输出接口的任务是将控制信息从代码形式转换成电平形式,并将电平放大到足以驱动继电器工作,同时要求在变换过程中满足故障—安全原则。为了达到上述这一要求,在输出接口的设计中,一般采用代码→动/静态和动/静态→电平两级变换电路来实现。

(1)代码→动/静态变换电路

代码→动/静态变换电路是联锁机输出控制信息所必须经历的过程。这种变换可分成软件变换和硬件变换两种实现方式。

软件变换是根据逻辑运算结果(代码形式),在需要输出诸如“开放信号”或“转换道岔”等这类危险侧控制命令时,借助软件的执行使计算机不断输出脉冲序列。一旦当输出电路的任一点发生固定型故障,脉冲序列就自动地变成稳态输出,从而达到故障导向安全的目的。这种方式尽管节省了硬件,但占用了计算机的处理时间。

硬件变换可以采用移位寄存器来实现。例如图 2-44 所示的变换电路,计算机先将危险侧控制代码并行送入移位寄存器中,计算机再将寄存器中

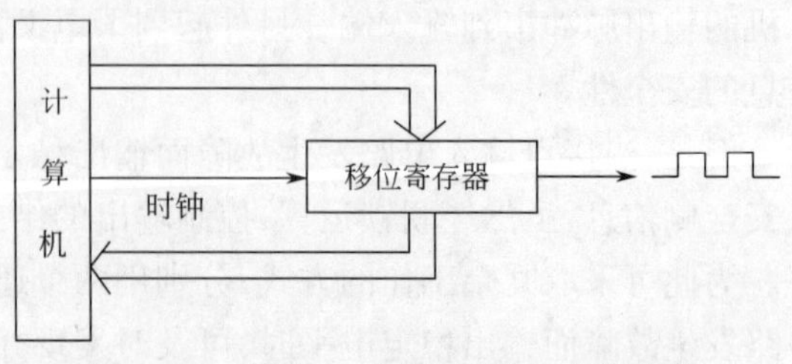

图 2-44　代码→动/静态硬件变换电路

的代码读入，检查代码正确后，启动控制时钟，推动移位寄存器串行输出脉冲序列，完成了代码→动/静变换。该变换电路，利用了闭环检测方法，当电路发生故障时不会有脉冲序列输出，故是故障—安全的。

(2)动/静态→电平变换电路

这是一种只有当输入为规定脉冲序列时，其输出才为高电平，而在其他任何情况下输出均为低电平的电路，所以称为动态鉴别电路、动态驱动电路或动态继电器电路。它一般是由控制命令输出光电隔离电路、驱动放大电路及继电器电路组成。

采用脉冲变压器的动/静态→电平变换电路如图2-45所示，它由光电隔离、脉冲放大电路和电磁继电器组成。脉冲序列经由光电耦合器后驱动脉冲放大电路工作，其输出经整流后使继电器励磁吸起，当电路输入固定电平信号时，由于脉冲变压器的隔离作用，其输出端不会有电压信号产生，继电器处于落下状态。电路发生故障时，变压器也不会有高电平输出，所以该电路是故障—安全的。

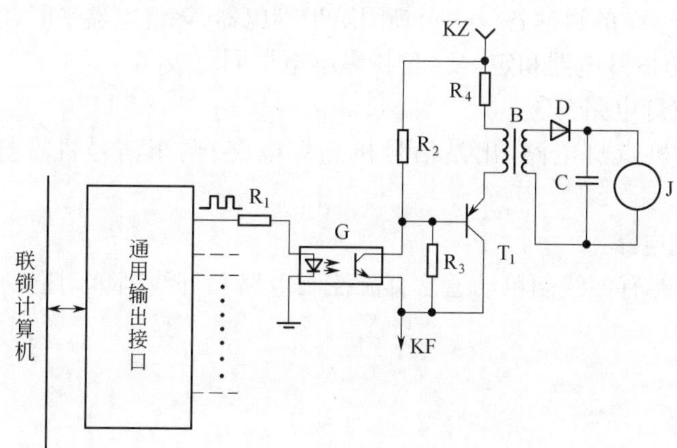

图2-45　采用脉冲变压器的动/静态→电平变换电路

其他类型的动/静态→电平变换电路见动态继电器。

五、采集信息和驱动命令的接口电路

1. 计算机采集的表示信息

计算机采集的表示信息由现场设备的状态信息和控制命令输出的反馈信息两部分组成。

(1)现场设备的状态信息

①道岔定位、反位表示继电器的前接点；

②信号机灯丝继电器前接点；

③轨道继电器的前后接点。

(2) 控制命令输出的反馈信息

①信号继电器的前接点;

②道岔操纵继电器的前接点。

上面列出的是主要的采集信息,由于各种站场的作业情况有所不同,采集信息也将有所差异。这些继电器的接点接在采集电路中,即将这些信息输入到计算机系统中去。

2. 计算机输出的控制命令

计算机输出的控制命令通过动态或静态的方式驱动继电器,包括:

(1)信号继电器

包括列车信号继电器、调车信号继电器、引导信号继电器。

(2)道岔操纵继电器

计算机联锁车站的道岔各设一组道岔操纵继电器。

(3)道岔锁闭防护继电器(SFJ)

计算机联锁车站的道岔各设一个锁闭防护继电器,该继电器平时在落下状态,当操纵道岔时,锁闭防护继电器和定(反)位操纵继电器同时吸起。

3. 信号机点灯电路

有进站信号机点灯电路、出站信号机点灯电路、调车信号机点灯电路。详见第八章。

4. 道岔控制电路

道岔控制电路有四线制单动道岔直流控制电路和五线制单动道岔交流控制电路。详见第八章。

第三章

TYJL 系列计算机联锁系统

TYJL 系列计算机联锁系统包括三取二的 TYJL-TR9 型计算机联锁系统、二乘二取二的 TYJL-Ⅲ型、TYJL-ADX 型计算机联锁系统，由中国铁道科学研究院通信信号研究所研制 。TYJL-Ⅲ型、TYJL-ADX 型计算机联锁系统用于城市轨道交通的车辆段/停车场和部分正线。

第一节　TYJL-Ⅲ型计算机联锁

一、系统结构

TYJL-Ⅲ型计算机联锁系统硬件结构分为联锁机、安全智能 I/O 模块、监控机、维修机和综合配电柜 5 部分。TYJL-Ⅲ型计算机联锁系统结构如图 3-1 所示。

联锁机由两套高可靠的工控机系统组成，采用二乘二取二热备的冗余方式工作。每套工控机系统由主机和从机构成。主机和从机分别进行独立的联锁运算。

采集驱动单元采用安全智能 I/O 模块 FIMI/O，FIMI/O 模块为二乘二取二冗余结构，由安全智能采集模块（FIMI）和安全智能驱动模块（FIMO）构成。每个安全智能模块由内部双 CPU 完成控制、通信及自检任务，通过双 CPU 比较一致后才执行联锁机的驱动命令，提高了系统的安全性。每个安全智能模块通过双套热备的方式提高系统的可用性，一旦其中某一个模块故障，其备用模块可以保证系统无间断的工作。

联锁机和安全智能 I/O 系统之间通过高可靠的现场总线 CAN 进行通信。采用双 CAN 总线方式的冗余通信，可以实现安全智能 I/O 系统与联锁控制系统间的实时、可靠的数据通信。

两台监控机不分主机与备机，系统运行时两台监控机上的控制命令均有效。单台监控机发生故障，不影响整个系统的正常工作。

系统中采用了多种安全保护措施，如故障安全措施、系统自诊断技术、硬件冗余容错技术、编码技术等，具有很高的安全性和可靠性。

二、联 锁 机

联锁机柜安装联锁逻辑子系统（IL）、联锁切换单元、输入子系统（安全智能采集）

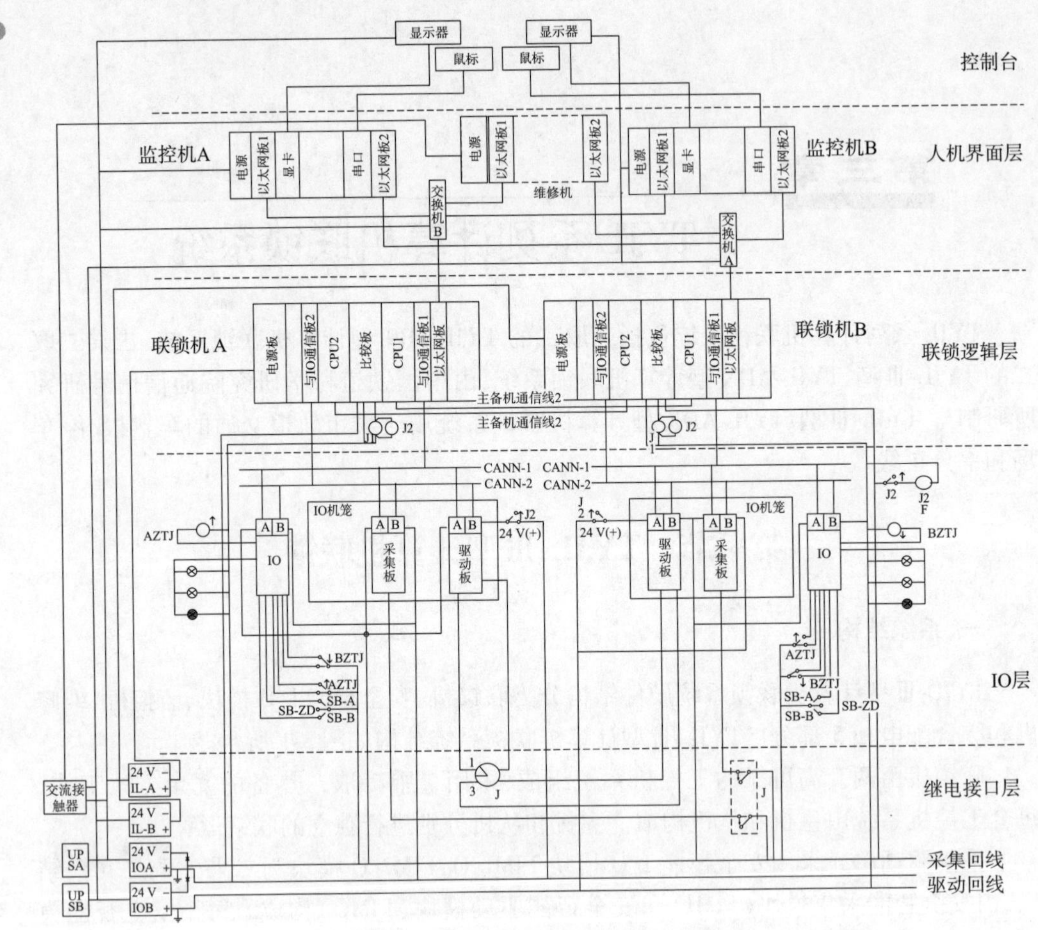

图 3-1　TYJL-Ⅲ型计算机联锁系统结构

和输出子系统(安全智能驱动)。

有两个联锁机柜,一个机柜安装 A 系 IL 子系统、安全智能采集、安全智能驱动子系统,另一个机柜安装安装 B 系 IL 子系统、安全智能采集、安全智能驱动子系统。联锁机和联锁切换单元组成 IL 子系统。I/O 机箱安装安全智能采集子系统或安全智能驱动子系统。风扇用于机柜散热。零层前面板安装电源空气开关,零层端子排安装接线端子和事故继电器。联锁机柜设备布置如图 3-2 所示。

1. 联锁机箱

联锁机箱安装一块电源板、一块状态 IO 板、一块以太网通信板、两块 CAN 通信板、两块 CPU 板、一块比较板以及一块联锁机母板。

电源板提供联锁运算层各板卡的工作电源。

状态 IO 板驱动 A、B 机状态继电器,驱动点亮切换单元上的主控绿灯和同步备用黄灯,采集状态继电器以及手柄位置,采集 IO 24 V 电源。

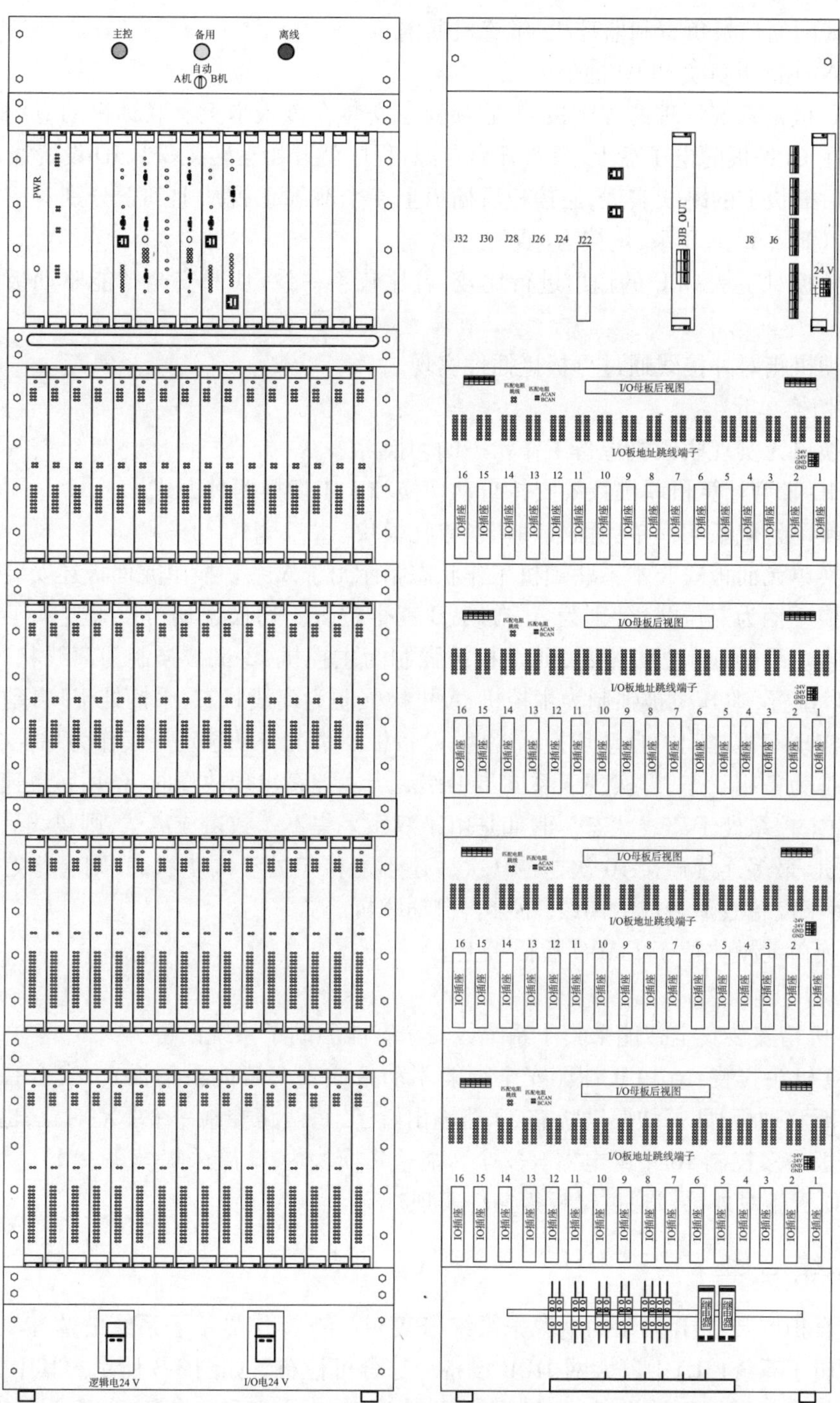

图 3-2 联锁柜设备布置图

以太网通信板负责和监控机、维修机通信。

CAN 通信板负责和 IO 通信。

CPU 板是系统处理的关键板卡,联锁程序安装在该板卡上。联锁机的应用程序已都固化在 CPU 板的电子盘上,只要开启电源,程序就开始运转。CPU ID 设置通过 5650 通信板后插板上的跳线实现,通信板后插板上 4 个跳线正视从上到下分别对应设置主 CPU、从 CPU、A 系、B 系,短接为“真”。

比较板对主从 CPU 的输出进行比较,若比较不一致,切断安全智能驱动板的工作电源。

联锁机箱对外接线通过母板接插件实现。

2. 切换单元

切换单元实现联锁机主备工作状态的切换。

TYJL-Ⅲ型计算机联锁系统支持自动切换和人工切换两种方式。

切换单元包括切换单元面板和切换单元模块。

切换单元面板安装本系联锁机工作状态指示灯。A 系切换单元面板还安装切换手柄。切换手柄为三位式,分别为 A、自动、B 三个位置。切换手柄可以设置人工切换或自动切换。手柄处于“A”位置,则 A 机被强制为主控机,B 机被强制为离线状态;手柄处于“B”位置,则 B 机被强制为主控机,A 机被强制为离线状态;手柄处于“自动”位置,则可以实现双机之间的自动切换。此时,设备根据情况自动选定一套作为主控机,另一套则工作为备用状态,即实现双系同步工作。当主控系出现故障时,备用系迅速升为主控系,原主控系处于离线状态。假如是由于双系采集不一致造成离线,则离线后系统会自动联机,最多连续连接 10 次,若 10 次后还不能稳定处于同步状态,则会稳定在离线状态,由于设备故障造成的离线,不会再自动联机。

切换单元模块位于 FIMIO 后插板上。

3. IO 机箱

IO 机箱安装安全智能采集子系统或安全智能驱动子系统设备。

I/O 机箱安装:16 块 IO 板(安全智能驱动板或安全智能采集板)。安全智能驱动板为双断驱动板,即每块驱动板有 32 路输出端子,每两路控制一个驱动对象,也就是每块驱动板最多控制 16 个继电器。安全智能采集模块为 32 路采集模块。

I/O 机箱对外接口通过母板接插件实现。

三、综 合 柜

综合柜安装 A、B 两系的电源子系统(PW)设备、操作显示子系统的监控机设备和联锁逻辑子系统(IL)中以太网 HUB 设备。综合机柜布置如图 3-3 所示。其中,监控机 A、B 为操作显示子系统设备;交换机 A、B 为联锁逻辑子系统设备;电源开关、电源防雷、电源滤波器、交流接触器、UPSA、UPSB、电源转换开关、24 V 逻辑电源 A、24 V 逻辑电源 B、24 V IO 电源 A、24 V IO 电源 B 为电源子系统(PW)设备。

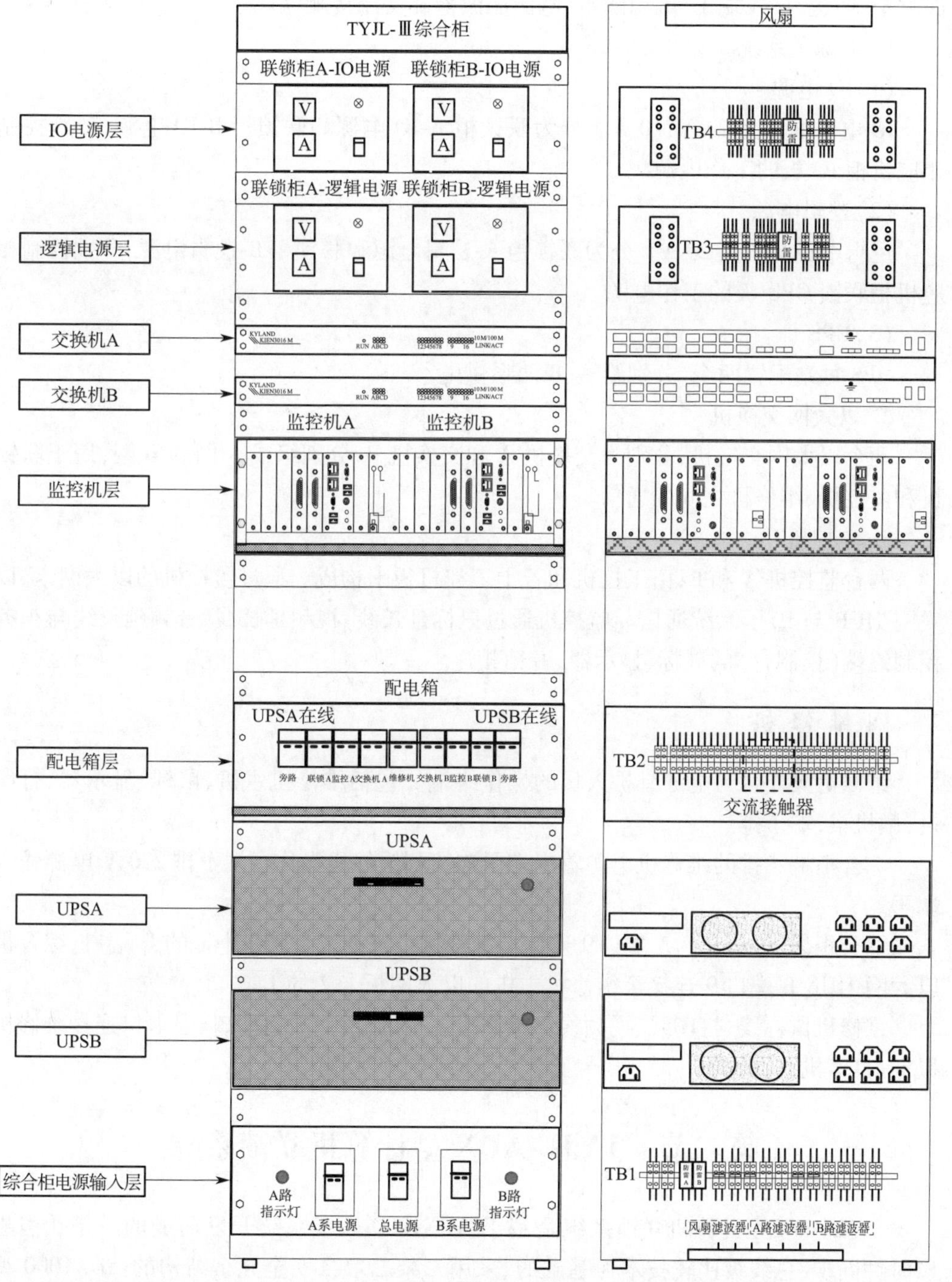

图 3-3　综合柜设备布置图

风扇安装在综合机柜顶层,用于机柜通风散热。零层前面板安装电源空气开关,后面端子排安装接线端子、电源防雷、电源滤波器和交流接触器。

1. 电源子系统

(1)IO 电源

IO 电源配置为 24 V,40 A。分为联锁柜 A-IO 电源和联锁柜 B-IO 电源,分别控制相应机柜 IO 板的工作电源。

(2)逻辑电源

逻辑电源配置为 20 A。分为联锁柜 A-逻辑电源和联锁柜 B-逻辑电源,分别控制相应机柜联锁 CPU 板的工作电源。

(3)UPS

UPS 每站配置两个,分别给 A、B 两系供电。

2. 以太网交换机

两个以太网交换机,分别为交换机 A 和交换机 B,分别组成 A 网和 B 网,用于联锁机和监控机、维修机之间的通信。

3. 监控机

两台监控机 A 和 B,由工控机和若干工控机板卡构成。通过监控机的以太网卡、以太网 HUB 与 IL 子系统通信。监控机通过鼠标延长线、视频延长线、音频延长线与车务控制终端(控制台)的鼠标、显示器、音箱相连。

四、维 修 机

维修机操作台为电务维护人员的操作终端。包括维修机主机、鼠标、显示器、打印机,微机桌,端子排。

综合柜端子排的维修机电源输出端子连接到维修机操作台端子排 220 V 电源输入端子。

综合柜以太网 HUB A 端口 9 连接至维修机主机的以太网板卡 1 的 J_1 端口;综合柜以太网 HUB B 端口 9 连接至维修机主机的以太网板卡 2 的 J_1 端口。

维修机鼠标线、打印线、视频线由维修机主机的鼠标口、打印口、显卡口连接维修机鼠标、打印机、显示器。

第二节 TYJL-ADX 型计算机联锁系统

TYJL-ADX 型计算机联锁系统是基于 ADX1000 联锁系统开发而成的。是在引进以时钟同步、总线级比较技术为基础的、采用二乘二取二安全冗余结构的 ADX1000 型计算机联锁系统的核心硬件及其专用软件平台上,按照我国铁路信号的技术需求将已广泛使用的 TYJL-TR9 型计算机联锁系统的联锁软件成功地移植过来，进行系统集成，并对外围系统进行了重新配置和进一步的优化，完善了系统功能，开发适合中国铁路需求的新一代采用二乘二取二冗余结构的计算机联锁系统。

ADX1000 是最新开发的一套铁路专用的联锁系统，在联锁主机 FCX、扩展机笼 FFC 的 CPU 板上都采用时钟同步的双 CPU 进行逻辑运算，运算结果一致才能进行控制命令的输出，有更高的可靠性和安全性。

该系统符合中国铁路总公司计算机联锁相关技术条件和管理规定，能够满足我国铁路各种类型、各种规模站场的运输作业要求。具有安全性、可靠性极高的安全数据传输网络，除可以实现单个车站的联锁控制外，也可实现多个车站联锁的远距离集中控制。

一、系统技术特点

TYJL-ADX 型计算机联锁系统具有如下主要特点：

(1)系统全面采用二乘二取二安全冗余结构，由相同的Ⅰ、Ⅱ两系组成，两系并用，可互为主备，提高了系统的可靠性；每一系均全面采用二取二比较的软硬件安全冗余结构，确保系统的安全性。

(2)系统核心均采用特殊设计的专用故障—安全计算机，其可扩展的主逻辑单元和执行表示逻辑控制单元都采用了时钟级同步、总线比较的二取二安全冗余结构。

(3)在更容易受到干扰影响的执行表示逻辑控制单元中采用了差动时钟级同步和总线比较技术，可更有效地抑制共模干扰的影响。

(4)在执行表示逻辑控制单元中，以二取二两系各自输出的交变信号及来自比较器的正常工作信号作为条件，由故障导向安全电路(FS 电路)输出。只有在输入一致，比较器正常以及测试模式生成回路、故障注入输入回路全部正常工作时才能得到有效的输出信号。

(5)系统具有快速实时的故障诊断功能，能准确实现故障定位。对采集板和驱动板具有完善的自诊断功能，周期性检测采集/驱动回路的正确与否，故障注入输入回路和测试模式生成回路的设计保证了任一采集或驱动回路的故障均可及时检出。

(6)系统除故障切换、人工切换之外，还具有定时切换方式。通过可设定的定时切换能保证对采用了冗余结构的 I/O 末端电路也实现 100%的在线检测率，提高其可靠性。

(7)系统结构简洁合理，两套冗余系统的主机笼独立设置，可实现完全意义上的单系脱机。系统支持现场脱机测试功能，易扩展，便于升级和改造。

(8)系统使用 CPMS 专用操作系统和专用软件平台,可对每个子任务的处理时间、处理顺序、内存使用等进行监督管理;使用专用的 ADXLD 编译、下载和调试工具对应用程序进行处理,确保软件在每一个处理环节的安全性。

(9)系统监控机采用双机并行的工作方式,可支持多种显示和操作设备;维护终端功能丰富,具有图像再现功能。

(10)系统采用浮地安装方式,抗雷电能力强。

(11)系统可支持光纤环网连接方式,具有区域联锁功能。

(12)系统可方便地与 ATS 和集中监测等系统接口。

(13)系统具有功能完备的计算机辅助设计软件,可一次性完全自动生成监控机、联锁机、接口控制器数据及与继电结合的设计配线图。

二、系统构成

TYJL-ADX 型容错计算机联锁系统是一个多层次、多微处理器的分布式控制系统。它由联锁机、控制台、监控机、电务维修机、配电柜等部分组成,如图 3-4 所示(图中未标出配电柜)。另可设远程诊断终端。

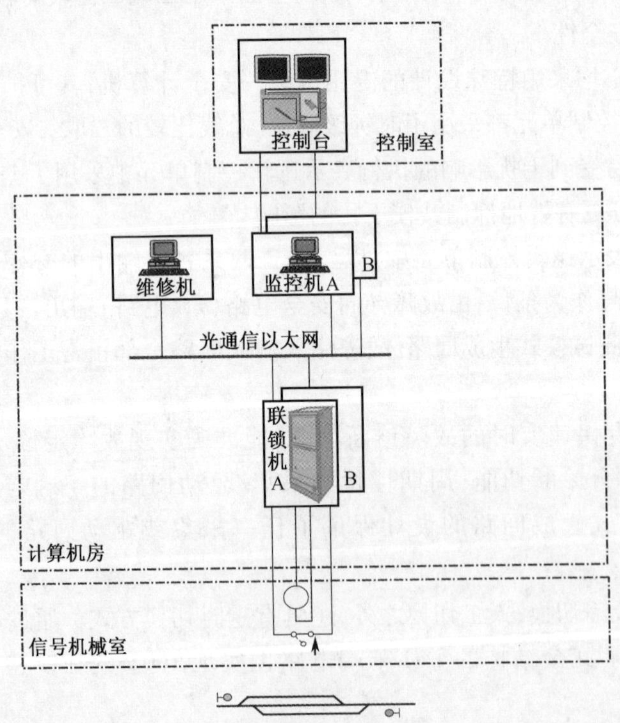

图 3-4　系统的结构示意图

系统除故障切换、人工切换之外还具有定时切换方式。两系在同步运行时，当备系检测到主系工作异常时进行故障切换。系统提供的定时切换功能可由平台设定定时切换的时间。

1. 控制台

控制台将站场表示、进路状态、操作结果显示给操作人员并给予必要的语音报警；提供操作人员操作；实时显示现场的作业情况；采集操作人员的操作命令，显示操作提示信息，并将操作命令传输给监控机。

2. 联锁机

联锁机是车站计算机联锁系统中的核心部分，采用二取二乘二的安全冗余结构。它采集现场设备状态，如轨道电路状态、道岔表示状态、信号机状态等信息，根据监控机传来的按钮命令，按照联锁程序进行逻辑运算，完成进路选路、确选、锁闭，并输出开放信号和动作道岔的控制命令。联锁机之间进行信息交换，实现热备功能。同时它把现场设备的状态信息传递给监控机。

3. 监控机

监控机也称上位机，是完成人机接口功能的设备。

4. 电务维修机

电务维修机与监控机交换信息，实时再现站场行车情况、车务操作情况和系统的工作状态（I/O 状态和模块工作状态）变化，当系统发生故障时发出音响报警提示，同时在后台完成对系统操作、系统运行、系统故障的记录（一个月范围），并可以对以上记录进行查询、图形再现及打印。维修机提供接口与集中监测系统、远程诊断系统、ATS 系统等进行数据交换。

5. 综合配电

综合配电为系统的各个部分提供稳定可靠的工作电源。设于系统综合柜中。

三、控 制 台

控制台（人机接口，也称 MMI）部分主要有：彩色监视器、鼠标控制台和报警音响等设备。通常控制台配置两台显示器和两个鼠标，分别对应监控 A 机和监控 B 机。监控机采用并行工作方式，车站值班员可同时在两个鼠标控制台上操作，操作方式灵活。控制台上有一个声音切换钮子开关，用来切换音箱与两台监控机的连接关系。

监控机到控制台的视频线、鼠标线和语音线均使用专用的屏蔽电缆（通常不超过 50 m 长）。

四、综 合 柜

综合柜由监控机、光交换机和综合电源构成。机柜第一层为预留，第二层是监控机

A,第三层是监控机 B,第四层是光交换机,第五层是 24 V 电源和 TB_1 线排,第六层是配电箱控制开关和 TB_2 线排,第七层是 UPS-A,第八层是 UPS-B,第九层是隔离变压器和地线汇流排。图 3-5 为综合柜的前视图和后视图。

1. 监控机

监控机由两台高可靠工业控制机、网络接口、音响接口和鼠标接口组成。两台监控机并行工作,不需切换。监控机通过高可靠高安全的通信通道与联锁机进行信息交换。监控机通过通信实时地从联锁机中取得站场的状态信息并向车站值班员提供整个系统的工作状态信息、报警信息和重要故障信息,同时采集车务人员的操作命令,对所有操作命令进行提示、处理和记录,将有效的命令下传给联锁机,并和电务维修机通信,交互操作命令、工作状态、时钟等信息。与 ATS 等系统接口,提供必要信息。

监控机采用研华 610 型工业控制计算机,工控机内部采用的是 PC 总线结构,为用户提供了 4 个通用的 PCI 总线,10 个通用的 ISA 总线。

工控机内的 CPU 板采用 6359L 的主板,有一个串行通信口,一个键盘口,一个视频口。在底板上有两个 CPU 插槽,供用户选择。内存采用 256 MB DDRAM。声卡提供语音输出。网卡采用 inter 公司的以太网卡。

2. 配电部分

为了使整个系统的电源布置有序和合理设计,设置配电箱。配电箱由不间断电源 UPS、变压器和配电箱控制开关三部分构成,如图 3-6 所示。

配电部分的主要功能是:从电源屏输入联锁系统所需全部电源;对输入电源进行电源防雷;对联锁系统提供不间断电源;分别对联锁系统各部分提供电源。

图中,K_1 为 Ⅰ 路电源输入开关;K_2 为 Ⅱ 路电源输入开关;K_3 为 UPS A 工作/检修选择开关;K_4 为 UPS B 工作/检修选择开关; K_5 为监控 A 机开关; K_6 为控制台电源选择开关; K_7 为监控 B 机开关。

(1)不间断电源(UPS)

UPS 提高系统的供电稳定性和断电情况下不间断运行。两个 UPS 分别给 Ⅰ、Ⅱ 系供电。通常中等站配置 2 000 VA 的 UPS,根据具体扩展柜的数量考虑,如果正常运行超过 UPS 负载的 50%,可以更换较大容量的 UPS。

UPS 的面板指示灯可以指示负载量情况。上电时需按压开机按钮。需要关 UPS 时,按住关机按钮 5 s,直到 UPS 的风扇停止转动。

在配电箱上设置了 UPS 的控制开关,开关有“工作”和“检修”两个位置。UPS 在无故障的情况下要求把开关设置在“工作”位置,这样可以起到整流和断电保护的作用。UPS 在故障时需要人工扳动到“检修”位置,这样电源屏就直接给系统供电,这时,故障的 UPS 可以脱离检修。

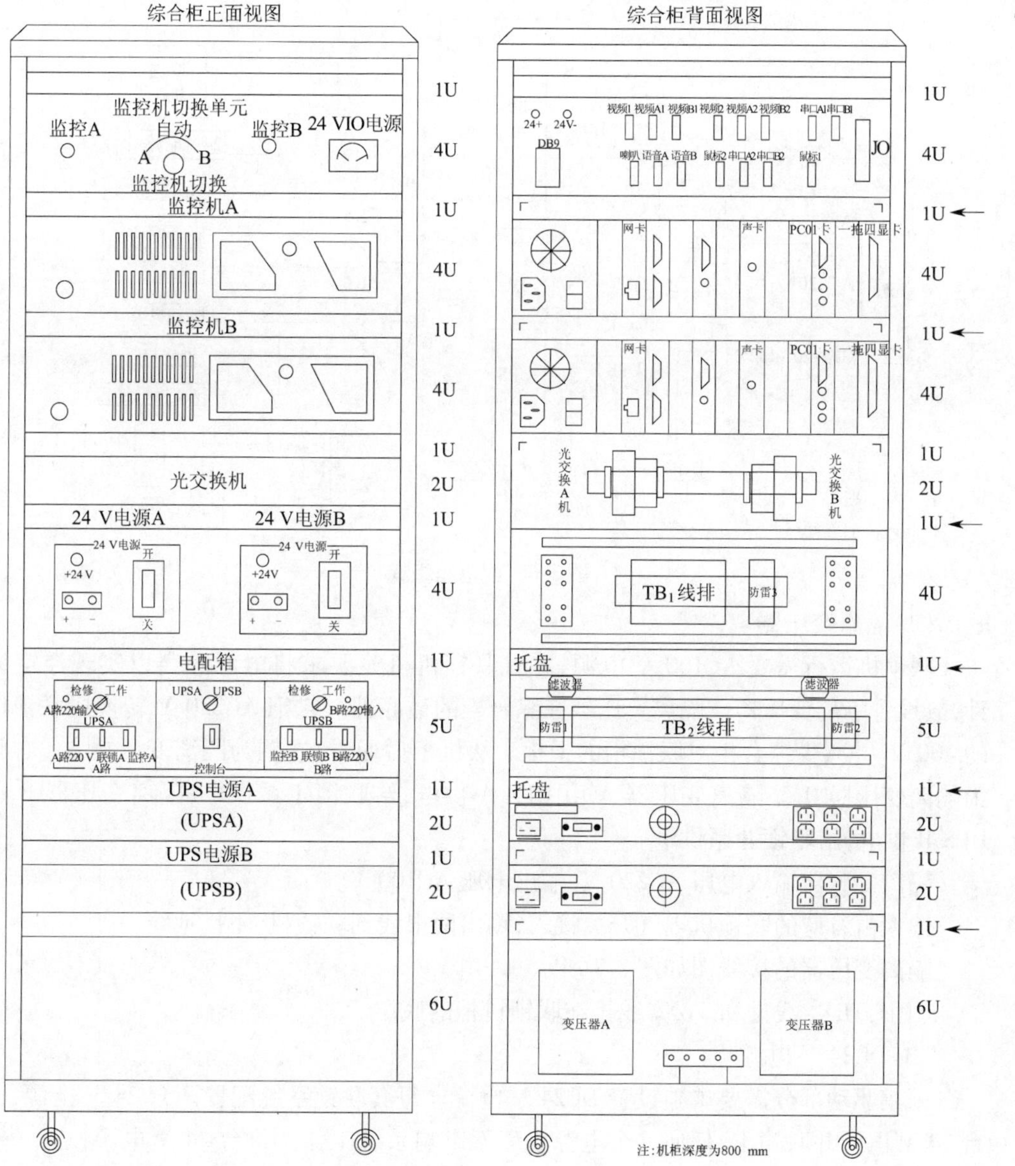

注：1. 背视图中"⌐ ¬"表示该处有角铁，"←—"表示该处有横线槽（开放式）。

2. 24 V端子排TB_1下方印字如下：

<table>
<tr><td rowspan="2">TBTB_1
线排</td><td colspan="3">IOZ</td><td colspan="3">IOF</td><td rowspan="2">+
直流防雷
−</td></tr>
<tr><td>1</td><td>2</td><td>3</td><td>4</td><td>5</td><td>6</td></tr>
</table>

3. 220 V端子排TB_2下方印字如下：

<table>
<tr><td rowspan="3">TB_2
线排</td><td colspan="2">A路
220 V</td><td>L</td><td>N</td><td>L</td><td colspan="3">UPSA输入</td><td colspan="3">UPSA输出</td><td colspan="3">监控A</td><td colspan="3">联锁A</td><td colspan="3">控制台</td><td colspan="3">监控B</td><td colspan="3">联锁B</td><td colspan="3">UPSB输入</td><td colspan="3">UPSB输出</td><td>L</td><td>N</td><td>L</td><td colspan="2">B路
220 V</td></tr>
<tr><td rowspan="2">1</td><td rowspan="2">2</td><td colspan="3">A路防雷</td><td rowspan="2">3</td><td rowspan="2">4</td><td rowspan="2">5</td><td rowspan="2">6</td><td rowspan="2">7</td><td rowspan="2">8</td><td rowspan="2">9</td><td rowspan="2">10</td><td rowspan="2">11</td><td rowspan="2">12</td><td rowspan="2">13</td><td rowspan="2">14</td><td rowspan="2">15</td><td rowspan="2">16</td><td rowspan="2">17</td><td rowspan="2">18</td><td rowspan="2">19</td><td rowspan="2">20</td><td rowspan="2">21</td><td rowspan="2">22</td><td rowspan="2">23</td><td rowspan="2">24</td><td rowspan="2">25</td><td rowspan="2">26</td><td rowspan="2">27</td><td rowspan="2">28</td><td rowspan="2">29</td><td colspan="3">B路防雷</td><td rowspan="2">30</td><td rowspan="2">31</td></tr>
<tr><td colspan="2">GND</td><td>N</td><td colspan="2">GND</td><td>N</td></tr>
</table>

图 3-5　综合柜

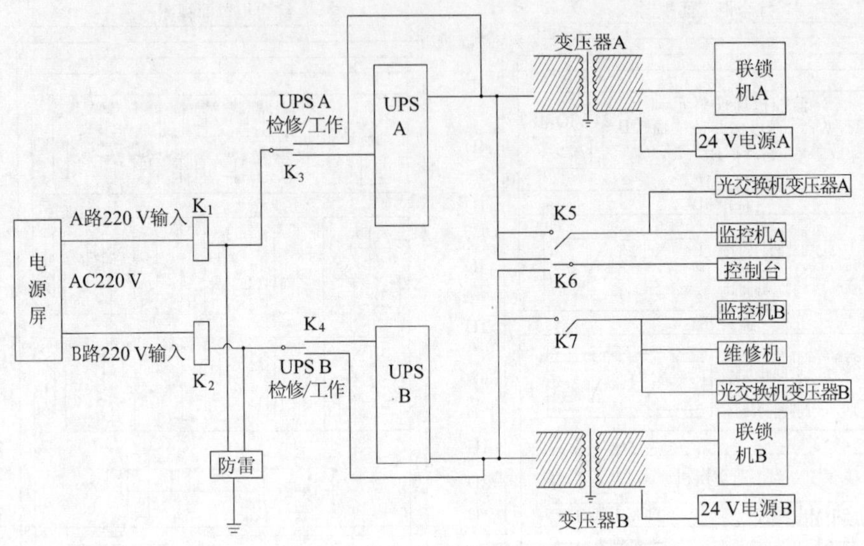

图 3-6　配电箱组成

(2)隔离变压器

联锁机运行需要 AC100 V 电源,并且联锁机机笼要求将电源隔离以实现浮空设计,故设置隔离变压器。隔离变压器在综合柜的最底部。它把 AC220 V 转换成联锁机的 100 V,并减少综合柜对联锁柜的干扰。从机柜后面看,左侧为隔离变压器 A ,右侧为隔离变压器 B 。隔离变压器 A 由 UPS A 供电,给联锁Ⅰ系供电;隔离变压器 B 由 UPS B 供电,给联锁Ⅱ系供电。

隔离变压器输入电压 AC220 V,输出电压 AC100 V。

输入由对应的联锁机空气开关接入,输出两根线到联锁机,不接地线。

隔离变压器的接线图如图 3-7 所示。

图中,TBX_1 线排和 TBX_2 线排在联锁机柜的底层。

(3)DC24 V 电源

采集驱动部分需要单独设置 DC24 V 电源。每套联锁系统配置两台 24 V 电源,两台 24 V 电源并联输出,任何一个电源故障不影响系统工作。每台 24 V 电源设有一个状态继电器,状态继电器由联锁机采集,当电源故障时,控制台上给出报警提示。

24 V 电源安装在综合柜的交换机下方。为插接式模块电源,便于更换。模块电源上设测试孔。

24 V 电源由隔离变压器供电,输入电压 AC100 V,输出电压 DC24 V。

24 V 电源给 I/O 板供电,在 I/O 板输出多时电流较大。24 V 电源的输出在 TB_1 线排处合并为 IO + ,IO - 。一台 24 V 电源故障不影响工作。

每个 24 V 电源设有一个状态继电器,状态继电器的在联锁机有固定的采集位置。

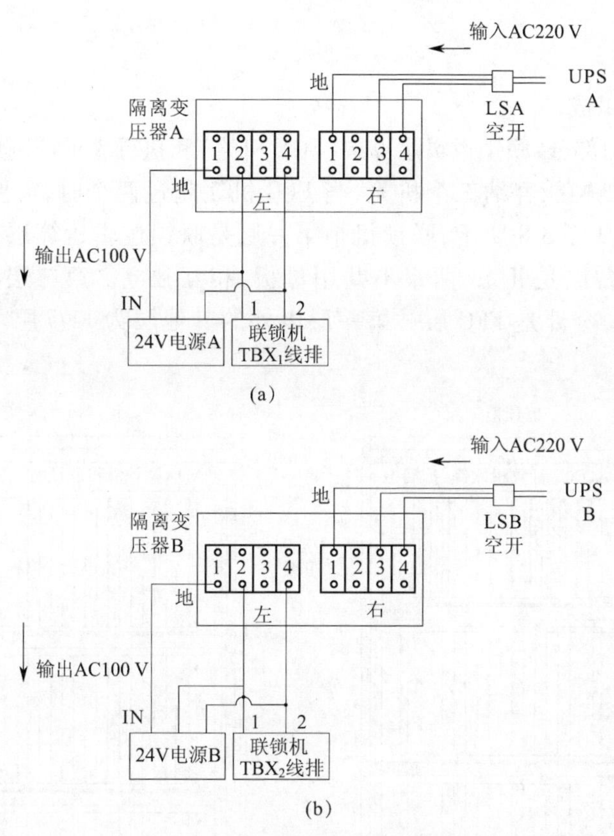

图 3-7　隔离变压器的接线图

当电源故障时,控制台上给出报警提示。

3. 光交换机

为保证 FCX 机笼对大地悬空,防止监控机及其他设备对联锁机的干扰,采用光纤通信方式将监控机与 FCX 机笼隔离。选用带光口的以太网光交换机和光电转换器,来完成联锁系统主机与监控机之间的电气隔离。

以太网光交换机采用惠通公司生产的 JetNet 以太网光交换机。

每套联锁系统需要 2 个光交换机,每个光交换机有 3 个电口,1 个光口。光交换机安装在综合柜监控机 B 下方。

光交换机由两个 UPS 的输出供电,AC220 V。防止当一个 UPS 断电时交换机断电。

光交换机的输入电压为 DC24 V,每个交换机有独立的电源变压器。每个光交换机有两个电源输入接口,所以每个光交换机可以由两个光交换机变压器中的任何一个供电。变压器电源(AC220 V)由相应的监控机空气开关输出。

五、联 锁 机

1. 基本硬件组成

联锁机包括两部分:联锁逻辑运算层(FCX 机笼)和执行表示控制层(FFC 机笼)。

每个联锁机机柜能容纳三个机笼,当 FFC 机笼超过两个时,需要扩展联锁机柜(简称扩展柜)。如图 3-8 所示,联锁机柜第一层是联锁逻辑运算层,有两个 FCX 机笼,左侧是Ⅰ系,右侧是Ⅱ系,两系不共用母板,相互独立。第二层以下是 FFC 层。扩展柜无 FCX 层,全部是 FFC 层。第一层以外的其他层为 FFC 层。扩展柜全部是 FFC 层。

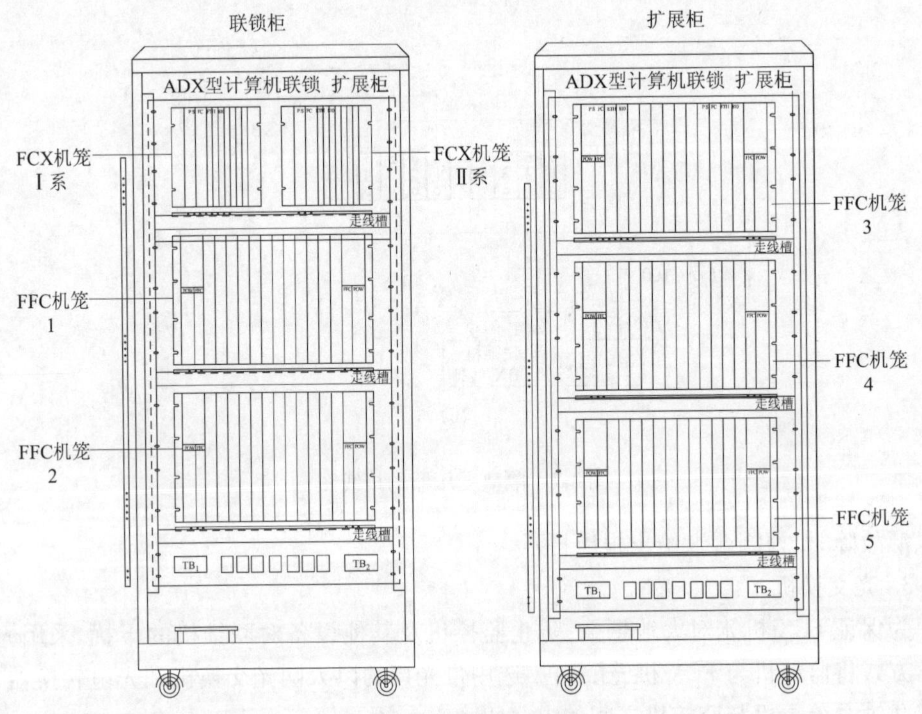

图 3-8　联锁机柜

2. 联锁逻辑运算层

联锁逻辑运算层的每系包括电源模块、处理器 FCX、通信板 ETH 和必要的 I/O 扩展板 SIO-D。每个板子都插在机笼背面的母板上,由母板提供板子的工作电源,并且 CPU 板通过母板监控机笼中其余电路板工作。与监控机之间采用以太网通信。两系之间通信由 FCX 完成。

根据应用场景的不同,联锁逻辑运算层主要有通用联锁平台、高铁版平台、区域联锁平台三种配置。城市轨道交通通常采用区域联锁平台。

区域联锁平台可实现区域联锁控制，主要由逻辑部、中继部、环网接入设备组成。区域联锁的联锁逻辑部完成主控站和被控子站的联锁逻辑运算，与监控机的通信以及整个系统的管理。中继部完成主控站和被控子站的信息采集和控制命令的驱动，一套区域联锁系统最多可配置 6 个中继部。联锁逻辑部和中继部之间采用冗余双环网通信，通信介质为专用光纤。为确保系统的安全性，联锁逻辑部和中继部之间采用专用的安全通信协议。

区域联锁平台逻辑部配置图如图 3-9 所示。由电源板 PS、处理器 FCX、接入区域联锁双环网的 ABL-A、与监控机通信的 ETH3-F 以太网通信板组成。区域联锁平台中继部配置图如图 3-10 所示。中继部由电源板 PS、处理器 FCX、接入区域联锁双环网的 ABL-A、ETH3-F 以太网通信板、扩展通信板 SIO-D2 组成。中继部最多可带 6 个 FFC 机笼。

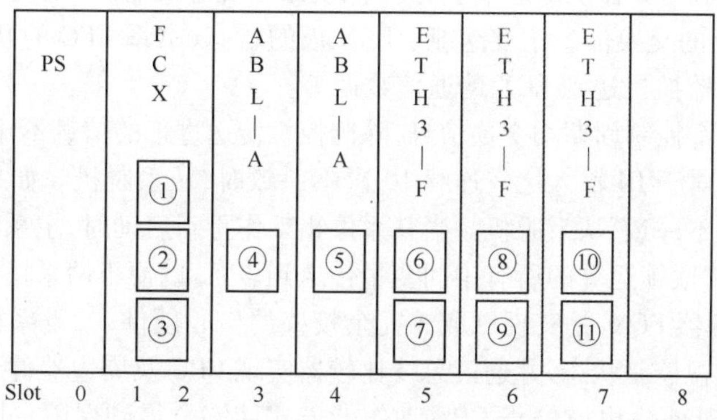

图 3-9　区域联锁平台逻辑部配置图

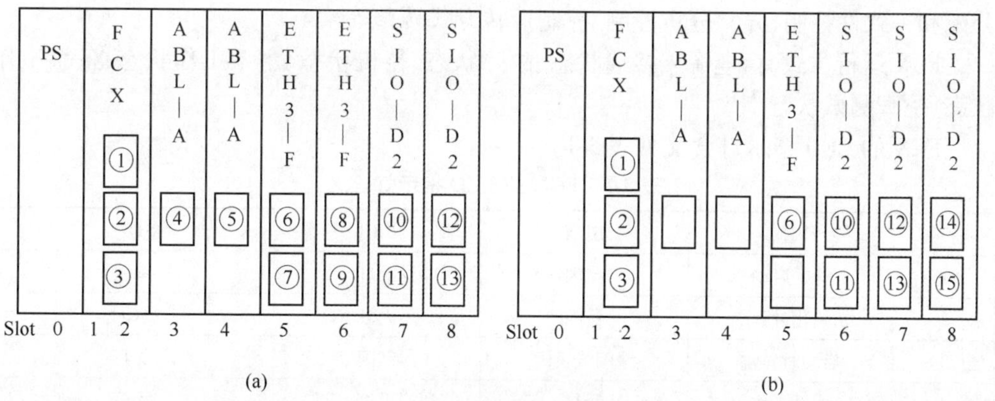

图 3-10　区域联锁平台中继部配置图

(1)FCX

FCX 为可扩展的故障—安全 CPU 单元,是联锁机的 CPU,完成联锁逻辑运算。型号:FCX1000。

FCX 是整个联锁系统的核心,主要功能是:完成联锁逻辑运算,完成主备系信息交换并实现双机热备功能,与监控机和 FFC 通信。

FCX 处理器中包含有两个 CPU(MPUA 和 MPUB)和比较器(RAM 型 FPGA),两个 CPU 使用同一个时钟。FCX 处理器中有 LA、LB 两套独立的总线,分别与 MPUA 和 MPUB 连接。在每个总线周期,用硬件对双微处理器的地址线、数据线、控制线进行校核比较,实现总线同步工作。总线比较以时钟为单位。为了保证比较器正常工作,比较器除了自检电路外,还有故障信号产生电路。正常情况下,故障信号产生电路使比较器产生交变信号,如果不能产生交变信号则认为比较器故障,产生 NMI 信号。比较器检测到 MPUA 和 MPUB 不一致等异常情况后,产生 NMI 信号,并输入至 MPUA 和 MPUB,两个 MPU 检测到 NMI 信号后立即停止工作,切断系统总线输出的启动信号。

主从 FCX 间的交换信息主要包括: FCX 板的状态、本系 FFC 的状态、DI 板状态、DO 板输出数据、监控机送到 FCX 的通信数据等。

主从系间每个控制周期均交换信息,除监控机传送过来的信息不比较外,其余三种信息均需比较。对于 DI 输入比较连续 10 次不一致时,从系脱机。如果从系的控制输出命令与主系的不一致,从系脱机。当某系停止工作重新启动时,主系将所有信息传送给该系,同时也将联锁运算的所有中间变量传送到该系,以便于两系快速同步。

双 CPU 处理器 FCX,是实现二取二冗余校核的核心硬件,二重系构成的故障—安全控制器相互监视控制状态,并通过总线比较器实现 CPU 及周边器件最短时间内的故障检测,以屏蔽对外输出或停止 CPU 动作的方式使安全得到保障。同时它还集成了 CPMS 操作系统和专用软件平台,使软、硬件均可实现故障—安全。

FCX 故障—安全控制器的控制功能主要有:周期控制、实施程序控制、输入信息的分配和一致性控制、异常分析控制、控制运转方式转移等。

FCX 运行方式有:电源未接通状态、故障状态、待机状态、主系工作状态、备系工作状态、仿真测试状态。

FCX 的 LED 指示灯含义见表 3-1。

表 3-1　FCX 的 LED 指示灯含义

序号	状态	RUN	ERR	STBY
1	开始启动	绿闪	灭灯	绿闪
2	初始化过程中	黄闪	灭灯	绿闪
3	启动时异常	绿闪或黄闪	红闪	灭灯
4	主系工作	绿灯	灭灯	灭灯

续上表

序号	状态	RUN	ERR	STBY
5	从系工作	黄灯	灭灯	灭灯
6	仿真模式	黄灯	灭灯	绿闪
7	控制待机	绿闪	灭灯	灭灯
8	停止处理中	灭灯	红闪	灭灯
9	停止	灭灯	红灯	灭灯

FCX 面板如图 3-11 所示。

FCX 与 FFC 连接如图 3-12 所示。

(2)以太网通信板(以太网卡)ETH

ETH 主要用于实现与监控机的通信,它采用 R600-M 总线,按照国际标准 IEEE 802.3 的 SMA/CD 局域网实现通信。具有以下特点:采用 TCP/IP 协议,提高了通用性;一块板中有两个通道的以太网接口,双 MAC 地址、双通道、双网卡可以提高通信速度;采用二重系以太网以提高连续工作性能,操作程序支持双套结构的以太网。

通信板的配置如图 3-13 所示。

以太网卡的面板如图 3-14 所示。

表 3-2 所列是 ETH 的 LED 指示灯含义。表 3-3 所列是 ETH 的跳线设置。

(3)扩展板 SIO-D

SIO 是智能的串行通信设备,插接在 CPU 层 R600 母板上。当需要扩展两个以上 FFC 机笼时用到 SIO。和 FFC 间采用 RS-485 连接,全双工方式。SIO-D 面板如图 3-15 所示。

(4)光电信号转换器

光电信号转换器,又称光猫。型号为 JetCon1301。每套联锁系统需要两个光电信号转换器,每个 JetCon1301 可以将 1 个 10/100Base-TX 口转换为 1 个 100Base-FX Fast 口。

光电信号转换器 A 对应隔离变压器 A;光电信号转换器 B 对应隔离变压器 B。输入电压:DC24 V,有专用变压器。

JetCon 1301 光口支持多模 SC 接口最大传输距离 2 km,单模 SC 接口最大传输距离 30 km。

监控机、维修机连接到综合柜光交换机以太网口,综合柜光交换机和联锁机光电信号转换器通过两芯光缆连接,光缆连接时要交叉,即一个光交换机的 TX 对应另一个光交换机的 RX。以太网连接方式如图 3-16 所示。

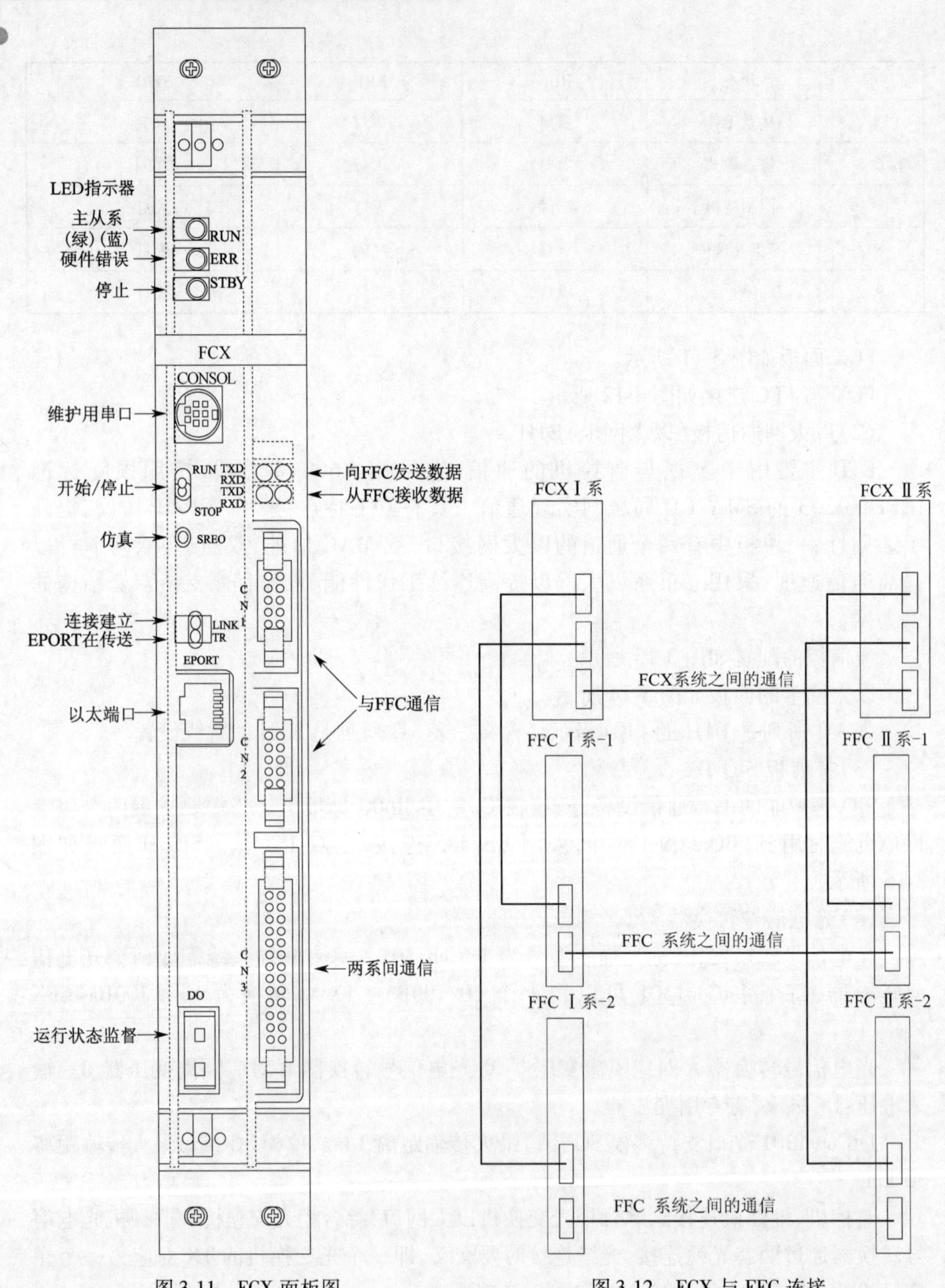

图 3-11 FCX 面板图

图 3-12 FCX 与 FFC 连接

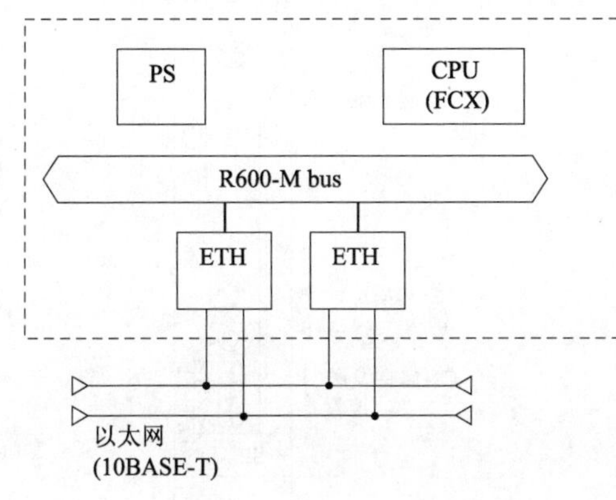

图 3-13　通信板的配置

表 3-2　ETH 的 LED 指示灯含义

名称	分类	颜色	含　义
RUN		绿	指示为运行状态
ERR		红	指示为错误状态
TXD	A	绿	CN_1 有发送的数据
RXD	A	绿	CN_1 有接收的数据
LNK	A	绿	CN_1 建立连接
TXD	B	绿	CN_2 有发送的数据
RXD	B	绿	CN_2 有接收的数据
LNK	B	绿	CN_2 建立连接

表 3-3　ETH 的跳线设置

	Ⅰ系	Ⅱ系	其他/每位含义	
JP	2 4 6 8 10 1 3 5 7 9	2 4 6 8 10 1 3 5 7 9	系统要求	
SW_1	1 2 3 4 5 6 7 8 OFF	1 2 3 4 5 6 7 8 OFF	CN_1 1:自动传递/否 2:100BASE/10BASE 3:全双工/半双工 4:预留/使用	CN_2 5:自动传递/否 6:100BASE/10BASE 7:全双工/半双工 8:预留/使用
SW_2	1 2 3 4 5 6 7 8 OFF	1 2 3 4 5 6 7 8 OFF	站号设置 0 ~ 255	

电压要求:直流 5 V ±0. 25 V。

(5)联锁机的工作状态

联锁机有五种工作状态:A、B 两系均不工作,A、B 两系中只有一系工作和双系联机同步工作。

作为 A、B 联锁机来说有单机工作、脱机、联机同步三种状态。系统启动时,先上电的一系(A 系或 B 系)定义为主机,先进入工作状态,其次上电的一系为备机,主动与主机通信自动联机,实现同步工作。在联机同步时 A、B 联锁机处于完全相同的工作状态,实无主、备之分。如主机出现故障,自动停止与 FFC 的通信,此时备机自动升为主机工作,原主机则处于脱机状态。必须在修复故障并确认机器正常后重新开机,原主机

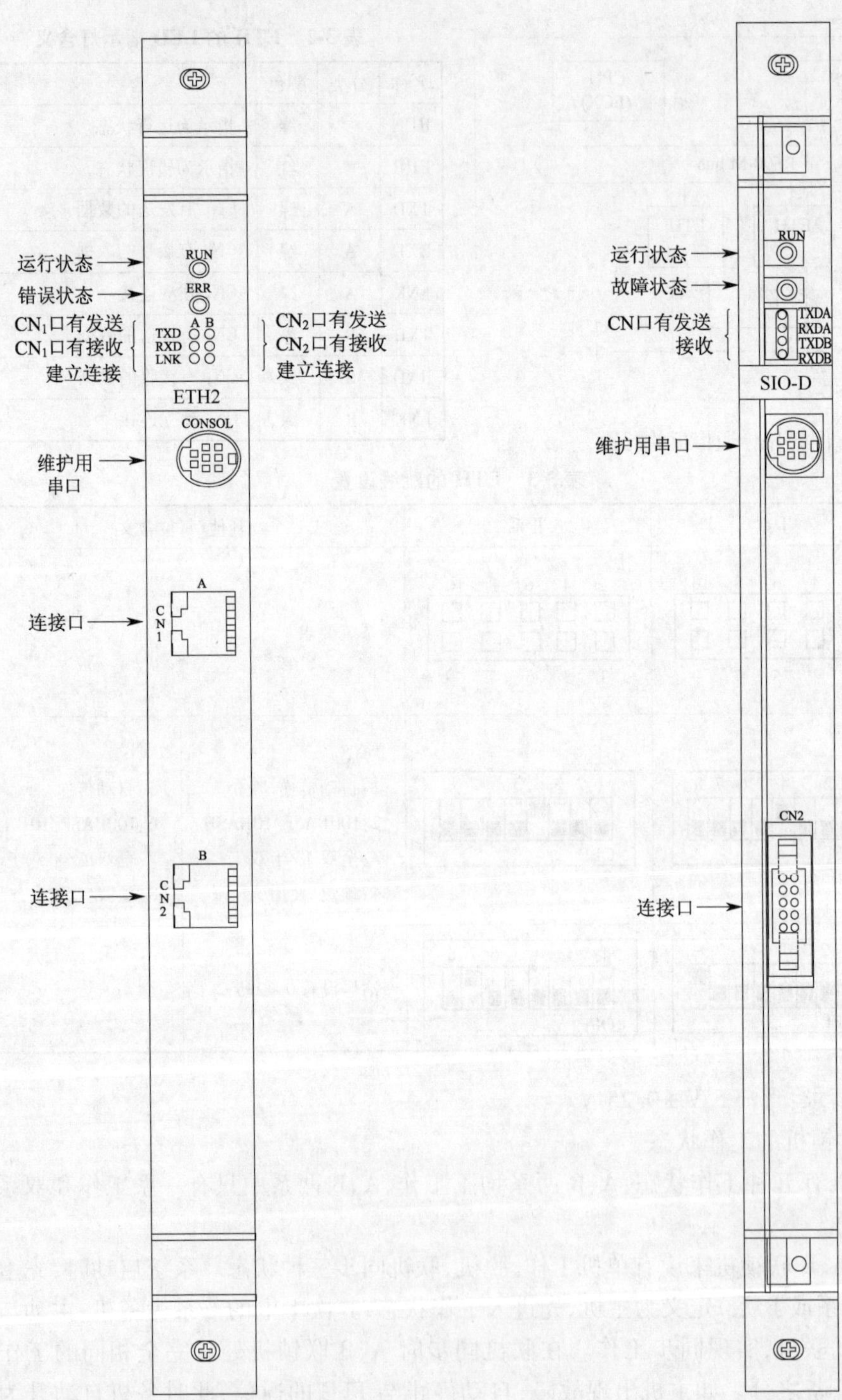

图 3-14　以太网卡的面板图　　　图 3-15　SIO-D 面板图

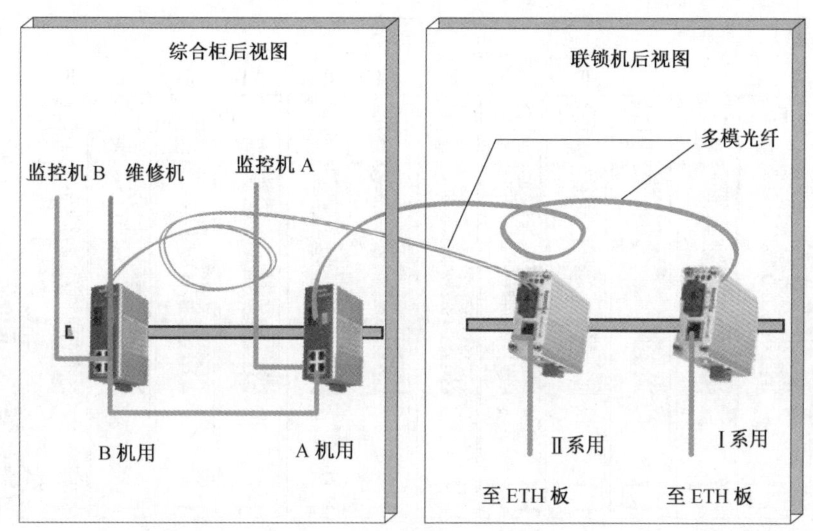

图 3-16　以太网连接方式

注:1. 图中除所注的线为多模光纤,其余线为以太网线。
2. 交换机光口不能进入灰尘,光纤拔出时要用橡胶塞塞住,不用的光口也要用橡胶塞塞住。光纤通过地板下方时要作好防护措施,以免损伤。

作为备机,转入联机状态,恢复主备机通信,待双机的管理状态完全一致时备机与主机联机同步工作,转入热备状态。此时原备机仍作为主机工作,不再切换到原主机,将一直保持至本机故障或人工切换倒机为止。A、B 机的自动切换和人工倒机,均不影响系统的正常工作。

两台监控机与联锁机通信都不正常时,同步态的联锁机将脱机。

3. FFC 机笼

FFC 机笼包括 FFC 板、I/O 板(采集板 FDI 和驱动板 FDO)、FFC 电源。

每个 FFC 机笼的容量是 12 块 I/O 板,Ⅰ系和Ⅱ系分别 6 块,间隔排列。I/O 板的槽位在软件安装时固定位置,不需要跳线设置。位置和数量必须按照要求配置,否则将影响系统的正常运行。I/O 板的布置尽量采用每层固定采集或驱动的原则,尽量减少交叉使用。

以采集板 FDI 为例的 FFC 机笼前视图如图 3-17 所示,左侧为Ⅰ系的电源和 FFC,右侧为Ⅱ系的电源和 FFC。

每块采集板 FDI 有 48 路采集模块,采集为高电平有效。每块驱动板 FDO 有 32 路驱动模块,驱动输出为 -24 V。取消了驱动单元,直接用 24 V 电源使相应的继电器励磁。采集板和驱动板均具有完善的自诊断功能,周期性检测采集/驱动回路正确与否,任意一路采集或驱动回路故障均可及时检出。FDI 和 FDO 具有丰富的面板指示灯可判断其工作是否正常,方便维修。

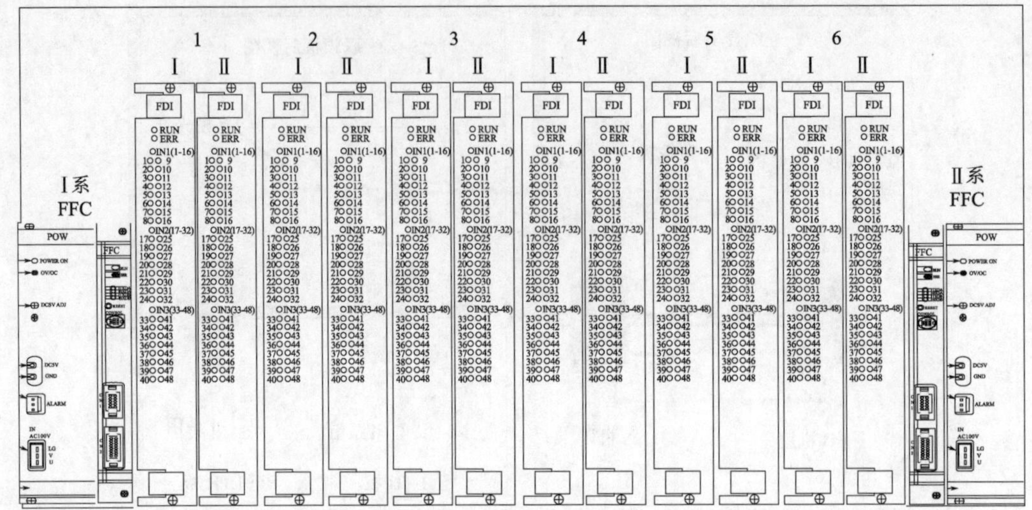

图 3-17　FFC 机笼前视图

(1)FFC

FFC 是 I/O 总线控制器,它的主要功能是:与 FCX 通信,按照 FCX 的指令动作,控制 I/O 板,实现对信号、道岔等的控制,实现对轨道电路、信号、道岔等表示的采集。

FFC 采用日立的 SH-2 为核心的微处理器,主频 24 MHz,2 MB SRAM,4 MB FROM,双 CPU 同步,为二取二安全冗余结构。外形尺寸(mm):225.04(D)×261.85(H)×20.32(W)。可以应用在单系中,也可以用在可靠性更高的双系中。

FFC 硬件包含了故障诊断机构及安全控制机构,以确保系统的安全性。FFC 通过 S-LAN 端口接收主 FCX 的控制命令,为保证安全、可靠,FFC 的 CPU-A 和 CPU-B 接收到两组控制命令信息,并对这两组数据进行比较,如结果一致,则通过 F 总线分别输出交变信号 A 和 B。

如 FFC 的两个 CPU 都正常工作,则总线校核比较器 FBC 输出表示 CPU 正常工作的信号。比较器 FBC 用来检测两系处理器的总线信号,采用的是使两系输入信号相差半个时钟动作的差动二重化方式,可以有效地抑制共模干扰。此外,为自检测,还附加了故障注入输入回路和测试模式生成回路。只有在输入一致,测试模式生成回路、故障输入回路、比较器全正常工作时才能得到有效的输出信号。

在作联锁逻辑运算时,系统默认 FFC 主系的输入、输出正确。如果由于传输延时等原因造成主、从系采集信息输入不一致,从系不采用自己的输入信息,而采用主系送过来的输入信息。系统处于同步状态时,主备同时输出驱动继电器,这样可保证系统切换时控制的连续性。

主、从 FFC 间交换信息如下:本系 DI、DO 板的状态;FFC 自己的状态;本系 FCX 的状态。

FFC 的面板如图 3-18 所示。

(2)FFC 电源模块

①APW000 型电源模块

参数指标:

温度:动作时为 -10℃ ~ +60℃,非动作时为 -20℃ ~ +70℃;

冷却方式:自然冷却;

输入电压允许范围:AC 80 ~ 132 V;

输入电流允许范围:最大 3.6 A;

输出电压: +5.0 V;

电压变动率:3%;

最大输出电流:20 A。

电源具备过电压保护、过电流保护、不足电压切断输出的功能。

过电压保护:检出值 5.6 ~ 7.0 V,检测时间小于 1 s,结果:停止输出。

过电流保护:检出值大于 21 A,检测时间小于 1 s,结果:停止输出。

不足电压:检出值 3.0 ~ 4.3 V,检测时间小于 1 s,结果:停止输出。

APW000 型电源模块面板如图 3-19 所示。

②LPJ001 型电源模块

参数指标:同 APW000 型电源模块。

LPJ001 型电源模块面板如图 3-20 所示。

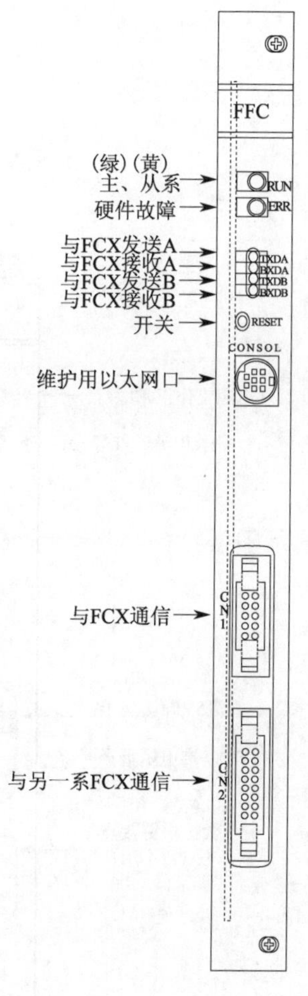

图 3-18 FFC 面板

(3)采集板 FDI 和驱动板 FDO

采集板和驱动板采用的是二取二安全智能 I/O 模块,主要负责联锁命令的执行和联锁运算所需的信息采集,包括安全智能采集模块和安全智能驱动模块。采集板主要负责联锁运算所需的信息采集,每块采集板为 48 路采集模块,采集为高电平有效。驱动板主要负责联锁命令的执行,每块驱动板为 32 路驱动模块,驱动输出为 -24 V。TYJL-ADX 型计算机联锁系统取消驱动单元,直接用 24 V 电源使相应的继电器励磁。采集板和驱动板均具有完善的自诊断功能,周期性检测采集/驱动回路正确与否,任意一路采集或驱动回路故障均可及时检出。

在 I/O 单元中,以两系的交变信号及来自 FBC 的正常工作信号作为条件,由故障—安全电路(FS 电路)输出。I/O 单元的输出及内部状态,通过 I/O 单元内的 DI 输入回路反馈到 FFC。FFC 定期监视从各 I/O 单元来的 DI 信息和检测故障。

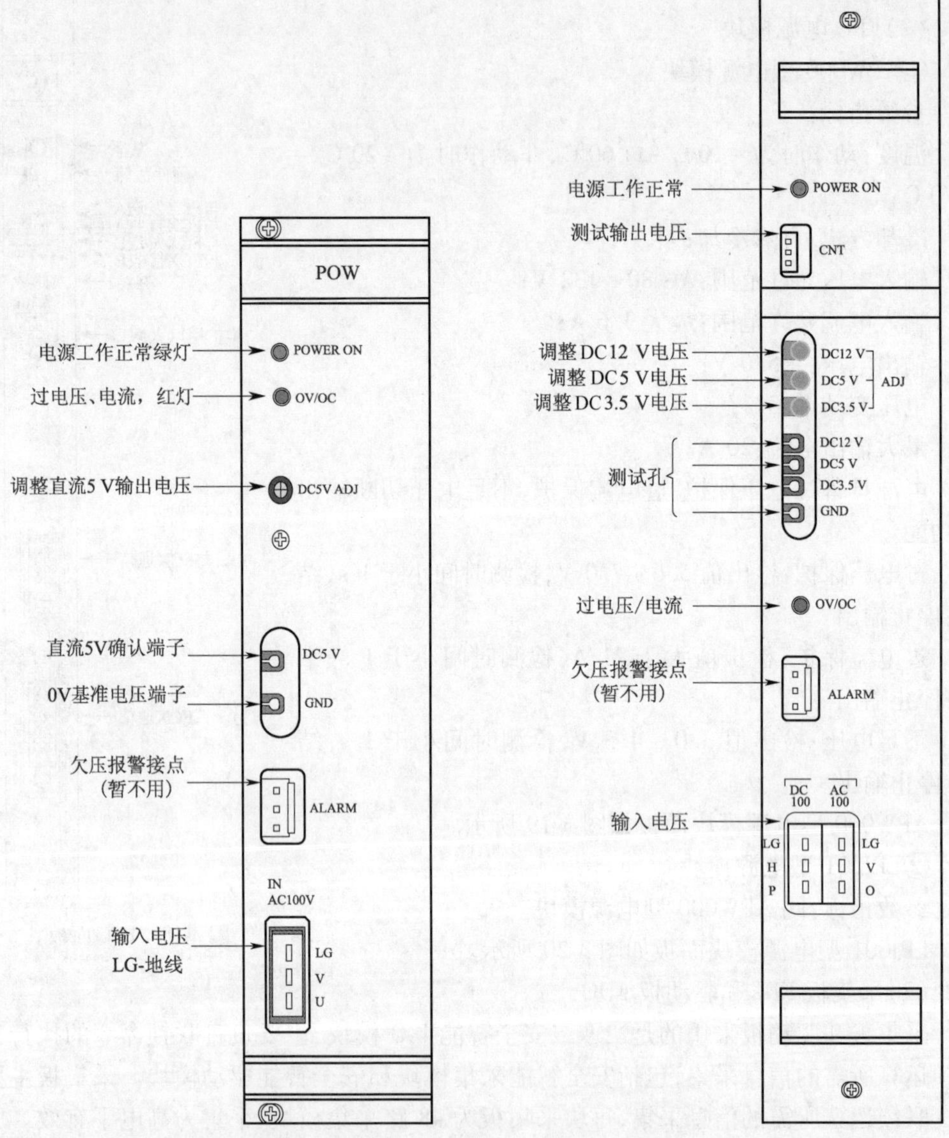

图 3-19　APW000 型电源模块面板　　图 3-20　LPJ001 型电源模块面板

FDI 和 FDO 具有丰富的面板指示灯,可判断其工作是否正常,方便维修。

①采集板

可以通过面板指示灯判断采集板工作是否正常。在正常运行时,其前面板上的 RUN 灯、IN_1 灯、IN_2 灯、IN_3 灯,这 4 个灯应该点绿灯。灯故障时,前面板上的 ERR 灯亮红灯。

每块采集板可采集 48 位信息。接口架上为 32 位端子板(1 ~ 12、17 ~ 28 为采集位，13、29 为采集回线），而在采集板卡上为 48 位，两块 32 位接口架端子板对应一块 48 位机柜板卡（即第一块 1～12、17～28 对应机柜采集板卡的 1～24 位，即第二块 1～12、17～28 对应机柜采集板卡的 25～48 位）。

采集原理如图 3-21 所示，全站共用一根采集回线，在接口架零层 D_3-2。电压：+24 V。再由接口架 D_3-2 连接到组合架的各零层。在采集板位的第一块板 0 端子板上 3 根线为 24 V 监测用，3 接回线，6 接电源 1，9 接电源 2。当电源 1 采集不到时，控制台报电源 1 故障，电源 2 也如此。接口架零层 D_1 为 IO +，D_2 为 IO-GND，由综合柜的 TB_1 线排接出。

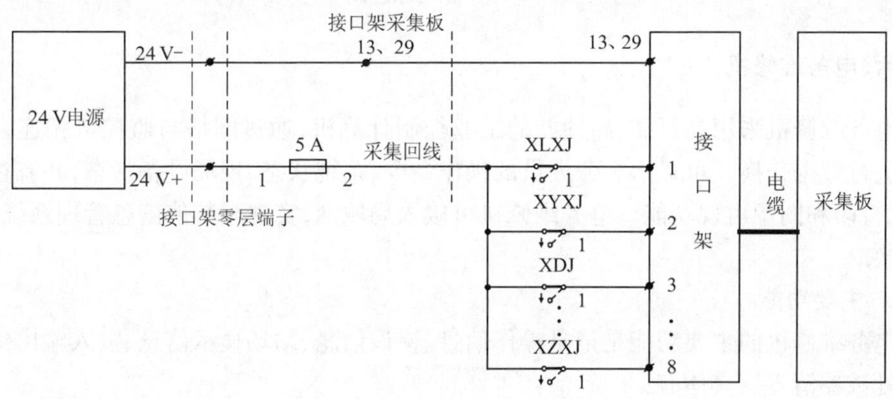

图 3-21　采集原理图

②驱动板

可以通过面板指示灯判断其工作是否正常。在正常运行时，对于驱动板，其前面板上的 RUN 灯点绿，主控板的 OUT 灯亮绿灯，备板的 OUT 灯亮黄灯。故障时，驱动板前面板上的 ERR 灯亮红灯。

每块驱动板可控制 32 个继电器。接口架上为 32 位端子板（1～8、17～24 为驱动位，14、30 为驱动回线 0 V，15、31 为 0 V，16、32 为 24 V），而在板卡上为 48 位，两块 32 位接口架端子板对应一块 48 位机柜板卡（即第一块 1～8、17～24 对应机柜驱动板卡的 1～16 位，第二块 1～8、17～24 对应机柜驱动集板卡的 25～42 位）。全站共用一根驱动回线，在接口架零层 D_3-3、D_3-4，驱动原理如图 3-22 所示。电压：0 V。驱动回线与 IO-GND 不需在接口架零层短接。由接口架 D_3-3、D_3-4 连接到组合架的各零层。

（4）与继电器的接口

系统通过采集 LXJ、YXJ、DXJ、DJ，DBJ、FBJ、DGJ 及其他相关继电器获得现场信号机、道岔、轨道区段的状态；通过驱动 LXJ、YXJ、DXJ 实现对信号机的开放的控制，通过驱动 DCJ、FCJ、SFJ 实现对道岔转换和锁闭的控制。

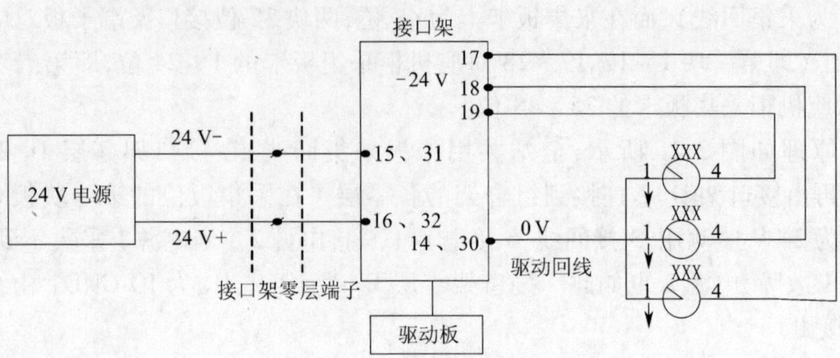

图 3-22　驱动原理图

六、电务维修机

电务维修机采用高可靠、高性能的工业控制计算机,通过网络与监控机相连,与监控机进行数据交换。可显示车务人员的操作命令、系统状态、现场设备状态,并有查询、记录、打印和图像再现功能。电务维修机可接入局域网,实现与其他信息管理系统的信息交换。

1. 主要功能

电务维修机的主要功能是记录操作信息、错误信息、站场显示信息、输入输出信息、铅封计数器清零。具体有:

(1)车务值班员的操作记录;

(2)站场状态信息的显示和记录;

(3)报警信息的记录;

(4)采用图形方式显示系统各组成部分间的通信状态及与 ATS、邻站计算机联锁等系统的通信状态;

(5)采用友好的图形界面实时显示采集信息和驱动命令;

(6)具有站场信息回放功能;

(7)所有的记录以文件的形式存储 1 个月;

(8)提供分类查询的手段检索所有的记录,并可定向查找某些记录;

(9)记录打印的功能;

(10)远程诊断功能(通过远程拨号将上述功能体现在远程计算机上);

(11)修改维修机的时钟,同时将监控机 A、B 的时间保持一致;

(12)修改监控机 A、B 的清除严重报警的密码。

电务维修机必须与监控机通信才能完成上述功能。

2. 硬件配置

电务维修机硬件配置如表 3-4 所列。

表 3-4 电务维修机硬件配置

名称	型号	数量
主板	PCA-6004	1
内存	SDRAM	256
显卡	板载 AGP/VGA	1
以太网卡	3C90X-CX	1
扩展卡	RS-422	1
电子盘		2

为增加维修机的稳定性,减少故障处理时间,维修机采用双电子盘,平时运行一个电子盘,电子盘故障时通过修改主板的 BIOS 设置运行备用电子盘,增加了维修机的可靠性和可用性。

3. 配套设备

显示器显示站场平面图,通过视频电缆与视频口连接。

鼠标通过鼠标线与串口相连。

键盘通过键盘线与键盘口相连。

打印机用来打印设备运行记录,通过打印电缆与并行口 1 相连。

4. 与其他系统接口

维修机可通过 RS-232 串口电缆与调制解调器相连,实现远程诊断。诊断中心通过电话线与调制解调器连接,在需要时通过它可以把维修记录传回诊断中心。

与监控机通信,通过以太网卡与联锁机柜上的集线器相连。

通过局域网与集中监测、ATS 相连。

5. 电源

维修机的电源采用系统电源中的 UPS 提供的 220 V 电源,维修机安装在维修台中,维修机的配套设备中有打印机、调制解调器。因此维修台的电源又分为:维修机 220 V、显示器 220 V、打印机 220 V、插座 220 V(供调制解调器用)。

七、系统软件

TYJL-ADX 型计算机联锁系统的应用软件主要包括:上下层总线安全调度软件、联锁机软件、监控机软件、维修机软件、远程维护软件、区域控制通信软件、CAD 软件、结合设计软件、联锁仿真测试软件等多种软件子系统。软件体系结构设计的基本思想是“模块化”和“软构件/软件总线结构”。

TYJL-ADX 型计算机联锁系统采用 CPMS 操作系统和专用软件平台,使用程序管理(时序管理)方法,规定了每个子任务的处理时间和处理顺序。联锁的逻辑处理是在系统管理功能中调用子程序来完成的。

TYJL-ADX 型计算机联锁系统的联锁软件的操作系统为实时多任务操作系统，采用标准 C 语言，在软件的开发过程中按照软件工程的要求进行。使用经过安全认证的编译、调试工具——ADXLD 软件包，对软件进行编译、调试，并使用 ADXLD 专用的安全测试软件对系统软件进行单元及集成测试，使程序代码具有最高的有效性和安全性。联锁软件也使用 ADXLD 工具进行编译、链接、测试，保证联锁软件具用高可靠性、高安全性和高有效性。

联锁软件采用功能图块编制，逻辑关系简洁高效、清晰易懂，易于调试、易于修改、易于审核，该软件生成的程序及有关报告文件本身就是相当标准的规范文档。

采用面向对象的编程方式，如信号机、道岔、轨道电路区段等单元的联锁逻辑均做成标准模块，经严格审核、测试后，加入到联锁软件库中，便于以后具体站场联锁软件调用。联锁软件库的管理十分严格，但是其建立和完善却十分方便，如具体站场需要新增加一特殊模块，只需根据有关原则，按部就班地编制有关联锁逻辑，并经过审核、测试，即可加入到联锁软件库中，供具体站场使用。

具体站场的联锁软件的编制采用图形绘制，十分形象直观；为了减少人为差错，提高软件的可靠性，这部分现在由计算机联锁系统计算机辅助设计提供。

TYJL-ADX 型计算机联锁系统的联锁软件采用这种形象直观的编程方式，并且不用太多考虑系统硬件的安全性，只需关心联锁软件自身的可靠性、安全性，因此十分简单清晰，有利于保证联锁软件的高可靠和高安全，并且联锁软件库具备很好的继承性和封装性，为今后联锁软件库的完善提供了方便，同时这些联锁软件库的相应文档是提供国际认证的最好材料。

八、使用和维护

1. 使用

(1)系统上电

检查设备状态良好并满足使用要求，接通电源屏电源。确认联锁机每个机笼上的电源供电板上的“POWER ON”指示灯点亮。

(2)开机步骤

①电源屏向联锁系统供电合闸。

②配电柜 220 V 开关合闸。

③按下 UPS 的电源开关(标有“TEST”的按钮)，首先 UPS 本身进行自检，UPS 所有的指示灯稳定后，表明 UPS 已经准备就绪，可以对外供电。

④配电柜给联锁机、维修机、控制台等的开关顺序合闸。

⑤将联锁机柜 1、联锁机柜 2 底部的各个电源开关合上，联锁机开始运行，几分钟后系统同步，开始正常工作。

⑥将配电柜上的 24 V 电源打开。

⑦监控 A、B 机开机，电源灯点亮，硬盘灯闪烁，监控软件正常运行后，硬盘灯熄灭。严禁在硬盘灯闪烁时直接关闭计算机电源（下同）。

⑧维修机开机，电源灯点亮，硬盘灯闪烁，维修软件正常运行后，硬盘灯熄灭。

（3）关机步骤

①将联锁机柜 1、联锁机柜 2 底部的各个电源开关拉下。

②维修机上选择“关闭系统”按钮，等待屏幕出现“关闭计算机电源”提示后，关闭维修机电源。

③关闭监控 A、B 机。

④将配电柜上的 24 V 电源关闭。

⑤关闭 UPS。

⑥关闭电源屏至联锁系统的闸刀。

（4）设备报警

当设备发生故障时，在车务监视器上会有相应的报警提示，电务人员必须及时处理故障，防止故障积累，影响设备的正常运行与安全。

①24 V 电源 A 或 24 V 电源 B

两个 I/O 电源并行向系统提供 IOZ、IOF 电源，若单一电源发生故障，另一电源仍能提供电源保证系统正常运行。

②联锁机中断

相应监控机与联锁机的通信中断。

③维修机中断

相应监控机与维修机的网络通信中断。

④监控 A 机和监控 B 机中断

另一台监控机与维修机的网络通信中断。

⑤联锁机报警

联锁机有模板发生故障或当联锁机模板受到瞬间干扰时，都会点亮故障灯并报警。

⑥SFJ 失效

当 DCJ 或 FCJ 吸起而 SFJ 还没吸起时，道岔若动作则表明 SFJ 失去了应有的防护作用。

（5）系统复位

联锁机如发生死机或其他特殊故障需要复位时，可将联锁机柜 1 底部对应的 FCX 电源关闭，然后打开即可。

2. 日常维护

（1）检查 UPS A、UPS B 工作正常。

（2）检查监控 A、B 机工作正常。

（3）检查维修机记录正常。

(4)检查联锁机各板工作指示灯正常,无故障显示。

(5)检查 I/O 电源工作灯正常。

(6)检查车务监视器上有无与联锁系统有关的设备故障。

3. 维修注意事项

(1)所有板卡均不能带电插拔,不能带电操作。更换时必须要点断电后进行。为了安全起见,必须先将要更换板卡所在的 FCX 或者 FFC 的电源关闭,然后才更换,更换完毕确认无误后开启电源即可。关闭电源前,必须先查看本机是否在工作状态,如果是在工作状态,必须在站场没有作业的前提下,并且与运输部门协调好的条件下进行。严禁带电插拔!

(2)每组道岔由 DCJ、FCJ 和 SFJ 两点来驱动,当操纵道岔时,若 SFJ 失去了防护作用,必须立刻检查,否则有安全隐患。

(3)如果某架信号机未经联锁机驱动,但是由于混线、或者接点粘连导致其相应的继电器错误吸起,或者前接点错误闭合,而采集到这些继电器的前接点时,联锁机检测到后会报“某某信号无驱开放,联锁机停止输出”。清除故障后联锁机自动恢复工作。系统会出现严重报警字样,在 3 min 内系统停止工作,3 min 后清除严重报警(右键单击站名,出现快捷键,输入密码××××),清除其他已克服的报警信息操作方法一样。

(4)由于按钮没有自动延时清除功能,不在敌对进路上的按钮按下后会一直闪,如果办理同一个咽喉非同一条进路时,会报进路办理错误(相当于同一个咽喉同时只能办理一条进路)。

(5)在日常养护维修中,严禁在监控机和维修机上装软件及使用 U 盘,厂家来维护时必须严格登记杀毒软件的型号和时间等。

4. 常见故障

(1)配电部分常见故障

①全联锁系统无电

原因:电源屏没供电;电源屏至配电柜电线断线;配电柜没合闸;UPS 切换器故障。

②联锁系统部分有电,部分无电

原因:配电柜相应开关没合闸;相应从配电柜至设备的电源连线断线;联锁机柜上的电源模块开关没开。

③联锁系统没有 24 V 直流电源

原因:配电柜相应开关没合闸;配电柜内 24 V 电源故障;配电柜内电源切换板故障。

(2)控制台常见故障

①控制台全部无电

原因:配电柜相应开关没供电;配电柜至控制台电源电缆断线。

②车务监视器不显示

a. 监视器信号指示灯不亮,系电源故障。

原因:监视器电源开关没开;控制台电源无电;控制台电源输出至车务监视器电源电缆断线或监视器故障。

b. 监视器信号指示灯亮黄灯,系无视频输入信号。

原因:相应视频复示器至监视器的视频电缆断线;相应视频复示器故障(直接将车务视频电缆与相应监控机视频电缆对接可越过视频复示器);相应监控机至控制台的视频电缆断线;相应监控机的视频卡故障,或监视器故障。

③鼠标不动作

原因:鼠标故障;相应监控机至控制台的鼠标电缆断线;相应监控机的鼠标口故障。

④音响不报警

原因:相应监控机至控制台的音频电缆断线;相应监控机的声卡故障。

(3)监控机常见故障

①电源灯不亮

原因:配电柜没合闸;配电柜内至监控机的电源电缆断线,或者接触不好;监控机故障;监控机本身的电源开关没开。

②电源灯点亮,但系统不能正常启动

原因:操作系统损坏;主板或其他硬件损坏。

③显示器黑屏

原因:显示器本身的电源开关没开;显示器坏了;视频线断线,或者接触不好;主机没有视频信号输出;显示器处于节能模式,移动鼠标片刻后会恢复正常。

④音响始终无声音

原因:音响的电源开关没开;音响的音量调节开关没有打开;断线,或者接触不好;主机没有声音信号输出。

(4)联锁机常见故障

①电源常见故障

每个 FCX、FFC 都有各自独立的电源模块,它们分别给本组相应的设备供电。正常时,绿色“POWER ON”灯点亮。由本电源模块供电的各个模块的“RUN”灯亮。

故障时,绿色“POWER ON”灯灭,原因:无 100 V 电源;模块故障;灯坏了。

②CPU 板常见故障

正常时,绿色或黄色“RUN”灯点亮。

故障时,红色“ERR”灯点亮,系由于某种原因(如初始化失败,驱动命令不一致等)使本 CPU 板所在的 FCX 或者 FFC 停止工作。

③通信板常见故障

每个 FCX 上都有一块以太网卡,用来与监控 A 机、监控 B 机通信。

正常时,与监控机连接的通信端口的收发灯在监控机运行时应该闪烁;没有与任何设备连接的端口,其对应的收发灯都不亮。

与监控机通信的端口的收发灯不闪,但通信正常,则是该绿灯坏了。

与监控机通信的端口的收发灯不闪,可能是监控机电源没开,或者通信线断线,或者接触不良。

④采集/驱动板常见故障

可通过面板指示灯判断其工作是否正常。在正常运行时,对于采集板,其前面板上的 RUN 灯、IN_1 灯、IN_2 灯、IN_3 灯亮绿灯,有输入的采集点相应红色指示灯点亮。对于驱动板,其前面板上的 RUN 灯亮绿灯,主控板的 OUT 灯亮绿灯,备板的 OUT 灯亮黄灯,有输出的驱动点相应绿色指示灯点亮。采集、驱动板的前面板上的 ERR 灯不亮。

故障时,红色的"ERR"灯点亮。发生此种情况时可首先对故障板所在的 FFC 进行复位,待 FFC 工作后该板故障仍不能消除则需要更换此板。

a. 被采集的继电器吸起,而相应采集点不点灯。

原因:从继电器至采集板之间采集连线断线;采集回线至继电器之间的连线断线;采集板相应这一位发光二极管损坏(尚未发现过,仅有此可能)。

b. 驱动板的驱动点表示绿灯点亮,但被驱动的继电器不吸起。

原因:从继电器至驱动板之间连线断线;驱动回线至继电器之间的连线断线;被驱动的继电器本身故障。

(5)维修机常见故障

①维修台全部设备没电

原因:配电柜相应开关没合闸;配电柜至维修台电源输入断线。

②维修机电源灯不亮

原因:相应维修台电源输出没电;电源电缆断线;维修机故障。

③维修机电源灯点亮,但系统不能正常启动

原因:硬盘或操作系统损坏;主板或其他硬件损坏。

④打印机电源灯不亮

原因:相应维修台电源没电;电源电缆断线;打印机故障。

⑤打印机电源灯点亮,但不能打印

原因:打印机电缆断线(严禁带电拔插);维修机打印口故障;打印机故障。

⑥维修机监视器信号指示灯不亮

原因:相应维修台电源没电;电源电缆断线;电源开关没开;维修机监视器故障。

⑦维修机监视器信号指示灯亮黄灯

系无视频信号。原因:视频电缆断线;维修机视频口故障;维修机监视器故障。

第四章

DS 系列计算机联锁系统

DS 系列计算机联锁系统包括双机热备的 DS6-11 型计算机联锁、二乘二取二的 DS6-60 型计算机联锁和 DS6-K5B 型计算机联锁，是由通号集团公司研究设计院研制的。它们用于城市轨道交通的车辆段/停车场和部分正线。DS6-11 型计算机联锁已不生产。

第一节　DS6-60 型计算机联锁系统

DS6-60 型计算机联锁系统（以下简称 DS6-60 系统）是在引进、消化、吸收国际先进的计算机联锁技术，建立在符合欧洲铁路安全标准的高起点上的、自主开发的系统。DS6-60 系统具有二乘二取二的故障—安全结构，具有完全自主知识产权的核心技术。

一、概　　述

1. 系统特点

（1）符合欧洲铁路安全标准，安全等级达到 SIL4 级，并通过第三方国际知名认证机构评估的安全控制系统。

（2）系统是基于双套专用安全硬件和相异性软件构成二乘二取二冗余结构，实现系统双系冗余管理、输入和输出管理及系统故障实时诊断。

（3）系统通过专业化、科学化的系统可靠性、可用性、可维护性、安全性设计、分析和计算，使系统 RAMS 的综合性能达到中国铁路总公司计算机联锁技术条件相关要求。

（4）系统可以通过不同标准接口的扩展，建立通用化的安全控制平台，支持通用的接口连接，可应用于多种信号控制系统。

2. 主要指标

（1）运营能力

DS6-60 系统可运用于城市轨道交通，支持车站本地控制和 ATS 控制。在加电启动后完成联锁功能；通过 ATS 或 MMI 提供选路等操作功能；可根据操作需要提供切换主备机的功能；可支持关掉单独模块/板进行维护的功能。

（2）系统功能

提供联锁功能,如选路、控制信号机和道岔、列车跟踪、进路解锁、监督现场设备的状态;提供本地 MMI 功能,如站场操作、状态显示、语音提示、车站操作员直接通过 MMI 控制台下达操作命令。

提供维护功能,如历史记录、历史查询、记录回放和打印记录、远程诊断功能。

(3)基本技术性能

系统具有二乘二取二的冗余结构;输入输出以继电器为控制对象,本地最大输入处理量为 1280 个点,最大输出处理量为 960 个点;输入支持双采集、输出双断控制;可处理最多 16 个遥控点,遥控点间距离在没有中继时为 40 km;系统控制周期为 200 ~ 400 ms;系统内部子系统间全部通过光缆通信;输入和输出通道速率为 2 Mbit/s;系统和 I/O 电压要求为 AC220 V 和 DC5 V,I/O 接口电压要求为 DC24 V;系统和 I/O 的工作温度范围为 0 ℃ ~40 ℃,最适宜的工作温度为 18 ℃ ~25 ℃;系统符合中国铁路总公司计算机联锁技术条件相关要求;电磁兼容性能符合《铁道电气设备电磁兼容性实验及其限制》和《铁道信号设备雷电电磁脉冲防护技术条件》的规定。

3. 系统层次结构

DS6-60 系统是一个三层系统,如图 4-1 所示 。每个子系统分别完成各自相对独立的功能,通过通信将各个子系统相互连接,共同完成联锁系统功能。

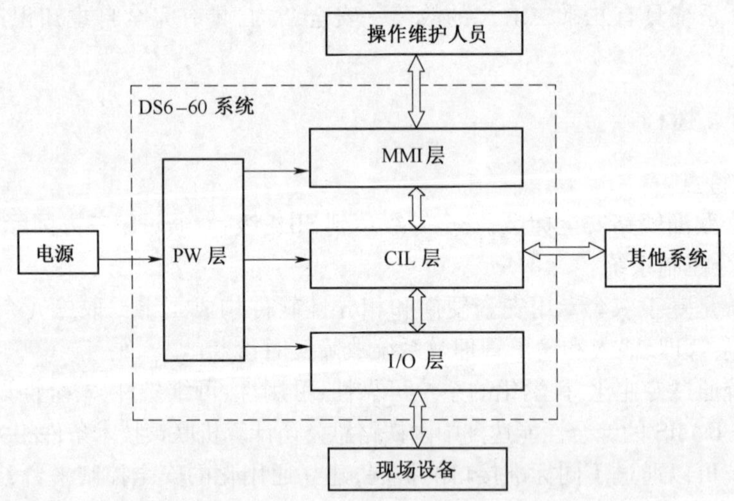

图 4-1 DS6-60 系统层次结构

(1)人机对话层(MMI 层)

人机对话层由控显机、监测机组成,通过可视化的人机界面,提供操作及维护人员向系统输入控制命令并获得行车作业及设备工作状态信息,完成操作界面显示,系统状态显示、系统运行状态和故障记录。

(2)联锁逻辑控制层(CIL 层)

联锁逻辑控制层由中央逻辑控制单元及相关接口组成，是联锁系统的核心。接收来自人机对话层的操作信息和执行表示层的信号机、道岔、轨道电路等设备状态信息。根据以上信息通过安全计算机进行安全逻辑运算，产生相应的控制输出，通过执行表示层对信号设备进行实际控制。

（3）执行表示层（I/O 层）

执行表示层由现场信号设备的采集驱动设备组成，直接或通过现场设备的继电器结合电路，按联锁运算得出的结果以安全的方式转变成可使现场信号设备动作的电压（或电流），并以安全的方式获得现场信号设备的状态。

三层之间通过安全可靠的通信传递各子系统的信息以支持整体系统的信息处理。MMI 层与 CIL 层之间采用 ARCNET 通信，通信线路采用光纤连接，完成两层设备之间的数据通信；I/O 层与 CIL 层之间采用高速串行总线通信，通信线路采用光纤连接，完成联锁与 I/O 的数据通信。

另有电源层（PW 层），为上面三层所有子系统的设备提供所需的电源。

4. 冗余设计

在 DS6-60 系统中完成系统每个主要功能（除维护、记录功能外的所有功能）的子系统均由两套完全相同的部件构成，两系部件同时工作，互为热备。任何一系部件故障时，另一系可继续完成所需功能，系统功能不受任何影响。

（1）双系冗余

单系即独立的一套联锁系统，包括联锁中央逻辑控制单元以及对应配置的输入和输出控制单元。双系即配置两套完全相同的联锁系统。DS6-60 系统采用双系设计，即两套联锁系统同时在线运行，并保持同步，保证系统在任何一个系出现故障的情况下能够继续正常工作，提高系统的可靠性。

双系的状态是由两系根据当时的情况协调决定的，取得优先控制状态的一方为主，未取得优先控制的一方为从。从系的控制应服从主系。

（2）双系数据交换

为实现双系输入、输出的同步，达到互为热备的目的，必须实现双系的数据交换，为此提供双系之间的数据交叉通信通道。这种数据交换存在于双系中央逻辑控制单元之间以及一个系的中央逻辑控制单元与另一个系的 I/O 控制单元之间。

（3）系统网络双网冗余

为保证上位的 MMI 与联锁 CIL 层之间的网络通信的可靠性，系统网络采用双网结构，互为冗余备份，保证当一个网络失效时，另一个网络能够继续承担上位系统之间的通信任务。

（4）系统数据冗余

根据具体的可靠性设计的要求，应该在一些重要的系统数据进行冗余设计。

5. 系统单元的独立性

系统各个层次和单元需要保证与其他部分的独立性,每个单元的功能、数据、故障等特性都进行了严格的封装。

例如:DS6-60 系统在如下环节上须进行电气隔离:

CIL 层与 MMI 层之间无电连接,通过光纤进行通信;

CIL 层与 I/O 层之间无电连接,通过光纤进行通信;

I/O 层与现场之间无电连接,信号进行光电隔离;

CIL 层的双系中央逻辑控制单元之间无电连接,通过光纤进行通信。

本系统内部电路浮空设计。

6. 系统安全

DS6-60 系统的 CIL 层负责联锁数据处理、逻辑运算,是整个系统的核心,其错误会导致事故发生,作为故障—安全系统处理,要求其所有功能均为安全功能。

系统的 I/O 层为站场状态的采集和设备控制,其错误会导致联锁运算的错误,或直接控制信息的错发,所以作为故障—安全系统处理,其所有功能均为安全功能。

联锁系统的安全由 CIL 层和 I/O 层保证,系统的 MMI 层作为人机界面,其错误应不应直接导致联锁逻辑类的错误而引发的事故,但可能间接导致运行事件。MMI 层暂时作为非故障—安全系统处理。

7. 系统故障—安全设计

DS6-60 系统作为联锁系统必须满足故障—安全原则。系统输出和通信的安全侧应定义为与系统未加电时状态相同,系统 I/O 输出直接控制非智能设备,所以其输出安全侧应定义为“零”/零电平/非驱动/非有效状态;系统外部通信输出对象为智能设备,应具有 CPU 控制和编解码功能,所以其安全侧为停止通信。

DS6-60 系统的每个子系统设计要求相互独立,任何一个子系统故障都不应导致其他子系统故障,子系统之间通过内部通信通道交换数据和指令。当联锁 CIL 层和 I/O 层发生故障时,系统的输出应导向安全侧。为满足以上故障—安全要求,DS6-60 系统的每个子系统在发生故障时,都应当导向安全侧,即停止和其他子系统通信,对于输出子系统还应当保证其输出导向安全侧。

8. 安全与防护

系统的机柜、机笼、面板等人可能接触的地方全部安全接地。

系统的输入、输出具有防雷电感应措施。

二、系统结构

DS6-60 型计算机联锁系统结构如图 4-2 所示。

在 DS6-60 系统结构对应系统的层次结构提供了包含人机界面功能、联锁中央逻辑控制功能和联锁 I/O 功能三个相对独立的功能部分,每个部分的组成如下:

MMI 层包括控显机、监测机和其他上位计算机,主要完成操作界面显示、系统状态

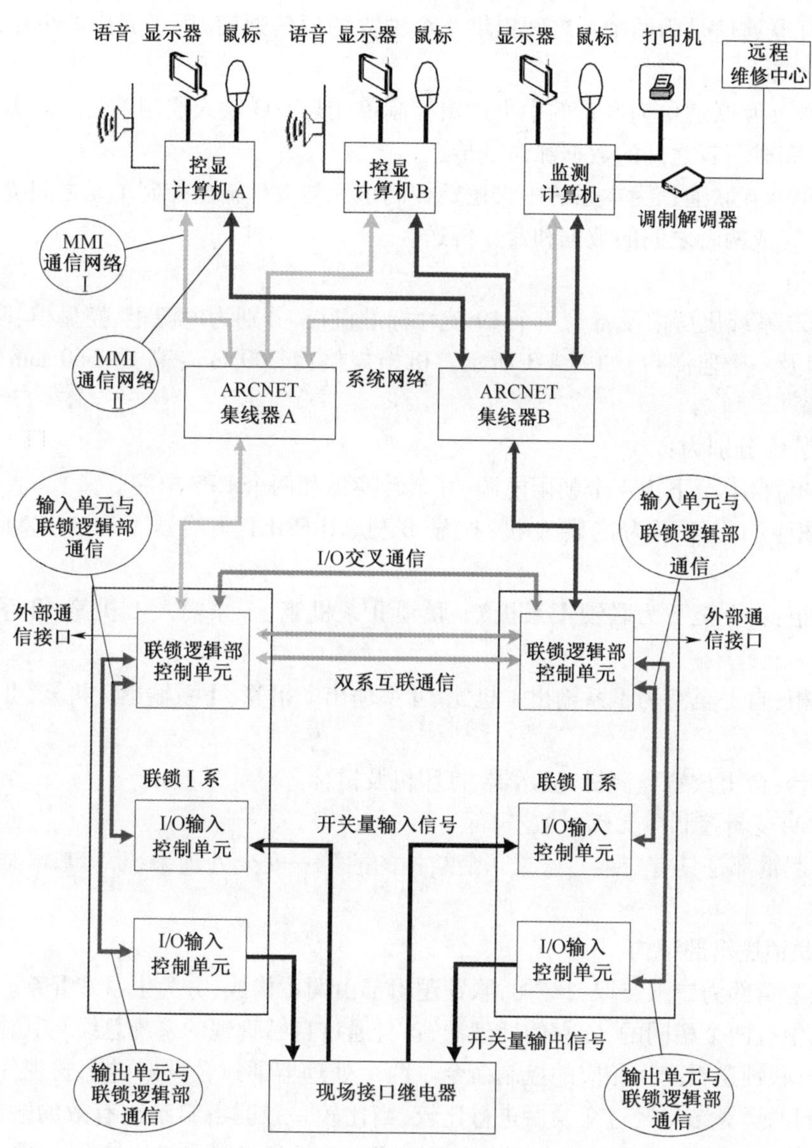

图 4-2　DS6-60 型计算机联锁系统结构

显示、联锁系统监测与控制功能。

CIL 层由中央逻辑控制单元及相关的接口构成，主要完成联锁逻辑运算和控制。

I/O 层由 I/O 输入控制单元、I/O 输出控制单元构成，主要完成输入信息的采集处理和输出状态控制。

系统电源构成 PW 层，为系统提供统一的、高可靠的电源。

系统网络位于 MMI 层与 CIL 层之间，完成两层设备之间的互联，并提供数据通信功能双系互联通信是为两个系之间提供一个独立的通信通道,用于完成两个系之间的数据交换功能。

输入单元互联通信为本系的中央逻辑控制单元与 I/O 输入控制单元之间提供通信通道,用于完成两者之间的数据和命令传送。

输出单元互联通信为本系的中央逻辑控制单元与 I/O 输出控制单元之间提供通信通道,用于完成两者之间的数据和命令传送。

1. 机柜

DS6-60 系统机房内设备为 4 个 19 英寸标准机柜,分别为电源柜、控显柜、联锁柜、输出柜,以及一个监测台,如图 4-3 所示。机柜规格:2 200 mm(高)×660 mm(宽)×800 mm(深)。

设备装配分别为:

电源柜:自上至下为 4 个朝阳电源、冗余转换器和两个 UPS 电源。

控显柜: 自上至下为控显 A 机、控显 B 机、ARCNET 集线器 1 和 ARCNET 集线器 2。

联锁柜:自上至下为联锁Ⅰ系机笼、联锁Ⅱ系机笼、Ⅰ系输入 1 机笼、Ⅱ系输入 1 机笼。

输出柜:自上至下为Ⅰ系输出 1 机笼、Ⅱ系输出 1 机笼、Ⅰ系输出 2 机笼、Ⅱ系输出 2 机笼。

监测台:台上放置监测机、显示器、打印机及鼠标。

2. 中央逻辑控制单元(联锁逻辑部)

联锁逻辑部是具有二乘二取二冗余结构的故障—安全处理系统,其基本结构如图 4-4 所示。

(1)联锁逻辑部结构

联锁逻辑部为二乘二取二结构,联锁逻辑部由两系构成,分为Ⅰ系和Ⅱ系。

每系中有两个相同的、独立的处理器,各自通过自己管理的系统总线与其他子系统通信,运行联锁逻辑产生相应的控制命令。两个处理器通过公共时钟源实现任务级同步,对它们的运算结果经过交换后进行比较,当比较一致时各自给出有效的输出,比较不一致时使输出导向安全侧。这就构成保证安全的任务级二取二比较。

任一系都可以独立二取二运算和输出比较,双系采用主从方式运行,通过系间串行高速总线实现双系数据信息交换和系同步切换,在每个运行周期进行同步数据交换和比较,当主系发生故障时完成主从系转换。即当主系故障时,主系主动降级,从系升为主系;当从系故障时,从系主动降级,不影响主系控制。从系在取得主系同步数据后与主系同步数据进行比较,比较不一致时从系主动降级,重新与主系取得同步。从系每个运算周期接收主系发送的周期开始同步信号作为自系周期开始信号,达到从系与主系周期同步。这就构成保证可靠的二乘二冗余。

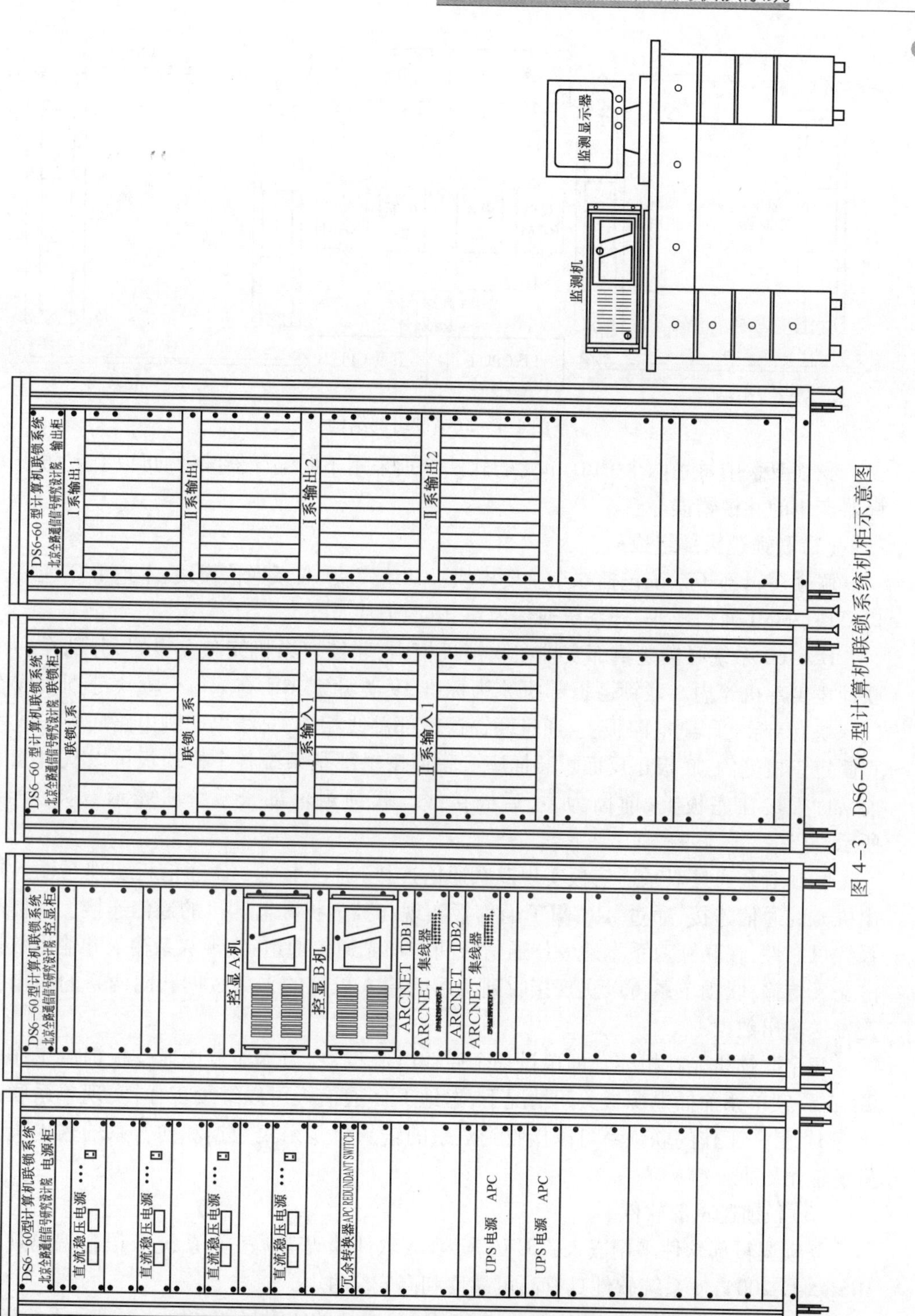

图 4-3　DS6-60 型计算机联锁系统机柜示意图

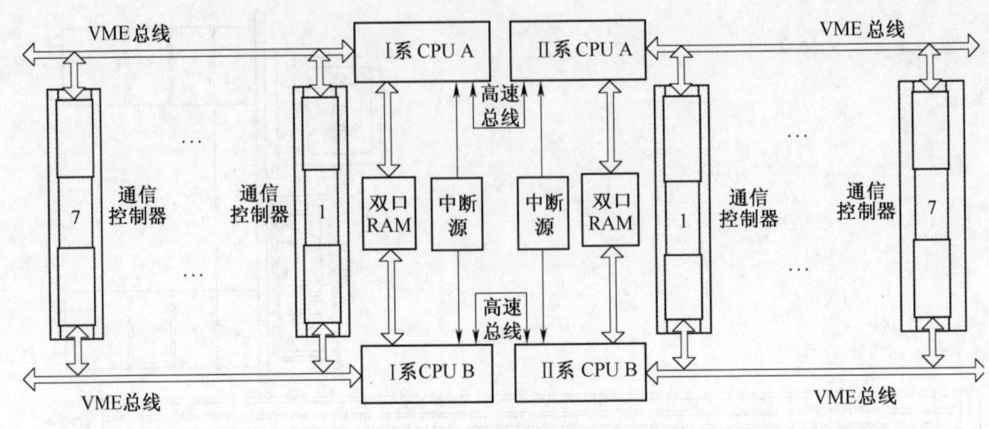

图 4-4　联锁逻辑部结构

联锁双系中每系两个 CPU 单元的软件分别采用不同编译器编译,可以有效防止编译器产生的共模错误。

(2)联锁逻辑部组成

联锁逻辑部子系统包括 6 个主要模块:CPU 模块、双系通信模块、本地 I/O 通信接口模块、MMI 通信模块、外系统通信模块、电源模块。

DS6-60 系统联锁逻辑部安排在联锁机柜中,联锁双系机笼独立设置,分别在一个联锁逻辑部机笼内。联锁逻辑部机笼为标准 19 英寸宽,6U 高。每个模块分别集成在同一块 6U 标准印刷电路板上,通过联锁逻辑部总线相连,总线以印刷电路底板形式垂直固定于机笼内,底板正反面焊装插座。联锁逻辑部子系统各个模块板可以从机笼的前后面插接在底板上,前插为主,后插接线。联锁逻辑部子系统机笼示意如图 4-5 所示。

联锁双系通过双系通信板实现双系通信连接,通过本地 I/O 通信板实现与输入输出机笼的通信连接,通过 ARCNET 通信板实现与控显机和监测机的通信连接。为提高系统可靠性,在联锁双系本地 I/O 通信板间增加光通信通道,实现双系输入和输出数据的交叉传输,联锁单系可以实现接收到两系的输入机笼的采集数据和向两系的输出机笼发送输出数据。

每个联锁机笼在机笼背面单设一个后插电源板,专为本地 I/O 通信板提供工作电源,在联锁单系前插电源板关闭情况下,本地 I/O 通信板可以继续工作,实现单系联锁维修时,另一工作的联锁系可以接收到双系的输入机笼采集数据和向双系的输出机笼发送输出数据。

(3)联锁逻辑部软件

联锁逻辑部软件采用嵌入式 C 语言编码,软件编码遵循安全系统 C 语言编码规范 MISRA-C:2004,使系统软件具有高可靠性和高安全性。

联锁逻辑部每系两个 CPU 单元均采用精简内核的实时操作系统负责管理系统各

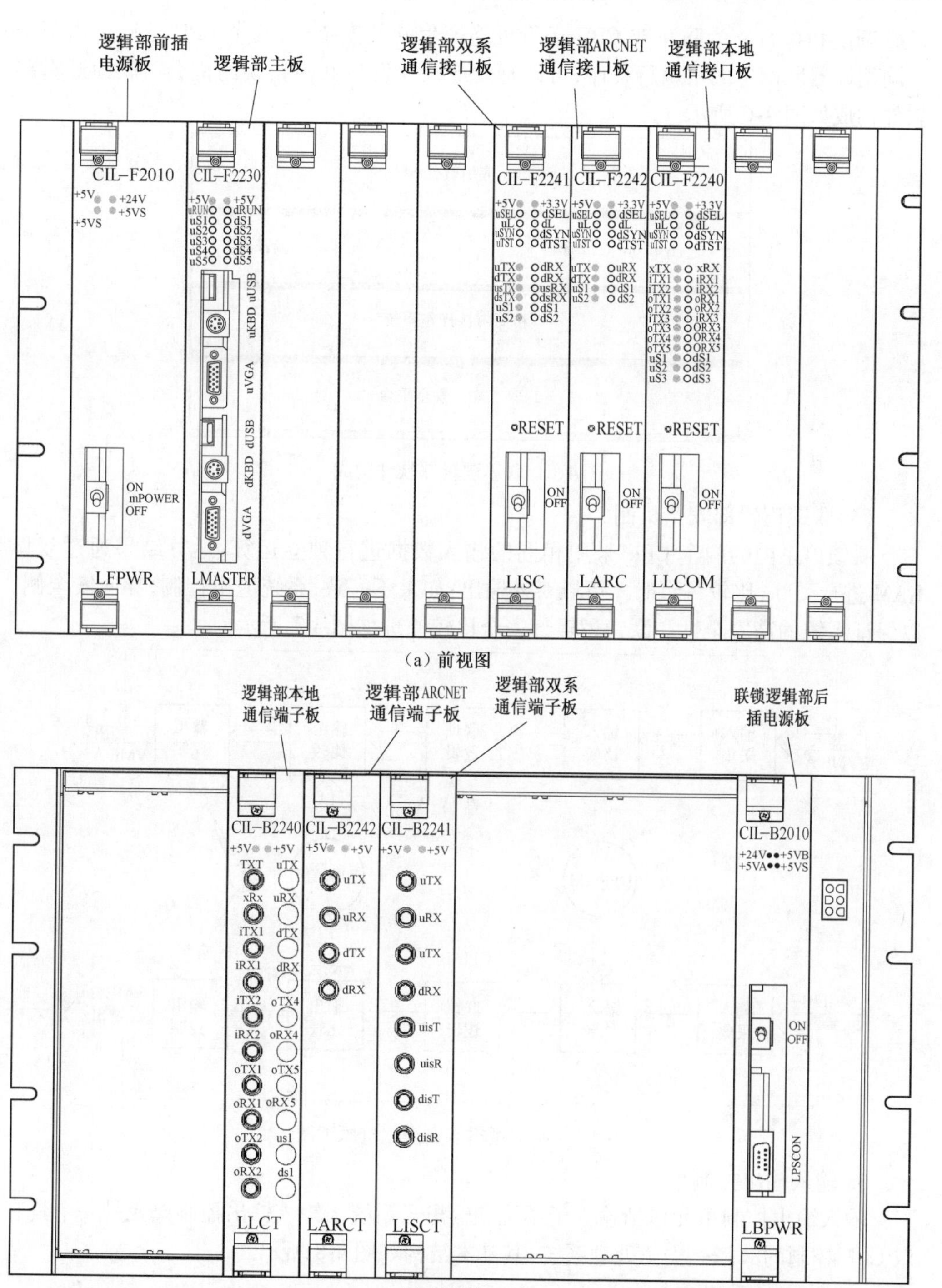

（a）前视图

(b) 后视图

图 4-5　联锁逻辑部子系统机笼示意图

任务调度和执行。为防止双 CPU 运行可能产生的共模错误,两个 CPU 运行了由两个不同编译器所产生的可执行程序,可以有效地减少发生共模错误的机会。联锁逻辑部软件构成如图 4-6 所示。

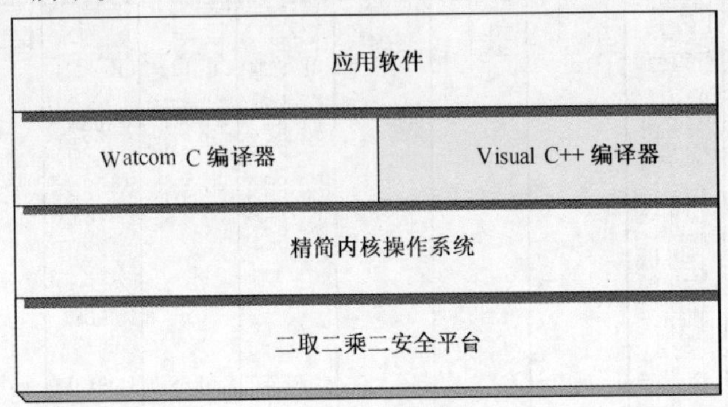

图 4-6 联锁逻辑部软件构成

(4)联锁逻辑部安全机制

联锁单系内的两个 CPU 采用相同的输入数据进行独立运算,运算结果通过双口 RAM 进行交互,比较一致时才可以对外输出;如果不一致,系统退出控制,导向安全侧,以保证系统的高安全性。联锁逻辑部安全比较原理如图 4-7 所示。

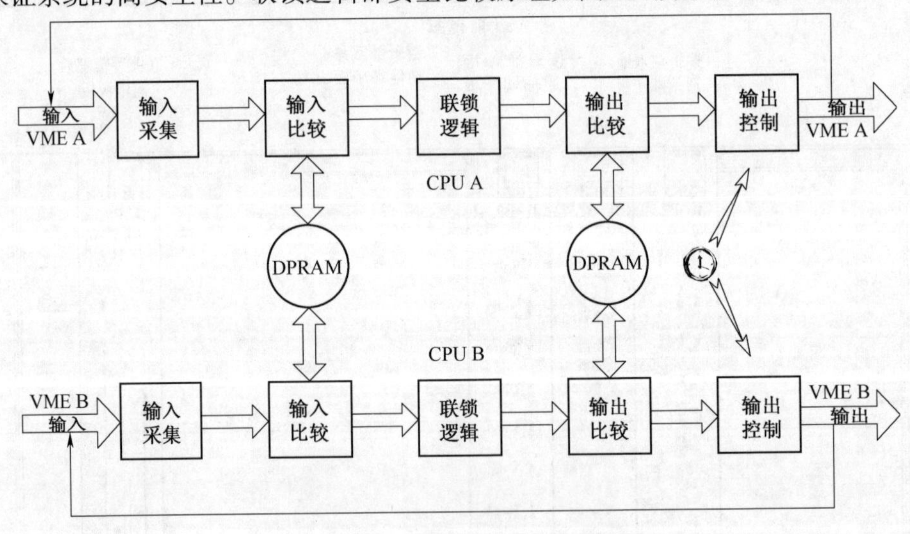

图 4-7 联锁逻辑部安全比较原理图

3. 输入输出控制单元

输入输出控制单元包括输入子系统和输出子系统。输入输出控制单元是一个具有双 CPU 控制的故障—安全处理系统,其基本结构如图 4-8 所示。

(1)输入子系统

输入子系统是由多个输入机笼组成,双系冗余配置。每一个输入机笼是一个具有

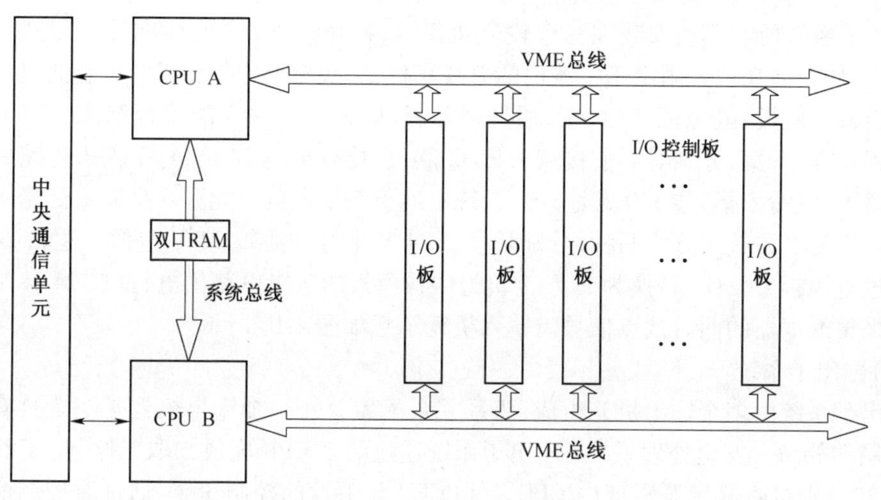

图 4-8　输入输出控制单元基本结构

双 CPU 控制的故障—安全处理系统。输入子系统以脉冲方式通过输入板对继电器接点状态进行采集,并将结果发送至联锁逻辑部。

输入子系统采用两套 CPU 控制的两套采集电路独立进行采集,为动态脉冲采集方式。两个独立的 CPU 分别控制输入采集板完成继电器前接点和后接点的双采集,并将前后接点采集的状态传送给联锁逻辑部的双 CPU 进行比较处理,比较一致认为采集数据有效,比较不一致时,认为采集无效并导向安全侧,构成二取二故障—安全采集,保证采集的安全和可靠。

输入子系统具有完善的自诊断和自检测功能,当发现输入板出现异常故障能够快速停止故障输入板的采集,把故障板的采集数据导向安全侧,点亮 CPU 板的故障指示灯,并发送相关报警信息到监测系统。输入子系统构成原理如图 4-9 所示。

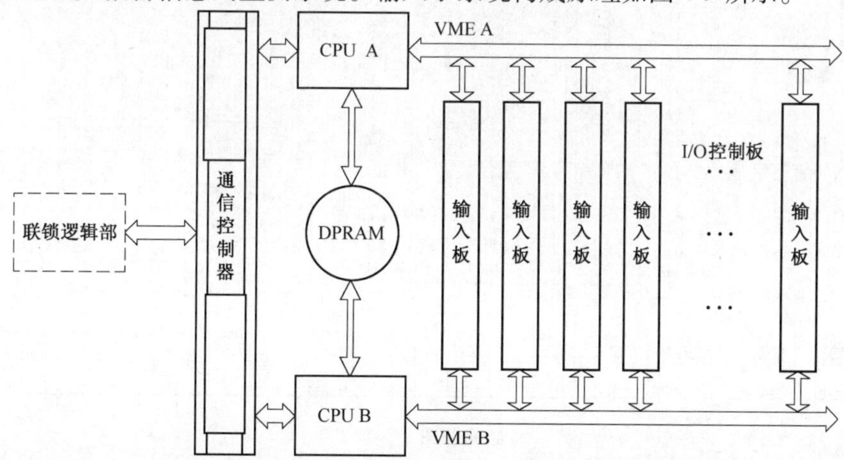

图 4-9　输入子系统构成原理图

输入子系统所有模块安装在一个输入机笼内,模块按 6U 高的标准尺寸印制电路板设计,模块板插在位置固定于机笼内的总线底板上,底板上印制总线并焊装插座。输入机笼由输入底板、电源板、CPU 板、后插通信板、输入板和输入防雷板组成。每个输入板设置 64 路采集,分别对应前接点采集 32 路,后接点采集 32 路,每个输入机笼最大可以配置 10 块输入板,共 320 路输入。系统本地单系最大可以配置 6 个输入机笼。

输入机笼电源接入分为两种,分别是接口 24 V 电源和逻辑 24 V 电源。逻辑 24 V 电源通过电源板 DC/DC 转换为 5 V,为机笼中各模板的逻辑电路供电;接口 24 V 用于输入板采集继电器的前后接点信号。输入机笼示意如图 4-10 所示。

(2)输出子系统

输出子系统由多个输出机笼组成,双系冗余配置。每一个输出机笼是一个具有双 CPU 控制的故障—安全处理系统,输出子系统通过两个 CPU 完成二取二控制。CPU A 和 CPU B 分别接收联锁逻辑部内 CPU A 和 CPU B 下发的控制命令,通过对控制命令校验后,各自控制一套独立的驱动电路进行动静态不同方式的驱动。输出单元采用双断控制,动态和静态两路驱动串联输出,静态和动态输出分别由输出机笼内的两个独立的 CPU 单元控制,当一路输出无效时,总输出为无效,构成硬件相异的二取二故障—安全输出,从而保证输出的安全性。

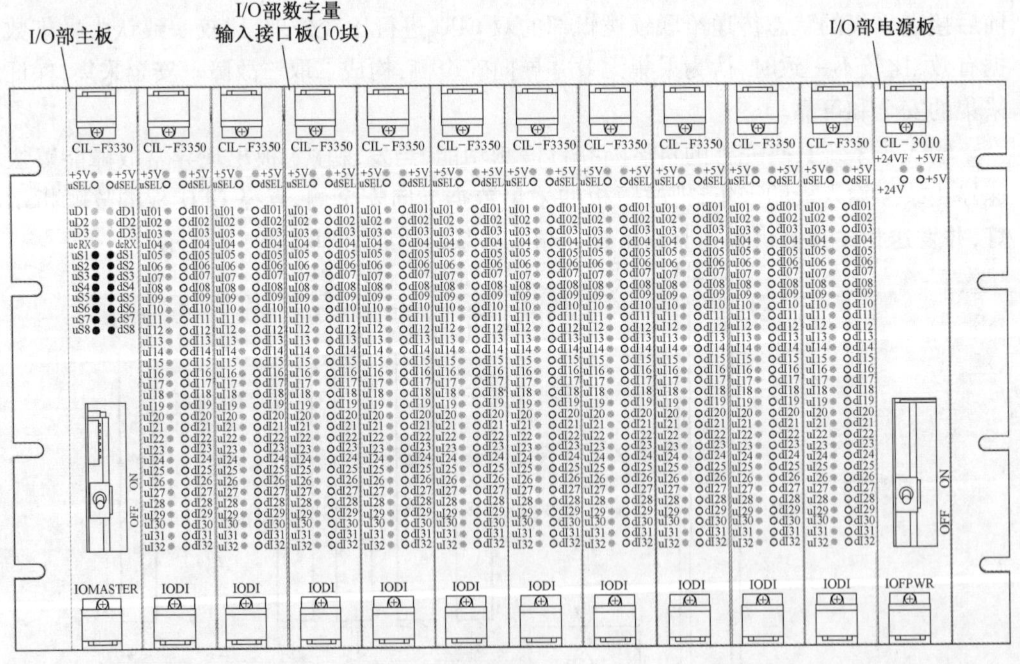

(a) 前视图

图 4-10

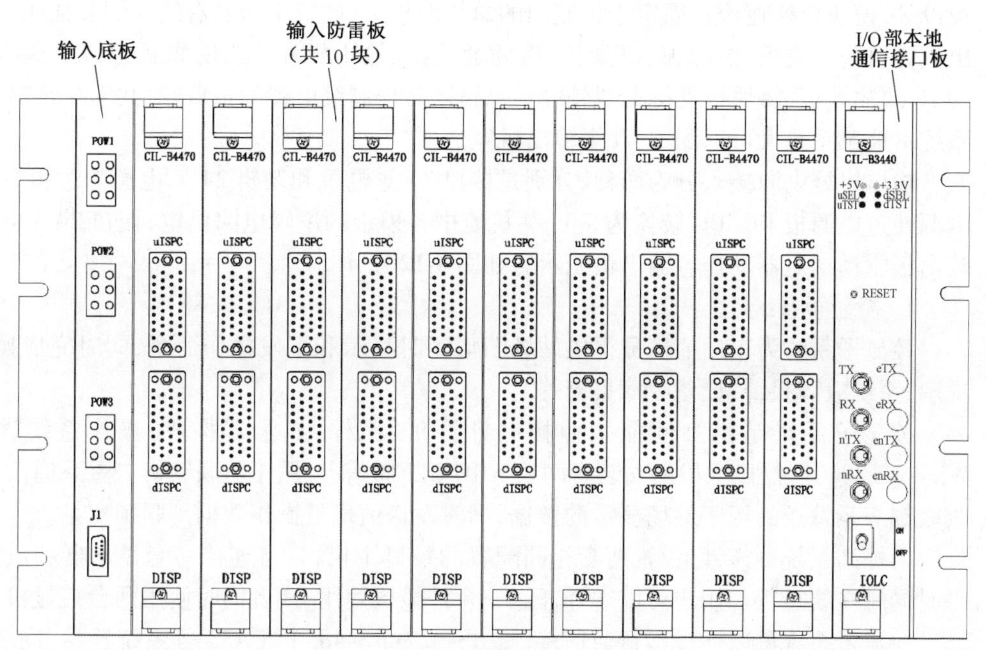

(b) 后视图

图 4-10　输入机笼示意

输出子系统具有完善的自诊断和自检测功能,当发现输出板出现异常故障能够快速停止故障输出板的输出,点亮 CPU 板的故障指示灯,并发送相关报警信息到监测系统。输出子系统构成原理如图 4-11 所示。

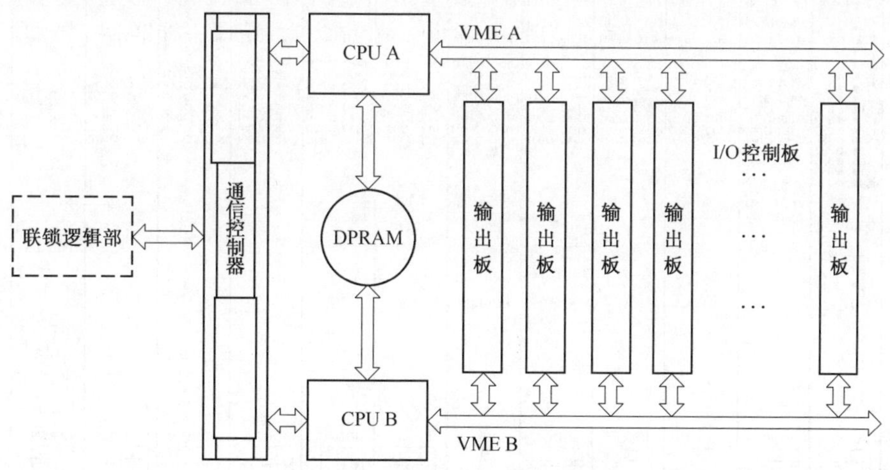

图 4-11　输出子系统构成原理

输出子系统所有模块安装在一个输出机笼内,模块按 6U 高的标准尺寸印制电路板设计,模块板插在位置固定于机笼内的总线底板上,底板上印制总线并焊装插座。输出机笼由输出底板、电源板、CPU 板、后插通信板、输出板和输出防雷板组成。最多可插 10 块输入板,每块板支持 16 路输出,每路同时控制继电器的正负端,共 160 路输出。系统本地单系最大可以配置 10 个输出机笼。

输出机笼电源接入分为两种,分别是接口 24 V 电源和逻辑 24 V 电源。逻辑 24 V 电源通过电源板 DC/DC 转换为 5 V,为机笼中各模板的逻辑电路供电,接口 24 V 用于输出板驱动继电器动作。输出机笼示意如图 4-12 所示。

4. 控显子系统

控显子系统为车站值班员提供站场图形实时显示和下发操作命令,同时完成操作提示、系统故障报警、设备故障报警等。

控显子系统是由高性能工业控制计算机、鼠标、显示器构成,操作系统选用 Windows 2000。控显主机内安装有两块 ARCNET 通信卡,用于与联锁机二重系通信,接收联锁双系发送的用于站场显示的数据,同时发送值班员操作数据到联锁双系。

为提高系统可靠性,设置两套相同配置的控显主机,各自连接一套显示器和鼠标,平时同时在线运行。用户可以选择任意一台控显机使用,或者同时使用两台控显机。

控显子系统可以通过串行通信接口(RS-422/RS-485)与 ATS 等系统连接,向 ATS 发送现场设备状态信息及接收 ATS 下发的进路控制命令。

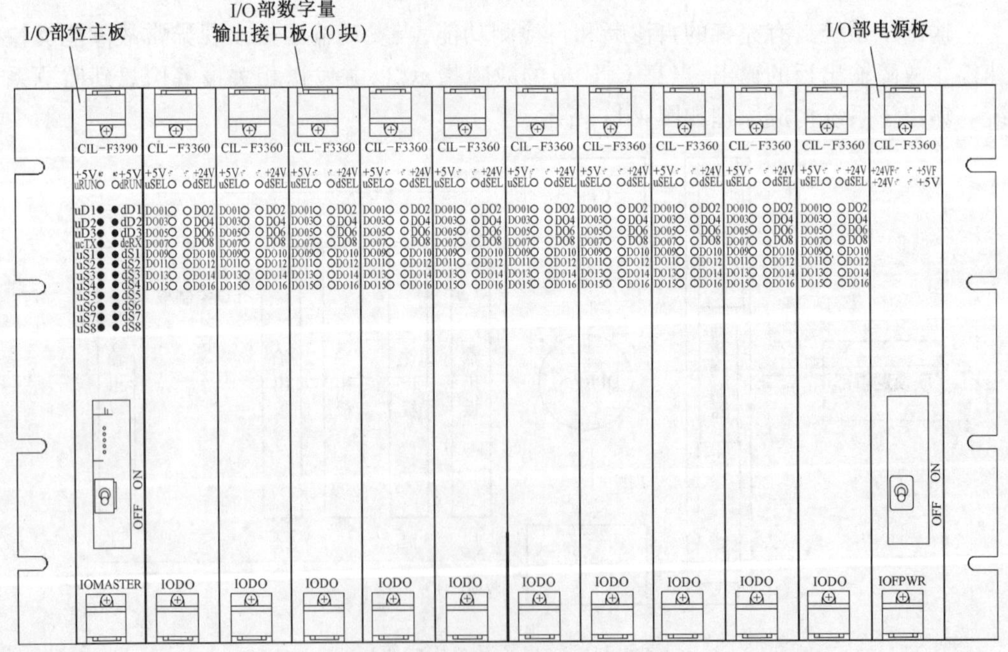

(a)前视图

图 4-12

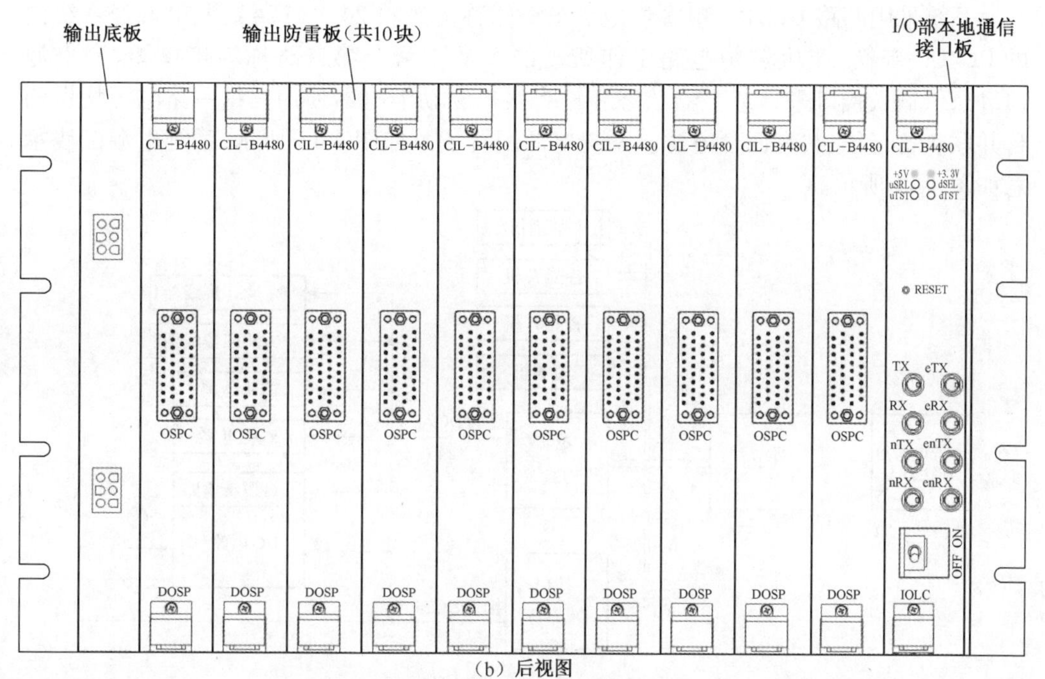

(b) 后视图

图 4-12　输出机笼示意

5. 电务维护子系统

电务维护子系统包括:监测机、键盘、鼠标、显示器、打印机。监测机采用标准工业控制计算机,操作系统选用 Windows 2000。监测机内安装两块 ARCNET 通信卡,用于与联锁机两重系通信,接收联锁双系的系统运行状态信息和现场设备状态,监测机不向联锁双系发送数据。

监测机具有实时记录及历史回放功能。电务维护人员可以通过鼠标、键盘、显示器、打印机查询或打印输出各类监测信息。

监测机可以通过串行通信或以太网与集中监测系统连接,向集中监测发送系统设备状态信息和系统状态信息。

监测机可以通过内置 Modem 和电话线实现与设计院维修中心的远程连接,实现远程维护和故障诊断。

6. 系统电源

系统电源由信号电源屏经隔离变压器单独提供一路 AC220 V 电源。从电源屏来的 220 V 电源送到电源柜,经过电源柜内的两台 UPS 、一台冗余转换器和电源控制板完成系统供电三重控制。UPS 采用冗余配置,任意一台故障可自动切换,系统用电不受影响,保证系统供电的高可靠性。

控显机、监测机及控制台显示器等设备使用 UPS 输出的 220 V 电源。

系统采用两路 DC24 V 电源供电。第一路称为逻辑 24 V(L24),此电源经系统内的 DC/DC 变换,产生逻辑电路工作所需的 5 V 电源。第二路称为接口 24 V 电源(I24),供输入接口采集继电器状态和输出接口驱动继电器使用。每一路电源均设两台并联热备工作,共有四台电源。系统电源配置示意如图 4-13 所示,系统电源配线示意如图 4-14 所示。

打印机等外围设备
控显A机
控显B机
监测机
信号电源屏
AC220 V
UPS
逻辑
DC24 V
逻辑DC24 V
(L24)
ARCNET集线器1
ARCNET集线器2
联锁Ⅰ系
联锁Ⅱ系
I/O逻辑电路
I/O电路
+
–
–
接口
DC24 V
接口DC24 V
(I24)

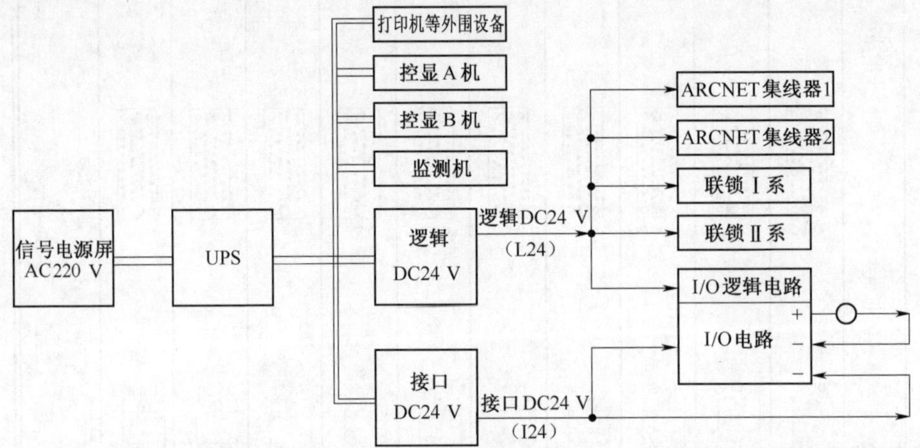

图 4-13　系统电源配置示意

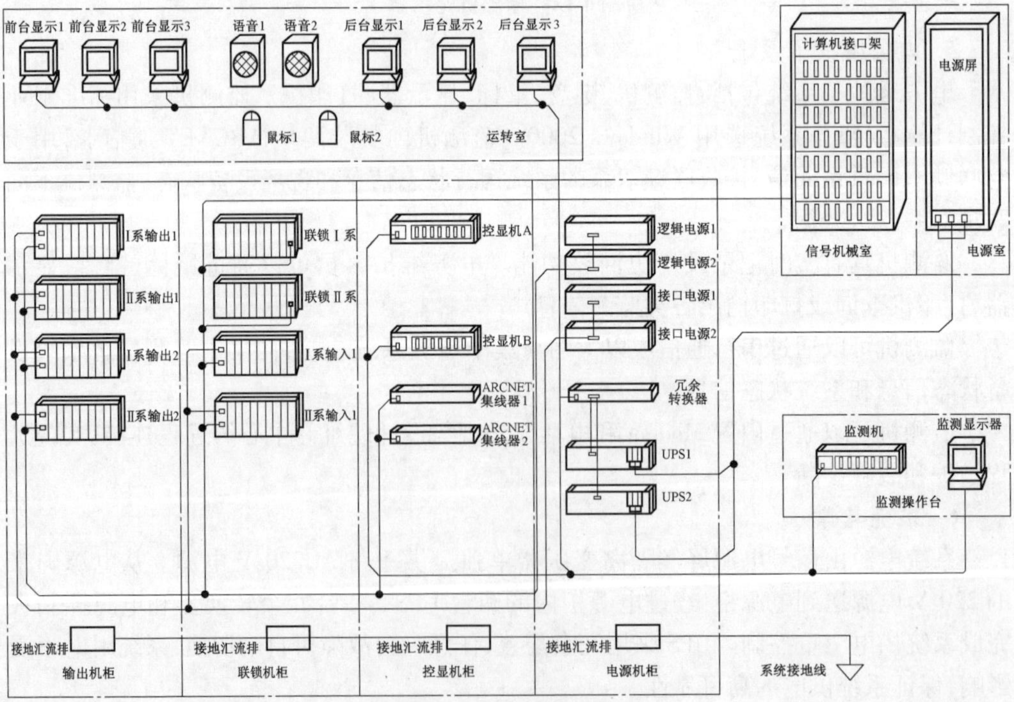

前台显示1
前台显示2
前台显示3
语音1
语音2
后台显示1
后台显示2
后台显示3
鼠标1
鼠标2
运转室
计算机接口架
电源屏
信号机械室
电源室
Ⅰ系输出1
Ⅱ系输出1
Ⅰ系输出2
Ⅱ系输出2
联锁Ⅰ系
联锁Ⅱ系
Ⅰ系输入1
Ⅱ系输入1
控显机A
控显机B
ARCNET
集线器1
ARCNET
集线器2
逻辑电源1
逻辑电源2
接口电源1
接口电源2
冗余
转换器
UPS1
UPS2
监测机
监测显示器
监测操作台
接地汇流排
输出机柜
接地汇流排
联锁机柜
接地汇流排
控显机柜
接地汇流排
电源机柜
系统接地线

图 4-14　系统电源配线示意

三、系统接口

系统接口配线示意如图 4-15 所示。

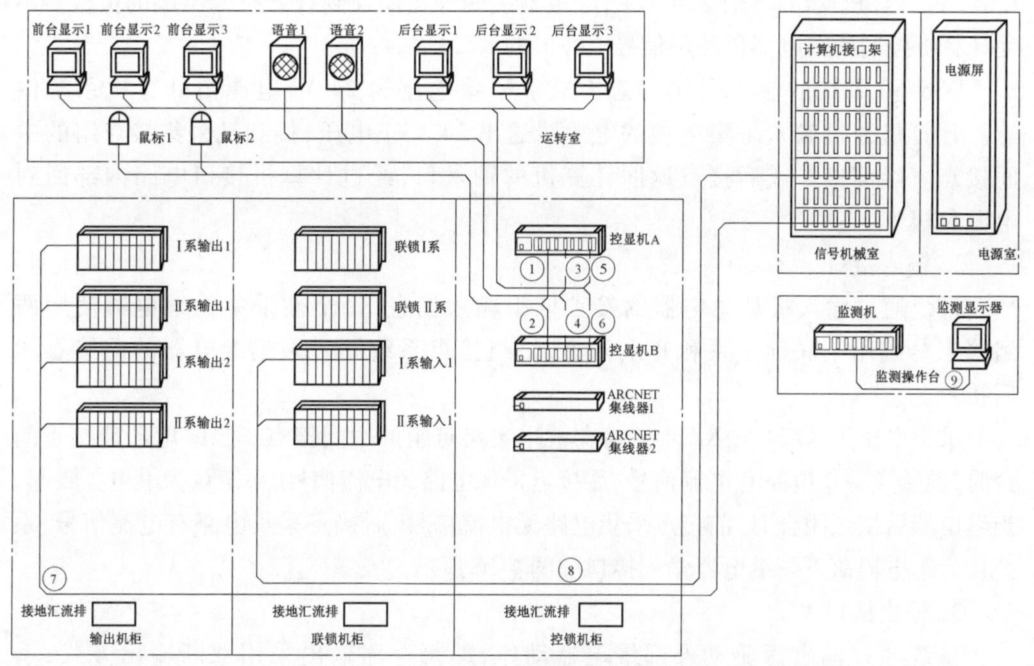

图 4-15 系统接口配线示意

1—控显 A 机至运转室鼠标电缆;2—控显 B 机至运转室鼠标电缆;3—控显 A 机至运转室语音电缆;4—控显 B 机至运转室语音电缆;5—控显 A 机至运转室视频电缆;6—控显 B 机至运转室视频电缆;7—输出电缆;8—输入电缆;9—监测显示器视频电缆

1. 继电器接口

DS6-60 系统与室外信号设备之间的结合采用继电电路。主要有信号机点灯电路、道岔控制电路、轨道电路及其他结合电路。

信号机点灯电路保留的继电器有 LXJ、DXJ、YXJ、DJ 等;道岔控制电路保留的继电器有 DCJ、FCJ、1DQJ、2DQJ、DBJ、FBJ、YCJ;轨道电路保留 GJ。以上继电器中,LXJ、DXJ、YXJ、DCJ、FCJ、YCJ 由计算机输出控制。

本系统每组道岔设一个道岔允许操纵继电器(YCJ)(双动道岔按一组道岔处理,设一个 YCJ)。用 YCJ 的一组前接点接在道岔启动电路的 KZ 回路中。YCJ 平时处于落下状态。转换道岔时,若该道岔区段在解锁状态,计算机在输出道岔操纵命令的同时输出 YCJ 吸起命令。道岔转换到位后,计算机停止输出,YCJ 落下。道岔因故在规定转换时间内不能转换到位时,计算机在取消定操或反操输出命令输出的同时取消 YCJ 的输出命令,YCJ 落下。

计算机的输出采用双断输出方式。所有受计算机驱动的继电器全部采用直流安全型继电器。继电器工作所需的 24 V 电源由计算机系统给出,不用信号电源屏的 KZ24 V。计算机输出口送出 24 V+,继电器线圈的负端连到计算机输出端的负极。不受计算机控制的继电器仍然用信号电源屏的 KZ24 V。

DS6-60 系统的输入采用静态方式。采集电压为 24 V,电源由计算机系统供给。计算机通过输入采集电缆的电源线送出 24 V 正电压,接到被采集接点组的中间接点。经前接点或后接点返回计算机的输入口,经过计算机接口电路内部回到电源负极。

2. 输入接口

系统通过输入板从继电器的接点取得输入信息,每个被采集的继电器使用两组接点分别用于联锁Ⅰ系和Ⅱ系采集,每组接点系统同时采集继电器的前接点和后接点。

采集电压为 KZ24 V,KZ24 V 接在被采集接点组的中间接点。当继电器前接点闭合时,前接点采集电路有电流信号,后接点采集电路无电流信号,系统认为继电器吸起;当继电器后接点闭合时,前接点采集电路无电流信号,后接点采集电路有电流信号,系统认为继电器落下。继电器输入接口如图 4-16 所示。

3. 输出接口

系统通过输出板驱动外部继电器动作,即每一路输出采用双断输出方式,系统输出板同时输出 KZ24 V 和负极电压,继电器才可以吸起。系统双系输出采用并联输出模式,即联锁Ⅰ系输出加载继电器的 1、2 线圈,联锁Ⅱ系输出加载继电器的 3、4 线圈,任何一系有输出继电器都会吸起。继电器输出接口如图 4-17 所示。

4. 输入输出接口配线

输入输出电缆插头示意如图 4-18 所示。

系统输入电缆和输出电缆采用相同型号电缆和插头。电缆为 36 芯信号电缆。

输入电缆接口架侧插头型号为 CS-TX19-5.08X10.06-36HTC,输入机笼侧插头型号为 TJ19Y36T,电缆连接为一一对接,1 ~ 32 芯分别对应 1 ~ 32 路采集通道,33 芯、34 芯为地线。

输出电缆接口架侧插头型号为 CS-TX19-5.08X10.06-36HTC,输出机笼侧插头型号为 TJ19Y36T,电缆连接为一一对接,其中 1 芯(+)、2 芯(-)对应第一路驱动通道,3 芯(+)、4 芯(-)对应第二路驱动通道,依次类推,31 芯(+)、32 芯(-)对应第十六路驱动通道。

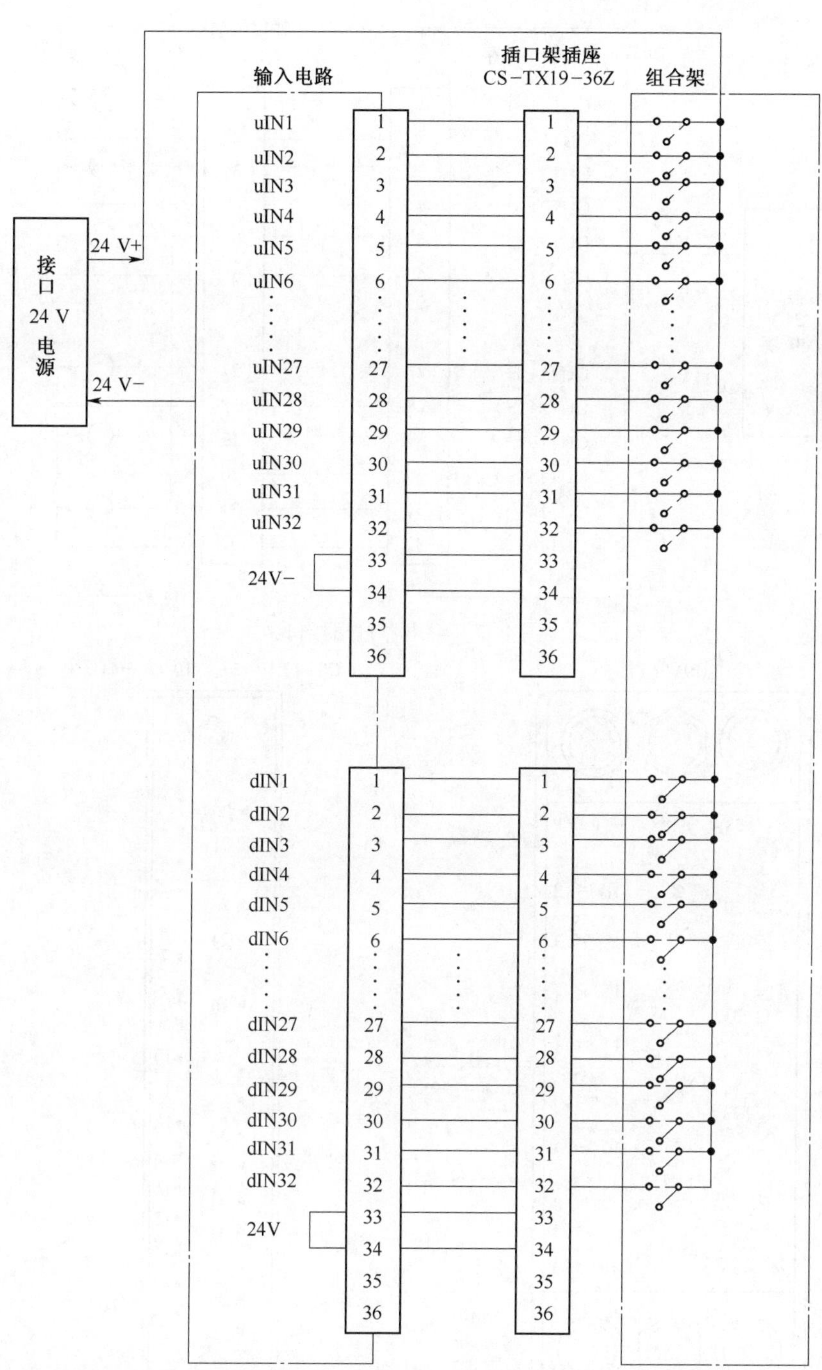

图 4-16　继电器输入接口

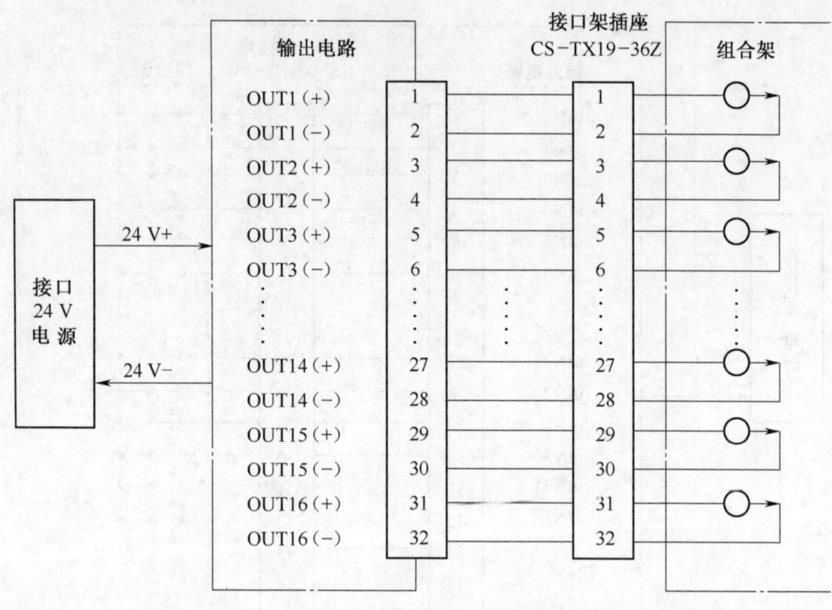

图 4-17　继电器输出接口

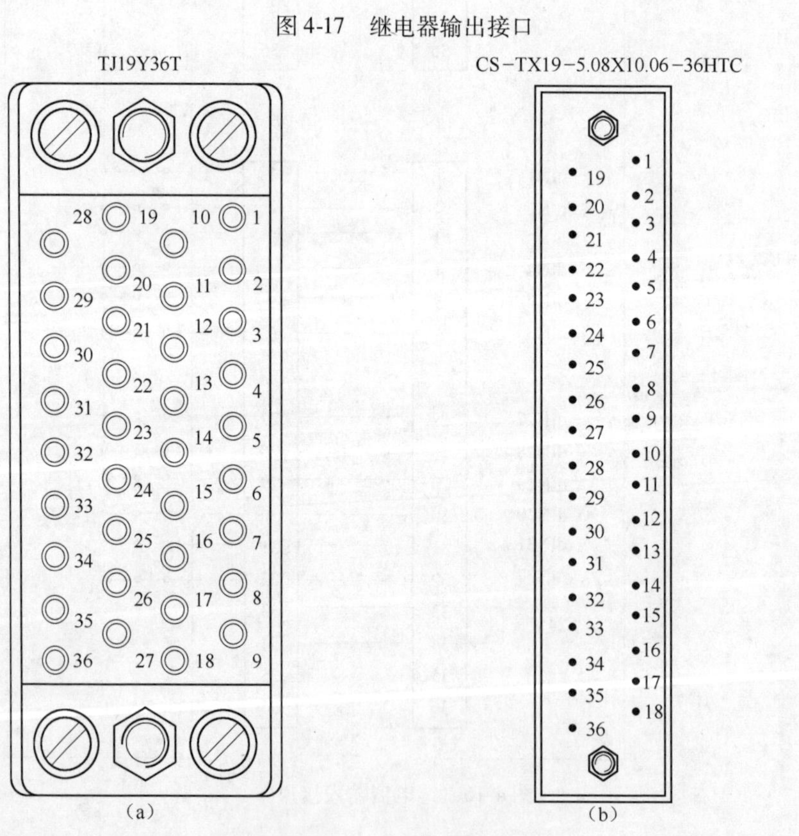

图 4-18　输入输出电缆插头示意

四、系统操作与注意事项

1. 系统启动操作

(1)启动前的准备

检查系统设备构成是否完整、系统电源连接是否正确、系统光纤连接是否正确、输入输出接口插头是否连接正确、各连接部件是否牢固。

(2)系统加电操作顺序

①开启电源柜背面下方电源控制板上的空气开关。

②开启两台UPS,按下UPS面板上的"TEST"按钮,在UPS启动完成自检后(各指示灯停止闪烁),确认UPS工作状态正常。

③开启两台接口电源和两台逻辑电源,确认它们的电压范围在24.5~25.5 V。

④开启联锁Ⅰ系和Ⅱ系的前插、后插电源板的电源开关,电源面板24 V和5 V指示灯应正常点亮,联锁机笼中各控制板的5 V电源指示灯应点亮,否则电源板可能存在故障。

⑤开启各输入输出机笼电源板的电源开关,电源板面板24 V(24 VF)和5 V(5 VF)指示灯应正常点亮,各输入输出板和I/O部CPU板的5 V电源灯应点亮,否则电源板可能存在故障。

⑥开启ARCNET集线器电源,开启后其前端指示灯应点亮。

⑦开启控显A机和B机电源,控显机前面板上5 V、12 V指示灯应点亮;开启控显A机和B机显示器电源。

⑧开启维护机电源,其前面板上5 V、12 V指示灯应点亮;开启维护机显示器电源。

2. 系统停机操作

系统停机操作的步骤:

①用鼠标单击维护机菜单"关闭系统→关闭计算机",弹出关机对话框窗口,用键盘输入密码后用鼠标单击"确定",弹出确认对话框窗口提示"请确认是否关闭计算机",单击"是",维护机自动关闭;关闭维护机显示器电源。

②用鼠标单击控显A机菜单"系统操作→关机",弹出关机对话框窗口,用鼠标在窗口中单击数字输入密码后点击"确定",弹出确认对话框窗口提示"请确认是否关闭计算机",单击"是",控显A机自动关闭;关闭控显A机显示器电源。

③用鼠标单击控显B机菜单"系统操作"中的"关机",弹出关机对话框窗口,用鼠标在窗口中单击数字输入密码后单击"确定",弹出确认对话框窗口提示"请确认是否关闭计算机",单击"是",控显B机自动关闭;关闭控显B机显示器电源。

④关闭ARCNET集线器电源。

⑤关闭联锁机笼前插、后插电源板电源和输入输出机笼电源板电源。

⑥关闭4台直流24 V电源。

⑦关闭 2 台 UPS,分别按下 UPS 面板的“○”按钮。

⑧关闭电源柜中电源控制板的总电源开关。

3. 更换电路板

系统内所有电路板都不允许带电插拔,现场维修或检修需要插拔电路板时需按照以下顺序操作:

①用螺丝刀打开电源板的防护盖,按下电源开关,关闭故障电路板所在机笼的电源板。

②用工具拧松固定电路板的 2 个螺丝。

③分别按下电路板面板上的 2 个辅助扳手的红色按钮。

④双手分别按住面板上 2 个黑色助力扳手内侧,向外用力,从机笼中拔出电路板。

⑤插入新的电路板,双手分别按住面板上 2 个黑色助力扳手外侧,向内用力,使电路板面板与其他电路板面板在同一平面。

⑥用工具把固定电路板的 2 个螺丝拧紧。

⑦开启机笼电源板电源开关。

⑧电路板的 5 V 电源灯正常点亮,说明电路板更换成功,用螺丝刀关闭电源板的防护盖。

五、日常维护

1. 维护要点

系统各关键部件均采用双重冗余设计,在系统运行时,单一设备故障时不会影响到系统正常使用,但需要维护人员根据系统故障提示,能够及时发现并排除故障,以保证系统的可用性。

系统故障通过三个途径提示:

①维护机系统图形和悬浮报警框出现红色或蓝色线条或模块,说明系统存在故障,根据故障现象及时更换故障板。

②各电路板面板工作状态指示灯灭灯,说明电路板工作异常,要及时更换。

③控显机系统报警闪烁提示,说明系统存在故障,要及时观察维护机系统图形和悬浮框文字报警,根据报警内容定位故障,及时维修。

系统维护人员应定时对设备状态进行巡检,以便及早发现故障。

2. 接口电路的维护

定期检查:接口架插头固定螺丝是否紧固;I/O 机笼内电缆插头固定螺丝是否紧固;逻辑 24 V 电源电压是否正常,电源线是否紧固;接口 24 V 电源电压是否正常,电源线是否紧固;系统接地电阻阻值是否正常。

3. 控显子系统的维护

控显子系统工作状态可以在维护机的系统图上观察,维护的主要内容有:鼠标操作是否正常；鼠标线两端连接是否紧固；显示器图形显示是否正常；视频线两端连接是否紧固。

4. 联锁子系统的维护

观察维护机系统图形上联锁双系的工作状态和与各子系统的连线是否正常，故障设备以红色或蓝色标识；观察联锁双系机笼中各通信接口板的状态指示灯是否正常。

5. 输入输出子系统维护

观察维护机系统图形上输入输出机笼和各控制板的工作状态是否正常，如果出现异常，故障设备以红色标识。观察维护机系统图形上输入输出机笼与联锁系的连接是否正常；观察输入输出机笼中各控制板的状态指示灯是否正常。

6. 电源子系统维护

观察电源柜中 2 台接口 24 V 电源和 2 台逻辑 24 V 电源电压和电流显示是否正常，是否存在声音报警。观察维护机站场图形上逻辑电源和接口电源的报警指示灯是否正常；常见故障处理。观察 UPS 和冗余转换器各指示灯显示是否正常。

六、常见故障处理

系统维护人员可根据维护机上显示的系统报警信息及设备运行状态指示确定故障点，通过更换备件，保证系统稳定运行。

1. 控显机故障及处理

(1)控显机停机，控显机面板 5 V 和 12 V 板电源指示灯灭灯。

用万用表测量接入控显机 AC220 V 电源是否正常，如果异常检查电源线是否松动；重新开机查看控显机面板 5 V 和 12 V 板电源指示灯是否正常点亮，电源风扇是否转动，如果异常需更换控显机电源。

(2)电源正常，控显机无法启动，屏幕显示蓝屏。

用键盘修复系统，在开机时始终按下键盘的 F11 键，选择还原系统；如无法还原，可能电子盘故障，需更换系统电子盘；如电子盘无故障则可能是 CPU 板故障，需更换控显机 CPU 板。

(3)与联锁Ⅰ系或Ⅱ系通信故障。

查看 ARCNET 集线器电源指示灯和各通道接收和发送指示灯是否点亮，如果在灭灯状态，重新开启 ARCNET 集线器电源，如果不能恢复需更换 ARCNET 集线器；查看控显机内 ARCNET 网卡 5 V 和 3.3 V 电源指示灯是否正常点亮，如果异常，需更换 ARCNET 网卡；查看联锁双系是否在工作；查看光纤是否连接正常；重新启动控显机。

(4)鼠标操作故障。

如果双鼠标都不能操作则需重新启动控显机；如果单鼠标不能操作，检查故障鼠标连接线是否紧固连接，若连接线没有问题更换备用鼠标；如果鼠标和连接线都正常则可能是 CPU 板串口存在故障,需要更换控显机 CPU 板。

(5)显示黑屏,电源指示灯灭。

用万用表测量显示器接入电源 AC220 V 是否有电;若电源正常,检查电源连接是否松动,如果电源连接正常需更换显示器。

(6)显示黑屏,电源指示灯亮。

检查控显机是否在工作,如果控显机在停机状态需重新启动控显机;检查视频连接线各连接处是否松动,如果连接线松动,紧固连接后检查;控显机视频卡故障,更换视频卡。

(7)显示花屏。

检查视频连接线是否松动,紧固视频连接线各连接处;调整显示器菜单中相关选项;更换显示器。

2. 联锁机故障及处理

通过观察维护机的系统状态和报警信息可以及时发现联锁机的故障。

当联锁单系发生故障,若故障系为主系,系统自动切换到从系工作,原主系转为待机或退出控制;当故障系为从系,从系转为待机或退出控制。系统将由双机工作状态自动降级为单机工作状态。故障板可停机更换,更换完毕后加电投入自动进入同步状态。

(1)联锁机电源故障。

查看联锁机电源板 5 V 指示灯是否点亮,如果在灭灯状态需更换电源板;用万用表测量联锁机机笼背面的逻辑 24 V 电源是否正常,如果异常需检查电源连接线是否松动。

(2)电源正常,联锁机停机故障。

重新加电启动看能否恢复,如果不能恢复则需更换联锁逻辑部 CPU 板。

(3)系间通信板故障。

查看系间通信板 5 V 电源指示灯是否正常点亮,如果在灭灯状态需更换对应通信板;查看系间通信板的接收和发送灯是否闪烁,如果停止闪烁,则需更换系间通信板;更换连接光纤。

(4)ARCNENT 板通信故障。

查看 ARCNET 通信板 5 V 电源指示灯是否正常点亮,如果在灭灯状态需更换 ARCNET 通信板;ARCNET 通信板的接收发送灯状态和 ARCNET 集线器接收发送灯状态是否闪烁,如果指示灯灭灯或稳定点亮,则重新加电启动 ARCNET 光集线器;更换连接光纤。

(5)I/O 部通信板故障。

查看 I/O 部通信板 5 V 电源指示灯是否正常点亮,如果在灭灯状态需更换对应通信板或后插电源板;确认光纤连接是否正常,如果异常需更换光纤。

注意:更换故障板必须首先切断联锁机电源;参考故障板说明,对备用板作必要设置,ARCNET 通信电路板需要参照对应板设置说明设置 ID。

3. 维护机故障及处理

(1)维护机停机,面板 5 V 和 12 V 板电源指示灯灭灯。

用万用表测量接入维护机 220 V 电源是否正常,如果异常检查电源线是否松动;重新开机查看维护机面板 5 V 和 12 V 板电源指示灯是否正常点亮,电源风扇是否转动,如果异常需更换维护机电源。

(2)维护机无法启动,屏幕显示蓝屏。

用键盘修复系统,在开机时始终按下键盘的 F11 键,选择还原系统;更换系统硬盘;更换维护机 CPU 板。

(3)显示器无显示。

检查显示器电源;检查电源连线是否松动;更换维护机 CPU 板。

(4)通信中断。

检查光纤连接是否正确;检查 ARCNET 集线器是否正常;更换 ARCNET 网卡。

(5)打印机不工作。

检查打印机电源和联机电缆,以及打印纸安装情况。如一切正常,则可能是主机板上的打印机接口电路故障,需更换维护机 CPU 板。

注意:维护机加电时严禁拔插打印机联机电缆插头,否则可能损坏打印机接口电路。

4. 输入采集故障及处理

(1)输入机笼故障,所有输入板指示灯灭灯,CPU 板电源指示灭灯。

开启输入机笼电源板电源开关,查看输入机笼电源板的 24 V 和 5 V 指示灯是否点亮,如果在灭灯状态,用万用表测量机笼背面逻辑电源是否为 24 V,如果逻辑 24 V 电源正常,则需要更换电源板;如果逻辑 24 V 电源异常,则需要检查电源配线是否连接正确。

(2)机笼电源正常,所有输入板指示灯灭灯。

检查机笼 I/O 部 CPU 板 5 V 电源指示灯是否点亮,观察 I/O 部 CPU 面板各指示灯是否正常点亮或闪烁,如果指示灯正常需要用万用表检查接口 24 V 电源线是否连接正确,如果指示灯异常需要更换 I/O 部 CPU 板。

(3)输入板单板故障,板内所有采集指示灯灭灯。

检查输入板安装是否紧固,板上 5 V 电源指示灯是否点亮,如果 5 V 指示灯没有点亮更换输入板;如果电源灯点亮则检查对应后插输入端子板安装是否紧固,检查连接电缆插头是否紧固,检查对应接口架电缆插头是否紧固。

(4)输入板通道故障,继电器在吸起时,输入板通道指示灯灭灯,控显机或维护机对应的采集状态为继电器落下。

查看继电器的状态,用万用表测量接口架故障通道采集电压,如果继电器在吸起状态则前接点采集电压应为 18 ~24 V,如继电器状态和测量采集电压一致说明输入板故障,需更换输入板,如果采集电压不正确说明继电器端的配线存在故障。

5. 输出驱动故障及处理

(1)输出机笼故障,所有输出板指示灯灭灯,CPU 板电源指示灭灯。

开启输出机笼电源板电源开关,查看输出机笼电源板的 24 V 和 5 V 指示灯是否点亮,如果在灭灯状态,用万用表测量机笼背面逻辑电源是否为 24 V,如果逻辑 24 V 电源正常,则需要更换电源板;如果逻辑 24 V 异常,则需要检查电源配线是否连接正确。

(2)机笼电源正常,联锁有输出信号但所有输出板指示灯灭灯。

检查机笼 I/O 部 CPU 板 5 V 电源指示灯是否点亮,观察 I/O 部 CPU 面板各指示灯是否正常点亮或闪烁,如果指示灯正常需要用万用表检查接口 24 V 电源线是否连接正确;如果指示灯异常需要更换 I/O 部 CPU 板。

(3)输出板单板故障,板内所有驱动指示灯灭灯,所有驱动无输出电压。

检查输出板安装是否紧固,板上 5 V 电源指示灯是否点亮,如果 5 V 指示灯没有点亮需更换输出板,机笼重新加电;如果电源灯点亮则检查对应后插输出端子板安装是否紧固,检查连接电缆插头是否紧固,检查对应接口架电缆插头是否紧固。

(4)输出板单路没有输出。

查看双系对应的输出通道指示灯是否都没有输出,如果通道指示灯亮而在接口架测量该路输出没有输出电压,则需更换输出板。

七、系统停机故障应急处理

1. 鼠标操作失效

屏幕显示正常(能反映站场变化),但移动鼠标,光标不动。应启用另外一套显示操作设备,如无效先后重新启动控显双机。

2. 显示器黑屏

屏幕显示站场图形画面消失。应启用另外一套显示操作设备,如无效先后重新启动控显双机。

3. 控制台功能失效

屏幕图形不能正确反映站场变化或操作无效。应启用另外一套显示操作设备,如无效全系统复位(复位后需进行上电解锁操作)。

第二节　DS6-K5B 型计算机联锁系统

DS6-K5B 型计算机联锁系统(以下简称 DS6-K5B 系统)是通号集团公司研究设计

院与日本京三公司联合开发的计算机联锁系统。联锁计算机和输入输出电路采用日本京三公司的 K5B 型产品，所有涉及到安全信息处理和传输的部件均按照“故障—安全”原则采取了二重系结构设计。在软件中保留了 K5B 的管理程序，删除了 K5B 原来的联锁程序，而将 DS6-11 型计算机联锁的联锁程序移植到 K5B 系统中。

DS6-K5B 系统具备 K5B 的高可靠、高安全的性能，在联锁功能方面满足我国铁路技术条件的要求。

DS6-K5B 系统的上位机，在 DS6-11 系统的基础上进行了新的开发，软件平台上升到 Windows NT，使操作界面得到改善，功能进一步提高。

DS6-K5B 系统与双机热备系统相比，安全可靠性上升到一个新水平，而与 K5B 系统相比，造价大幅度降低。

一、主要特点

1. 联锁处理部件采取双 CPU 共用时钟，对数据母线信号执行同步比较，发生错误时使输出导向安全，具备“故障—安全”性能。

2. 联锁二重系为主从式热备冗余，通过高速通道进行数据交换，保证二重系同步运行，可实现不间断切换。

3. 输入输出电路采用京三公司生产的电子终端，电路为二重系并行工作，具有“故障—安全”性能。输入输出均采取静态方式，省去了“静态—动态”变换电路，简化继电器接口电路设计。

4. 系统内各计算机之间的通信全部通过光缆连接，传输距离远，抗干扰能力和防雷性能强，保证系统具有高的运行稳定性，并具有区域联锁功能。

5. 联锁机架是封闭式结构，联锁机与系统其他部分的连接全部采用光缆，实现完全电气隔离。对设备安装制定具体的隔离措施。例如联锁机架和电子终端机架在机柜上安装必须采取绝缘隔离等。这些设计，有利于增强系统抗干扰能力，增强系统可靠性，提高防雷性能。

二、系统结构

DS6-K5B 系统由控制台、控显分机、电务维护台、联锁机、输入输出接口（在 K5B 系统中这部分电路称作“电子终端”，用字符“ET”表示）、继电器接口电路和电源组成，系统结构如图 4-19 所示，另可选集中监测。

DS6-K5B 系统由人机界面层、联锁逻辑层、执行层组成。人机界面层包括控制台、控显分机和监测机，实现控制台操作、站场图形显示、系统设备故障监视等功能。

联锁逻辑层为联锁计算机，实现联锁逻辑运算、输入输出控制、诊断信息处理及二重系管理等。

执行层为电子终端，驱动现场设备，采集现场设备状态。

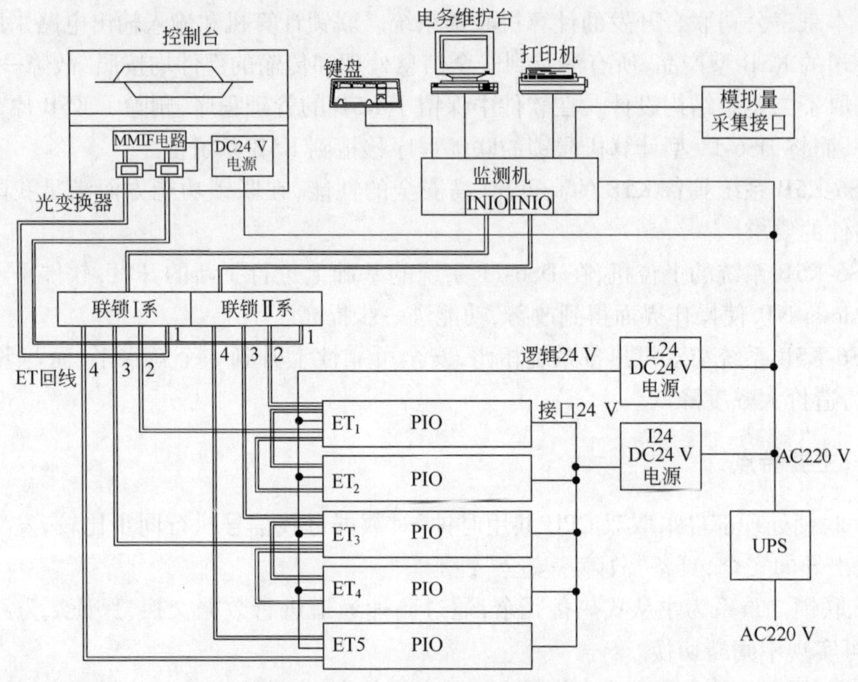

图 4-19 DS6-K5B 系统框图

DS6-K5B 系统机柜布置示意如图 4-20 所示。DS6-K5B 型计算机联锁设备分别安装在联锁机柜、电子终端柜、计算机电源柜内,另设监控柜。

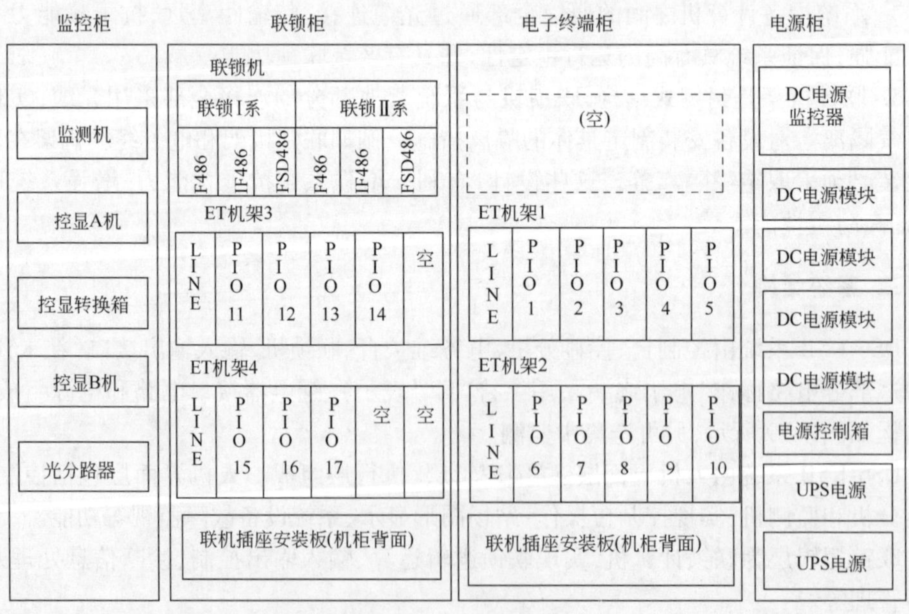

图 4-20 DS6-K5B 系统机柜布置示意

在联锁机柜内安装联锁计算机。联锁计算机的二重系安装在一个机架内。每一系有三个电路板。在联锁机柜和电子终端柜内总共可安装 5 个电子终端机架。各站根据站场规模大小决定实际使用多少个电子终端架,以及电子终端架是否采用级连方式。

在电源柜内安装了 DC24 V 电源和 UPS。

三、硬件组成

1. 控制台

控制台由控显分机和操作显示设备组成。

控显分机采用标准工业控制机,双机热备,装载相同软件。每一台控显机内安装了两个采用光缆连接的串行通信接口板,用于同联锁机的二重系通信。控显双机的工作方式为双机热备,无扰切换。控显机转换箱用于控制台操作显示设备与控显双机之间的转换。

控制台操纵表示设备多采用鼠标和显示器,此时每个计算机可以带有自己的鼠标和显示器,也可以通过控显转换箱切换,共享一套鼠标和显示器。显示器的数量根据站场规模不同可配置一台或多台。

可使用控显备机测试操作设备,监测机作为电子终端模拟机模拟输入/输出,并通过 TCP/IP 与测试设备连接,完成现场联锁软件测试。现场测试时断开被测联锁机与电子终端、控显主机之间的光缆连接,并将测试开关扳到测试位置。

2. 电务维护台

电务维护台设备由监测机、显示器、键盘、打印机等组成。

监测机采用 PC 总线工控机,为单机。监测机内安装两个带有光电转换的的串行通信接口板的 INIO 板,用于与联锁机二重系通信,监测机与联锁机之间的连接示意如图4-21所示。从联锁机接收全部现场设备动作状态信息和系统诊断报警信息,并记录在实时数据库中,可以随时查询、显示和打印监测结果。

监测机通过串行通信接口可从集中监测前置机取得模拟量检测信息。

电务维护人员可以通过键盘、显示器、打印机查询或打印输出各类监测信息。

监测机通过通信接口可以与 ATS 等其他系统结合,监测机通过调制解调器与维修中心相连,实现远程诊断。

3. 联锁机

(1)联锁机的组成

联锁机由并列二重系组成,以主从方式并行运行,主、从系各自执行全部处理功能。每一系采用故障—安全的双 CPU 处理器,两系之间通过并行接口(FIFO) 建立的高速通道交换信息,实现二重系的同步和切换。每系都具有“故障—安全”型的主机模块 F486,称为逻辑控制单元,用于联锁逻辑运算和联锁系统软件、硬件管理。

联锁机的二重系具有相同的“故障—安全”处理器。两系通过交换同步定时信号,实现周期同步运行。联锁机主系在每个处理周期的起始时刻向从系发出同步信号命

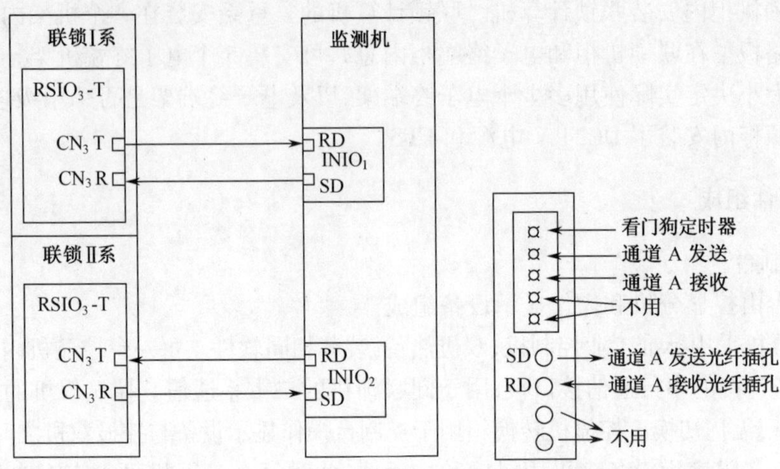

图 4-21　监测机与联锁机之间的连接示意

令,从系与主系保持周期同步。一系因故停止输出时,另一系自动接替工作。两系之间有系切换装置,负责系间数据同步、时针同步、主从系管理监视和单系到双系的重构。

联锁机的主、从系各自执行全部处理功能。主、从系交换处理结果,从系取与主系一致的结果输出。

联锁机每一系通过 FSD486 各用一对光缆经过光分路器与控显双机相连,使联锁的每一系都能够分别与两台控显机通信。联锁机每一系用一对光缆分别与监测机的两个光通信接口相连,联锁机每一系的维护信息分别送到监测机。

联锁机每一系有 5 个连接电子终端的通信接口(IF486),每个通信接口可连接一个电子终端机架。

(2)联锁机架

DS6-K5B 系统的联锁双机(Ⅰ系和Ⅱ系)安装在一个 800 mm×330 mm 的机架内。两系的组成完全相同。

联锁机架正视图如图 4-22 所示。每一系由 F486-4 联锁 CPU 板、IF486 电子终端接口板、FSD486 人机界面(控显机、监测机)接口板三块电路板组成。每一系的机架有两个空闲插槽,需要时可插入与其他系统通信的接口板。各板之间通过 VME 总线互连。机架上空余的槽位用于安装其他选件,本系统不使用。

联锁Ⅰ系电源和联锁Ⅱ系电源是两个输入 DC24 V,输出 DC5 V 的 DC/DC 电源,分别向联锁Ⅰ系和联锁Ⅱ系的逻辑电路提供 5 V 电源。

联锁机架背视图如图 4-23 所示。每系各有两块光电转换板:RSIO3 和 TLIO。RSIO3 板是 FSD486 的光电转换板,用于联锁机与控显机和监测机之间的光纤连接。TLIO 板是 IF486 板的光电转换板,用于联锁机与电子终端之间的光纤连接。

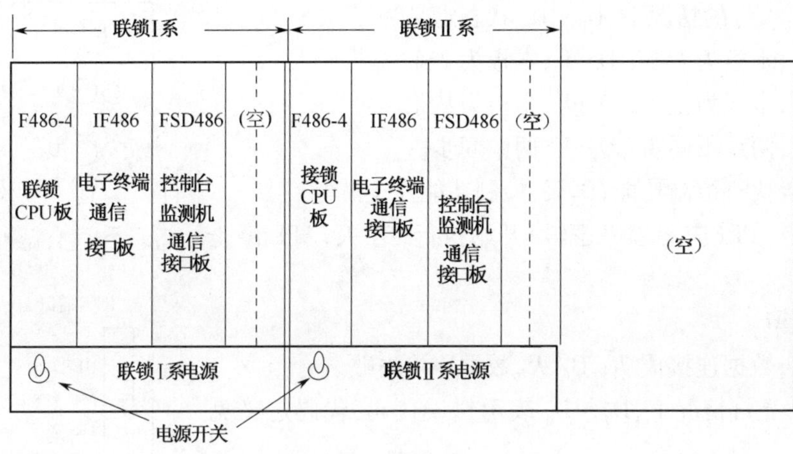

图 4-22 联锁机架正视图

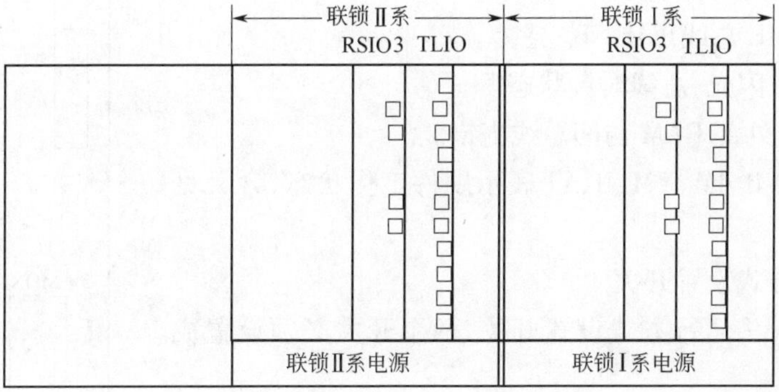

图 4-23 联锁机架背视图

(3)联锁 CPU 板

F486-4 板是联锁机的主 CPU 板。二重系每一系各有一块 F486-4 板。安装在联锁机架每一系左边第一个槽位。

①F486-4 板的功能

完成联锁逻辑运算,二重系间通信及切换控制,二重系一致性检查,系统的故障检测及报警,异常时停止动作。

板上的 ROM 存储系统管理程序,每次联锁机加电需从 IC 卡读入联锁程序和站场数据。

②F486-4 板面板

F486-4 板面板如图 4-24 所示。

a. 系统运行指示灯

D_7 灭,系统运行正常;D_7 亮,系统停机。

在 D_7 灭灯的情况下,$D_0 \sim D_6$ 状态定义为:

D_0 亮,本板为 1 系;D_0 灭,本板为 2 系。

D_1 亮,本板为主系;D_1 灭,本板为从系。

D_2 亮,两系不同步;D_2 灭,两系同步。

D_3 亮,执行控制功能;D_3 灭,控制功能停止。

D_4 亮,APL(应用程序逻辑)开始执行;D_4 灭,APL 停止执行。

D_5 预留。

D_6 亮,数据连接成功;D_6 灭,数据连接失败。

在 D_7 亮灯情况下,$D_0 \sim D_6$ 表示错误代码,代码定义见表 4-1。

b. 硬件工作状态指示灯

WT 闪光,看门狗状态。

B_0 灭,VME 总线出错;B_0 亮,无错。

FLH、FLL 闪光,总线时钟状态。

BER 亮,外部 RAM 访问总线出错。

MI、DC、WR、IM、VM、II、VI 表示硬件工作状态,含义见表 4-2。

c. 运行方式设置开关

SW_1、SW_2 为运行方式设置开关,两个开关必须设置成相同状态。

SW_1、SW_2 = 1:正常方式;SW_1、SW_2 = F:调试方式。

SW_1、SW_2 不容许设置其他状态。

SW_3 为总输入开关,必须设置为 0。

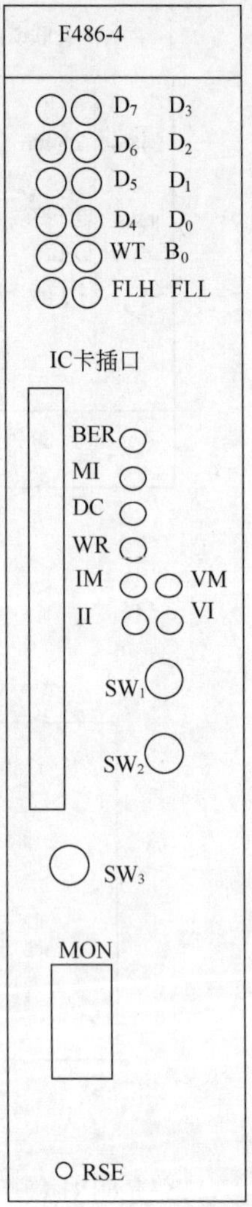

图 4-24 F486-4 板面板

表 4-1 $D_7 \sim D_0$ 故障代码定义

序号	$D_7 \sim D_0$ 代码	停机原因	注释
1	81	非正常中断	
2	82	主设备启动错	初始化后主设备未正常运行
3	83	模块查询错	
4	84	关键字(Key Code)错	
5	85	参数错	K6. DAT 文件 CRC/SUM 错
6	86	初始化时间错	APL 初始化时间不够
7	87	看门狗错	

续上表

序号	$D_7 \sim D_0$ 代码	停 机 原 因	注 释
8	88	S-SYS 输出错	S-SYS 输出反馈错
9	89	RAM 检查错	
10	8A	预留	
11	8B	定时器错	
12	8C	PI 输入错	
13	8D	从设备参数错	从设备参数版本与主设备不同
14	8E	总线(BUS)错	时钟信号停止
15	8F	数据连接错	
16	91	时钟停止电路错误 1	当输出 1 时时钟停止电路错
17	92	时钟停止电路错误 0	当输出 0 时时钟停止电路错
18	94	主设备内部错	
19	95	从设备内部错	
20	96	初始化 APL 检查错	初始化时 APL 代码检查错
21	97	APL 检查错	运行时 APL 代码检查错
22	E1	初始化 RAM 检查错	
23	F1	ET 控制数据长度错	ET 控制数据长度大于最大值
24	F3	ET 控制数据发送错	执行发送前发送缓冲区有数据
25	F4	ET SIO 错	ET SIO CPU 启动错
26	F8	MT SIO 错	MTSIO CPU 启动错

表 4-2　硬件工作状态指示灯含义

序号	功 能	MI	DC	WR	IM	VM	II	VI
1	ROM Pe-fetch	×	○	○	○	×	—	—
2	ROM/IC 读	×	×	○	○	×	—	—
3	IC 卡写	×	×	×	○	×	—	—
4	内部 IO 读	○	×	○	—	—	○	×
5	内部 IO 写	○	×	×	—	—	○	×
6	中断响应(ACK)	○	○	○	—	—	—	—
7	VME(A24)读	×	×	○	○	○	—	—
8	VME(A24)写	×	×	×	○	○	—	—
9	VME(A16)读	○	×	○	—	—	×	○
10	VME(A16)写	○	×	×	—	—	×	○

注:○表示亮灯;×表示灭灯;—表示无关。

MON 为 9 针 D 型插座,是调试用接口。

RES 为系统复位开关。

(4)电子终端接口板

IF486 板是联锁机与电子终端的通信接口板。联锁二重系每系各有一块,安装在联锁机的第二个槽位。板上 ROM 存储了通信处理程序。每个 IF486 板上有 5 路与电子终端的通信接口,可同时连接五个 ET 机架内的多个机笼。

IF486 板面板如图 4-25 所示。

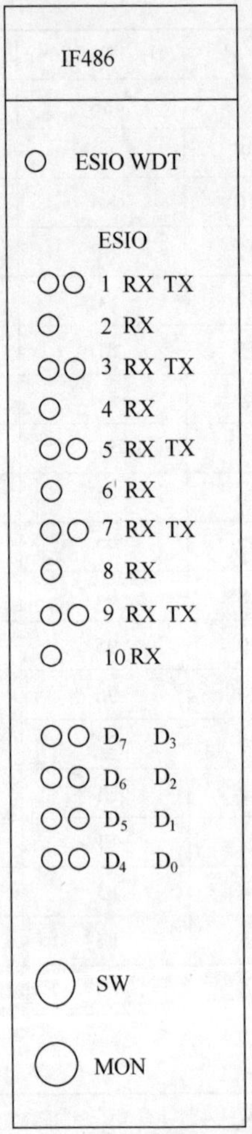

a. 运行正常指示灯

ESIO WDT 闪光,运行正常;灭灯,运行停止。

b. 线路状态指示灯

ESIO 为 ET SIO 线路状态指示,闪光有数据传送,灭灯无数据传送。

1RX TX,线路 1 本系接收(RX),线路 1 本系发送(TX)。

2RX,线路 1 它系接收。

3RX TX,线路 2 本系接收(RX),线路 2 本系发送(TX)。

4RX,线路 2 它系接收。

5RX TX,线路 3 本系接收(RX),线路 3 本系发送(TX)。

6RX,线路 3 它系接收。

7RX TX,线路 4 本系接收(RX),线路 4 本系发送(TX)。

8RX,线路 4 它系接收。

图 4-25　IF486 板面板

表 4-3　软件状态指示灯定义

LED	信　息	正常状态	故　障　状　态
D_0	LED 输出	亮	灭(在向 LED 输出之前停止)
D_1	初始化完成	亮	灭(初始化完成前停止)
D_2	中断(Interrupt) ASK OK	亮	灭(F486 中断不正确)
D_3	发送停止命令	灭	亮(接收到来自 F486 的停止命令)
D_4	DPRAN 初始化	灭	亮(DPRAM 初始化未完成)
D_5	运行停止命令	灭	亮(收到来自 F486 的停止命令)
D_6	DPRAM 写故障	闪	亮或灭(DPRAM 写故障)
D_7	DPRAM 读故障	闪	亮或灭(DPRAM 读故障)

9RX TX,线路 5 本系接收(RX),线路 5 本系发送(TX)。

10RX,线路 5 它系接收。

c. 软件状态指示灯

D_7 ~ D_0 表示软件状态,定义见表 4-3。

SW,正常输入(必须置 0)。

MON 为监视器接口。

(5)人机界面接口板

FSD486 板是联锁机与控显机、监控机的通信接口板,安装在联锁机的第三个槽位。FSD486 通过联锁机箱背面 SIO3 光电转换板采用四根光纤与控显机和监测机相连。

FSD486 板面板布置如图 4-26 所示。

a. 运行正常指示灯

MSIO WDT 闪光,运行正常;灭灯,运行停止。

IL _正常,亮(绿色),系统在运行。

IL _异常,亮(红色),系统停止运行。

b. 通信指示灯

MSIO 表示人机界面网络串行通信线路状态:

TX 闪光,正在发送数据;灭灯,没有发送。

RX 闪光,正在接收数据;灭灯,没有接收。

立ち上げ为手动启动开关,在不用自动启动时使用。

系切换,不用。

c. 软件状态指示灯

D_7 ~ D_0 表示软件状态,定义见表 4-4。

SW 为正常输入开关(必须置 0)。

MON 为监视器接口。

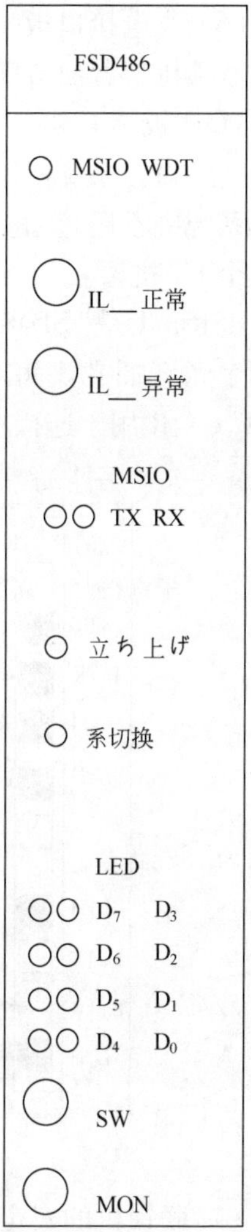

图 4-26　FSD486 板面板布置

表 4-4　软件状态指示灯定义

LED	信　息	正常状态	故　障　状　态
D_0	LED 输出	亮	灭(执行 LED 输出前停止)
D_1	初始化完成	亮	灭(初始化完成前停止)
D_2	中断 ASK OK	亮	灭(F486-4 中断不正确)
D_3	发送停止命令	灭	亮(接收到来自 F486-4 的停止命令)
D_4	预留	灭	
D_5	预留	灭	
D_6	DPRAM 写故障	闪	亮或灭(写故障)
D_7	DPRAM 读故障	闪	亮或灭(读故障)

(6) 光电接口板

联锁机架背面有 TLIO 和 RSIO3-T 光电接口板,如图 4-27 所示。

TLIO 板是 IF486 与 ET 之间通信的光电信号变换接口。TLIO 板上有 5 个 ET 线路的光纤接口。系统使用其中的 L_1H、L_2H、L_3H、L_4H、L_5H 五个光纤插孔(其余光纤插孔在本系统中不用)。每个插孔可插入一个两芯光纤连接一个 ET 机架。同时最多可连接五个 ET 机架。

RSIO3-T 是 FSD486 与控显机、监测机之间通信的光电信号变换接口。RSIO 板上有四个光纤插孔。每个插孔可插入一个单芯光纤。CN_1T、CN_1R 用于连接控显机。CN_3T、CN_3R 用于连接监测机。

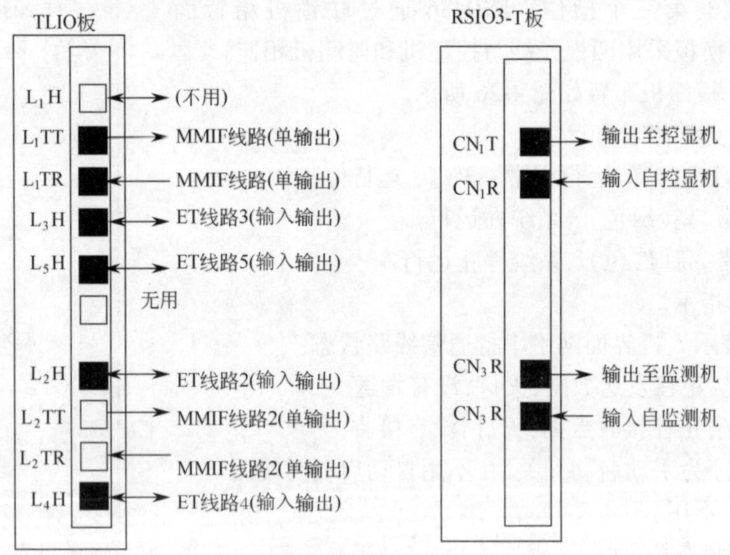

图 4-27 光电接口板

(7)联锁机的安全保证机制

处理器以一定的周期执行所有的处理,必要的硬件资源在规定的周期内会全部被访问到,对外部的输入和输出在规定的周期内全部进行更新。软件在执行过程中将输出交变的定时监视信号 WDT 和检查信号 CHK,标志所有处理是按照规定周期正确执行。WDT 信号接受故障—安全驱动电路(FSD)的监视。

故障—安全驱动电路对总线比较器输出的交变信号和 WDT 交变信号进行监视,当有一方停止变化时,将从物理上(切断输出电路的电源)屏蔽对外输出。总线比较 FSD 故障—安全处理示意如图 4-28 所示。总线比较器以时钟为单位,对双重 CPU 的处理经过、处理结果进行对照,可以在最短的时间内(一个 CPU 的时钟周期内)及时发现 CPU 及周边器件的故障,通过屏蔽对外输出或停止 CPU 动作,使安全得到最有效的保证。

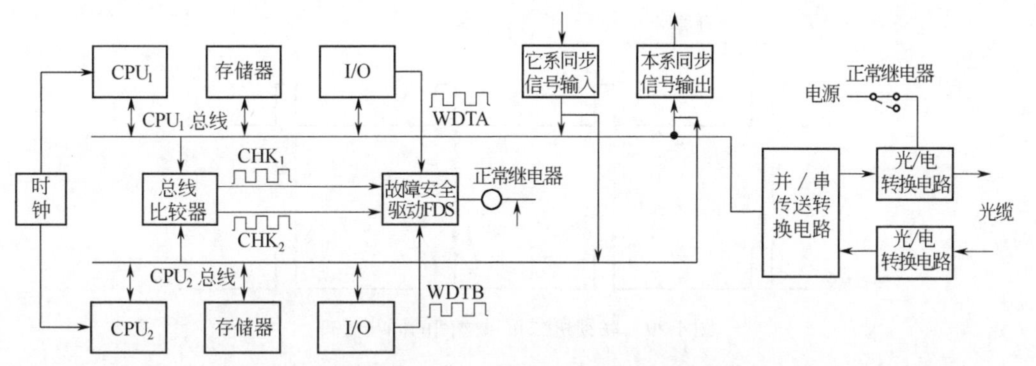

图 4-28　总线比较 FSD 故障—安全处理示意

设计了软件诊断程序。对总线比较器检查不到的部分(如未使用到的内存等),实现故障—安全功能,并对冗余系统管理用到的特定的硬件资源进行诊断监视。

系统的两重系之间,通过专门设计的信息交换通道,进行同步信息交换,实现两重系同步运行。当一系发生故障时停止工作,输出导向安全侧,另一系自动接替工作,保证系统连续不间接地运行。

(8)联锁机的二重系

①联锁机二重系的管理机制

DS6-K5B 系统为了保证不间断的运行,采用以下管理机制:

联锁机的二重系采用主从式管理,首先加电启动运行的联锁机自动成为主系,后加电启动运行的联锁机自动成为从系;

后启动的联锁机从先启动的联锁机取得现场数据,使自己进入与先启动的联锁机相同的控制状态;

后启动的联锁机将自身的软件版本号与先启动的联锁机的软件版本号对照,确定一致后进入从系运行状态;

二重系之间每个周期进行数据交换,并对处理结果进行比较;

当联锁主系通过自检测确定自身正常时,以本系的运算结果输出,当联锁主系自检测发现自身有故障时,进行主从系切换,此时如果从系无故障则即刻成为主系;

从系通过自检测确定自身正常时,若与主系比较不一致,自身复位,重新开始运行,恢复与主系同步,如果自检测发现故障,则停止运行。

②联锁机二重系之间的同步处理

DS6-K5B 系统联锁机的二重系采取主/从方式同步运行,主系在每个周期开始的时候向从系发送同步信号,使从系与主系保持同步运行,如图 4-29 所示。

③联锁机二重系对输出、输入信息的处理

联锁机二重系对输入信息的处理如图 4-30 所示。

联锁机二重系对输出信息的处理如图 4-31 所示。

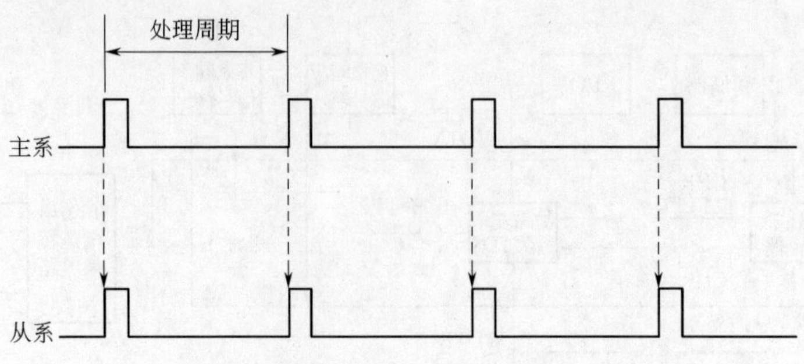

图 4-29　联锁机二重系之间的同步处理

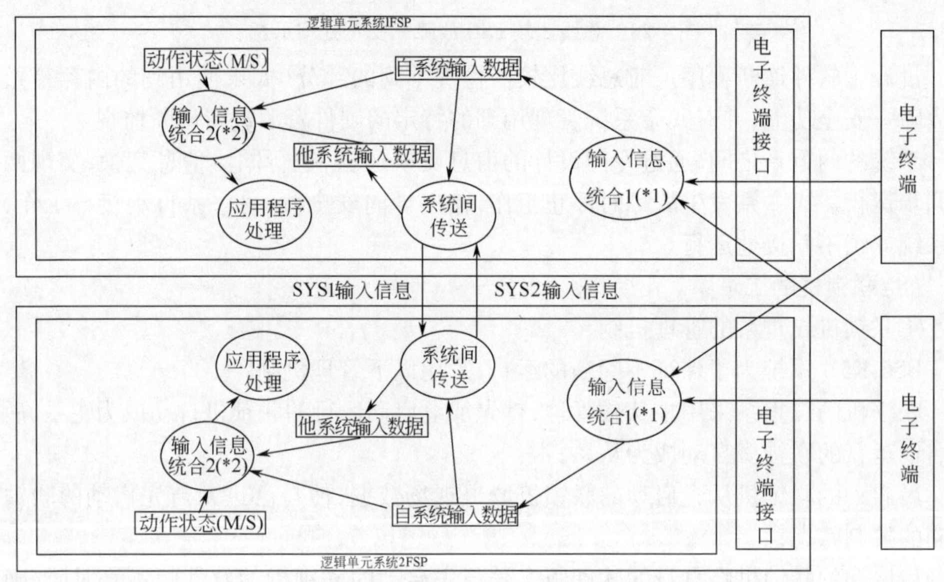

图 4-30　联锁机二重系对输入信息的处理

④联锁机的同步切换

DS6-K5B 系统联锁机的二重系安装在一个机架的一个底板上,双机信息交换通过底板相连,不需要要经过外部的电缆连接。双机切换由 CPU 板内的安全电路实现,不另设独立的切换电路。二重系之间没有经过外部连接的通道。从而保证双机切换控制的高安全性和高可靠性。

DS6－K5B 系统采用的无接点控制与通过机架内部印制板连接的方法相比,其安全性和可靠性高。

4. 电子终端

输入输出接口称为电子终端(Electronic Terminal,简称 ET)。电子终端(ET-P10)为故障—安全型双 CPU(FSCPU)构成的智能控制器,系统设置为二重系,如图 4-32 所示。

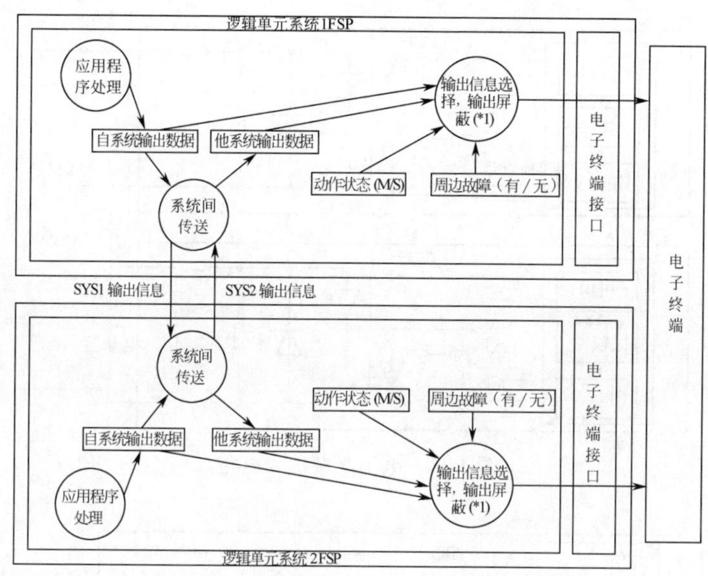

图 4-31　联锁机二重系对输出信息的处理

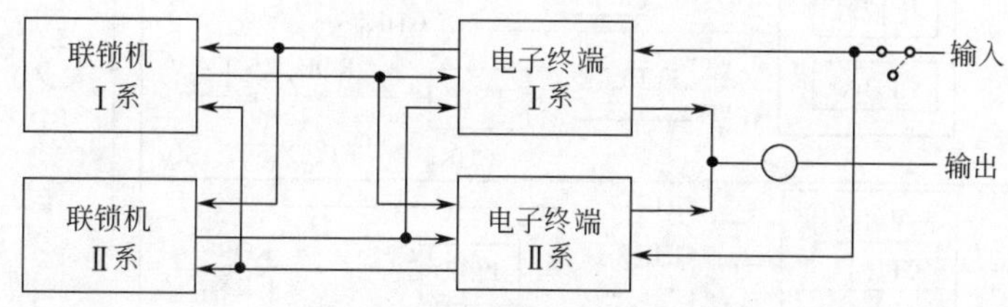

图 4-32　电子终端二重系框图

电子终端的每一系分别和联锁机的二重系通过光缆连接。电子终端二重系的输入电路从继电器的同一组接点取得输入信号,分别发给联锁二重系。联锁二重系的输出分别送给电子终端的二重系。电子终端二重系的输出并联电路连接负载。输入输出信号连接。

(1)电子终端的结构

电子终端输入电路如图 4-33 所示,通过有效的自检测功能,能够检测出输入电路的故障,保证输入信息的安全性。电子终端输出电路如图 4-34 所示,按故障—安全的原则设计。因此输出驱动和输入采集均采用静态方式,直接驱动安全型继电器,这就简化了接口电路设计,方便系统维护。

电子终端安装在 ET 机笼内。每个 ET 机笼内安装一对 ET-LINE 通信模块,并用两根两芯光缆与联锁二系的 TLIO 接口的一个 ET NET 线路连接。每个 ET 机笼内可安装 5 对电子终端,每个电子终端带有 32 路输入和 32 路输出。

一个 ET 机架内有 12 个插槽。机架正面左边的两个插槽用于安装两个 ET-LINE

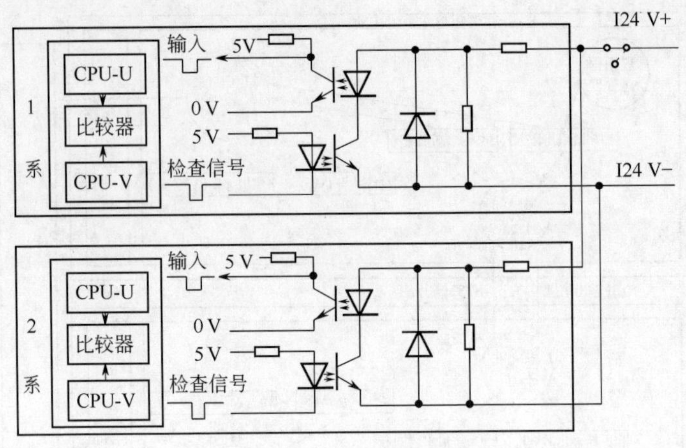

图 4-33　电子终端输入电路

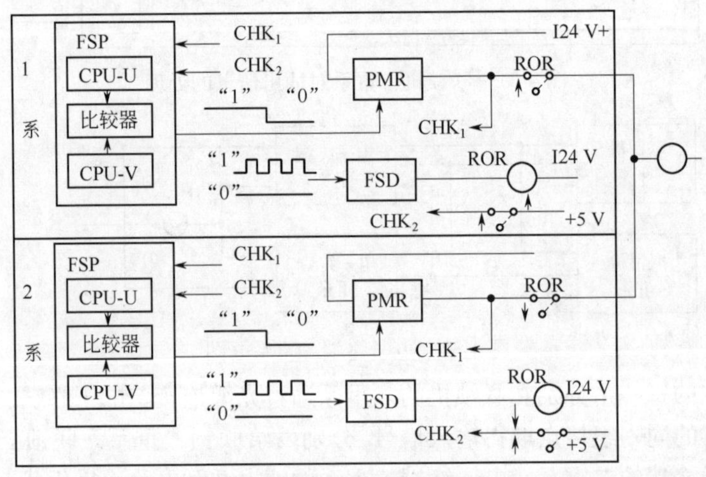

图 4-34　电子终端输出电路

模块。其余的 10 个插槽用于安装 PIO 模块。ET 为二重系并列结构。左边第一个插槽安装Ⅰ系 LINE，与联锁Ⅰ系的 IF486 连接。第二个插槽安装Ⅱ系 LINE,与联锁Ⅱ系的 IF486 连接。

(2)PIO 模块的地址设置

在机架上实际安装 PIO 模块的数量根据系统配置需要确定。PIO 模块必须成对安装。每对 PIO 组成并列的输入/输出接口,对外共同连接 32 路输出和 32 路输入。

PIO 模块是通用的。每个 PIO 可插在机架的任意插槽上。系统对 PIO 的识别（寻址)通过 ET 机架底板上的地址设置实现。PIO 地址设置开关在 ET 机架内侧的底板上。此开关只有取下 PIO 模块后才能看到。每个 PIO 插槽有一个四位的地址开关,如

图 4-35 所示 。每一对 PIO 的两个地址开关设置必须相同。设备出厂时已经按照系统配置设置好,用户不需要改动开关设置。每个机架内的 5 对 PIO 地址分别设定为 01H 到 05H,每回线扩展机架内的 5 对 PIO 地址分别设为 06H 到 0AH。

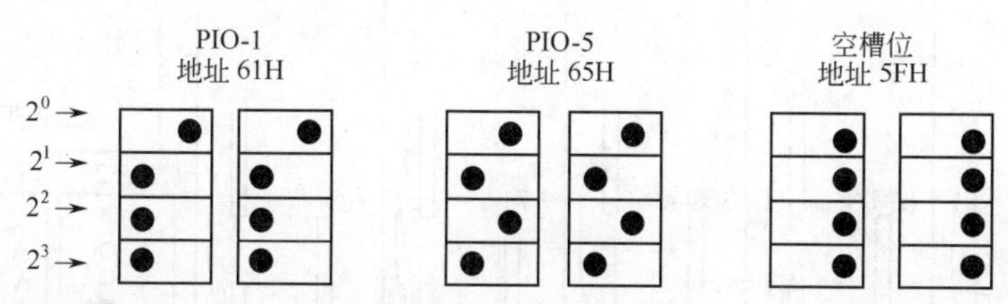

图 4-35 PIO 地址设置开关

注:"●"表示开关的位置。

软件对 PIO 的寻址采用两位十六进制代码。上述开关设置的数字为地址的低位代码。地址高位代码是 ET 模块类型的特征码,由软件设置。PIO 模块代码为 6。所以每个 ET 机架内的 PIO 地址依次为 61H ~65 H,每回线扩展机架内的 PIO 地址依次为 66H 到 6AH。

在 ET 机架上,不插入 PIO 模块的空闲槽位,地址开关设为 0FH。

(3)ET PIO 面板指示灯

ET PIO 面板如图 4-36 所示,上面有 LINE 和 PIO 指示灯。

		PIO1		PIO2		PIO3		PIO4		PIO5	
		1 系	2 系	1 系	2 系	1 系	2 系	1 系	2 系	1 系	2 系
1 系 LINE Normal	2 系 LINE Normal	PIO Normal	PIO Normal	PIO Normal	PIO Normal	PIO Normal	PIO Normal	PIO Normal	PIO Normal	PIO Normal	PIO Normal
RXD	RXD										
TXD	TXD	TXD	TXD	TXD	TXD	TXD	TXD	TXD	TXD	TXD	TXD
DC5V ON	DC5V ON	DC5V ON	DC5V ON	DC5V ON	DC5V ON	DC5V ON	DC5V ON	DC5V ON	DC5V ON	DC5V ON	DC5V ON

图 4-36 ET PIO 面板

NORMAL 亮,运行;灭灯,停止。

RXD 亮,接收;灭灯,无接收。

TXD 亮,发送;灭灯,无发送。

DC5 V ON 为 5 V 电源开关 ,向上电源开;向下电源关。

(4)PIO 联机插座

PIO 联机插座在 ET 机箱背面,如图 4-37 所示。

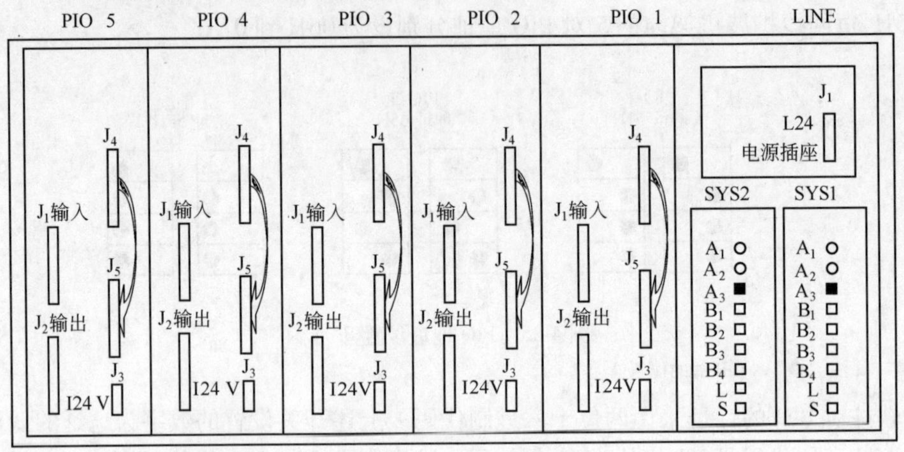

图 4-37　PIO 联机插座

LINE 的 J_1 为逻辑 24 V 电源插座, A3 为 SYS 1 和 SYS 2 的光纤插座。

PIO1 ~5 的 J_1 为输入信号插座,J_2 为输出信号插座,J_3 为接口 24 V 电源插座,J_4、J_5 用短电缆连接不对外引出。

(5)电子终端的输入信号连接

PIO 输入信号电源从微机电源柜的接口 24 V(IB24)的" + "引出。通过采集继电器的接点到接口架 CS-TXl9-36T/Z 型插头/插座,从 PIO 的 J_1进入 PIO 模块,经 J_4、J_5 回到接口 24 V 电源的" - ",如图 4-38 所示。

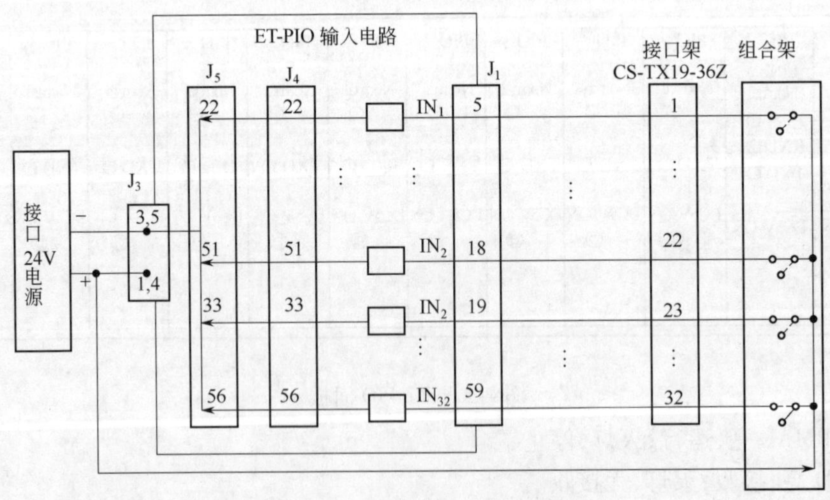

图 4-38　ET-PIO 输入信号连接图

(6)电子终端输出信号连接

电子终端 PIO 的输出驱动信号电压为 24 V,输出信号极性为“ + ”。

电子终端输出驱动信号从 PIO 模块的 J_2 引出,经接口架的 CS-TXl9-36T/Z 型插头/插座连接到被控继电器。经继电器线圈返回到接口 24 V 负极(IC24),如图 4-39 所示。

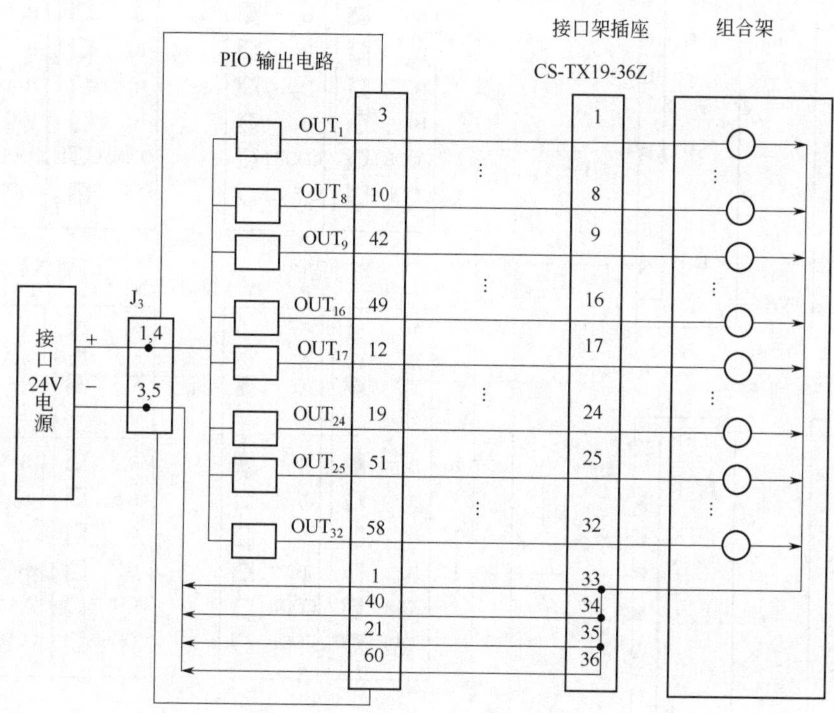

图 4-39　ET-PIO 输出信号连接图

(7)联锁机与电子终端之间的连接

DS6-K5B 系统联锁机和电子终端均采用二重系设计。

联锁每一系均接收电子终端二重系的输入信息,经过“或”处理后,作为联锁运算的输入。

联锁二重系的输出通过电子终端的二重系并联输出。

联锁机与电子终端之间的物理连接通过 ET NET 光纤实现。联锁机的 IF486 模块是联锁机与电子终端的通信接口,一个 IF486 模块上有 5 个 ET NET 通道。通过 TLIO 光电转换板引出 5 对光纤,连接 5 个电子终端机架。

联锁机与电子终端之间光纤连接示意如图 4-40 所示。图中只画出 3 个电子终端机架。第 4 个电子终端机架的接线相同。ET LIO 的端口与电子终端之间用 HAC105 型光纤连接。

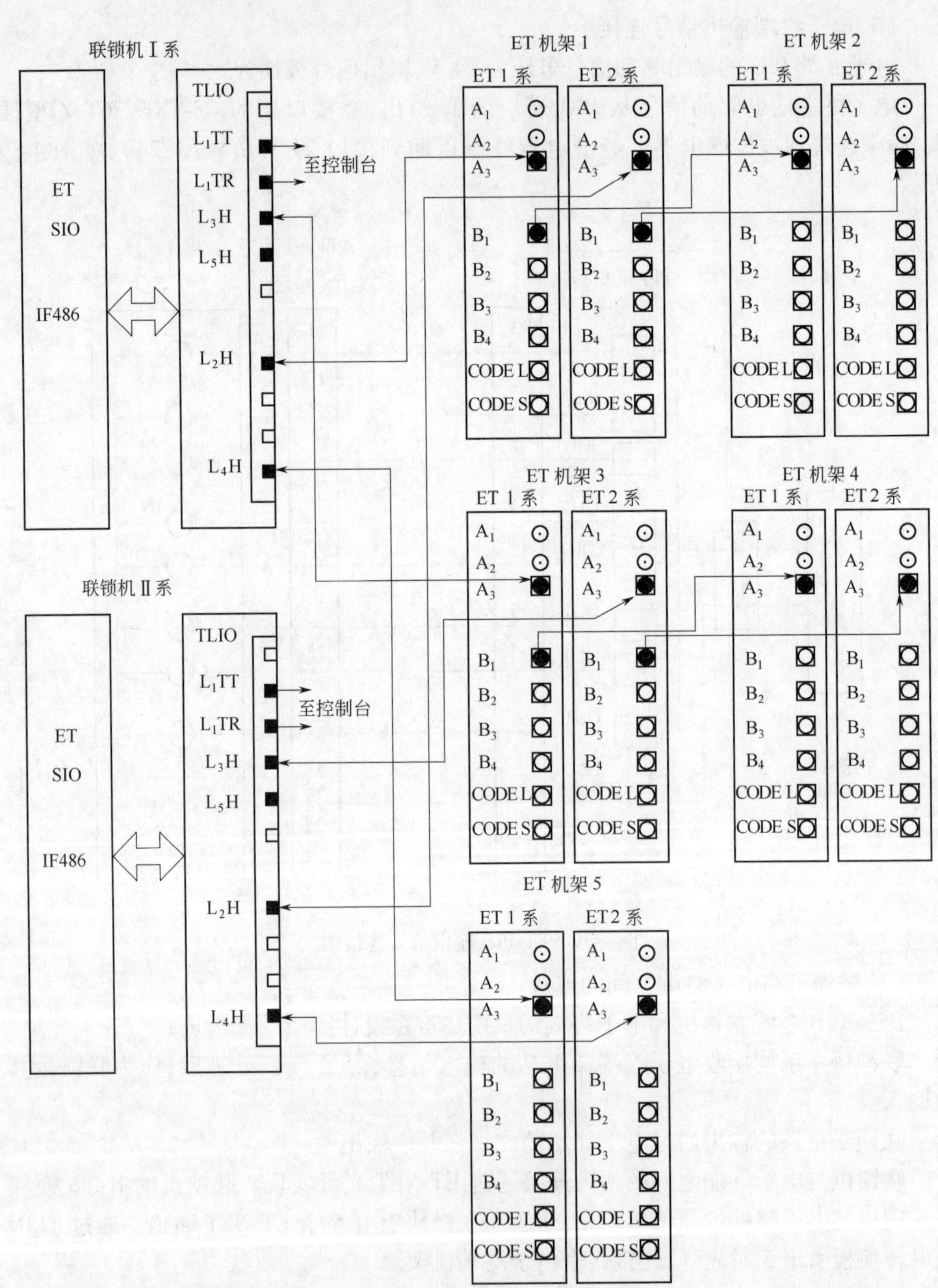

图 4-40　联锁机与电子终端之间光纤连接示意

(8)电子终端的安全逻辑

①电子终端的每块电路板都是智能的,控制是分散独立的。

②每一系的每个电路板上都设有双 CPU 的故障—安全处理器,完成对本板的输入输出数据的安全处理和对本板电路的故障检测。

③ET-PIO 输出电路的故障—安全保证通过 FSD 对输出数据进行处理。

④每一路输出发出动态和静态两种输出信号,CHKl 检查静态输出,CHK2 检查动态输出。

⑤动态输出通过 FSD 控制输出检查继电器(ROR)。

(9)电子终端的安全通信

联锁机二重系的输出均发送给电子终端,电子终端每一系的输入都发送给联锁机的二重系。这种冗余的连接方式保证任何一部分的单系发生故障,系统都能正常运行。既保证故障—安全性又具有高可靠性。

安全信息传送具有正/反码两次传送、CRC 校验、标志码检查等故障—安全保证机制,发现任何一项错误,丢弃本周期的信息。2 个周期没有接受正确信息,给出警告信息。4 个周期没有接收正确信息,全部信息按安全侧处理。

(10)电子终端的可扩充性和可维护性

DS6-K5B 系统每个电路板通过光电隔离的通信链路与联锁机独立通信。因此,任何一个电路板的故障不影响其他电路板工作。机架扩展也是通过光纤连接实现扩展,可靠性不受影响。

DS6-K5B 系统每个电路板上设有电源开关,可以单独断电,实现机架不停电的情况下拔插电路板,进行更换维修。

DS6-K5B 系统二重系的电路板并列插在同一机架上,对外的并联连接通过底板的印制电路实现,避免外部连接接插件和连接电缆对系统可靠性的影响。

5. 电源

DS6-K5B 系统的电源由一套 UPS 和两路 DC24 V 稳压电源组成,电源系统如图 4-41 所示。UPS 和 DC24 V 稳压电源都安装在电源柜中,如图 4-42 所示。

DS6-K5B 系统要求信号电源屏经隔离变压器单独提供一路单相 AC220 V 电源,容量不小于 2.5 kVA。从电源屏来的 220 V 电源送到 DS6-K5B 系统的电源柜,经过 UPS 后向所有计算机设备供电。

控显机、监测机及控制台显示器等设备使用 UPS 输出的 220 V 电源。UPS 采用两台 2 200 kVA 热备冗余供电,任意一台故障自动切换,系统不受影响。

DS6-K5B 系统的联锁机和 ET-PIO 采用两路 DC24 V 电源供电,由计算机系统的电源柜内的直流稳压电源供给,不用信号电源屏的 KZ24 V 电源。第一路称为逻辑24 V 电源(L24),产生逻辑电路工作所需的 5 V 电源。第二路称为接口 24 V 电源(I24),供电子终端的输出电路驱动继电器和输入电路采集继电器状态使用。每一路 24 V 电源

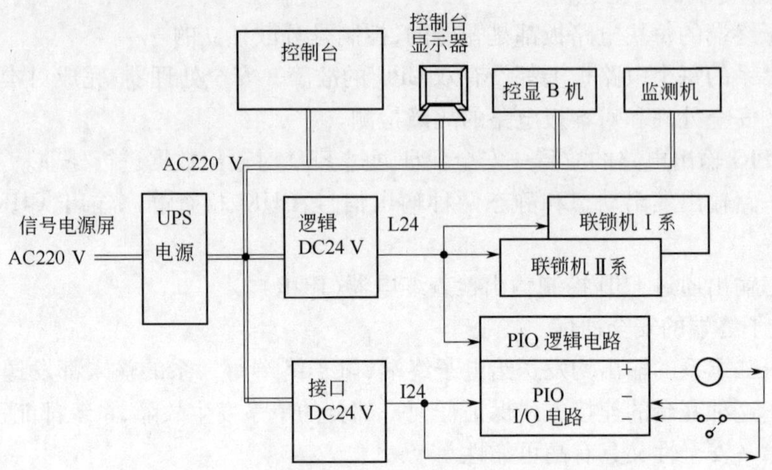

图 4-41　电源系统图

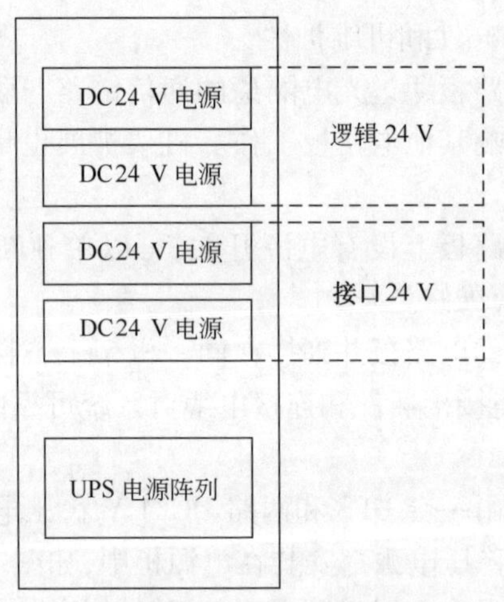

图 4-42　电源柜电源安装示意

均由两个 AC/DC 开关稳压电源模块组成,两个模块在线工作互为热备并联使用,可自动切换电源柜输出的两路 DC24 V,分别送到联锁柜和电子终端柜的接线端子,具体连接如图 4-43 所示。

在组合架上,所有受计算机控制的继电器的 24 V 电源均由计算机系统的 I24 V 电源供电,不受计算机控制的继电器电源仍使用信号电源屏电源。

电源柜
L24+
L24−
L24+
L24−
L24 V 电源
L24 V 电源
UPS 输出
AC220 V
电源屏
AC220 V
电源
控制箱
DC 220 V
地线
UPS
电源
联锁柜
联锁机架
联锁Ⅱ系 CN1
联锁Ⅰ系 CN1
ET 机架 4
ET-LISE
ET 机架 5
ET-LINE
电子终端柜
ET 机架 1
ET 机架 2
ET 机架 3
ET-LINE
监控柜
监测机
供打印机
风扇
监控柜 DZ
8,9,10
5,6,7
3,4
1,2
直流
220 V
UPS 输出
220 V

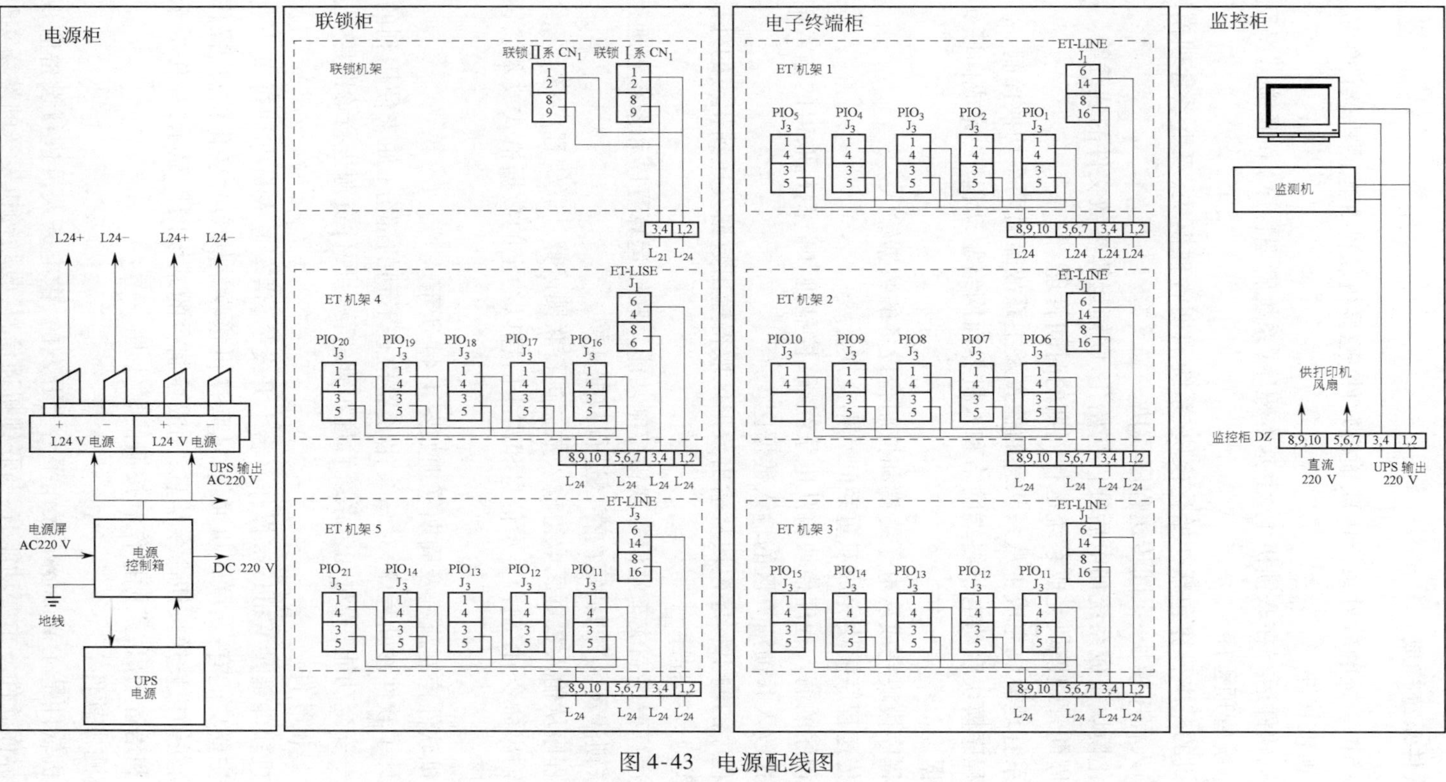

图 4-43　电源配线图

四、软件系统构成

DS6-K5B 系统的软件系统由联锁机软件、控显机软件和监测机软件组成。

1. 联锁机软件

联锁机软件运行在联锁机上,由基本程序(系统管理程序)和联锁运算程序组成。

(1)系统管理程序

联锁机的基本程序包括初始化模块、系统周期管理模块、双重系管理模块、输出程序模块、输入程序模块、系间传送程序模块。

初始化模块完成系统加电后硬件初始化、联锁运算参数文件的装载等。

系统周期管理模块完成系统运行周期的时间管理。

双重系管理模块完成主从系状态的检查及主系故障时两系切换控制。

输出程序模块启动电子终端网络和人机界面网络驱动程序,完成向联锁机外部设备输出数据。

输入程序模块完成从电子终端和控制台设备的数据输入。

系间传送程序模块完成双重系间数据交换。

基本程序的输入程序模块将从电子终端、控显机和监测机取得的输入信息以约定的数据格式放入联锁演算区的输入数据区。

基本程序的输出程序模块从输出数据区取得输出数据发送到相应的外部设备。

(2)联锁运算程序

联锁运算程序完成车站信号联锁控制功能。联锁运算程序和系统管理程序通过一个称为"联锁演算区"的特定内存区进行数据交换。

联锁程序从输入数据区取得输入数据进行联锁运算。联锁程序将运算结果生成的电子终端输出命令、控制台显示信息和监测信息以约定的数据格式放入联锁演算区的输出数据区。

联锁机软件控制流程及周期管理如图 4-44 所示。

还设计了软件诊断程序,对总线比较器检查不到的部分(如未使用到的内存等),实现故障—安全功能,并对冗余系统管理用到的特定硬件资源进行诊断监视。

2. 控显机软件

控显机软件是在 Windows 操作平台上开发的、供车务人员办理行车作业的人机界面软件。主要功能有:与联锁机通信,从联锁机接收站场实时变化信息、操作提示和报警信息;向联锁机发送按钮命令信息;完成控制台的站场图形显示、操作提示和报警信息的文字和语音输出,鼠标操作和按钮信息处理。

3. 监测机软件

监测机软件是在 Windows 操作平台上开发的、供电务人员进行设备监视和故障诊断的人机界面软件。主要功能有:与联锁机通信,接收联锁机发送的站场实时信息和系统的工作状态信息和自诊断信息。监测程序将所有的信息记录到实时数据库中显示或打印输出各类信息。维护人员可以通过屏幕菜单操作查询、显示或打印输出各类信息。

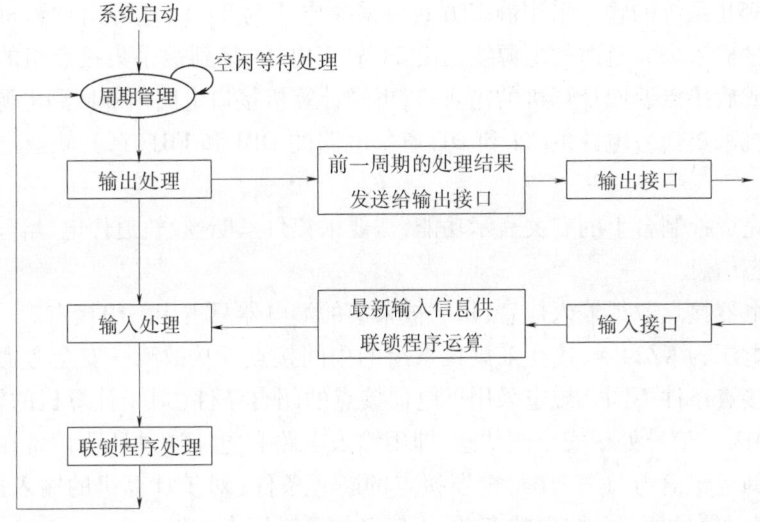

图 4-44　联锁机软件控制流程及周期管理

五、继电器接口电路

DS6-K5B 系统与室外信号设备之间的结合采用继电器电路。主要有信号机点灯电路、道岔控制电路、轨道电路，以及其他结合电路。

1. 接口继电器

信号机点灯电路保留的继电器有 LXJ、DXJ、YXJ、DJ、2DJ；道岔控制电路保留的继电器有 DCJ、FCJ、1DQJ、2DQJ、DBJ、FBJ；轨道电路保留 GJ。

以上继电器中，LXJ、DXJ、YXJ、DCJ、FCJ 由计算机输出的控制命令驱动。

每组道岔设一个道岔允许操纵继电器（YCJ）（双动道岔按一组道岔处理，设一个 YCJ）。用 YCJ 的一组前接点接在道岔启动电路的 KZ 回路中。YCJ 平时落下。转换道岔时，若该道岔区段在解锁状态，计算机在输出道岔操纵命令的同时输出 YCJ 吸起命令，YCJ 吸起。道岔转换到位后，计算机停止输出，YCJ 落下。道岔因故在规定转换时间内不能转换到位时，计算机在取消定操或反操命令输出的同时，取消 YCJ 的输出命令，YCJ 落下。

2. 输出驱动

DS6-K5B 系统计算机的输出采用静态方式。所有受计算机驱动的继电器全部采用直流安全型继电器。继电器工作所需的 24 V 电源由计算机系统给出，不用信号电源屏的 KZ24 V。计算机输出口送出 24 V +，继电器线圈的负端连到公共回线，回到电源的负极。不受计算机控制的继电器仍然用信号电源屏的 KZ24 V。

3. 信息采集

DS6-K5B 系统的输入采用静态方式。采集电压为 24 V,电源由计算机系统供给。计算机通过输入采集电缆的电源线送出 24 V 正电压,接到被采集接点组的中间接点,经前接点或后接点返回计算机的输入口,再经计算机接口电路内部回到电源负极。

计算机采集信号电路的 XJ 和 DJ;道岔电路的 DBJ 和 FBJ、YCJ;轨道电路的 GJ 的状态信息。

为了完成控制台上的有关表示功能,需要采集灯丝断丝、轨道停电、熔丝报警、主副电源等状态信息。

从继电器接点取得输入信息,每个被采集的继电器只占用一组接点。

采集电压为 KZ24 V,接在采集接点组的中间接点。从故障—安全考虑,不同继电器采集的接点条件不同。规定采用继电器接点的闭合条件(对于计算机的输入接口有电流输入)表示信号处于安全侧状态,即用输入电路有电流通过证明设备在安全状态,输入信息的逻辑值为“1”。用继电器接点的断开条件(对于计算机的输入接口没有电流输入)表示信号处于危险侧状态,输入信息的逻辑值为“0”。

例如:对于信号继电器(XJ),取其后接点输入,后接点闭合,证明信号继电器落下,信号机关闭。XJ 的后接点断开,信号机为开放状态。接口电路开路故障或接口电路断线故障,视信号机为开放状态。

对于轨道继电器(GJ),取其前接点输入,用前接点闭合条件证明轨道区段空闲。前接点断开,或接口开路故障或接口断线,即视轨道区段为占用。

其他继电器的采集原则同上。

4. 输出输入接口的配线

在计算机与继电器组合架之间设接口架,作为计算机联锁系统与继电电路之间的连接界面,如图 4-45 所示。在接口架上设 CS-TX19-5.08-36Z 型 36 芯插座,每个插座设 32 位。继电电路一侧的连线焊接在插座上。计算机一侧的连线用插头连接。

在 ET 机架的背面,每一对 ET-PIO 有两个矩形插座。其中 J_1 用于连接输入信号,J_2 用于引入 32 路输出信号。

J_1 插座有 60 芯,用其中的 32 芯,引入 32 路输入信号。在接口架上,对应每一个 ET-PIO 的 32 路输入,设一个 CS-TX19-36Z 型插座,采用 36 芯信号电缆。电缆的一端用压接方式连接与 J_1 对应的插头,电缆的另一端焊接 CS-TX19-36T 型插头。

J_2 插座与 J_1 插座型号相同。连接电缆及两端的插头形式与输入电缆相同。输出电缆中有 4 根芯线用于连接输出信号的负极公共端。

ET-PIO 输入输出插座 J_1、J_2 与接口架联机插座之间以及接口架上的输入输出插座接线端子之间对应连接。

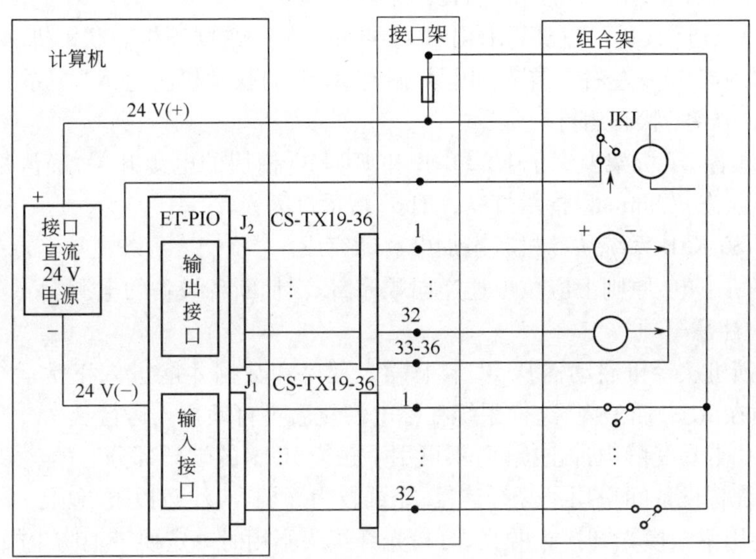

图 4-45　输入输出接口电源连接图

六、地线与防雷

DS6-K5B 系统要求提供一根保护地线。此地线的埋设及接地电阻值,应符合《铁路车站计算机联锁技术条件》(TB/T 3027—2015)铁路标准。

DS6-K5B 系统按日本京三公司设计,采取浮地方式防雷。

联锁主机和电子终端电路的安装采取了多重绝缘措施。供计算机逻辑电路工作的 5 V 电源对地浮空。输入输出接口电路工作的 24 V 电源由计算机系统 24 V 电源供给,形成闭合的回路,且对地浮空。在室内环境条件下,满足上述隔离要求,在输入输出端口不设防雷元件。

七 、操作与维护

1. 系统冷机启动的加电顺序

系统从冷机(未加电)状态启动,应首先确认所有设备连接正确,接插件连接牢靠,然后进行加电。给设备加电应按照先外围,后联锁的顺序进行。

(1)接通 UPS220 V 电源,确认 UPS 输出 220 V 电压正确。

(2)接通控制台设备电源。

(3)接通监测机(含显示器)电源。

(4)接通微机电源柜电源,确认两路 24 V 电源输出正常 。

(5)接通联锁 1 系和联锁 2 系的电源开关。在联锁机 F486 模块的 IC 卡插槽内插入 IC 卡。如有两个 IC 卡,可同时插在两系联锁机上。如只有一个 IC 卡,可先插入一系联锁机,待其进入运行状态后,取出 IC 卡再插入另一系联锁机。联锁机从 IC 卡读入程序和数据约需 30 s 左右。首先加电并插有 IC 卡的联锁机将进入"主系"状态运行,另一机进入"从系"状态运行。

(6)接通各 ET 机架上每个 ET-LINE 和 ET-PIO 模块的电源开关,确认每个模块进入正常工作状态:"Normal"指示灯亮,"Thd"指示灯闪光。

至此,DS6-K5B 系统从冷机状态加电启动完成。

系统停机下电,原则上应按上述逆向顺序,依次切断各设备的电源。

2. 维护注意事项

(1)联锁机从冷机启动需从 IC 卡上读入程序和数据才能进入正常运行,因此 IC 卡平时应插在 IC 卡插槽内,这样系统在停电恢复后可自动投入运行。

注意:IC 卡易受静电冲击损坏,不可用手触摸 IC 卡的端子部分。

(2)系统各设备间采用了光纤连接,光纤较为脆弱,应注意以下事项:

①不要用手触摸光纤接头的光端口,光纤接头不用时一定要带上防尘帽。

②光纤的弯曲半径一定要在 5 mm 以上,否则将造成光纤断裂。

③不可使光纤受到强烈的撞击、震动和重力挤压、拉扯。

④拆卸光纤连接须握住光纤接头的外壳拔插,不可拉拽光纤线。

⑤连接光纤接头要注意插头与插座的吻合,同时要拧紧固定螺丝口。

(3)联锁机的三个电路板(F486、IF486、FSD486),两个光电转换板(TLIO、RSIO)以及电子终端的 ET-LINE 和 ET-PIO 模块必须插在机架的指定槽位上,插错位置系统不能运行,并有可能造成设备故障。

(4)系统中所有的电路板和模块严禁在带电的情况下拔插,否则将造成设备损坏。

(5)ET-LINE 和 ET-PIO 模块上的电源开关扳动时,须用手握住开关柄轻轻向外拉出,然后再扳动,不可直接用力扳。

3. 日常维护工作要点

(1)巡视检查

检查内容包括:

①各路电源电压及电流值是否正常。

②机房环境温度、湿度在规定范围(温度:0℃ ~40℃,湿度:20% ~80%)。

③有无局部过热,异常噪声或异常气味。

④确认各设备指示灯的指示状态是否有异常。

⑤确认联锁二重系哪一系为主系,哪一系为从系,并与前一次的记录对比,确认主、从系有无变化,如有变化应查找变化原因。

在值班记录簿上作详细的巡视检查记录。

由于联锁机和电子终端均采取了冗余设计,单重系发生故障,系统仍能完成正常功能。所以须仔细辨认每个模块上指示灯状态，以确认是否在正常运行。也可以通过监测机查询故障报警信息记录，确认设备的运行情况。

(2)故障处理

设备发生故障，首先应认清故障现象、故障影响范围，区分模块本身电路故障和模块之间通信联系故障。确定故障点后，用备品进行更换。

更换备件，必须首先切断被更换模块的电源，再从机架上取下故障模块，插入新模块，然后加电恢复。系统的冗余设计，容许单重系模块断电更换，不间断系统运行。

第五章

JD 系列计算机联锁系统

JD 系列计算机联锁系统包括双机热备的 JD-ⅠA 型计算机联锁系统和二乘二取二的 EI32-JD 型计算机联锁系统，由北京交大微联科技有限公司研制，用于城市轨道交通的车辆段/停车场和部分正线。

第一节　JD-ⅠA 型计算机联锁系统

JD-ⅠA 型计算机联锁系统采用最新计算机技术、总线技术、网络技术，是性能可靠、符合故障—安全要求、功能完善、操作简单、维护方便的车站联锁系统。

JD-ⅠA 型计算机联锁系统保留了 6502 电气集中的执行电路，其他电路则由计算机联锁系统代替。计算机联锁系统的关键部分均采用双套热备，保证故障时不间断使用。

一、系统结构

1. 系统体系结构

JD-ⅠA 型计算机联锁系统（以下简称 JD-ⅠA 系统）属于分布式计算机控制系统，也称集散型测控系统，其特点是分散控制、集中管理。系统包括人机对话层（也称操作表示层）、联锁运算层、执行层，系统结构如图 5-1 所示。

人机对话层包括操作表示机和电务维修机，为车站值班人员和电务维修人员提供操作和显示界面。

联锁运算层包括联锁机和总线控制器，根据接收的操作命令和采集的站场信息进行联锁运算，发出控制命令。

执行层包括采集电路、输出电路、接口配线、通道防雷以及接口继电器，完成采集和驱动任务，进行设备的连接和防雷。

系统保留了继电集中联锁的执行电路：道岔控制电路、信号机点灯电路、轨道电路及各种联系电路。

JD-ⅠA 型计算机联锁系统的操作表示机和联锁机之间用双通信网进行通信。采集、输出电路采用外部控制总线方式，通过总线转换板与计算机 ISA 总线交换信息。采集、输出电路通过电缆与接口继电器组合架相连。

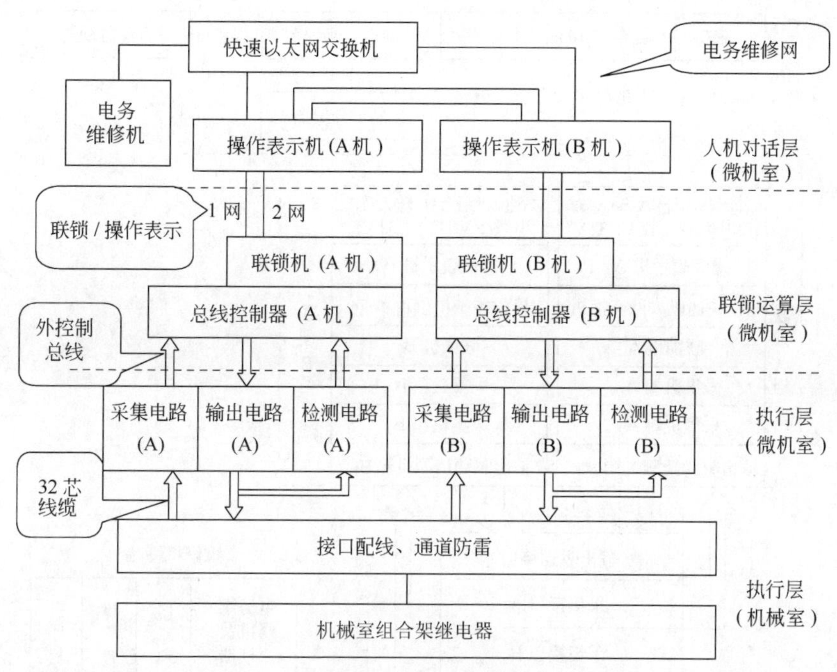

图 5-1　JD-ⅠA 型计算机联锁系统结构

操作表示机、联锁机、总线转换电路、采集电路、输出电路均为双套，构成双机热备型计算机系统。

2. 系统硬件结构

为适应不同规模站场的需要，JD-ⅠA 型计算机联锁系统设计了三种结构：G 型系统为标准型结构，一般适用 40 组联锁道岔以下的车站；S 型系统为小型结构，适用 15 组联锁道岔以下的车站；L 型系统大型结构，一般 50 组联锁道岔以上的车站需使用大型系统。

G 型系统的硬件结构如图 5-2 所示。

在运转室，通过监视器、音箱、输入设备（鼠标）等为车站值班员提供操作表示界面。

在计算机室有联锁 A 柜、联锁 B 柜和防雷接口柜，以及提供给电务人员的维修机终端设备。联锁机柜中包括联锁倒机电路，5 V、12 V、32 V 直流电源（供接口电路、继电器驱动使用）、操作表示机、联锁机、操作表示机倒机单元、快速以太网交换机。A、B 联锁机柜中还各包括 1 ~ 2 个采集机箱、1 个输出驱动检测机箱。联锁机 A 柜中还有快速以太网交换机。

防雷接口柜包括电源系统、UPS、从组合架接口来的配线（带防雷）以及到联锁机柜中的采集/驱动配线。

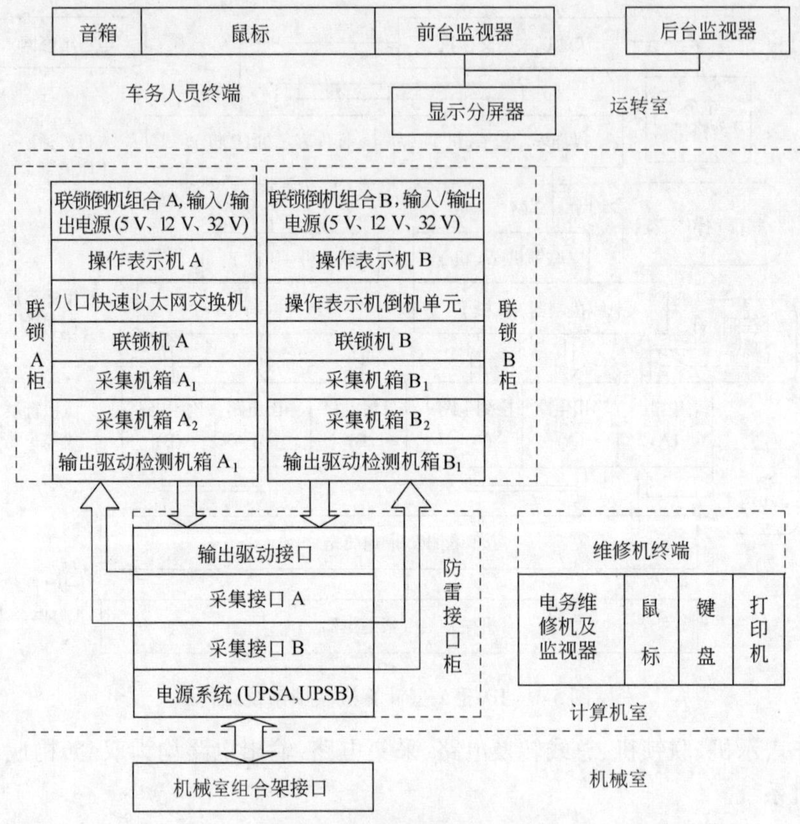

图 5-2　G 型系统硬件结构

维修机终端台包括维修机及监视器、鼠标、键盘、打印机。

二、系统特点

1. 采用独特的外部控制总线控制器,将把计算机内部的高速总线和供 I/O 接口使用的控制总线分离,再经总线转换电路实现连接。这样,利用电流环原理提高了控制总线的负荷能力,便于 I/O 接口的扩展,较大地削弱了由 I/O 接口窜入计算机内部总线的外来干扰,提高了系统的抗干扰能力。

2. 可根据用户需求配置不同规格、档次的联锁计算机、操作表示计算机、电务维修计算机。另外,当更换不同类型的 CPU 主机时,不影响控制总线上 I/O 模板的使用。

3. 系统具有较完善的冗余结构、操作台和双机电路外,系统的其他资源均采用了双份结构,包括人机对话机、联锁机、电源、输入电路、输出电路、动态驱动电路以及通信网络等。在 JD-ⅠA 系统中不采用电子驱动电路与电磁机构合一的动态继电器,而是将电子驱动电路划入联锁机内部的组成部分。考虑到驱动电路所采用的电容器相对来说易于老化,可靠性相对较低,因而采用双套电路并实时检测它们的输出电平是很有必要的。

4. 系统的联锁机采用双机热备方式,两台联锁机是基于自律原则设计的,即系统的安全是由单机保障的,单机自身及相关接口电路的故障原则上也由自身检测,以减少由于自检和互检的结果不一致造成故障判断失误。由于采用自律机制,两机地位平等,无主从之分,减少了双机切换次数,提高了系统的稳定性和可靠性。

5. 系统采用联锁网与监控网两层结构(CAN 总线),联锁网(联锁机与操作表示机之间)采用双通信网进行通信,双网同时工作。任一网络断线或任一网络通信口发生故障时,另一网仍可保证系统正常通信,均不影响联锁系统的正常运行,提高了网络的可靠性。联锁网是封闭型的,以防止联锁软件遭外部干扰的入侵。监控网是开放的,通过它将联锁数据传输给监测机和其他系统。

6. 联锁机通过故障—安全型动态采集电路采集接口继电器接点状态,每个采集接点通过两套电路同时采集,增强了自诊断能力。

7. 动态驱动电路双套备份,更换备机驱动板时不影响主机使用。对输出电压进行回读检测,增加了输出电路的自诊断能力。

8. 系统采用双份联锁软件,较严格地按功能相同、版本各异的原则编制,提高了软件功能的可靠性和故障—安全性。

9. 具有较强的故障检测和诊断能力,并通过维修机记录下来,供电务维修人员参考。系统采用较完善的双份结构,在故障检测和诊断方面的设计较为细致,能直接或间接实时检测每一硬件模块和网络,及时发现故障,予以切换并报警。设有驱动继电器的电子电路输出电平检测点,当联锁机有控制信息输出时,若驱动的输出电平虽然能使继电器吸起但达不到工作值时立即检出并报警,以便及早维护。如果输出电平达不到继电器吸起值,则由备份电路自动顶替。

三、系统组成

1. 操作表示机

操作表示计算机简称操作表示机,也称人机对话机、上位机。它和联锁计算机构成上下位分层结构。操作表示机柜设在微机室内。

操作表示机接收车站值班员的操作命令,并通过网络通信传送给联锁机;接收来自联锁机的站场状态数据和提示信息,在显示器上显示站场情况、系统工作状态、提示信息和报警信息等,对主要错误和故障提供相应的语音报警;将站场状态数据及提示信息、报警信息、系统状态信息等转发给电务维修机。

操作表示机采用双机热备工作方式,上位机 A、上位机 B 以及上位机倒机电路都放在操作表示机柜中。系统运行时,两台上位机同时工作,一台主用,另一台热备,当主用上位机发生故障时,自动切换到备用上位机。主用操作表示机运行时,接收鼠标操作,向联锁机发送车站值班员的操作命令,播放语音提示信息。备用操作表示机运行时,不接收鼠标操作,不向联锁机发送值班员的操作命令,不播放语音提示信息。但接收联锁机传来的站场状态信息,实时显示站场运行情况、系统运行情况等。

操作表示计算机通过操作表示切换单元到运转室配线,如图 5-3 所示。

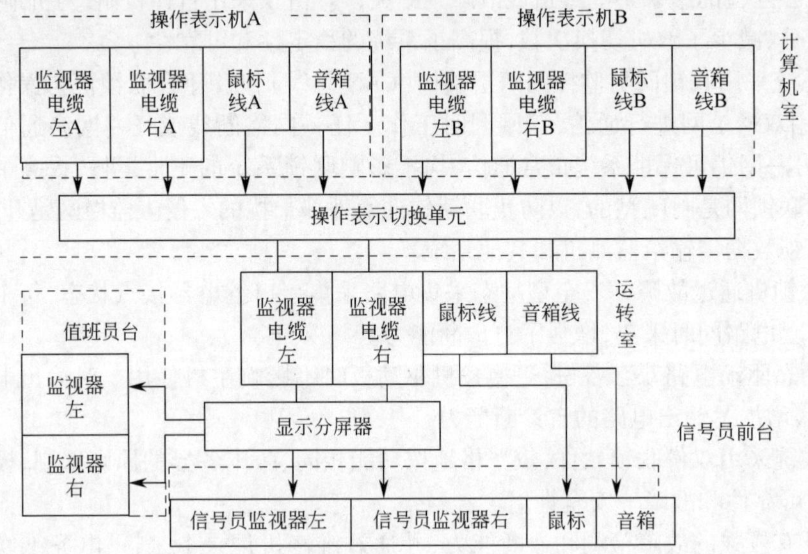

图 5-3 计算机室到运转室配线

操作表示切换单元前面板如图 5-4 所示。

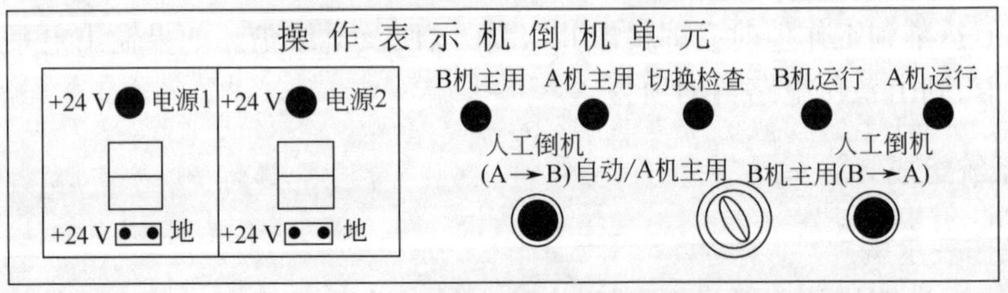

图 5-4 操作表示机切换单元前面板

指示灯含义为:

A 机主用指示灯亮,表示 A 操作表示机为主机;指示灯灭表示 A 操作表示机为备机。

B 机主用指示灯亮,表示 B 操作表示机为主机;指示灯灭表示 B 操作表示机为备机。

电源 1 指示灯亮表示电源 1 正常工作。

电源 2 指示灯亮表示电源 2 正常工作。

G型系统有下列专门用于表示操作表示机运行状态的指示灯。

A机运行指示灯亮，表示A操作表示机正常工作；指示灯灭表示A操作表示机故障。

B机运行指示灯亮，表示B操作表示机正常工作；指示灯灭表示B操作表示机故障。

切换检查指示灯亮表示B操作表示机为主机，A操作表示机为备机；指示灯灭表示A操作表示机为主机，B操作表示机为备机。

正常情况下，切换单元面板指示灯应显示：

(1)A机为主用时，电源1、电源2、A机运行、B机运行、A机主用等指示灯亮。

(2)B机为主用时，电源1、电源2、A机运行、B机运行、切换检查、B机主用等指示灯亮。

按钮含义为：

人工倒机(A→B)按钮，自复式，当A操作表示机为主用时，按下此按钮人工倒至B操作表示机为主用。

人工倒机(B→A)按钮，自复式，当B操作表示机为主用时，按下此按钮人工倒至A操作表示机为主用。

开关含义为：

电源开关，电源1开关打开给电源1供220 V，电源2开关打开给电源2供220 V。

测试孔，分别测试电源1、电源2的24 V输出电压。

钥匙开关转到“自动/A机主用”位置时，A、B操作表示机处在自动切换状态，当倒机电路故障时默认为A机主用，平时钥匙开关应在此位置。钥匙开关转到“B机主用”位置时则强制B操作表示机为主用，A、B操作表示机不能自动切换。

S型系统操作表示切换单元为自动切换方式，由计算机控制无需人工干预，因此S型系统没有钥匙开关。

无论何种系统，操作表示切换单元故障时均转向连接A套计算机至控制台的电缆。

2. 联锁机

联锁计算机简称联锁机，也称下位机。联锁机接收操作表示机下发的操作命令；通过输入接口电路采集站场状态信息；进行联锁运算；根据运算结果，通过输出接口电路控制接口继电器动作；将站场状态信息、提示信息、故障信息传送给操作表示机。

(1)联锁机柜

联锁机设在位于微机室的机柜中。G型系统联锁机A放在联锁A机柜内，联锁机B放在联锁B机柜内。

联锁机柜采用欧洲标准结构。每个机柜包括倒机电路、直流电源机箱(供接口电路、继电器驱动电路使用)、联锁机箱、采集机箱、输出驱动及检测机箱等。

采集、输出驱动检测机箱采用19英寸6U欧洲工业标准机箱,机箱内提供电路板插槽,电路板在机箱前面插入机箱。前面板上设有指示灯,用来观察设备运行情况及输入/输出接口状态。

每个机箱后面安装一块I/O母板,以提供外部控制总线。采集或输出驱动等电路板通过机箱插槽插在I/O母板上,机箱对外的引线通过I/O母板后面的接插件与外界相连。

每个机箱有一块机箱控制电路板,对本机箱的接口电路板进行选址。

每个机箱有一块I/O匹配板,提供本机箱的外部控制总线终端匹配。

对于一个联锁机柜,必须有一个机箱内插一块多功能匹配板,它除具备I/O匹配板的功能,还提供本机柜倒机组合的驱动、采集功能。插多功能匹配板的机箱,不必再插I/O匹配板。

一个联锁机柜的最后一个机箱必须插一块总线匹配板,实现整个外部控制总线的匹配。

典型的联锁机柜电路板配置如图5-5所示(前视图,以L型系统A机为例)。

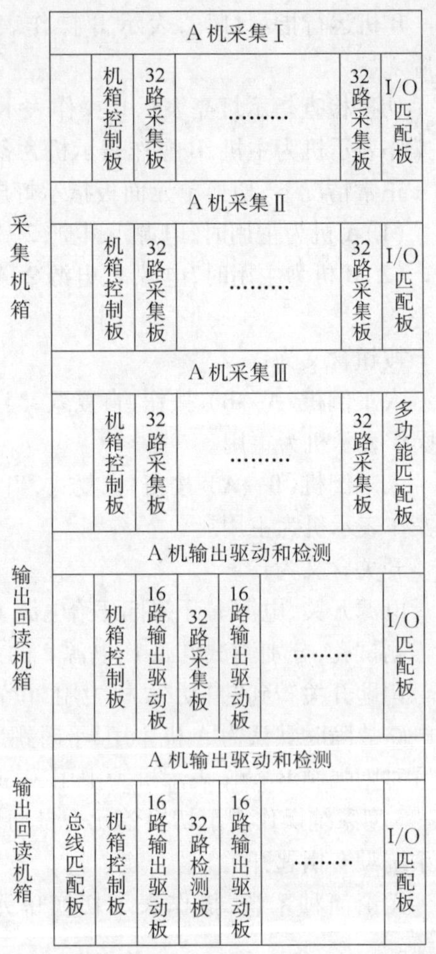

图5-5　联锁机柜电路板配置图(前视图)

(2)外部控制总线

JD-ⅠA系统的采集、输出电路采用外部控制总线方式。外部控制总线通过插在联锁机内的总线转换板与计算机总线交换信息。外部控制总线原理图如图5-6所示。

外部控制总线的特性如下:

①通过外部控制总线,联锁机和采集、输出电路相对独立,I/O电路引入的干扰被隔离,从而提高了联锁机的可靠性;

②外部控制总线扩展能力强,可并行扩展16个机箱,每个机箱插16块I/O板,每板可驱动/采集32个I/O点;

③外部控制总线可提供测试返回信号,可对输出电路进行回读检测。

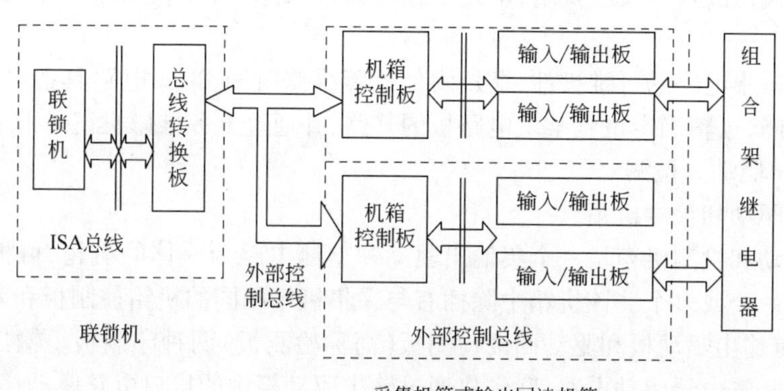

图 5-6　外部控制总线原理图

(3)采集

①采集机箱

联锁机通过采集机箱的采集电路采集接口继电器接点状态,为双套采集,即每个采集点都通过两路进行采集,两路采集结果进行比较,一致才能确认继电器接点状态。

一个采集机箱可插 16 块采集板(如果采集机箱内插多功能匹配板,则可插 14 块采集板),每块电路板有 32 路采集。因采用双套采集,相邻两块输入板用于相同的 32 路继电器接点采集,所以一个采集机箱满配置为 256 个采集点(或 224 个点)。

②采集电路

采集电路采用安全采集电路,如图 5-7 所示。联锁机控制多功能匹配板产生方波脉冲,再经继电器接点、采集电路,由联锁机读回,联锁机只有回读到方波脉冲,才判定继电器接点闭合。每个采集点都通过双路进行采集,将两路采集结果进行比较,只有一致才认为继电器的接点闭合。

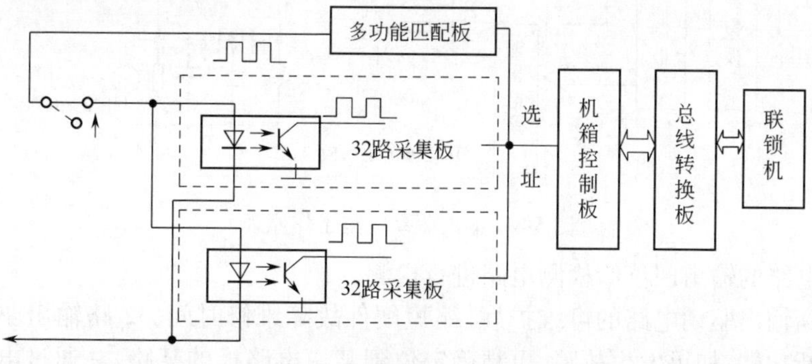

图 5-7　采集电路工作原理

该电路满足故障—安全要求,电路中任何器件故障,均导致脉冲中断,从而使设备导向安全。

为提高采集电路的可维护性,缩短硬件故障维修时间,采集电路具备自诊断功能,如果发生故障,可精确定位到某块电路板的某路,并通过电务维修机记录下来。

(4)输出驱动和检测

①输出驱动和检测机箱

输出驱动和检测机箱是一个集输出驱动和检测电路为一体的机箱,可根据车站站场规模配置一个或多个。该机箱中除插有与采集机箱相同的机箱控制板和I/O匹配板外,主要插有输出驱动板和驱动回读检测板(简称检测板)两种印制板。输出驱动板上有输出电路和继电器驱动电路,联锁机通过输出驱动板中的接口电路驱动接口继电器。每块驱动板可驱动16个继电器。检测板用以检测驱动电路是否正常,每块检测板可检测32个对象。

检测板置于两块输出驱动板中间,两块输出驱动板和一块检测板组成一个印制板单元组,一个输出驱动和检测机箱中可插6组印制板单元。每块输出驱动板有6路输出驱动电路,一个输出驱动和检测机箱可驱动196个继电器。

如果多功能匹配板插在输出驱动和检测机箱,则一个输出检测机箱可插5组印制板单元,可驱动160个继电器。

②输出驱动电路

输出驱动电路工作原理如图5-8所示。输出驱动电路根据联锁机的控制命令产生动态脉冲,驱动电路在动态脉冲作用下控制电容充放电,得到能动作偏极继电器的直流电平。该电路中任何元器件发生开路或短路等故障均可导向安全,满足故障—安全要求。

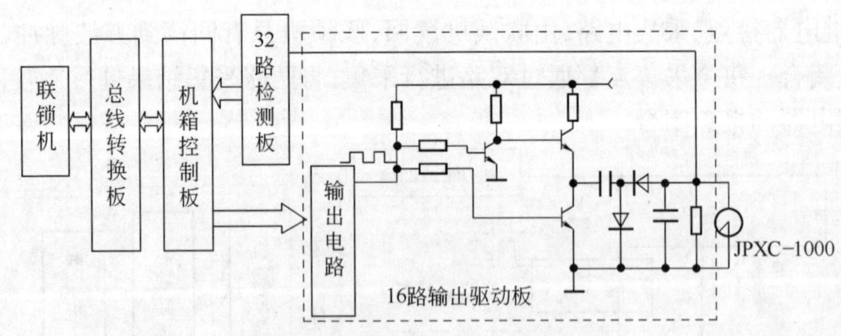

图5-8 输出驱动电路工作原理

驱动电路的输出回读给检测电路进行检测。

为提高输出驱动电路的可维护性,缩短硬件故障维修时间,32路输出驱动电路板具备自诊断功能,如果发生故障,可精确定位到某块电路板的某路,并通过电务维修机记录下来。

(5)电路板

①总线转换板

总线转换板安装在联锁机内,实现 ISA 总线和外部控制总线的转换,将采集电路采集到的继电器接点信息传给联锁机,根据联锁机的控制命令控制输出电路。

总线转换板通过输出机箱母板上的 64 路欧洲标准 DIN 连接器,采用级联方式,与所有采集机箱和输出机箱相连。电务人员不需要维护总线转换板。

②机箱控制板

机箱背后安装有 I/O 母板,I/O 母板提供外部控制总线。采集板、输出驱动板、检测板以及多功能匹配板都插在 I/O 母板上。这些电路板都通过 16 位数据线和外部控制总线交换数据。

机箱控制板用以对本机箱电路板选址,被选中的电路板通过 16 位数据线和外部控制总线交换数据。

电路板面板有工作指示灯,正常工作时 $ADDR_1$、$ADDR_2$、$ADDR_4$、$ADDR_8$ 指示灯不断闪亮,循环选址。

③I/O 匹配板

I/O 匹配板插在 I/O 母板上,用于机箱中外部控制总线的终端匹配。每个机箱必须有一块 I/O 匹配板。

④多功能匹配板

多功能匹配板插在 I/O 母板上,可以提供母板总线终端匹配功能。

多功能匹配板还用以控制、采集联锁机柜中的联锁倒机电路。它包括本联锁机监督继电器(JJ)的控制、倒机继电器(DJ)的控制、本联锁机监督继电器、倒机继电器、切换继电器、仿真检测开关状态的采集,邻联锁机监督继电器、切换继电器状态的采集。

多功能匹配板还用以产生本联锁机动态采集电路使用的 12 V 动态方波。

对于两套联锁机必须各自在其控制的一个接口机箱中插入多功能匹配板,插了多功能匹配板的机箱就不必再插终端匹配板了。

插在输出驱动和检测机箱的多功能匹配板为Ⅱ型多功能匹配板,并配置一块测试板。

⑤总线匹配板

总线匹配板插在 I/O 母板上,用以与外部控制总线匹配。

对于一套联锁机柜,在其控制的最后一个接口机箱中必须插入一块总线匹配板。

⑥32 路采集板

32 路采集板插在 I/O 母板上,用以采集室内组合架继电器接点状态。

对于每个采集点对应的是哪个继电器,采集此继电器的前接点还是后接点,由接口信息表约定。

采用双套采集,即每个采集点通过两路采集电路采集,例如第一块采集板的第一路和第二块采集板的第一路采集的是同一接点。只有两路采集结果一致,才认为采集接点闭合。

采集板前面板指示灯表明组合架上该继电器接点是否闭合,如果接点闭合,则采集电路板上该路指示灯闪亮。

⑦16 路输出驱动板

16 路输出板插在 I/O 母板上,某块输出板某路驱动的是哪个继电器由接口信息表约定。输出驱动板前面板指示灯表明该路当前是否有输出。如果某路有输出,则输出指示灯亮(主机灯较亮,备机灯较暗),相应的回读检测指示灯点亮。

⑧32 路驱动回读检测板(简称检测板)

32 路检测板插在 I/O 母板上,用以检测动态驱动电路是否工作正常。

驱动回读检测板和输出驱动板配套使用。当对应的输出电路有输出时,如果其控制的那路动态驱动电路也工作正常,则此路回读检测板面板上的指示灯点亮。

如果动态驱动电路故障或回读检测电路故障,则该路指示灯不亮,此时电务维修机会做记录。如果当前联锁机为主机,则会自动切换到备用联锁机。

(6)双机热备系统动态无缝切换

联锁机采用双机热备的动态冗余结构,两套联锁机互为主备,没有主次之分,即一套作为主机运行,另一套则作为备机运行。两套联锁机同时接收操作命令,采集站场状态信息,并进行联锁运算,根据联锁运算结果控制各自的输出驱动电路产生输出电压,但只有主机才输出运算结果。

联锁系统通过联锁机柜内的倒机电路实现双机热备的动态冗余结构。倒机电路包括监督继电器(JJ: JPXC-1000)、切换继电器(QJ: JWXC-1700)和倒机继电器(DJ: JPXC-1000)。当联锁机上电启动后,先工作联锁机的 JJ 吸起,QJ 吸起,DJ 吸起,作为主机运行。后工作联锁机的 JJ 吸起,QJ 落下,DJ 落下,作为备机运行。通过机柜面板上的"主用"、"热备"指示灯也可以看出联锁机的工作状态。

两套联锁机在运行期间,不但通过自诊断系统验证本机是否工作正常,还实时交换动态信息,相互比较、验证,判断本机以及邻机是否正常工作。如果主机判断出自身发生故障,则通过倒机电路自动切换到备机,此时备机作为主机运行,而故障机重新启动。如果备机发生故障,则备机重新启动。在双机切换和联锁机重启动时,不影响整个系统的运行,即实现动态无缝切换。

(7)联锁机的工作状态

双机热备的联锁机有四种工作状态:

①停机状态

联锁机关机、掉电或正在重启、联锁程序未运行,此时联锁机处于停机状态。当联锁机处于停机状态时,不进行联锁运算,采集、输出驱动电路不工作。

②主机状态

在双机热备系统中,倒机电路决定在某一时刻只有一套联锁机运行于主机状态。

当联锁系统上电启动时,先投入运行的联锁机自动进入主机状态。

在系统运行期间,两套联锁机通过自诊断和互诊断机制,判断系统是否工作正常,只有主机判断发生危险性故障,或主机有故障同时备机处于热备状态,才会切换到备机,由备机作为主机维持系统运行。只有运行于主机状态的联锁机才能最终驱动继电器。

此时,联锁机柜上的“主用”指示灯亮。

③热备状态

在双机热备系统中,当一套联锁机作为主机运行后,另一套联锁机则可以运行于热备状态。

联锁机上电启动后,采集到另一套联锁机已处于主机状态的前提下,经自诊断、互诊断,认为本机无故障,且与主机的动态信息同步后,进入热备工作状态。

当备机处于热备工作状态时,接收操作表示机的操作命令、采集站场状态、进行联锁运算,同时根据联锁运算结果驱动自己的输出驱动电路,但其驱动电路不与组合架继电器直接相连。

此时,联锁机柜上的“热备”指示灯亮。

④同步校核状态

在双机热备系统中,当一套联锁机作为主机运行后,另一套联锁机可以运行于同步校核状态。同步校核状态是备机由停机状态向热备状态过渡的中间状态。

另一套联锁机上电启动后,经自诊断无误后,开始运行联锁程序,首先通过网络自动向主机请求同步,当和主机建立起通信后,从当前的主用联锁机接收当前的主要联锁数据,即与主机取得同步。同步完成后,开始接收操作表示机传来的操作命令、采集站场状态、进行联锁运算,并花一段时间确认本机的联锁动态信息是否与主机完全一致。

只有确认本机的联锁动态信息的确与主机完全一致后,才可进入热备状态。

处于上述过程中的联锁机处于同步校核状态。

当备机停机或备机仅处于“同步校核状态”时,如果关闭主机电源或人为干预主机切换到备机,是不妥当的,将会导致已开放的信号突然关闭、站场道岔全部锁闭等严重后果。

如果备机自诊断发现本机有故障,则会不断重新启动计算机,主机单机工作。此时一旦主机停机,则会影响行车。因此当备机不断重新启动时,需尽快排除故障,使其正常运行,进入热备状态。在短时间故障不能排除的情况下,可先关闭备机电源,避免无休止重启。

3. 电务维修机

电务维修计算机,简称维修机,是和计算机联锁系统配套使用的车站信号信息微机记录、监督系统。系统软件运行在 Windows NT 操作系统环境下,用 C + + 语言编写而成。整个系统人机界面友好,操作简单。

维修机通过电务维修网与操作表示机相连,接收操作表示机传来的站场状态信息、操作信息、提示信息、故障信息,实时监视车站运行情况联锁系统的运行情况,记录车站值班人员的操作情况、车站运行情况及联锁系统故障、故障原因。通过友好的操作界面,为事故分析、电务人员维修计算机联锁系统提供帮助。

维修机的功能有:

①实时监视计算机联锁系统的运行情况,包括联锁机、输入/输出电路、上位机以及各计算机之间的网络通信情况,显示系统运行状况。

②实时监视、记录、再现车站值班员的操作情况,显示车站内列车的运行情况。

③记录、再现信号设备故障,如道岔失去表示、信号机灯泡灯丝断丝等;记录、再现输入、输出电路故障,包括驱动回读错、某路输入电路故障、某路输出电路故障等;记录、再现系统软件故障。

④记录一个月的历史信息,可查看一个月内站场运行状况、车站值班员操作信息、故障信息等,并打印有关记录。

⑤通过电话线和 Modem ,远程登录电务维修网,使维修中心具有远程诊断功能,远距离查看系统运行信息及故障信息,帮助信号维修人员分析和排除故障。

对于配置了 JD-ⅠA 型计算机联锁的车站,可通过集中监测界面查看车站监测信息。

⑥为 ATS、集中监测等提供接口。在微机室,设有包括 15 英寸监视器、鼠标、打印机组成的电务维修终端,用于信号维修人员查看维修信息,打印有关记录。

对于 S 型系统,有时将快速以太网交换机安装于电务维修终端桌内。无论其安装于何处,均需要通过它将联锁机、操作表示机、电务维修机用以太网电缆连接在一起。

4. 电源

JD-ⅠA 系统所需两路 220 V 交流电源由车站的信号电源屏提供。在引入联锁系统以前由电源引入线处的防雷单元防雷、变压器隔离变压(若采用有隔离变压器的电源屏,则不需要)。采用在线式 UPS,联锁机 A 和联锁机 B 的电源取自不同的 UPS,集中监测系统的电源也通过单独的 UPS 供电,以避免系统间的干扰。输入、输出电路采用直流电源,联锁 A 系统和 B 系统的直流电源相互独立。这样就对电源进行了抗干扰、净化处理。联锁机柜中的采集、输出驱动电路都采用了光电隔离器件,将外界信号与计算机系统隔离开,保证系统不受外界传导干扰。

电源系统配置示意图如图 5-9 所示。

5. 接口电路

联锁机通过执行层的采集接口电路采集组合架继电器状态,通过输出驱动电路驱

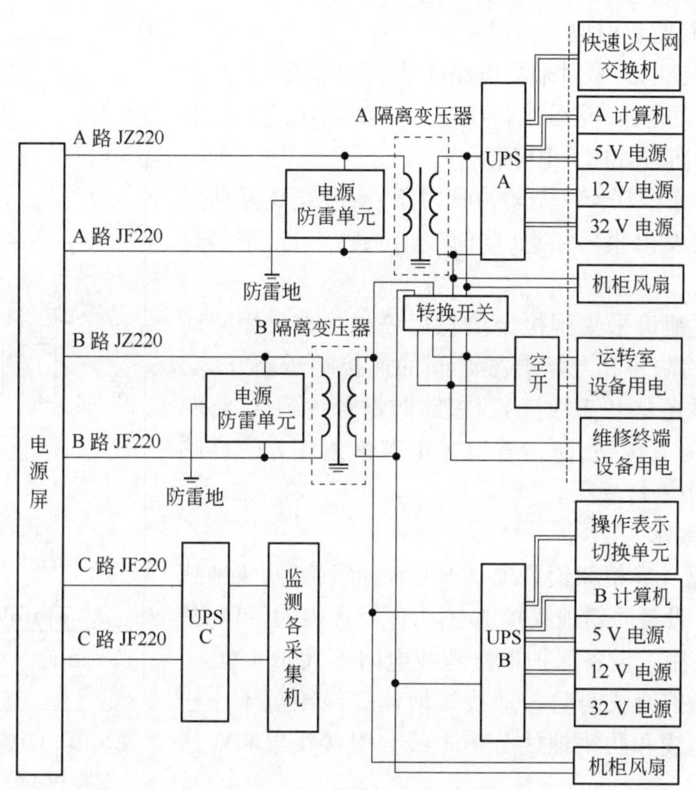

注:虚线标出的隔离变压器根据车站电源屏的配置取消或添加。

图 5-9　电源系统配置

动组合架继电器动作。组合架继电器与采集、输出驱动电路间一一对应,即接口信息表规定了某套采集电路采集哪个继电器,某套输出驱动电路驱动哪个继电器。

6. 防雷

除了引入的电源进行防雷处理外,组合架、分线盘引至联锁机柜的所有采集配线都经过防雷接口柜,在该柜的每根入线上并联防雷器,以保护联锁机柜中的采集接口电路板。

(1)防雷接口柜配线

防雷接口柜中包括:防雷接口柜到联锁机柜 A 采集机箱的采集配线;防雷接口柜到联锁机柜 B 采集机箱的采集配线;防雷接口柜到联锁机柜 A 输出驱动和检测机箱的驱动配线;防雷接口柜到联锁机柜 B 输出驱动和检测机箱的驱动配线;防雷接口柜到联锁机柜 A/B 倒机组合的驱采电源配线;防雷接口柜到组合柜的 A 套采集配线;防雷接口柜到组合柜的 B 套采集配线;防雷接口柜到组合柜的驱动配线;防雷接口柜到组合柜的驱采电源配线;防雷地配线。

防雷接口柜中所有的接插件均采用 32 芯镀金接插件。

(2)防雷管监督电路

防雷管监督电路是对采集电路防雷管的短路(永久击穿)进行监督,安装在防雷接口柜中。G 型系统防雷管监督板主要器件布置如图 5-10 所示。

A 系或 B 系中任何一个防雷管短路,A 系或 B 系防雷管监督电路便发出报警信息,同时发出长鸣声音,报警灯点亮。

A 或 B 联锁机采集到报警信息后停机。查找短路防雷管时,必须将防雷柜与组合架之间的连接端子断开(必须分清是 A 系还是 B 系故障)。短路防雷管找到后,将其更换,按一下复原按钮,防雷管监督电路恢复正常。蜂鸣器停止发声,报警灯熄灭。

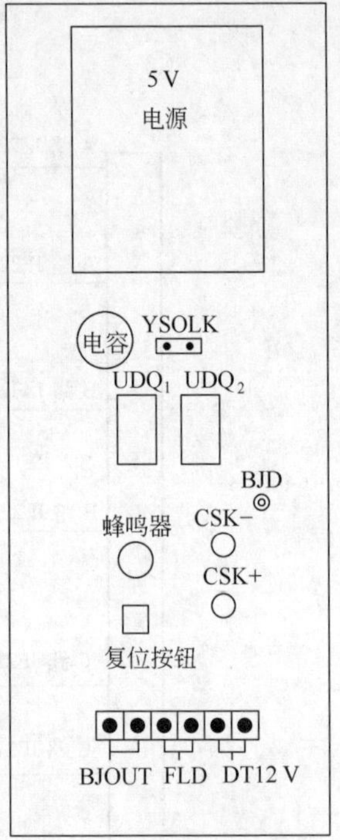

图 5-10　G 型系统防雷管监督板主要器件布置

(3)地线要求

JD-ⅠA 型计算机联锁系统要求两种地线,即防雷地线和保护地线。设备防雷地线接地电阻不大于 10 Ω,可与信号防雷地线共用。设备保护地接地线电阻不大于 4 Ω,一般需单设。保护地线与防雷地线接地体直线距离不小于 20 m。保护地线和防雷地线分槽走线。引接线电阻应达到毫欧级。

四、系统的双机切换

双机热备联锁系统的切换技术不仅要保障系统的可靠性和可用性,而且还必须保障系统的安全性。JD-ⅠA 系统的两台联锁机 A 和 B 是基于自律原则设计的,即系统的安全性是由单机保障的,单机自身及相关接口电路等的故障原则上也是由单机自身检测的,这样可以减少由于自检和互检的结果不一致而造成故障判断上的失误。

由于采取了自律机制,A 和 B 两机的地位平等,没有主从之分。在第一次开机时,若先启动 A 机进入工作状态,则 A 机就成为对外部设备有控制权的主控机,而 B 机则自动地成为备机(若同时启动两机,则存在竞争状态,硬件逻辑保证胜者优先为主控机)。如果主控机 A 发生了故障,则备机自动成为主控机。此后,A 机修复投入运行后,它只能处于备机地位,除非人工切换或主控机发生了故障,A 机才可能担当主控机。这样做的目的在于减少双机切换次数,提高系统的稳定性和可靠性。

当主控机在正常运行时,另一台单机无论是故障修复后还是脱机试验后上电,都将在自检后 20 s 内自动从主控机取得所需数据,自动地进行联锁运算,校核取得数据的正确性,验证双机数据一致后,即与上位机取得通信联系,达到与主控机同步的运行状态(即自动进入备机状态),实现热备。这一过程不需人工参与,对主控机的运行毫无干扰,提高了系统的可用性。

在备机发生故障尚未修复前,理论上主控机也有发生故障的可能。尽管这种可能性微乎其微,但也应给予考虑。在这种情况下,JD-ⅠA 系统让主控机继续维持工作,只要主控机发生的不是致命性故障(例如 CPU 关键部位故障),则仍能完成一定的联锁功能而不致造成整个系统瘫痪。由于单机工作是自律型的,所以在故障下运行仍能保证安全。

JD-ⅠA 系统联锁机 A 和 B 的切换、上电,均不影响现场的正常作业和值班人员的正常操作,做到了无扰动切换。

五、系统使用

1. 系统开启和关闭

(1)系统开启的步骤:

①开启 A UPS、B UPS 电源。在电源屏正常供电情况下按压 UPS 的电源按钮 1～2 s,UPS 应正常启动。

②开启各联锁机柜后面的 AC220 V 空气开关。

③顺序打开 A、B 电源箱的 5 V、12 V、32 V 电源。

④打开运转室设备电源。

⑤打开 A、B 各计算机电源。

⑥打开维修机电源。

⑦打开操作表示切换单元 24 V 电源。

(2)当电源屏停止供电后,关闭系统的步骤:

①关闭维修机电源。

②关闭 A、B 各计算机电源。

③关闭 A/B 电源箱的 5 V、12 V、32 V 电源开关。

④关闭各联锁机柜内 AC220 V 电源开关。

⑤关闭操作表示切换单元 24 V 电源。

⑥关闭运转室设备电源。

⑦关闭 A UPS、B UPS 电源。

2. 系统日常维护

(1)借助电务维修机,查看系统运行情况,查看故障记录。

(2)UPS 电源蓄电池的维护。

UPS 本身免维护。UPS 电源蓄电池需要每三个月进行一次充放电。充放电方法如下:

①确认 A、B 联锁机的主备状态。

②把热备联锁机的 UPS 输入插头拔下,UPS 从在线运行模式转为蓄电池供电,UPS

发出报警声。此时 UPS 靠蓄电池供电,蓄电池开始放电。

③观察 UPS 前面板右边蓄电池充电条形图,当 5 个发光管只亮 2 个格时(仅需要几分钟),蓄电池放电到 30% 以下。

④插上 UPS 输入插头,UPS 恢复到在线运行模式,蓄电池开始充电。

按照上述方式维护的 UPS 蓄电池使用寿命可以延长,并且维护过程中不影响计算机联锁系统设备使用。

蓄电池需要更换时,UPS 前面板更换蓄电池指示灯亮,同时发出短促的“嘟”声,持续 1 min。此时应通知厂家更换蓄电池。

(3)防雷管和防雷管监督板的维护。

①防雷管的测试

一般每年雨季前测试防雷管的特性(短路故障由防雷管监督板保证)。将防雷管依次拿下,按给定指标进行测试,发现指标超标或开路的,予以更换。

在防雷柜内有两路电源防雷模块,电源防雷模块止面有一个方形绿色色标,当绿色色标变为红色时,应及时更换电源防雷模块。

②防雷管监督板的测试

防雷管监督板能非常有效地查出防雷管的短路故障,为保证防雷管监督板正常工作,需每年度进行一次测试。

L 和 G 型系统的防雷管监督板测试方法如下:

a. “要点”停备机,测备机对应的防雷管短路监督电路。

b. 将备机防雷管监督板上 AJOUT 引线,从线排上拆下并保护好,不要短路。

c. 将防雷管插座上的一个防雷管用短线牢靠短接。经过 2 ~ 3 s 的延时后,蜂鸣器长鸣,报警灯亮。若不要延时,可将 YSDLK 短路块拔下。

d. 用发光管测试笔,测试拆下 AJOUT 线的输出,若发光管闪亮,则正常(测试笔插头插入“CSK-”,笔尖接 AJOUT 线。

e. 按压“复原按钮”报警依然存在。

f. 将防雷管短路线取掉,报警依然存在。

g. 按压“复原按钮”,报警消除,说明防雷管监督板工作正常。

h. 将 AJOUT 线装回原来位置。

i. 用同样的方法测另一套防雷管短路监督电路。

S 型系统的防雷管监督板测试方法如下:

a. “要点”停备机,测备机对应的防雷管短路监督电路。

b. 将备机对应的防雷管插座上的一个防雷管用短线牢靠短接。经过 2 ~ 3 s 的延时后,蜂鸣器长鸣报警灯亮。若不要延时,可将 YSDLK 短路块拔下。

c. 按压“复原按钮”,报警依然存在。

d. 将防雷管短路线取掉,报警依然存在。

e. 按压“复原按钮”，报警消除，说明防雷管监督板工作正常。

f. 用同样的方法测另一套防雷管短路监督电路。

③短路防雷管的查找方法

a. 故障系的 +5 V、+12 V 电源必须供电，把 12 V 的正端接到“CSK –”上，观察该系联锁机柜采集表示灯，亮灯对应的防雷管即为短路的防雷管。若无灯亮故障可能由防雷柜外引线混线造成。

b. 测试笔一端插到测试孔内，用笔尖依次点防雷管，测试笔中的发光二极管亮时，所点的防雷管短路。

c. 用万用表电阻挡依次测量防雷管对防雷地的电阻，量通的防雷管即为短路的。

六、系统故障及处理

为保证系统安全、可靠、不间断地运行，JD-ⅠA 系统采用双机热备的动态冗余结构，并设计有专用的硬件诊断部件和诊断程序，提供尽量全面的软硬件自检测、互检测功能。I/O 故障可精确定位到端口和数据位。检测故障实时送往维修机显示并记录，并给出详细、清晰的故障报告，维修人员可很方便地从维修机中得到这些数据，根据这些数据迅速排除故障。因此，遇到故障首先要从维修机中查到故障数据。在查找故障时必须注意：拔插设备的连线，特别是视频线，一定要关闭设备电源，否则，极易损坏设备，旧故障未排除又增新故障，增加故障排除难度。必要时要点进行检修。

1. 故障信息

电务维修人员可通过电务维修机查看系统运行中的故障信息，主要故障信息及其含义如表 5-1 所示 。

表 5-1 主要故障信息及其含义

序号	故障信息	含 义	可能故障原因
1	采集通道(第 × 机箱第 × 板第 × 路)位测试错误	第 × 机箱第 × 板 32 路输入电路板第 × 路故障	32 路采集电路板故障
2	采集(第 × 机箱第 × 板第 × 路)内部数据错误	程序异常	
3	采集(第 × 机箱第 × 板第 × 路)A 通道数据错误	采集第 1 路结果为接点断开，第 2 路为接点闭合(第 1 路采不到)	第 1 路采集用的 32 路采集电路板故障或采集线断
4	采集(第 × 机箱第 × 板第 × 路)B 通道数据错误	采集第 1 路结果为接点闭合，第 2 路为接点断开(第 2 路采不到)	第 2 路采集用的 32 路采集电路板故障或采集线断
5	采集(第 × 机箱第 × 板第 × 路)前后接点混线	某个继电器的前后接点同时采集到为闭合状态	

续上表

序号	故障信息	含　义	可能故障原因
6	输出(第×机箱第×板第×路)内部数据错误	程序异常	
7	输出(第×机箱第×板第×路)A/B 通道数据不一致	程序异常	
8	输出(第×机箱第×板第×路)位测试错误		32 路输出电路板故障
9	采集(第×机箱第×板第×路)双口断线	另一台联锁机采集到接点为闭合状态,但本联锁机没有采集到	可能由于本联锁机的两路采集电路同时故障,或室内分线盘到本联锁机的采集配线断线
10	×道岔室外混线(定反表都有)	某道岔 DBJ、FBJ 都吸起	
11	×调信的 DXJ 室外混线	DXJ 吸起,但联锁系统没有驱动它	
12	×机箱控制板脱板	该机箱的就地控制电路板故障	机箱控制板故障或机箱控制板背部插件松动
13	×机箱地址译码错误	该机箱的就地控制电路板故障	机箱控制板故障或机箱控制板背部插件松动
14	×机箱 I/O 板缺板		该机箱内有 I/O 板被拔出或该 I/O 板电路故障
15	×机箱 I/O 板地址译码错误		I/O 板电路故障
16	总线控制板地址译码错误		总线控制板故障
17	驱动机箱缺驱动板		驱动机箱有电路板被拔出或多功能匹配板故障或配线有断线
18	驱动回读数据错	32 路输出电路有输出,但没有检测到该路对应的驱动电路的驱动电平	可能是 16 路驱动板故障或 32 路检测板故障
19	室内混线	检测到某驱动电路有驱动电平,但对应该路的 32 路输出电路中没有	输出可能是 32 路检测板故障或配线有断线

2. 运行状态显示和网络运行状态显示

(1)运行状态显示方块和网络运行状态显示方块显示原则

①表示系统中各计算机的工作状态,主用时显示绿色,热备时显示黄色,故障或关机时显示红色。

②表示系统中各网络的工作状态，网络工作正常显示绿色，网络故障或断时显示红色。网络状态是以上位机主用机为中心进行判断的，上位主用机 A 网或 B 网收不到哪台计算机 A 网或 B 网的信息，就将相应计算机方块的上半部或下半部显示红色。

(2)运行状态显示

在控制台显示器的右端有一运行状态显示方块，如下图：

	A	B
上位机：	□	□
联锁机：	□	□
维修机：	□	

图中每个方块的显示可分为上、下两部分。绿色表示主用或运行正常，黄色表示热备，红色表示故障或关机。方块可显示半红、半绿，半红、半黄。

①上位机 A 主用时

A 网：收不到其余三台计算机的信息，除了将表示这三台计算机方块的上半部分点红外，还将自身方块的上半部点红。

B 网：收不到其余三台计算机的信息，除了将表示这三台计算机方块的上半部分点红外，还将自身方块的上半部点红。

这种表示应为 A 网彻底断。但有例外，当上位机 A 的 A 网网卡的 RJ45 头掉下，就会出现这种结果。此时上位主用机 A 的 A 网的确收不到其余三台计算机 A 网的信息（报显为四个方块的上半部为红色），但上位热备机 B 的 A 网除了收不到上位机 A 网的信息外，能收到其余两台计算机 A 网的信息（应报显为上位机 A 方块的上半部为红色）。这样上位主用机和热备机测得的网络故障结果不一致。由于只有上位主用机的显示信息送往控制台显示器显示。热备机 B 的测试结果不能送显，易造成处理故障时的误判断。维修机不但收上位机 A 的信息还接收上位机 B 的信息，因此维修机可根据收到的信息判断出，只是上位机 A 的 A 网故障。注意，在处理控制台显示器报显的故障时，可将上位机主、备机切换后再观察一下，或观察电务维修机中的网络工作状况图，以免走弯路。

②上位机 A 主用时

A 网：收不到下位机 A 的信息，但能收到其余两台计算机的信息，将下位机 A 方块的上半部点红（若下位机 A 为主用，方块的下半部为绿色；为热备时是黄色）。

B 网：收不到下位机 A 的信息，但能收到其余两台计算机的信息，将下位机 A 方块的下半部点红（若下位机 A 为热备，方块的上半部为黄色；为主用时是绿色）。

③上位机 B 主用时

A 网：收不到上位机 A 的信息，但能收到其余两台计算机的信息，将上位机 A 方块的上半部点红。

B 网：收不到上位机 A 的信息，但能收到其余两台计算机的信息，将上位机 A 方块的下半部点红。

④上位机 B 主用时

A 网:收不到下位机 A、B 的信息,但能收到上位机 A 的信息,将下位机 A、B 方块的上半部点红(若下位机 A 为主用,方块的下半部为黄色; 则下位机 B 方块下半部为黄色)。

B 网:收不到下位机 A、B 的信息,但能收到上位机 A 的信息,将下位机 A、B 方块的下半部点红(若下位机 B 为主用,方块的上半部为绿色;则下位机 B 方块上半部为黄色)。

其余多种显示不再枚举,根据显示原则可进行类推。

(3)网络运行状态显示

在维修机显示器可选择显示网络运行状态图,如图 5-11 所示。

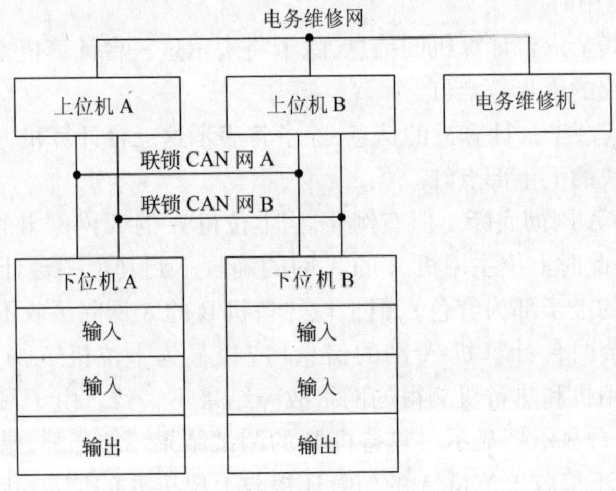

图 5-11　网络运行状态图

红线:网络故障。

绿线:网络正常。

青蓝线、青蓝字:上/下位机失去表示。

白线、白字:上/下位机工作。

黄线、黄字:上/下位机热备。

天蓝线、天蓝字:上/下位机主控。

红线、红字:上/下位机故障。

图中,联锁 CAN 网 A、B,下位机 A 、B,电务维修机永远为白字、白框。

(4)显示定义举例

①若上位机 A 为主用、B 为热备,联锁机 A 为主控、B 为热备,维修机正常;A、B 网都正常,维修网正常。显示为:

上位机：绿 黄

联锁机：绿 黄

维修机：绿

在维修机显示器上显示如图 5-12 所示。

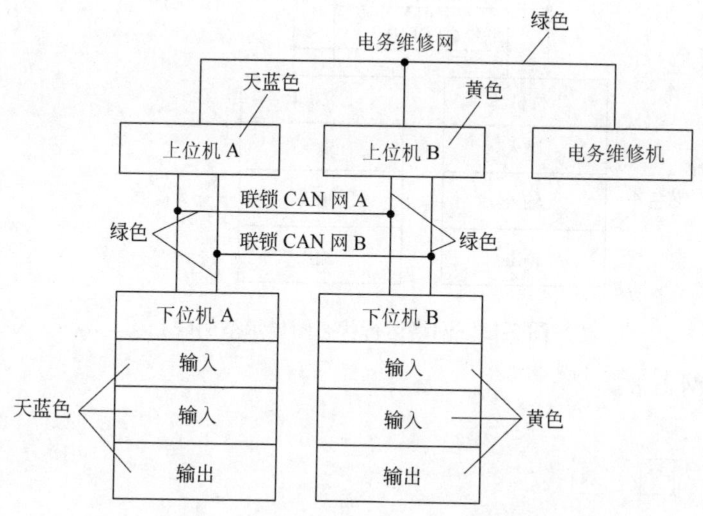

图 5-12 网络运行状态图显示举例(1)

②若上位机 A 为热备、B 为主用，联锁机 A 为热备、B 为主控，维修机正常；A、B 网都正常，维修网正常。显示为：

上位机：黄 绿

联锁机：黄 绿

维修机：绿

在维修机显示器上显示如图 5-13 所示。

③若上位机 A 为主用、B 为热备，联锁机 A 为热备、B 为主控，维修机正常；A、B 网都正常，维修网正常。显示为：

上位机：绿 黄

联锁机：黄 绿

维修机：绿

在维修机显示器上，此时仅上位机 A 显示天蓝色，上位机 B 显示黄色，其余与②相同。

④若上位机 A 为热备、B 为主用，联锁机 A 为主控、B 为关机，维修机正常；A、B 网

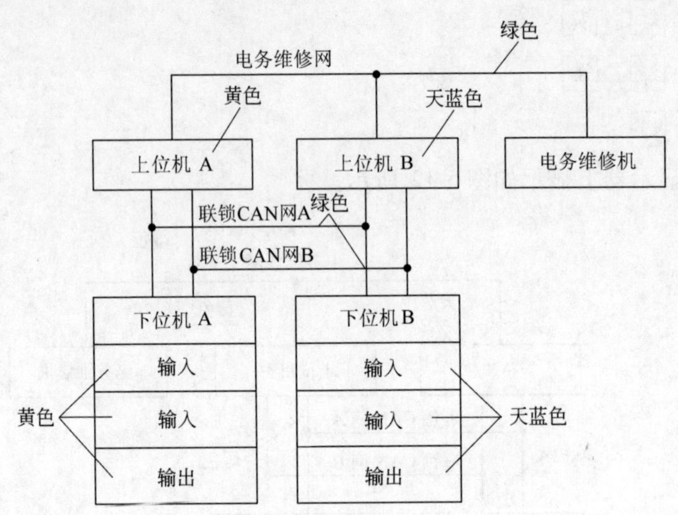

图 5-13 网络运行状态图显示举例(2)

都正常,维修网正常。

显示为:

上位机: 黄 绿

联锁机: 绿 红

维修机: 绿

在维修机显示器上显示如图 5-14 所示。

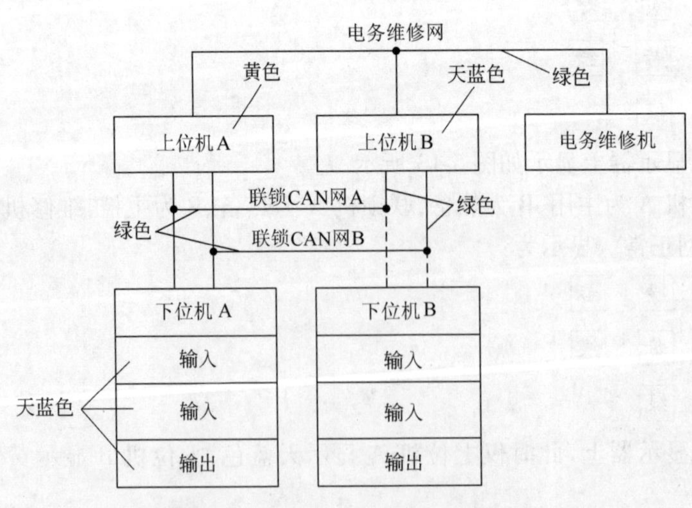

图 5-14 网络运行状态图显示举例(3)

⑤若上位机 A 主用、B 未开机，联锁机 A 未开机、B 为主控，维修机正常；A、B 网都正常，维修网正常。显示为：

上位机：绿　红

联锁机：红　绿

维修机：绿

在维修机显示器上显示如图 5-15 所示。

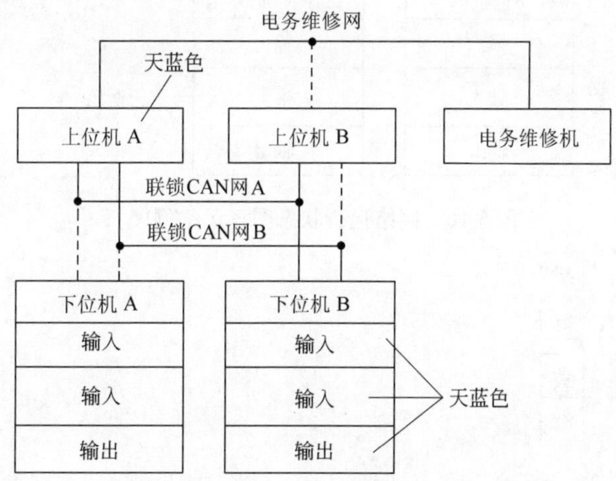

图 5-15　网络运行状态图显示举例(4)

⑥当联锁网 A 网断时、B 网正常，上位机、联锁机主用机显示方块上半部分为红色，下半部分为绿色，热备机显示方块上半部分为红色，下半部分为黄色。

联锁网 B 网断时、A 网正常，上位机、联锁机主用机显示方块上半部分为绿色，下半部分为红色，热备机显示方块上半部分为黄色，下半部分为红色。

a. 当上位机 A 为主用，B 为热备，联锁机 A 为热备、B 为主控机，A 网断、B 网正常，维修机正常。显示为：

上位机：红/绿　红/黄

联锁机：红/黄　红/绿

维修机：绿

在维修机显示器上显示如图 5-16 所示。

b. 当上位机 A 为热备，B 为主用，联锁机 A 为主控，B 为热备，A 网正常，B 网断，维修机正常，上位机 A 维修网断显示为：

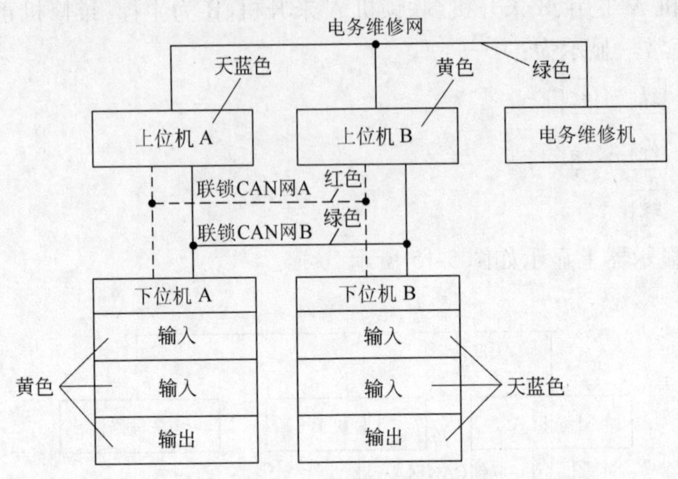

图 5-16　网络运行状态图显示举例(5)

上位机:	黄 红	绿 红
联锁机:	绿 红	黄 红
维修机:	绿 红	

在维修机显示器上显示如图 5-17 所示。

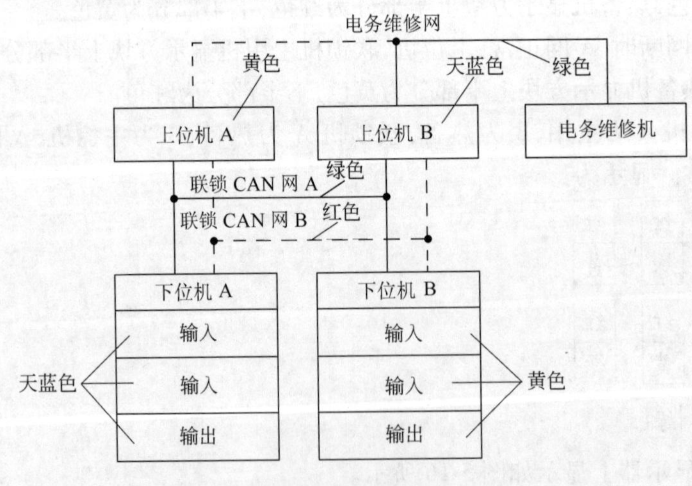

图 5-17　网络运行状态图显示举例(6)

c. 当上位机 A 为主用,B 为热备,联锁机 A 为主控,B 为热备。B 网正常,A 网收

不到下位机 A 的信息,维修机正常。显示为:

上位机: 绿　黄

联锁机: 红/绿　黄

维修机: 绿

在维修机显示器上显示如图 5-18 所示。

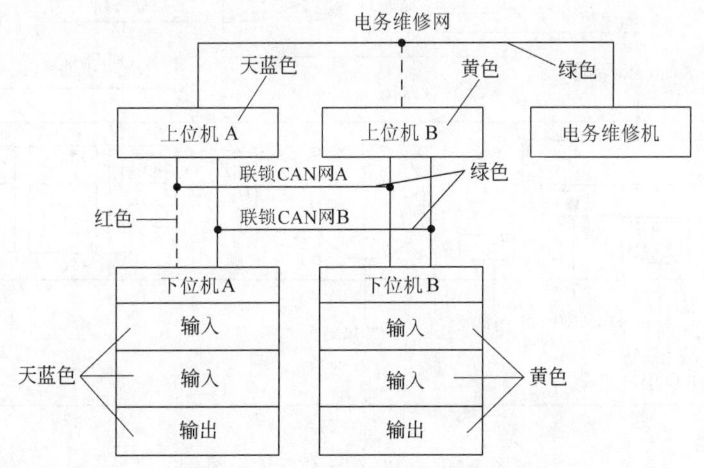

图 5-18　网络运行状态图显示举例(7)

3. 供电故障

在查找供电故障时应参看电源配线图和 APC UPS 面板图和面板指示说明。

(1) APC UPS 面板指示

APC UPS 前后面板如图 5-19 所示。

①启动按钮

当 UPS 供上 220 V 电源后,按下并保持 1 ~2 s,然后松开启动按钮,UPS 可立即向负载供电,同时进行自检。

②断电按钮

按下然后松开断电按钮,UPS 停止向负载供电。

③在线运行指示

按压启动按钮后,蓄电池供电指示灯亮,此时 UPS 可向负载供电,同时进行自检。自检通过后,蓄电池供电指示灯灭,电源在线运行指示灯亮。UPS 同时给蓄电池充电,蓄电池充电量指示灯就亮。

④负载量指示

前面板左边上用于负载量指示的 5 个发光二极管,显示负载从 UPS 获取的电量达

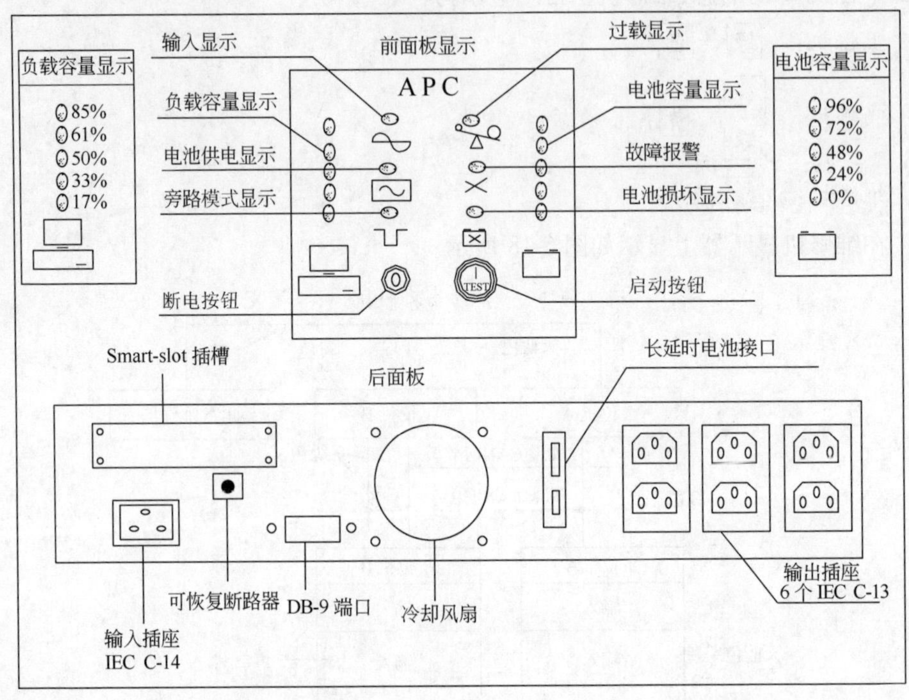

图 5-19　APC UPS 前后面板图

到 UPS 完全容量的百分比,每个发光二极管代表负载容量的 17%左右,如果 5 个发光二极管全亮,则表示负载正获取 UPS 容量的 85% ~ 100%。

⑤蓄电池充电量指示

蓄电池充电量指示的 5 个指示灯显示 UPS 蓄电池当前已充电水平达到蓄电池容量的百分比。每一个灯代表蓄电池容量的 24%。最下面一个灯为 0%。若 5 个灯都亮,说明蓄电池充分充电。当蓄电池容量减少时,发光二极管自上而下逐个熄灭。当蓄电池所能提供的电量过供时,所有亮着的发光二极管都闪动,并不断发出"嘟嘟"告警声。

⑥蓄电池供电指示

蓄电池供电指示灯亮,表明 UPS 由蓄电池供电,电源屏供的交流 220 V 断电。此时 UPS 发出"嘟"的报警声(每间隔 30 s 连续 4 次)。电源屏恢复供电,UPS 返回在线工作时,报警声停止,蓄电池供电指示灯灭,恢复正常。

注意:当电源屏供电故障,由蓄电池供电时,要及时排除供电故障。APC UPS 有外电网停电 5 min 后自动关机功能(由内部软件设定),以保护蓄电池留有一定电量。此时 UPS 面板上的电源正常供电指示、旁路模式指示、故障指示和蓄电池供电指示、超负荷指示、更换蓄电池指示,分别循环闪亮。当供电恢复正常后,UPS 自行启动,不用人工干预。人为关机则不能自动恢复供电,必须人为开机才能正常供电。

⑦过载指示

当负载超过 UPS 容量时，UPS 发出持续报警声音，此发光二极管点亮。UPS 可能会切换到旁路模式。联锁系统正常运转时，不会超负荷。若发现超负荷指示灯亮，要迅速检查负载，排除故障，以消除超负荷。按启动按钮，让 UPS 返回在线模式。

⑧更换电池指示

UPS 在使用过程中，每两周进行自检一次（无需人工操作）。在自检过程中，UPS 在短时间内以蓄电池运行负载设备。如果自检通过，就恢复到在线运行。如果自检失败（即蓄电池不能供电），UPS 发出短促的“嘟”声。持续 1 min，更换蓄电池发光二极管点亮。如果发光二极管闪亮，表示蓄电池的连线被断开。UPS 每隔 5 h 重复报警一次。这时应检查蓄电池组连接，如果已正确连接，则在对蓄电池充电 24 h 后进行自检，以确定是否需要更换蓄电池。如果蓄电池通过自检，报警停止。若还通不过，则应更换蓄电池组。

电源屏正常供电，UPS 正常工作时，就只有在线运行指示灯、负载量指示灯、蓄电池充电量指示灯三种指示灯亮。

当电源屏主副电源切换时，UPS 也会有所反应。此时，在线运行指示灯灭，蓄电池供电指示灯亮，紧跟着蓄电池供电指示灯灭，在线运行指示灯亮，恢复了正常供电。

（2）供电故障现象和原因

①A UPS、B UPS 都发出“嘟”的报警声（约每隔 30 s 报警 4 次）。UPS 在线运行指示灯灭，UPS 蓄电池供电指示灯亮，但联锁系统运行正常。

可能是 AC220 V 电压未送到 UPS 输入端，原因有：电源屏供电不正常；空开跳闸；UPS 输入插头与插座连接不良；电源供电线断线或接线松动；防雷柜输入端空开跳闸。

此时应检查电源屏给联锁系统送电的空开状态、防雷柜电源输入空开状态及 220 V 供电线路。

②A UPS 发出“嘟”的报警声（约每隔 30 s 报警 4 次）。A UPS 正常供电指示灯灭，电池供电指示灯亮，B UPS 电源工作正常，联锁系统运行正常。

可能是 A UPS 输入端未接通 220 V 电压，原因有：A UPS 220 V 输入插头接触不良或断线；防雷柜中 A 隔离变压器接线松动。

此时应检查 A UPS 后的插头、防雷柜中 A 隔离变压器的接线。

③ A UPS 面板指示灯熄灭，A 联锁机、上位机不工作，B 系统正常工作。

可能是 A UPS 没有 220 V 输出，原因有：A UPS 关闭；A UPS 故障；A UPS 蓄电池放电放完。

此时应检查 A UPS 供电，重启 A UPS，更换 UPS。

④A UPS、B UPS 频繁发出“咔—咔”声响，电源正常指示灯和蓄电池供电指示灯频繁切换，UPS 供电正常，联锁系统正常工作。

可能是外电网供电不稳，电源屏频频互切，供电忽高忽低或时有时无所致。

此时应检查电源屏供电。

4. 显示故障

(1)前台显示器无显示,电源灯闪亮,后台显示器正常。

可能是视频信号未送到显示器插座,原因有:前台显示器视频电缆插头没接上,视频电缆断线;显示分屏器驱动前台显示器的一路坏。也可能是显示器坏了。

此时应检查显示器和显示分屏器上的视频电缆插头;在显示分屏器的输出端交换前后台显示器视频电缆。若前台显示器工作正常,后台无显示,电源指示灯闪亮,则说明显示分屏器驱动前台一路坏。若前台显示器仍无显示,电源灯闪亮,则用后台的显示电缆接到前台显示器上,此时若显示正常,则说明原视频电缆坏,若显示仍没有,则说明显示器坏,需更换显示器。

注意:在换视频电缆时一定要先将显示器关闭,接好视频线后再将电源打开。否则极易损坏设备。

(2)前台显示器无显示,电源灯不亮,后台显示器正常。

可能是 AC220 V 电源未送到显示器电源插座,原因有:前台显示器电源插座松动没接好;电源断线;电源开关被碰关闭。也可能是显示器坏了。

此时应检查电源开关、电源插头、电源线。若无 220 V 电压,检查供电线路;若有 220 V 电压,仍无显示,则显示器坏。

(3)前后台显示器均无显示,且电源指示灯闪亮。

可能是视频信号未送到显示器的输入端或显示器坏。原因有:前后台显示器的视频电缆线插头都松动或都断线;上位主用机到上位机倒机单元视频电缆线未接通或断线;上位机倒机单元到显示分屏器视频电缆线未接通或断线;上位主用机显示卡坏或死机;上位机倒机单元故障;显示分屏器坏;两台显示器都坏。

两条视频电缆都接触不好、都断线或两台显示器都坏的概率较小,判断故障时可先不考虑(先将显示器视频电缆插头插紧)。

此时应:

①先将上位机倒机单元人为干预切到备机:若上位机 A 机为主用机,按下开关 1,强制 B 上位机主用;若上位机 B 机为主用机,按下开关 2,强制 A 上位机主用。若前后台显示器显示正常,说明原主用机显示卡坏,或显示卡到上位机倒机单元线断或上位机倒机单元原主用侧继电器坏,需做进一步检查。若不正常则向下进行。

②查看显示分屏器,若显示分屏器电源指示灯不亮,故障在显示分屏器部分。

③若显示分屏器电源指示灯亮,用备用视频电缆替换上位机倒机单元输出到显示分屏器输入的视频电缆。若前后台显示器显示正常,说明替换下的视频电缆线断线;若前后台显示器显示均不正常,说明显示分屏器故障或两台显示器都坏。

④用一台好的显示器替换旧的显示器。若显示正常,说明旧显示器坏;若仍无显示,则显示分屏器坏。

⑤将上位机倒机单元的视频输入(主用和备用)及输出端拔下,将输出端分别与主用和备用机视频输入线相接(跳过上位机倒机单元)。若显示正常,则说明上位机倒机单元故障;若仍不正常,则说明上位机倒机单元到显示卡之间的视频电缆坏。

紧急情况处理:当上位机倒机单元坏或显示分屏器坏,为保证运输生产可按下面情况处理,然后再更换设备。

a. 上位机倒机单元坏

按第⑤项做,鼠标线、音箱线也要同样处理,然后检修倒机单元。

b. 显示分屏器坏

将显示分屏器上的输入视频线和往前台去的输出视频线从显示分屏器上拔下并对接,保证前台显示器正常使用(此时显示图像可能有点虚),更换显示分屏器后再恢复正常。

(4)前台显示器显示屏显示不正常(缺色,如白光带、白灯变成黄光带、黄灯),后台显示屏工作正常。

可能原因有:显示分屏器到前台显示器视频电缆插接不牢或某条芯线断线;驱动前台显示器的显示分屏器相应位坏;前台显示器坏。

此时应:

①将前台显示器的视频电缆线拧紧,将前后台显示器的显示电缆线在显示分屏器输出端交换。若前台显示器恢复正常,后台显示器故障与前台一样,则显示分屏器驱动前台显示器显示一路故障或显示器电缆断线;若还是前台显示器显示不正常,则前台显示器故障。

②将前台显示器显示电缆从显示分屏器的输出端拔下,插在显示分屏器驱动后台的输出插座上。若前台显示器显示正常,故障发生在显示分屏器驱动前台一路;若前台显示器显示仍不正常,说明显示电缆内有断线。

(5)前后台显示器显示屏都不正常(缺色)。

可能原因有:上位主用机显卡坏;上位主用机显卡到上位机倒机单元视频线插头没插紧;上位主用机显卡到上位机倒机单元之间视频电缆有断线;上位机倒机单元主用机部分有故障;上位机倒机单元到显示分屏器之间视频电缆故障;前后台显示器视频电缆都接触不良或两条视频电缆都断线;前后台显示器都坏。

前后台显示器两条视频电缆都接触不良,两条线同时断一样的线,两台显示器同时坏的概率极小,判断故障时可先不考虑。

此时应:

①将上位机倒机单元人为干预切换到备机,若上位机A机为主用机,按下开关1,强制B上位机主用;若上位机B机为主用机,按下开关2,强制A上位机主用。此时若前后台显示器显示正常,故障在原主用机显示卡;若还不正常,则故障可能是上位机倒机单元到显示分屏器间视频电缆故障。

②用备用的视频电缆换下原视频电缆。若前后台显示器显示正常,则是原上位机倒机单元到显示分屏器间视频电缆坏;若还不正常,则可能是显示器故障,或显示分屏器到显示器间视频电缆故障。

③用一台新显示器将旧的换下。若换后显示正常,则是显示器坏;若换后显示还不正常,则需要更换显示分屏器到显示器间的视频电缆。

(6)前后台都是左屏无显示,电源指示灯闪亮,右屏显示都正常(前后台各两台显示器)。

可能是视频信号未送到显示器输入端或显示器坏,原因有:前后台左屏显示器视频电缆插头都松动或断线;上位主用机左屏显示卡坏;上位主用机到上位机倒机单元之间左视频电缆线未接好或断线;上位机倒机单元到显示分屏器之间左视频电缆线未接好或断线;显示分屏器驱动左屏显示部分坏;左显示器视频电缆线都未接好或断线;前后台左显示器都被关闭或都坏。

此时应将怀疑松动的地方都先插紧。两台设备或两条线同时都坏的概率很低,可先不考虑。处理方法为:

①看左显示分屏器电源指示灯,若指示灯不亮,故障在显示分屏器;若指示灯亮,则向下查。

②先将上位机倒机单元人为干预切换到备机,若上位 A 机为主用机时,按下开关 1,强制 B 上位机主用;若上位 B 机为主用机时,按下开关 2,强制 A 上位机主用。

切换后若前后台左屏显示恢复正常,前后台右屏亦正常,系原上位主用机显示卡坏,或原上位主用机左显示卡视频电缆坏,或上位机倒机单元原切换左屏线路故障。

切换后若前后台左屏恢复正常而前后台右屏无显示,这种情况在双机热备冗余系统中出现的概率很低,是在检查故障的过程中又发现了新故障,即原热备机中右屏显示卡、右屏视频电缆和上位机倒机单元备用右屏切换部分有问题,查找完故障再找新故障。

切换后前后台左屏仍无显示,故障在上位机倒机单元后,显示器左视频电缆或左显示分屏器或前台左显示器。

③将上位机倒机单元左、右屏输出视频电缆在上位机倒机单元处交换。交换后前后台左、右屏显示均正常,则是原左屏视频电缆线接插部分有问题;交换后前后台左屏显示正常,右屏无显示,故障可能是原左屏显示器视频电缆线断线;交换后若还是前后台左屏无显示,则故障在左显示驱动单元或显示器。

④用备用视频电缆替换上位机倒机单元到左显示分屏器的视频电缆线。若前后台显示屏正常,则是替换下的视频电缆坏;若前后台显示屏仍无显示,则是左显示分屏器故障或显示器都坏。

⑤用好显示器替换原左屏显示器。若显示器显示正常,则原显示器坏;若仍无显示,则是显示分屏器坏。

若都是右屏无显示且电源显示灯闪动,左屏显示正常,可参考上述方法判断右路。

(7)前后台都是左屏无显示,且电源指示灯熄灭,右屏显示正常(前后台各两台显示器)。

可能是AC220 V电源未送到前后台左屏显示器输入插座,显示器被碰关闭或两台显示器都故障。原因有:显示器电源插头未插紧;两台显示器电源开关被关闭;显示器220 V电源未送过来或断线;两台显示器都坏。

处理方法:

①检查显示器电源开关,开关应处于按下位置。

②检查220 V输入电源插头,看其是否有220 V电压。有220 V电压并将插头插紧仍无显示,则是显示器故障;无220 V电压,检查220 V供电线路,从显示器电源插头查到防雷柜显示器供电开关。

若前后台都是右屏无显示,且电源指示灯熄灭,左屏显示正常,可参考此方法进行。

(8)前后台左右屏都无显示,且电源指示灯熄灭,并有一台UPS发出"哔—噼"的报警声,联锁机、上位机工作正常。

可能是两路220 V电源断了一路,原因有:一路电源空气开关断开;防雷柜中两路220 V输入空气开关之一断开;防雷柜中两个隔离变压器之一故障。

处理方法:

①为保证运输生产,首先解决显示问题。将防雷柜中显示器供电的开关倒向另一个方向,即用另一个隔离变压器给显示器供电,此时显示应正常,但UPS还在报警,发出"哔—噼"的声响。

②用万用表检查报警的UPS一路供电电源。从UPS 220 V输入端开始一直到电源屏,查出断电点。

5. 通信故障

JD-ⅠA型计算机联锁系统中,上位机与联锁机由完全并联的两套CAN网进行通信,若有一网故障,另一网继续工作,保证系统正常通信。两网同时故障的概率很低,可保证系统不间断运行。

电务维修人员根据运行状态显示框的显示可以很容易判断通信网络工作的正常与否,判定联锁网是A网故障还是B网故障。

在排除这种单网断故障时,在判定是A网断还是B网断后要正确区分出A网和B网,否则在排除故障时,易拔错网线而人为的造成双网断故障,使系统不能正常工作。

6. 联锁机故障

联锁机是采用双机热备的冗余结构,本身有很强的自检和互检功能,并将检测出的故障实时送往电务维修机显示、记录。在联锁机发生故障后,可立即从电务维修机取得故障报告,根据故障报告提供的数据,参看故障信息表,找出故障原因和故障点。

(1)导致双机切换或备机重启的故障。

①危险故障或不可控故障

当联锁机发生这类故障后,该联锁机控制的监督继电器落下,无条件切换到备机运行。包括:室内外混线(包括防雷管击穿);联锁程序运行异常;计算机断电;联锁机CPU、内存等硬件故障。

②非危险性故障

此类故障属于局部的、不会危及行车安全的故障。如双机联锁动态信息不一致、I/O故障、网络通信故障等。其中I/O故障又分为由采集输出硬件电路自诊断出来的故障,以及双机互诊断出来的故障。这类故障可能是由于采集输出电路硬件物理损坏,或瞬间干扰造成的双机联锁动态信息不一致。

当联锁机检查到此类故障后,立即查询另一套联锁机的工作状态,当另一套联锁机处于主机状态时,则本机停止工作,重新启动。所谓重启,即在联锁机发生故障并停机后,在维修人员来不及干预的情况下,令该机重新运行,重新和主机请求同步,如果刚才发生的故障是暂时的,则重启后即可恢复正常工作。如果刚才的故障是固定的,则重新检测到该故障后,又会强制重启该联锁机,直到维修人员排除故障为止。

当查询另一套联锁机为备机,且处于热备工作状态时,则自动切换到备机,并重新启动故障联锁机。

当查询另一套联锁机为备机,且不处于热备状态,则此时主机会继续维持工作,直到备机热备。

(2)控制台显示屏运行状态显示方块中,联锁热备机方块由黄变红,联锁热备机热备灯灭并重新启动,再联机,联不上。

例1. 电务维修机故障信息:1050909,表明:采集通道第5号机箱第9块板第9位测试错误。

可能原因:输入电路板第9块板第9位故障,此时应换第9块输入板。

例2. 电务维修机故障信息:3050908,表明:采集通道第5号机箱第9块板第8路A通道数据错误。

采集接点为闭合,但第一路结果为接点断开(没采到信息),第二路结果为闭合。同一机器两块板采集不一致,称为单口断。

此时在联锁机输入板的面板指示灯可看到三种情况:

①第9块板第8位指示灯熄灭,说明采集光耦输入端断路;

②第9块板第8位指示灯仍闪亮,说明采集光耦输出端后坏;

③第9块板第8位指示灯还亮,说明采集线有直流电混入。

原因可能是第9块采集板第8位故障,此时若为第二种情况换第9块输入板,若为第三种情况则查混电。

(3)控制台显示屏运行状态显示方块中,联锁热备机切换为主用机,由黄变为绿,原主用机由绿变为红。观察联锁机工作状态,原主用机工作灯灭,计算机重新启动,欲再联机,联不上。

例如,电务维修机故障信息:9050908,表明:采集通道第 5 号机箱第 9 块板第 8 路双口断故障。

原热备联锁机采集到的接点为闭合接点,但主用机没有采集到。两台机器比较不一致,称为双口断。

原因可能是本联锁机的两路采集电路同时故障,室内分线盘到本联锁机的采集配线断线或混入正电压。

此时观察第 9 块板和第 10 块板第 8 位信息指示灯,有三种情况:

①两个指示灯都熄灭,则是室内分线盘到本联锁机的采集配线断;

②两个指示灯都点亮不闪动,则是室内分线盘到本联锁机的采集配线或外配线混入正电,应查混电来源;

③两个指示灯一个闪亮一个熄灭,可能是两路采集电路同时故障,闪亮一路是光耦光敏三极管后电路故障,不亮的一路是光耦发光二极管回路断,应更换第 9 块、第 10 块采集板。

(4)排除故障后,启动联锁机,但不联机或联机后即重启,或不断重复与另一机器同步过程。

可能原因:32 V 电源未接通;另一联锁机正在频繁进行联锁操作,或频繁有列车通过。

处理方法为:

①检查联锁机柜后 32 V 电源空开是否闭合,32 V 电源开关是否打开。

②等待行车作业完毕,向车站值班员要点暂停作业后重启联锁机。

联锁机故障诊断能力很强,根据故障信息表的故障信息可以很容易地找到故障点,将其排除。

注意:防雷柜中的防雷元件若有两个以上被击穿时,系统检查时将报室外混线。在查找这类故障时,要检查防雷柜中防雷元件。只有一个防雷元件被击穿不影响系统工作。因此需要每半年检查一次防雷元件有无被击穿。

在排除联锁机故障时,应注意使用电务维修机中的回放功能。该功能对查找、分析故障非常有用,特别对一些受干扰发生的瞬间故障,通过回放能查出原因。

遇到特殊困难时,请注意使用系统的远程诊断功能。电务维修机具有拨号上网功能。将维修机调制解调器电话接线与室内电话线连上,就可将联锁系统中各种信息传到维修中心进行分析,实现远距离监测和诊断,以便及时排除故障,保证系统正常使用。

7. 鼠标故障

操作鼠标时,屏幕上箭头拖不动,命令发不出去,显示屏右下端计时正常。

可能原因:

①鼠标坏,鼠标太脏;

②上位机倒机组合到鼠标线没接好或断线;

③上位机倒机组合主用侧继电器接触不良;

④主用机 COM_1 接口坏;

⑤主用机 COM_1 接口到上位机倒机组合连线未接好或断线。

此时首先检查鼠标接线各插头插座,将其插紧。若恢复正常,说明线头松了。若不正常,进行以下检查:

①人工将原上位主用机切向备用机:若上位机 A 为主用机,按下开关 1,强制上位机 B 为主用机;若上位机 B 为主用机,按下开关 2,强制上位机 A 为主用机。

切换后鼠标工作仍正常,说明原主用机 COM_1 坏、主用机 COM_1 到上位机倒机组合的连线断线、上位机倒机组合主用侧继电器故障。若不正常转到②步。

再将上位主用机切回原来的主用机,交换主备机之间 COM_1 到上位机倒机组合之间的连线。若变换后鼠标工作正常,说明原主用机连线断线;若还不正常,则说明原上位机主用机 COM_1 口坏或上位机倒机组合继电器故障。检查更换继电器,若正常则故障在继电器,更换后若还不正常则主用机 COM_1 口坏。

②切换后鼠标工作还不正常,故障在上位机倒机组合后,即鼠标坏、上位机倒机组合到运转室之间鼠标连线断。需更换新鼠标。若正常说明鼠标坏(原鼠标太脏,清洗后再试);若不正常,则是上位机倒机组合到运转室的鼠标连线断,用备用鼠标线替换断线。

第二节　EI32-JD 型计算机联锁系统

EI32-JD 型计算机联锁系统是由日本信号株式会社和北京交大微联科技有限公司联合开发研制的计算机联锁系统,采用日本信号株式会社研制的硬件系统(EI32 电子联锁系统硬件),北京交大微联公司研制的软件系统。EI32-JD 型计算机联锁系统是二乘二取二系统,有“故障—安全”性能,其关键部分均采用双套热备,保证故障时不间断使用,构成了一套安全可靠、功能完善、操作简单、维护方便的车站联锁系统。

一、技术特点

1. 总线控制的双系统是二乘二取二结构,每个计算机系统由双 CPU 分别运算,比较一致后才作为该计算机系统的输出。

2. 采用“故障—安全”的实时操作系统(Fail Safe Operation System,简称 FSOS),在系统运行的每个周期都进行硬件单元诊断、ROM/RAM 诊断、内存保护诊断、运行周期监视,确保系统的安全性和实时性。

3. 采用“故障—安全”的输入输出系统。

4. 操作表示机双套冗余,故障时能自动切换。

5. 联锁机、驱采机的通信采用局域网光接口,光缆通道双倍冗余,具有高速、高可靠性。

6. 驱动电路、采集电路双倍冗余,单路故障不影响系统工作;具有强大的自诊断能力,在电路工作时实时进行检测,出现故障立即报警或系统停止运行。

7. 系统直接驱动 JPXC-1000 型继电器,无需增加动态驱动电路。

8. 联锁系统具备强大的故障诊断能力,精确的故障定位。

9. 维修机提供并记录丰富的信息,供电务维修人员参考。

二、系统结构

EI32-JD 型计算机联锁系统(以下简称 EI32-JD 系统)属于分布式计算机控制系统,也称集散型测控系统,其特点是分散控制,集中信息管理。系统包括人机会话层(操作表示层)、联锁运算层、执行层。系统结构如图 5-20 所示,硬件结构图如图 5-21 所示。

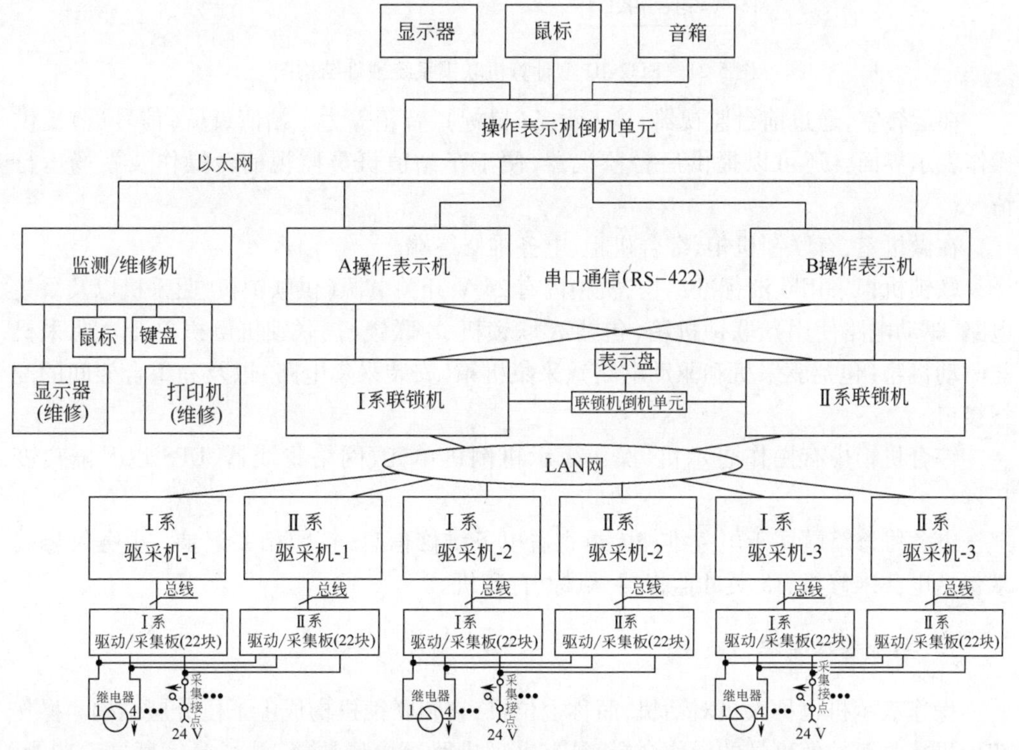

图 5-20　EI32-JD 型计算机联锁系统结构图

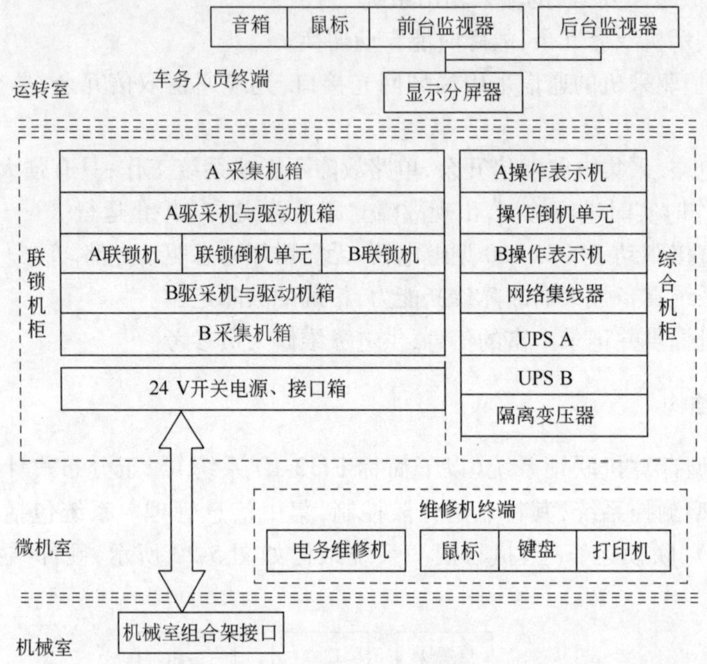

图 5-21　EI32-JD 型计算机联锁系统硬件结构图

在运转室,通过前台监视器、输入设备(鼠标)、音箱等为车站值班员(信号员)提供操作表示界面。还可以提供后台监视器,便于车站值班员监视前台操作及站场运行情况。

在微机室,有联锁机柜、综合机柜、电务维修终端。

联锁机柜采用欧洲标准结构,机柜内有 24 V 开关电源(供联锁机、驱采机以及采集电路、驱动电路使用)、联锁机箱(包括 A 联锁机、B 联锁机、联锁机倒机单元)、驱采机与驱动机箱(包括驱采机和驱动电路)、采集机箱(安装采集电路)以及和组合架间的配线接口。

综合机柜中有操作表示机、操作表示机倒机单元、网络集线器、UPS 以及隔离变压器。

电务维修终端用于电务维修人员查看电务维修信息,打印相关记录。电务维修终端包括电务维修机、15 英寸监视器、鼠标、打印机。

三、系统基本原理

操作表示机也称人机对话机,简称上位机,它和联锁机构成上下位分层结构。操作表示机接收车站值班员的操作命令,具有办理进路等操作功能、站场等信息显示功能、给电务维修转发信息的功能。操作表示机双机热备,系统运行时两台操作表示机同时工作，一台主用，另一台备用，当主用操作表示机发生故障时自动切换到备用操作表示机。

联锁机也称下位机，它接收操作表示机下发的操作命令，进行联锁运算，根据运算结果产生控制命令，并通过 LAN 通信将控制命令传送到驱采机；通过 LAN 通信接收驱采机传送的站场状态信息，并将站场状态信息、提示信息、故障信息等传送给操作表示机。联锁机采用双机热备的动态冗余结构，两套联锁机互为备用。联锁系统通过联锁机柜内的倒机电路实现动态冗余，不影响整个系统的运行，即实现了系统的动态无缝切换。

驱采机控制采集电路和驱动电路的工作，通过 LAN 通信，将采集到的站场状态信息传送到联锁机，接收联锁机传送的控制命令，并根据控制命令控制相应的驱动电路。

采集电路在驱采机的控制下采集组合架继电器的状态，为双路采集，即每个采集点都通过两路进行采集，两路采集结果通过 LAN 通信传送到联锁机，作为联锁运算的依据。

联锁机通过驱动机箱的驱动电路驱动组合架继电器，为双路驱动，即两路驱动电路的输出并联后，再驱动继电器。一旦某路驱动故障，另一路仍可继续工作。

EI32-JD 型计算机联锁系统保留了继电集中的执行电路，包括道岔控制电路、信号机点灯电路、轨道电路以及各种联系电路。

电务维修机通过电务维修网与操作表示机相连，它接收操作表示机传来的站场状态信息、操作信息、提示信息、故障信息等，显示站场运行情况、车站值班员操作信息、故障信息和系统运行状况等，记录和查看一个月内站场运行情况、车站值班员操作信息和故障信息等，为 ATS、集中监测等提供接口。系统软件运行在 Windows NT 操作系统环境下，用 C + +语言编写，整个系统人机界面友好，操作简单，为分析事故和维修计算机联锁系统提供帮助。

四、系统组成

1. 联锁机柜

(1)联锁机柜的机箱式结构

EI32-JD 型计算机联锁系统的联锁机柜采用欧洲标准结构，机柜内包括联锁机箱、驱采机与驱动机箱、采集机箱。

机箱背部安装有母板，机箱内提供电路板插槽，电路板在机箱前面插入机箱母板中，并在前面板有指示灯，用以观察设备运行情况以及输入输出接口状态。

机箱对外的引线通过母板后面的接插件与外界相连。

典型的联锁机柜电路板配置(正视图)如图 5-22 所示。

(2)联锁机

① 联锁机的功能

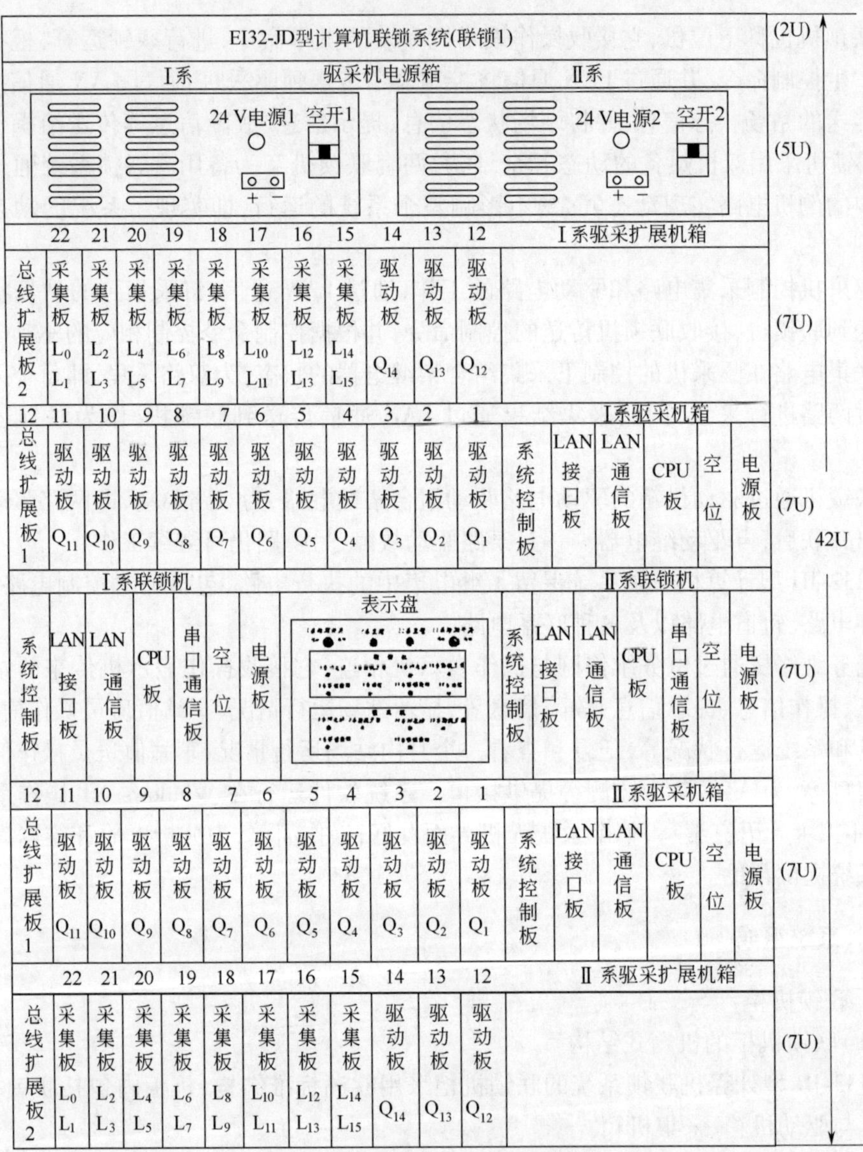

图 5-22　联锁机柜电路板配置图

a. 接收操作表示机下发的操作命令。

b. 进行联锁运算。

c. 根据运算结果,产生控制命令;并通过 LAN 通信,将控制命令传送到驱采机。

d. 通过 LAN 通信,接收驱采机传送的采集站场状态。

e. 将站场状态信息、提示信息、故障信息等传送给操作表示机。

②动态无缝切换的双机热备系统

系统的联锁机采用双机热备的动态冗余结构，两套联锁机互为主备，没有主次之分。

系统运行期间，一套联锁机作为主机运行，另一套则作为备机运行。两套联锁机同时接收操作表示机发送来的控制命令，同时通过 LAN 通信，接收两套采集电路所采集站场状态，并进行联锁运算，产生相应的控制命令。两套驱动电路则通过 LAN 通信接收联锁机的控制命令，但最终根据主用联锁机的控制命令控制自己的动态驱动电路产生输出，进而控制继电器动作。

联锁系统通过联锁机柜内的倒机电路实现双机热备的动态冗余结构。通过倒机单元前面板上的"主用"、"热备"指示灯也可以看出联锁机的工作状态。

两套联锁机在运行期间，不但通过自诊断系统验证本机是否工作正常，还实时交换动态信息，相互比较、验证，判断本机以及邻机是否正常工作。如果主机判断出自身发生故障，则通过倒机电路自动切换到备机，此时备机作为主机运行，而故障机重新启动。如果备机发生故障，则备机重新启动。在双机切换和联锁机重启动时，不影响整个系统的运行，即实现动态无缝切换。

③联锁机的四种工作状态

双机热备的联锁机有四种工作状态，可通过查看操作表示机显示器或电务维修机显示器，得知各机器的工作状态。EI32-JD 型计算机联锁联锁机的四种工作状态同 JD-ⅠA 型。

在停机状态时，操作表示机显示器中，在屏幕右下角对应该联锁机的小方块显示红色。维修机显示器中，在屏幕右上角对应该联锁机的小方块显示红色。

在主机状态时，操作表示机显示器中，在屏幕右下角对应该联锁机的小方块显示绿色。维修机显示器中，在屏幕右上角对应该联锁机的小方块显示绿色。

在热备状态时，操作表示机显示器中，在屏幕右下角对应该联锁机的小方块显示黄色。维修机显示器中，在屏幕右上角对应该联锁机的小方块显示黄色。

同步校核状态是备机由停机状态向热备状态过渡的中间状态。如图 5-23 所示。

图 5-23　同步校核状态

此时，操作表示机显示器中，在屏幕右下角对应该联锁机的小方块显示红色。维修机显示器中，在屏幕右上角对应该联锁机的小方块显示白色。

处于同步校核状态的联锁机还要向主机请求同步，当和主机建立通信，并且本机的联锁动态信息和主机完全一致时，才进入热备状态。

(3)驱采机

驱采机通过 LAN 通信,接收联锁机传送的控制命令,并根据控制命令控制相应的驱动电路。驱采机控制采集电路工作,通过 LAN 通信,将采集到的站场状态传送到联锁机。

(4)驱动电路

驱动电路在驱采机的控制下,驱动组合架继电器动作。

一个驱动机箱可插 11 块驱动电路板,每块驱动板有 16 路输出。驱动板前面板有两类指示灯:一类在前面板上端(1 个绿灯、1 个红灯),用以表明驱动板是否正常工作,如果绿灯点亮,则该板工作正常,如果红灯点亮,则该板故障;一类在前面板中端(16 个绿灯),用以表明驱动电路是否有输出,如果有输出,则对应位的绿灯点亮,没有输出,则对应位的绿灯灭灯。指示灯的含义如图 5-24 所示。

(5)采集电路

联锁机通过采集机箱的接口电路采集组合架继电器接点状态。

采集电路在驱采机的控制下,采集组合架继电器状态。

一个采集机箱可插 11 块采集电路板,每块采集板有 64 路采集。

某块采集板某路采集的是哪个继电器接点(前接点/后接点)由接口信息表约定。采集板前面板上端指示灯表明采集板是否工作正常,如果绿灯点亮,则该板工作正常,如果红灯点亮,则该板有故障。

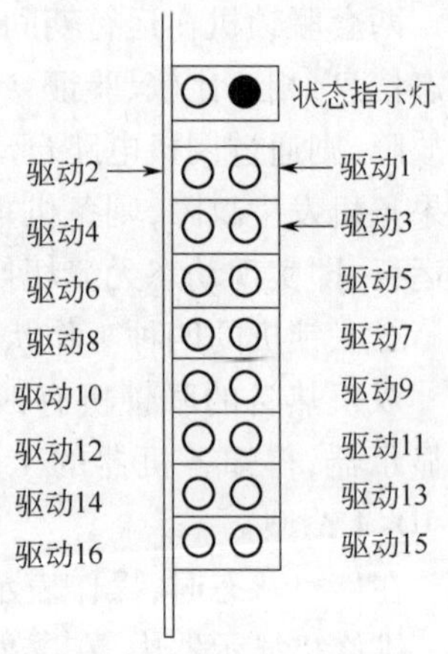

图 5-24　驱动电路前面板指示灯

(6)接口配线

组合架继电器与采集、驱动电路间一一对应,即接口信息表规定好了某采集电路采集哪个继电器,某驱动电路驱动哪个继电器。

从组合架室内分线盘到采集电路、驱动电路间通过 32 芯电缆相连。

2. 操作表示机

(1)操作表示机的功能

①办理进路操作:它接收车站值班员的操作意图,并通过网络通信传送给联锁机。

②站场及信息显示:接收来自联锁机的站场状态数据和提示信息等,在显示器上显示站场情况、系统工作状况、提示信息、报警信息等,对主要的错误或故障提供相应的语音报警。

③信息转发:将站场状态数据及提示信息、报警信息、系统状态信息等转发给电务维修机。

(2)综合机柜到运转室配线

综合柜内配线以及操作表示机倒机单元到运转室配线如图 5-25 所示。

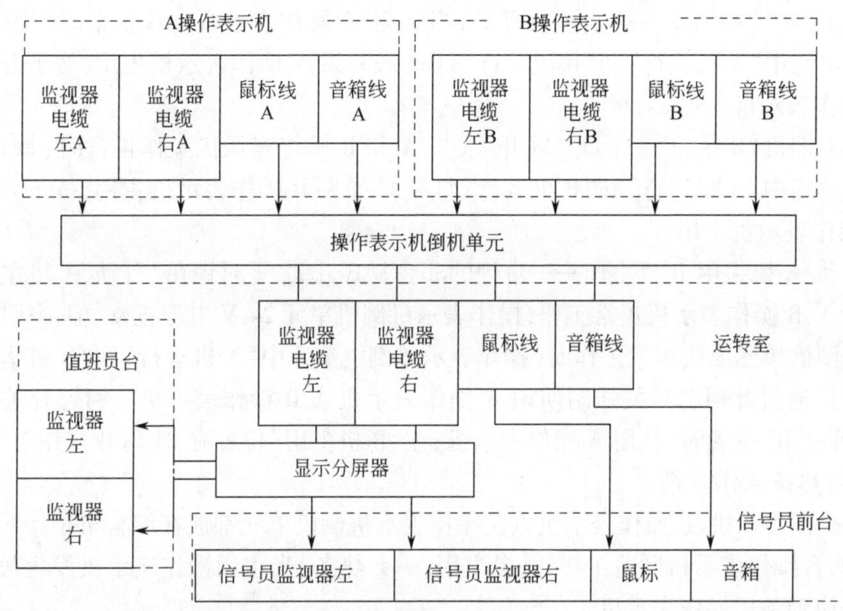

图 5-25　操作表示机倒机单元到运转室配线

(3)操作表示机倒机电路

操作表示机倒机电路面板如图 5-26 所示。

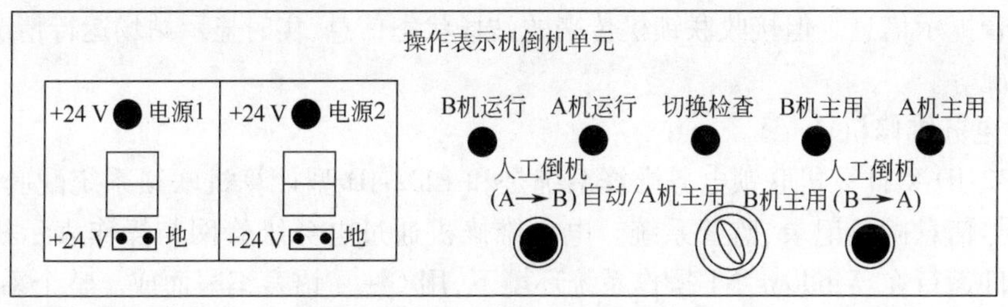

图 5-26　操作表示机倒机电路面板

指示灯的含义：

A 机主用——指示灯亮，表明 A 操作表示机为主机。

B 机主用——指示灯亮，表明 B 操作表示机为主机。

切换检查——指示灯灭，表明 A 操作表示机主用，B 操作表示机备用；指示灯亮，表明 B 操作表示机备用，A 操作表示机备用。

A 机运行——指示灯亮，表明 A 操作表示机正常工作；A 操作表示机驱动的监督继电器吸起。

B 机运行——指示灯亮，表明 B 操作表示机正常工作；B 操作表示机驱动的监督继电器吸起。

开关的含义:

人工倒机(A→B) ——自复式开关,当 A 和 B 操作表示机工作正常时(操作表示机倒机单元中“A 机运行”和“B 机运行”灯亮),如果 A 操作表示机主用,按下开关,强制 B 操作表示机主用。

人工倒机(B→A) ——自复式开关,当 A 和 B 操作表示机工作正常时(操作表示机倒机单元中“A 机运行”和“B 机运行”灯亮),如果 B 操作表示机主用,按下开关,强制 A 操作表示机主用。

自动/A 机主用 B 机主用——带锁的非自复式开关,平时锁在“自动/A 机主用”位置。当 A、B 操作表示机正常工作,操作表示机倒机单元 24 V 电源正常,但倒机电路故障造成倒机单元无法正常工作时(操作表示机倒机单元中“A 机运行”和“B 机运行”灯灭),可以通过此钥匙开关强制使用 A 操作表示机或 B 操作表示机。钥匙开关在“自动/A 机主用”位置时,使用 A 操作表示机;在“B 机主用”位置时,使用 B 操作表示机。

(4)热备工作方式

A 操作表示机、B 操作表示机以及操作表示机倒机单元都放在综合机柜中,系统运行时,两台操作表示机同时工作,一台主用,一台热备,当主用操作表示机发生故障时,自动切换到备用操作表示机。

主用操作表示机运行时,接收鼠标操作,向联锁机发送车站值班员的操作命令,播放语音提示信息。

备用操作表示机运行时,不接收鼠标操作,不向联锁机发送值班员的操作命令,不播放语音提示信息。但接收联锁机传来的站场状态信息,实时显示站场运行情况、系统运行情况等。

3. 电务维修机

EI32-JD 型计算机联锁电务维修系统是和 EI32-JD 型计算机联锁系统配套使用的车站信号信息微机记录、监督系统。电务维修机通过电务维修网与操作表示机相连。系统软件运行在 Windows NT 操作系统环境下,用 C + + 语言编写而成。整个系统人机界面友好,操作简单。

(1)电务维修机的功能

电务维修机接收操作表示机传来的站场状态信息、操作信息、提示信息、故障信息等,监视、记录、再现车站运行情况、系统运行情况和故障情况。电务维修机具有如下功能:

①实时监视 EI32-JD 型计算机联锁系统的运行情况,包括联锁机、驱采机、输入/输出硬件电路、操作表示机,以及各计算机间的通信情况。

②实时监视、记录车站值班员操作和车站运行情况。

③记录车站信号设备故障,包括道岔失表示、灯丝断丝等。

④记录计算机联锁系统输入/输出电路硬件故障、系统控制板故障、通信故障以及

系统软件故障。

⑤记录一个月的历史信息,可查看一个月内站场运行状况、车站值班员操作信息、故障信息等。

⑥再现车站值班员操作、车站运行情况,输入、输出电路工作情况,故障信息。

⑦打印有关报表。

⑧实现远程诊断。通过电话线和 Modoem,可远程登录到车站的电务维修机,维修中心可以查看系统运行信息、车站运行情况、故障信息,帮助电务人员分析故障,迅速排除故障。

⑨为 ATS、集中监测系统等提供接口。

对于配置集中监测的车站,可通过集中监测界面查看车站监测信息（设备模拟量)。

(2)电务维修机配置

在微机室,设有电务维修终端,用于电务人员查看电务维修信息、打印相关记录。电务维修终端包括终端桌、15 英寸监视器、鼠标、打印机。设备引线来自电务维修机,包括监视器线、鼠标线、打印机线,以及来自电源系统的 220 V 交流电。

4. 接口配线

驱动机箱和采集机箱背部都安装有母板,驱动电路、采集电路都插在的母板上,母板背部提供配线插座,用以和联锁机柜内(在机柜下端)的 32 芯配线接口相连,32 芯配线接口再通过 32 芯电缆和组合架相连。

采集机箱母板、驱动机箱母板与 32 芯配线接口连接示意如图 5-27、图 5-28 所示。

5. 电源系统

EI32-JD 型计算机联锁系统所需的两路 220 V 交流电源由信号电源屏独立提供。在引入联锁系统之前进行防雷、抗干扰、净化处理。

(1)电源防雷、抗干扰措施

①电源引入线装设防雷单元。

②采用隔离变压器隔离。

③采用在线式 UPS。

(2)电源系统配置

经过净化、隔离、抗干扰处理后的电源分别提供给：A、B 操作表示机,操作表示机倒机单元,电务维修机,电务维修终端设备(打印机、显示器),车务终端设备(显示器、音箱等),两套 24 V 开关电源。

联锁机,驱采机,采集、驱动电路由 24 V 开关电源供电,两套 24 V 开关电源采用热备方式,即由一套电源给联锁机,驱采机,采集、驱动电路供电,当该套电源故障后自动切换到另一套电源,由另一套电源供电。

两套 24 V 开关电源的 220 V 接入分别来自不同的 UPS。

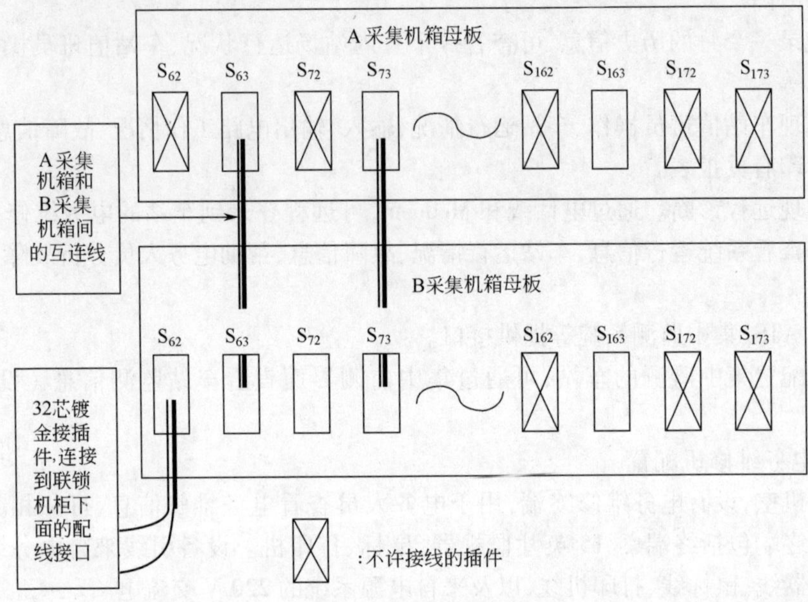

图 5-27　采集机箱母板与 32 芯配线接口连接示意

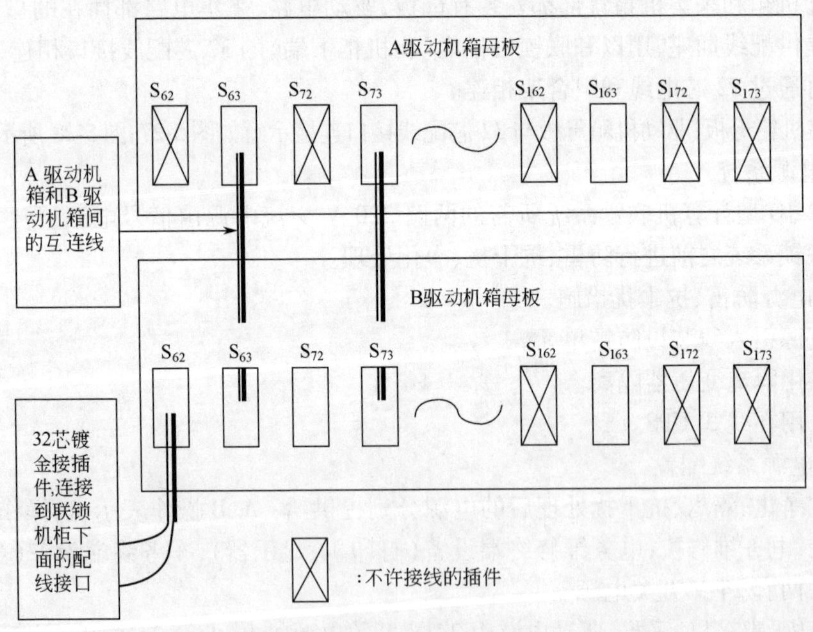

图 5-28　驱动机箱母板与 32 芯配线接口连接示意

如果车站设有集中监测系统,则通过单独的 UPS 供电,避免系统间的电源干扰。电源系统配置示意如图 5-29 所示。

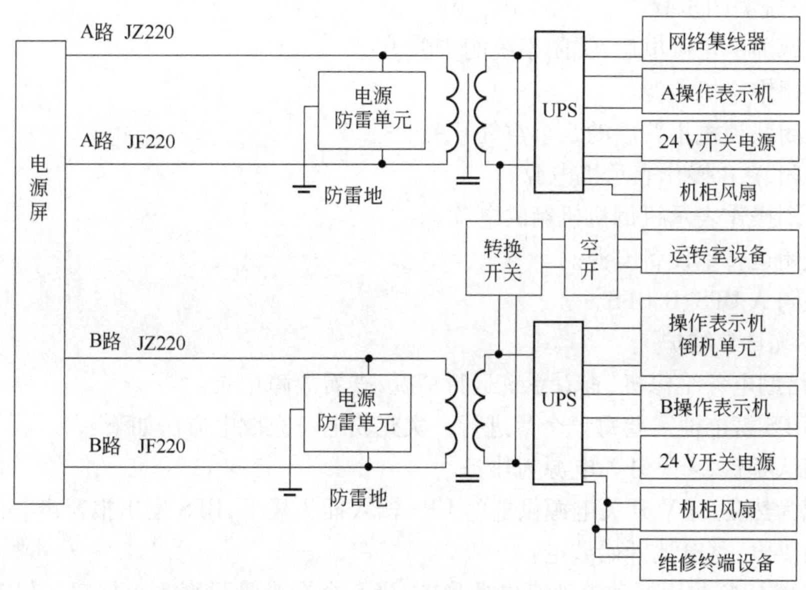

图 5-29 电源系统配置示意

6. 地线

EI32-JD 型计算机联锁系统要求两种地线，即防雷地线和保护地线。设备防雷地接地线电阻不大于 10 Ω，可与信号防雷地线共用。设备保护地线接地电阻不大于 4 Ω，一般需单设。保护地线与防雷地线接地体直线距离不小于 20 m。保护地线和防雷地线分槽走线。引接线电阻应达到毫欧级。

当采用贯通地线时，EI32-JD 型计算机联锁的所有柜体连成一个等电位体后与贯通地线的一点连接。

五、系统使用

1. 系统开启和关闭

(1) 系统开启步骤

①开启 A UPS、B UPS。在电源屏正常供电情况下，按压 UPS 的电源按钮 1～2 s，UPS 应正常启动。

②开启联锁机柜后面的 5 个空气开关，即顺序打开 A 联锁机、B 联锁机、A 驱采机、B 驱采机、接口电源。

③打开 A、B 操作表示机电源。

④打开操作表示机倒机机箱的电源。

⑤打开运转室设备电源。

⑥打开维修机电源。

(2)系统关闭步骤

当电源屏停止供电后,关闭系统的步骤为:

①关闭维修机电源。

②关闭联锁机柜背后的5个空气开关。

③关闭A、B操作表示机电源。

④关闭操作表示机倒机机箱的电源。

⑤关闭运转室设备电源。

⑥关闭A UPS、B UPS。

2. 系统日常维护

(1)借助电务维修机,查看系统运行情况,查看故障记录。

(2)UPS蓄电池需要每三个月进行一次充放电。充放电方法如下:

①确认哪台24 V开关电源为热备。

②把为热备24 V开关电源供电的UPS输入插头拔下,UPS发出报警声。此时UPS靠蓄电池供电,蓄电池开始放电。

③观察UPS前面板蓄电池充电条形图,当5个发光管只亮3个格时(仅需要几分钟),蓄电池放电到60%以下。

④插上UPS电源输入插头,蓄电池开始充电。

按照上述方式维护的UPS蓄电池使用寿命可以延长,并且维护过程中不影响计算机联锁系统使用。

UPS本身免维护。

3. 电源模块的维护

在综合柜内有两路电源防雷模块,电源防雷模块正面有一个方形绿色色标,当绿色色标变为红色时,应及时更换电源防雷模块。

六、系统故障及处理

为保证系统安全、可靠、不间断地运行,EI32-JD型计算机联锁系统在设计时采用双机热备的动态冗余结构,并设计有专用的硬件诊断部件和诊断程序,提供尽量全面的软硬件自检测、互检测功能。I/O故障可精确定位到端口和数据位。检测故障实时送往维修机显示、记录,并给出详细、清晰的故障报告,维修人员可很方便的从维修机中得到这些数据,根据这些数据可迅速排除故障。因此,遇到故障首先要从维修机中查到故障数据。

在查找故障时必须注意:拔插设备的连线,特别是视频线,一定要关闭设备电源,否则极易损坏旧设备,故障未排除又增新故障,增加故障排除难度。必要时要点进行检修。

1. 故障信息

主要故障信息及其含义如表5-2所示。

表 5-2　主要故障信息及其含义

序号	故　障　信　息	含　　义	可 能 的 故 障 原 因
1	采集(第×板第×路)前后接点混线	某个继电器的前后接点同时采集到为闭合状态	该继电器或配线有故障
2	×道岔室外混线(定反表都有)	某道岔 DBJ、FBJ 都采集到为前接点闭合状态	组合架配线或与联锁系统间配线有故障
3	×调信的 DXJ 室外混线	DXJ 吸起,但联锁系统没有驱动它	
4	信号因故障关闭		
5	采集(第×板第×路)前采集(第×板第×路)前	某个继电器的前后接点同时采集到为断开状态	组合架继电器或配线有故障
6	采集(第×板第×路)驱采机 B 有采集,驱采机 A 无采集		驱采机 A 中对应的采集板有故障
7	采集(第×板第×路)驱采机 A 有采集,驱采机 B 无采集		驱采机 B 中对应的采集板有故障
8	驱采机 A,第×块采集板故障		频繁出现该提示信息,表明该采集板故障
9	联锁机 A,系统控制板采集故障		频繁出现该提示信息,表明该系统控制板有故障
10	联锁机 A,系统控制板输出检查错误		频繁出现该提示信息,表明该系统控制板有故障
11	操作表示机倒机单元故障		
12	查询不到主控联锁机		两台联锁机同时故障
13	A 联锁机与 A 驱采机—LAN 通信中断		在 A 驱采机重启时,该提示属于正常信息
14	A 联锁机与 B 联锁机—LAN 通信中断		在 B 联锁机重启时,该提示属于正常信息
15	B 联锁机与 A 联锁机—LAN 通信中断		在 A 联锁机重启时,该提示属于正常信息
16	操作表示机与 A 联锁机—通信中断		在 A 联锁机重启时,该提示属于正常信息
17	操作表示机与 B 联锁机—通信中断		在 B 联锁机重启时,该提示属于正常信息

2. 供电故障

(1) APC UPS 面板指示

①启动按钮

当 UPS 供上 220 V 电源后,按下启动按钮并保持 2 ~3 s 然后松开, UPS 可立即向负载供电,同时进行自检。

②断电按钮

按下断电按钮然后松开,UPS 停止向负载供电。

③电源正常供电指示灯

按压启动按钮后,蓄电池供电指示灯亮,此时 UPS 可向负载供电,同时进行自检。自检通过后,蓄电池供电指示灯灭,电源正常供电指示灯亮。此时 UPS 同时给蓄电池充电,蓄电池充电量指示灯就会亮。

④负载量指示灯

负载量指示有 5 个灯,显示负载从 UPS 获取的电力达到 UPS 完全容量的百分比。例如:亮 2 个灯,则负载正在获取 UPS 容量的 33%~50%。

⑤蓄电池充电量指示灯

蓄电池充电量指示有 5 个指示灯,显示 UPS 蓄电池当前已充电水平达到蓄电池容量的百分比。每一个灯代表蓄电池容量的 20%。若 5 个灯都亮,说明蓄电池充分充电。当蓄电池不足 100%充电时,最上面的一个指示灯熄灭。当指示灯闪动时,说明蓄电池所能提供的电力不足。

电源屏正常供电,UPS 正常工作时,就只有电源正常供电指示灯、负载量指示灯、蓄电池充电量指示灯三种指示灯亮。

当电源屏主副屏切换时,UPS 也会有所反应。此时,电源正常供电指示灯灭,蓄电池供电指示灯亮,接着蓄电池供电指示灯灭,电源正常指示灯亮,恢复了正常供电。这是主副电源切换需要 150 ms 时间造成的。UPS 的主要作用就是提供在主副电源切换这 150 ms 时间内给系统提供稳定的 220 V 电源,保证系统正常工作。

⑥补偿超高电压指示灯

该指示灯亮,表明 UPS 正在补偿超高电压。

⑦补偿过低电压指示灯

该指示灯亮,表明 UPS 正在补偿过低电压。

⑧蓄电池供电指示灯

该指示灯亮,表明 UPS 是由蓄电池供电,室内电源屏供的交流 220 V 断电。此时 UPS 发出“哔—噼”的报警声(每间隔 30 s 连续 4 次)。当 UPS 恢复电源屏供电时,报警声停止,蓄电池供电指示灯灭,恢复正常。

注意:当电源屏因供电故障由蓄电池供电时,要及时排除供电故障,APC UPS 有外电网停电 5 min 后自动关机功能(由内部软件设定),以保护蓄电池留有一定电量。此时 UPS 面板上的电源正常供电指示灯、补偿超低压指示灯和蓄电池供电指示灯、超负荷指示灯、更换蓄电池指示灯,分别循环闪亮。当供电恢复正常后,UPS 自行启动,不用人工干预。人为关机则不能自动恢复供电,必须人为开机才能正常供电。

⑨超负荷指示灯

当负载超过了 UPS 容量时(系统用的 UPS 是 1 400 VA),超负荷指示灯亮,UPS 发出一个持续的长音。联锁系统正常运转时,不会超负荷。若发现超负荷指示灯亮,要迅速检查负载,排除故障,以消除超负荷。

⑩更换蓄电池指示灯

UPS 在使用过程中,每两周进行自检一次(无需人工操作)。在自检过程中,UPS 在短时间内以蓄电池运行负载设备。如果自检通过了,它就完全恢复到电源屏供电运行。如果自检失败(即蓄电池不能供电),则更换蓄电池指示灯亮,同时发出短促的“哔噼”声。UPS 仍恢复到电源屏供电,并给蓄电池充电一段时间后,如果更换蓄电池指示灯仍然亮着,则需更换蓄电池。

⑪电压灵敏度指示灯

在机箱后面板小孔内有一个按钮,并用指示灯的明亮程度表示灵敏度。当 UPS 为正常灵敏度时,指示灯为明亮状态。当调为稍低灵敏度时,指示灯转暗。当调为低灵敏度时,指示灯关闭。一般应调整到低灵敏度。

UPS 可测到各种电压失常,如电压跳动、突降和突升。UPS 通过自动转为蓄电池运行状态而对各种失常做出反应以保护负载的设备。在电力质量差时,UPS 可能频繁转为蓄电池运行状态。如果负载设备在上述条件下可正常运行,则可以通过降低 UPS 灵敏度方式保存蓄电池能力和使用寿命。用尖物按下按钮,按一次为 UPS 的稍低灵敏度,再按一次为低灵敏度,按第三次则重新回到正常灵敏度状态。

(2)故障现象及原因

①A UPS、B UPS 都发出“哔—噼”的报警声(约每隔 30 s 连续 4 次)。UPS 正常供电指示灯灭,UPS 蓄电池供电指示灯亮。联锁系统运行正常。

原因可能是 AC220 V 电压未送到 UPS 输入端:

a. 电源屏供电不正常,空气开关跳闸;

b. UPS 输入插头与插座连接不良;

c. 电源供电线断线或接头松动;

d. 防雷柜输入端空气开关跳闸。

此时应检查电源屏给联锁系统送电的空气开关状态,防雷柜电源输入空气开关状态及 220 V 供电线路。

②A UPS 发出“哔—噼”的报警声(约每隔 30 s 连续 4 次);A UPS 正常供电指示灯灭,蓄电池供电指示灯亮。B UPS 工作正常,联锁系统运行正常。

原因可能是, A UPS 输入端未接通 220 V 电压:

a. A UPS 220 V 输入插头接触不良或断线;

b. 防雷柜中 A 隔离变压器接线松动。

此时应检查 A UPS 后的插头、防雷柜中 A 隔离变压器的接线。

③A UPS 面板指示灯熄灭,A 联锁机、操作表示机不工作。B 系统正常工作。

原因可能是,A UPS 没有 220 V 输出:

a. A UPS 被关闭;

b. A UPS 故障;

c. A UPS 蓄电池电放光。

此时应检查 A UPS 供电,试图重启 A UPS 以及更换 UPS。

④ A UPS、B UPS 频繁发出"咔—咔"声响,电源正常指示灯和蓄电池供电指示灯频繁互相切换。UPS 供电正常,联锁系统正常工作。

原因可能是,外电网供电不稳,电源屏频频互切,供电忽高忽低或时有时无。

此时应检查电源屏供电。调整 UPS 的灵敏度,使其变低一些。

3. 显示故障

(1)显示器无显示,电源灯闪亮

可能原因:视频信号未送到显示器插座,显示器坏。

①显示器视频电缆插头没接上,视频电缆断线。

②显示器坏。

此时应检查显示器后的的视频电缆插头。

(2)前台显示器无显示,电源灯不亮

可能原因:交流 220 V 电源未送到显示器电源插座,显示器坏。

①显示器电源插座松动没接上;电源断线;电源开关被碰关闭。

②显示器坏。

此时应检查电源开关、电源插头、电源线,测量电压。

①若无 220 V 电压,检查供电线路。

②若有 220 V 电压,仍无显示,则显示器坏。

(3)前台显示器显示屏显示不正常(缺色)

可能原因:

①显示器视频电缆插接不牢或某条芯线断线。

②显示器坏。

此时应将显示器的视频电缆线拧紧。若还是显示不正常,则显示器故障。

(4)左屏无显示,电源指示灯闪亮,右屏显示都正常

可能原因:视频信号未送到显示器输入端,显示器坏。

①左屏显示器视频电缆插头都松动或断线。

②上位主用机左屏显示卡坏。

③上位主用机到操作表示机倒机单元之间左视频电缆线未接好或断线。

④左显示器视频电缆线都未接好或断线、左显示器都被关闭或坏。

此时应将怀疑松动的地方都先插紧,再进行如下处理:

①先将操作表示机倒机单元人为干预切换到备机,若 A 操作表示机为主用机时,

按下开关“人工倒机 A→B”强制 B 操作表示机主用。若 B 操作表示机为主用机时，按下开关“人工倒机 B→A”，强制 A 操作表示机主用。

②将操作表示机倒机单元左、右屏输出视频电缆在上位倒机单元处交换。

a. 交换后左、右屏显示均正常，则是原左屏视频电缆线接插部分有问题。

b. 交换后左屏显示正常，右屏无显示。故障可能是原左屏显示器视频电缆线断线。

c. 交换后若还是左屏无显示，则故障在左显示驱动单元或显示器。

③用备用视频电缆替换操作表示机倒机单元到左显示分屏器的视频电缆线，若显示屏正常，则是替换下的视频电缆坏。若显示屏仍无显示，则是左显示分屏器故障或显示器都坏。

④用好显示器替换原左屏显示器，若显示器显示正常，则原显示器坏。若仍无显示，则是显示分屏器坏。

注：若都是右屏无显示且电源显示灯闪动，左屏显示正常，可参考上述方法判断右路。

(5)左屏无显示，且电源指示灯熄灭，右屏显示正常

可能原因：AC220 V 电源未送到左屏显示器输入插座，显示器被碰关闭或显示器故障。

①显示器电源插头未插紧。

②显示器电源开关被关闭。

③显示器 220 V 电源未送过来或断线。

④显示器坏。

此时应：

①检查显示器电源开关，开关应处于按下位置。

②检查 220 V 输入电源插头，看其是不有 220 V 电压，有 220 V 电压并将插头插紧仍无显示，则是显示器故障。无 220 V 电压，检查 220 V 供电线路。从显示器电源插头查到防雷柜显示器供电开关。

注：若右屏无显示，且电源指示灯熄灭，左屏显示正常，可参考此方法进行。

(6)左、右屏都无显示，且电源指示灯熄灭。并有一台 UPS 发出“哔—噼”的报警声。联锁机、操作表示机工作正常。

可能原因：两路 220 V 电源断了一路。

①电源二路供电之一路空气开关跳闸。

②综合柜中两路 220 V 输入空气开关之一跳闸。

③综合柜中两个隔离变压器之一坏了。

此时应：

①为保证运输，首先解决显示问题。将综合柜中显示器供电的开关倒向另一个方

向,即用另一个隔离变压器给显示器供电,此时显示应正常,但 UPS 还在报警,发出"哔—噼"的声响。

②用万用表检查报警 UPS 一路供电电源。从 UPS 220 V 输入端开始一直到电源屏,查出断电点。

4. 鼠标故障

鼠标箭头在控制台显示屏上拖不动,命令发不下去,显示屏右下端计时正常。

原因分析及故障处理方法可参考 JD-ⅠA 型计算机联锁系统相应内容。

第六章

CASCO 系列计算机联锁系统

CASCO 系列计算机联锁系统包括双机热备的 VPI 型计算机联锁系统、二乘二取二的 iLOCK 型计算机联锁系统，由卡斯柯信号有限公司(CASCO)研制,用于城市轨道交通的车辆段/停车场和部分正线。

第一节　VPI 型计算机联锁系统

VPI 型计算机联锁系统(以下简称 VPI 系统),是卡斯柯公司引进阿尔斯通集团信号公司(ALSTOM Signaling INC,即原美国 GRS 公司)的 VPI(Vital Processor Interlocking,安全型计算机联锁)专利技术,结合中国铁路运营技术要求进行二次开发,满足城市轨道交通专用要求的、高可靠的安全型信号联锁系统。

一、系统概述

安全型计算机联锁(VPI)系统是一种“故障—安全”的、以多处理器为基础的车站联锁信号控制系统。

1. VPI 型计算机联锁系统的技术特征

VPI 型计算机联锁系统是以从国外引进的 VPI 专用联锁机为基础构成的多处理器系统，该系统主要以 VPI 专用联锁机的安全技术监督正确的联锁逻辑表达式的运算，以保证系统的安全运行。

它以数字集成安全保证逻辑(Numerical Integrated Safety Assurance Logic,简称 NISAL)为基础,采用故障—安全设计的微机处理器系统,它综合运用了“组合故障—安全”、“反应故障—安全”和“固有故障—安全”技术。

安全型计算机联锁(VPI)系统的逻辑电路由安全型逻辑和非安全型逻辑组成。能把传统的由继电器实现的联锁逻辑(即联锁电路)“写”成一系列逻辑表达式(即布尔表达式),这些逻辑表达式的正确实施是通过一个设计过程和原则来得到保证的,这个设计过程和原则被称之为“数字集成安全保证逻辑”,它确保联锁逻辑按要求实现,并使系统具有“故障—安全”特性。

系统软件包括 NISAL 逻辑、双通道软件比较、软件闭环检查等,使单机系统具有故障—安全功能。

系统的工程设计配有计算机辅助应用(CAD)软件包,为应用工程设计、工厂配线、逻辑电路的室内模拟调试和故障诊断提供了有效手段,提高了设计效率。

2. 系统特点

(1)高安全性

VPI 型计算机联锁系统采用数字集成安全保证逻辑、I/O 端口 50 ms 周期独立相异校核字动态测试、独立计时器、双通道相异软件、固有故障—安全、组合故障—安全、反应故障—安全可编程安全系统设计技术,保证系统安全性。

(2) 高可靠性和高可用性

与行车指挥及控制相关的人机接口设备,采用全热备(冗余)的服务器/客户机体系结构。本系统采用了独创的联锁机同步跟踪技术,系统局部故障时采用无扰动切换和自动重组技术;在系统设计中,组合应用了多媒体技术、CAN 现场总线技术;本系统联锁机采用军标元器件和进口接插件,并满足信号设备大修周期的要求;工作温度可达 −40 ℃ ~ +70 ℃,提高了系统的可靠性和可用性。

(3)防雷性能和高抗干扰能力

系统采用多处理器、相互独立的计算机电源、防浪涌和双重电源防雷、机箱屏蔽接地、分区滤波等技术,使设备具有较高的防雷和抗干扰能力。

(4)接口电路简单,系统适用面广,维护手段齐全

系统与室外设备的接口采用普通安全型继电器,全面简化电路设计,降低接口电路造价,提高了接口电路的工作稳定性。VPI 支持单点和多点的安全型串行通信,使系统组态灵活,方便地构成车站或区域计算机联锁,并具有与 ATS、集中监测等系统优化硬件配置的特点,有利于减少系统综合投资。同时,VPI 自诊断功能系统故障定位到板级,输入/输出板故障定位到端口,其远程诊断接口可接至用户主管单位和卡斯柯信号公司 VPI 专用网管中心。

3. 系统优点

经国产化二次开发,VPI 型计算机联锁系统人机接口(MMI)和联锁机均为双机热备,实现了集联锁控制、集中监测、ATS 接口、网络管理等模块为一体的目标,并配备了系统维护台(SM)。满足了城市轨道交通的有关技术要求,提高了系统的可靠性和可用性。

该系统具有以下优点:

(1)联锁层和人机对话层均采用了双机热备结构,提高了系统的可靠性。

(2)双机热备联锁机采用同步跟踪技术,使系统具有无扰动切换性能,提高了系统

的稳定性。

(3)计算机之间采用了多通道重组技术,系统重组灵活,提高了系统的可用性。

(4)维护终端机具备微机检测功能。

二、系统结构

1. 系统结构的特点

VPI 型计算机联锁系统在采用了从 ALSTOM 引进国际认证的核心安全技术的基础上,在功能、网络结构上作了较大的改进,将系统功能分散到网络上的人机接口(MMI)子系统、联锁处理、系统维护等节点上,由每个功能节点来完成一种或多种功能,而每个功能节点就是一个完整的计算机系统,彼此通过冗余网络交换信息并协调运行。由于系统按模块化方案设计,通用的硬件能配置成适合于任何一种类型的联锁车站。这种模块化的设计给系统扩展和升级带来了极大的方便。但是,其核心安全技术——联锁机的硬件和系统软件全部采用 ALSTOM 公司的 VPI 技术。

安全型计算机联锁(VPI)系统采用彩色显示器作为计算机联锁系统人机操作的表示,用来显示站场和信号设备。操作员通过鼠标办理各种作业。系统给予简洁明了的显示和语音提示。

系统软件标准化,硬件模块化,采用开放的系统结构,能与其他信号系统接口,如 ATS 等。系统容易扩展,并能与其他管理信息系统交换数据。

系统联锁逻辑满足计算机联锁系统铁路行业标准的技术要求。

为了保证系统在各种恶劣的环境下长时间、持续可靠地工作,在系统设计和生产的各个环节都有严格的要求和高可靠的工艺措施,实行全面的质量控制,同时系统具有防雷和抗干扰的能力。

系统具有很高的可靠性,从 MMI 网络到联锁机等设备均按动态冗余设计,任何模块故障情况下,不需人工确认,实现自动切换。

联锁机的操作系统具有全面的自诊断程序,实现对所有子系统全面的自动测试。一旦有故障,系统可在短时间内定位到需置换的模块或印制电路板。同时,所有的印制电路板均有发光二极管表示其工作状态。系统配备界面友好的系统维护台(SM),信号维护人员可在线测试系统状态,实现故障再现,向操作员提示故障原因,提出处理建议,并可查询联锁运算参数。系统操作维护简便,易于确认故障,大大减少了处理故障时间。

2. 系统组成

一个典型的 VPI 型计算机联锁系统由人机界面(MMI)模块、联锁机、网络接口、系统维护台(SM)与室外设备接口电路及电源等组成,如图 6-1 所示。

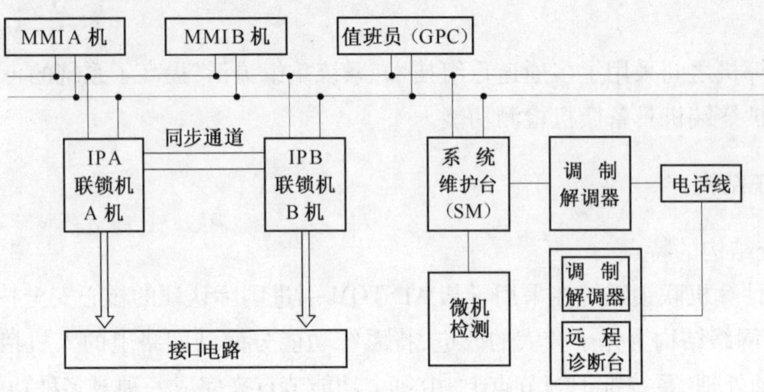

图 6-1 VPI 型计算机联锁系统组成

VPI 系统的双机热备按下列原则设计:联锁机双机热备、MMI 双机热备、UPS 双机热备、双机故障后自动旁路、双网冗余。任一 UPS、网络设备、联锁机和 MMI 不正常,应保证系统自动重组时,系统仍可继续工作,这是 VPI 系统的一个重要特点。例如,图 6-2 中,原由 MMI A 和联锁机 A 承担工作,当联锁机 A 因故倒向联锁机 B 时,系统在短时间内进行自动重组,即由 MMI A 和联锁机 B 重组后继续工作,实现无扰动切换。可手动或自动切换。

VPI 系统机架由三面架组成。联锁 A/B 机架安装系统机箱、4 个 I/O 机箱和电源机箱。联锁 A1/B1 机架是联锁 A/B 机架的扩展机架,可安装 6 个 I/O 机箱。C 机架是双机切换与电源机架,安装系统切换机箱、电源切换机箱、配电机箱、交换机、UPS、MMI。VPI 系统机架配置示意如图 6-3 所示。

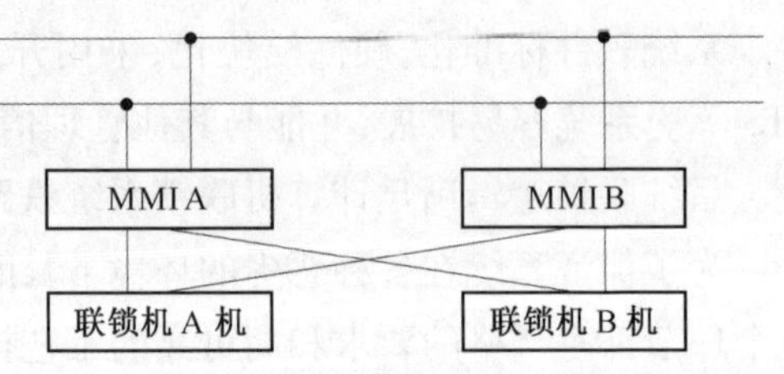

图 6-2 VPI 系统双机热备自动重组技术方案图

3. VPI 系统联锁机

VPI 系统的联锁机采用了 ALSTOM 信号公司的计算机联锁核心技术,原版引进国外 VPI 各型印制板电路图、元器件(含接插件)、关键元器件制造和测试技术、印制板布线图(胶片)等。联锁机的所有安全型电路板有很强的抗干扰和抗雷害能力。

(1) VPI 系统联锁机硬件

联锁机是整个系统的心脏,它包含双套联锁机和切换电路。典型的 VPI 系统联锁机硬件配置如图 6-4 所示。

每个联锁机由安全型印制电路板和非安全型印制电路板组成。

安全型印制电路板包括 CPU/PD 板、VRD 板、VSC 板、I/O B 板、DI 板和 SBO 板。

非安全型印制电路板包括 CSEX 板、NVI 板和 NVO 板。

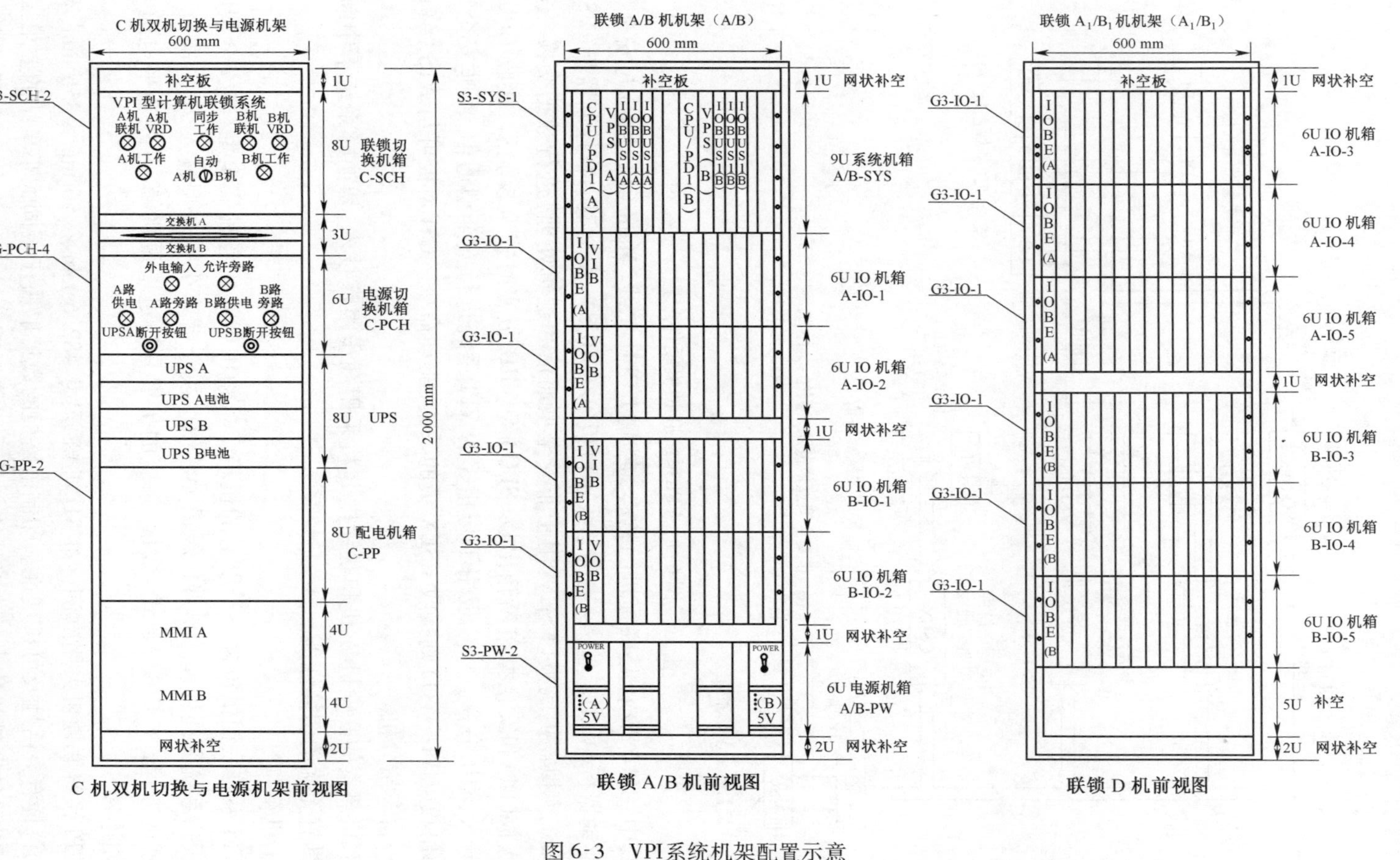

图 6-3　VPI 系统机架配置示意

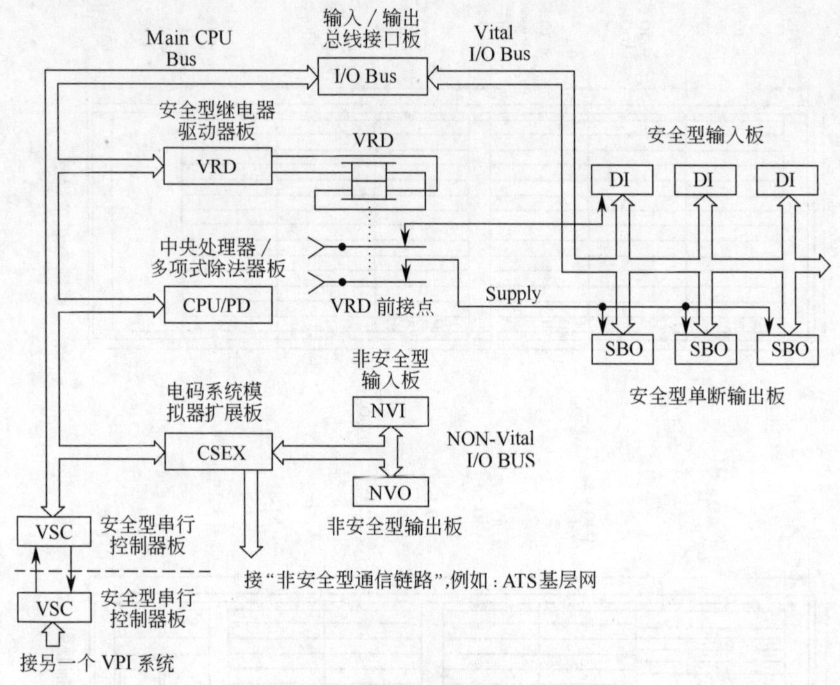

图 6-4　VPI 系统联锁机硬件配置

其中,CPU/PD 板是联锁机的核心,它通过 CPU 总线(Main CPU Bus)与安全型继电器驱动器板(VRD)、输入/输出总线接口板(I/O BUS)、安全型串行控制器板(VSC)、电码系统模拟器扩展板(CSEX:用于非安全型通信和逻辑处理)进行数据交换。安全型输入板(DI)和安全型单断输出板(SBO)经 VRD 板实时安全校验后,接收 CPU/PD 板的输入、输出命令。VSC 板用于与相邻的 VPI 系统进行安全型通信,而非安全型输入、输出板(NVI/NVO)则接收 CSEX 板的采集、驱动命令。CSEX 板可与 ATS 接口,可省去一台车站分机。

双机热备的联锁机 A 机和联锁机 B 机采用同步跟踪技术,切换时系统不中断,使系统具有无扰动切换性能。

①机箱

VPI 系统联锁机包含一个以上的机箱。机箱用于放置各种安全型/非安全型印制电路板。系统所能处理的扩展机箱最大数值取决于有多少安全型输入/输出端口及需要求解的方程式(布尔代数式)数量,系统的扩展是通过增设机箱,并用扁平电缆与主机箱相连接。

VPI 系统联锁机采用欧洲标准 8U 机箱,尺寸 482.6 mm × 356 mm × 356 mm,有 21 个槽道,具有灵活性及可扩展性。印制电路板的数量取决于不同大小车站的要求。

VPI 系统联锁机输入输出对外连接是采用接触部分镀金的美国 AMP 50 芯进口接

插件。为保证各部件(即每个插针)动态连接的可靠性,按照 AAR 要求,每个插件周围留有 0.25 英寸的晃动距离。这种设计是为了保证 50 芯接插件中的每个插针均能安全、可靠地紧密连接。在所有安全型线路中的各导体间及导体与地之间都能承受 3 000 V(有效值)的高压冲击。

机柜尺寸:600 mm×800 mm×1 950 mm,一个机柜内可安装 3 个机箱。

②印制电路板

a. 中央处理器/多项式除法器板(CPU/PD)

CPU/PD 板执行所有与联锁有关的逻辑运算。包括 I/O 选址、布尔代数评估和输入/输出的安全检查等。

VPI 系统的安全型联锁逻辑输入到 CPU/PD 板的两个应用软件 EPROM 内(插座号 D_{18}、D_{19});另外两个系统软件 EPROM 插在 D_{16} 和 D_{17} 插座上,不同的车站均采用相同的系统软件 EPROM。

b. 安全型继电器驱动器板(VRD)

VRD 板是 VPI 系统的安全型监视机构,独立于 CPU/PD 而对系统进行全面的安全检查。它以一定的间隔接收一组编码检查信息,如经检查这组信息正确,则输出一个安全型数字信号。这个信号通过一个安全型滤波器滤波并励磁一个安全型继电器 VRD,用以证明系统自检正常。所有通向 VPI 系统的安全型输出的电源都经过该继电器 VRD 的前接点。当发现系统有错误时,在 90 ms 内 VRD 继电器失磁,该安全型继电器将会切断 VPI 所有的安全型输出的电源。当 VRD 继电器在经过 7 个周期连续检查后,证明系统是正常时才能再次励磁,以确保系统安全。

c. 安全型串行控制器板(VSC)

当联锁机由两块 CPU/PD 板分别组成两个子系统时,每个子系统应各设置一块 VSC 板。此时,VSC 板为两个安全型计算机联锁子系统相互交换安全型信息提供通信媒介。对位于同一信号楼内的安全系统间通信,可采用 RS-422 标准接口;而对位于不同信号楼的两个安全系统,又是以光缆为通道,可在 VSC 板上插一块光纤调制解调器板。另外,VSC 板有一种多点(一点对多点)版本的 MVSC 板,每块板可以与 15 个数字轨道电路接口。

d. 安全型输入/输出总线接口板(I/O B)

I/O B 板提供地址译码和 VPI 的 CPU/PD 与安全型输入/输出板之间的总线扩展。它协助进行安全型输出口的状态检查和把串行数据流转换成并行信息。所有的安全型输入/输出板 DI 和 SBO 均通过 I/O B 板与 CPU/PD 板进行通信。

e. 安全型输入板(DI)

每块安全型输入板有 16 个输入口。输入板上的电路能使 VPI 系统安全地检测输入状态。每个输入端口都有一个指示灯,当某端口有输入信号时,相应的指示灯点亮。

f. 安全型单断输出板(SBO)

每块安全型单断输出板有 8 个输出口。输出板上的电路能使 VPI 系统安全地判断与当前联锁逻辑条件有关的任何输出端口的状态。每一路都设有一个无电流检测器(AOCD),当前级电路中有任何硬件发生短路或击穿现象,AOCD 都能检测到。每个输出端口都设有一个指示灯。当端口有输出时,相应的指示灯点亮。

g. 电码系统模拟器扩展板(CSEX)

CSEX 是为了仿真既有的或新的电码系统的一块通用处理器板。除了电码系统仿真以外,CSEX 板可以用布尔代数方式编制非安全型联锁电路,然后“写”入两个 EPROM 芯片上。VPI 系统的“非安全型系统软件”写在另外两个 EPROM 芯片上,它们不随不同站场变化。CSEX 每个周期采集 NVI 和 NVO 板上的状态信息。在每个 VPI 扩展的机箱中最多能放 20 块“非安全型输入板”和/或“非安全型输出板”。一个 RS-232C/RS-422 接口为故障检测或监控程序向记录媒体提供诊断信息。其他的通信接口则致力于现场的监控或故障检测。

有 CSE、CSEX、CSEX2、CSEX3 四种类型电路板,工作原理均类同,只是处理的速度和容量不断递增。CSEX3 采用了印制板的最新表面处理技术(Surface Mounted Technology,简称 SMT),又称为“表面贴片技术”。

h. 非安全型输入板(NVI)

每块非安全型输入板有 32 个输入口,通过非安全型输入板将有关非安全型信息送到联锁处理模块之中。

i. 非安全型输出板(NVO)

每块非安全型输出板有 32 个输出口。如果车站选用传统的控制台方式,则可用非安全型输出板来点亮控制台上的光带或表示灯。

(2) VPI 系统联锁机软件

VPI 系统是计算机硬件和软件的独特结合,并在“故障—安全”方式下工作。VPI 系统软件有 5 个主要功能:输入、联锁运算、输出、系统校核(主校核)和输出校核。

VPI 系统联锁机软件包括系统软件和应用软件。系统软件和应用软件各有两个 EPROM 插在 CPU/PD 板上。

VPI 系统联锁机软件包含 VPI 的安全型操作系统和 VPI“诊断软件”,不随具体的应用环境而变化。

VPI 系统联锁机应用软件是一套描述系统所应用的联锁逻辑运行过程的编码数据结构,数据由 VPI CAA 软件包生成。

VPI 系统联锁机软件的特点:

a. 采用多重安全技术保证

VPI 系统软件的安全运行采用的多重安全技术包括:寄存器和指令通过动态循环

校核来检查;算术和逻辑运算通过使用不同的程序段,用不同形式的数据和不同方法来证明;不常用的指令和数据通过针对它们的特殊诊断测试来检查;为了防止使用已经无效的数据,在每个循环周期中,数据存储器的内容必须被清除,并且需证明已被安全清除;涉及安全的时钟,要用一个经校验的独立的计时器来比较并检查;输入输出接口单元必须进行绝缘和电压通断试验来进行检查。另外,它们必须安全执行任务,也就是说,不允许因出现故障而降低系统的安全性。

测试必须连续不断进行,以确保故障在危及安全以前被检测出来,并采取行动,及时切断输出电源。每个安全测试必须以安全方式进行证明。如果任何安全程序段被遗漏或与处理的结果不吻合,就不得输出。

正确的处理器操作是通过产生 32 bit 校核字来验证的。32 bit 校核字在处理器里是不储存的,在处理循环周期结束时被抹掉,这样才能保证每个循环周期的安全性。

b. 两个不同的通道

联锁逻辑的执行通过“安全保证逻辑(SAL)”来保证,这个原理要求一个处理器与两个逻辑系统结合到程序中。基本逻辑执行联锁运算任务,而 SAL 确保和验证基本逻辑按要求实现。

数字集成安全保证逻辑是 SAL 技术在可编程系统应用领域的扩展。NISAL 技术用于 VPI 时,在 SAL 的基础上增加了以下主要的安全术功能,并获得了国际安全认证。所有代表输入参数和表达式结果的数据,在两个不同的独立软件通道里被处理,每个通道里的数据表达是不同的,并且独立工作。

c. 检查输入状态

若要监测每个输出状态,则必须先对每个输入电路里的测试数据进行循环测试。如果输入是“1”,测试数据就会以代码字形式返回。然后,两个不同通道的每一个代码字被存储在同样的敏感区域中。

d. 表达式评估

反映联锁电路的布尔表达式,是通过使用多项式除法电路,把表达式中各种参数结合起来进行评估的,如果评估的结果为真值(即“1”),那么这是属于该通道的合法的唯一的代码字。

每个表达式每秒评估一次,并产生一个 32 bit 校核字,以证明在每个主循环周期中没有表达式被遗漏。

e. 设置输出

输出状态是通过对代表输出状态的那些布尔表达式进行检测而确定的。那些为真值(即“1”)的输出端口均被打开,其他输出端口被关闭。这些输出状态是由循环运行的 32 bit 校核字经过一个无电流检测器(AOCD)得到验证的。输出校核字在一个50 ms 的循环中被收集起来,因而各输出端口每 50 ms 进行一次安全检查,一旦有不安全因素出现,系统会在 100 ms 以内切断所有的输出。只有当两个通道中的结果都为“1”时,才有输出。因此,VPI 系统联锁机的单机系统具有故障—安全功能。

系统安全的最后仲裁者是安全型继电器驱动器,它接收"校核字集",并产生一个由一组校核字支配的定型波形和频率动态信号。这个动态信号通过一个安全型数字滤波器,当并且仅当波形和频率均正确时,该滤波器才能安全地产生一个输出驱动电压,使(VRD)继电器励磁吸起。

f. 系统验证

系统验证包含的项目有:送到处理器的所有输入都是正确的,程序正确地执行,程序没有发生变化,数据表没有发生变化,输入和变量的数据是最新的,所有输出都是正确的,设备故障时系统停止输出。

上述测试和所有其他测试均周期性进行,当 32 bit 校核字正确时,VRD 继电器才会吸起,输出端口才有电源。

(3)故障—安全设计

VPI 系统处理所有输入数据,用数据来评估与联锁要求相关的逻辑表达式,并使用评估结果来控制安全型和非安全型输出的"ON"和"OFF"。VPI 系统必须确认是否控制了所有输出,并且确认当部件故障或产生电源短路时不应该有输出。如果一个这样的故障出现了,VPI 系统有一个故障—安全装置,使输出电路与电源及时断开,防止产生非安全型输出。

在读输入、评估表达式和控制输出的过程中,VPI 系统经过大量的安全检查来确保数据的有效、I/O 硬件的正确操作以及逻辑表达式评估的正确性。

(4)可靠性

VPI 系统被设计成所有有源元器件加罩与外界隔离屏蔽,而设备又能永远通电,在固定的动态环境中,VPI 系统可以在 $-40℃\sim70℃$ 情况下工作。印制电路板上的器件要符合有关标准关于大规模集成电路器件的强制条款的规定。

安全型输入板(DI)由一个金属氧化物变阻器(MOV)和一个电阻器(56 Ω,1 W)提供瞬时保护。该变阻器可以处理一个 1 700 V 3.6 W 的瞬态干扰,峰值电流为 30 A。MOV 通常与输入电路并联,使 MOV 能为瞬态过程提供一条通路使电路板上的其他部分免受损坏。

安全型输入和安全型输出的每一位都用 32 bit 来表达,大大增强了系统的抗干扰能力。

在安全型输出板(SBO)上也装有 MOV,对各输出端口提供瞬态保护。不像其他设备,MOV 在故障时,不会变为整流器。很有必要防止可能在外部输出线上感应的交流电被整流或失真产生直流电。因为这种直流电可以非法使连在输出端作为负载的继电器励磁。

供电电源采用的防护措施是:为每一组的四个输出配备一个滤波器,以防止电源噪声和外部电磁干扰(ENI)进入 VPI 系统。

双通道不可检出错误概率:5.43×10^{-20}。

系统不可检出危险间隔(MTBUF):5.8×10^{10}年。

(5)联锁机双机热备

双机热备基本原则:

①两套同步工作的 VPI 系统经过系统工作状态继电器构成切换电路;

②切换电路的继电器条件用于控制接口电路的电源;

③自动切换的逻辑由软件实施;

④人工切换由机柜上的切换开关实现,人工切换优于自动切换;

⑤VPI 主备机允许采集对象分用接点;

⑥VPI 主备机输出端分别控制继电器的两组线圈,但只有一组线圈能被励磁;

⑦故障—安全的双机热备切换电路,在实施主备机切换时不丢失命令;

⑧一旦一个系统被停电后重新开机,该机将与主用系统实现自动跟踪。

正常状态下,联锁机机柜的指示灯显示如下:主机工作灯亮,备机工作灯灭;A 机和 B 机的联机灯、VRD 灯及同步表示灯点亮;手动切换开关应放在“自动”位置(即中间位置)。

如果联锁机主机发生故障,系统会自动切换到备机。如果联锁机备机发生故障,系统会给出故障表示而不会发生自动切换。

4. 人机界面模块(MMI)

人机界面模块(MMI)是 VPI 系统与操作员之间的人机接口。命令由操作员给出,直接与 VPI 的非安全型输入板接口,VPI 系统用鼠标作为输入模式,能模拟整个车站站场、轨道电路、信号机、道岔等,并给出不同表示,同时用汉语语音系统给出语音提示或报警。

采用 OS/2(或 Windows NT)操作系统,两套配置完全相同的 MMI 形成特有的双机热备人机对话层,提高了系统的可靠性。主 MMI 为系统的服务器,用于办理进路等操作控制,并向作为备机的 MMI 等客户机提供共享信息。

系统采用图形用户界面(Graphical User Interface,简称 GUI)的多窗口界面,根据需要窗口可放大、缩小、移动,在正常运行状态下主窗口显示站场图,下方有操作输入窗口、系统设备状态窗口、信息提示窗口、时钟窗口等。系统除提供方便的菜单式窗口提示显示,还提供“热键”实现各种功能。

(1)MMI 的功能

①提供控制和表示界面;

②与冗余 MMI、SM 和冗余联锁机交换数据;

③完成非安全型联锁逻辑功能,办理进路、取消进路、人工解锁进路、重复开放信号、区段事故解锁、办理引导进路、引导总锁闭、办理封锁、解除封锁、道岔单操、道岔单锁、道岔解锁、联锁功能预检查等;

④特殊按钮的处理;

⑤对联锁电路进行脱机模拟试验。

MMI 采用两台双机热备加固工业控制计算机,其高可靠性表现在:防尘、防震、抑制浪涌、耐高温、抗强电磁干扰和高频辐射干扰。MMI 与联锁模块通过高速工业网络交换数据。应用程序提供各种多媒体功能。

(2)MMI 界面

MMI 界面由站场图窗口、输入操作窗口、系统设备状态窗口、信息提示窗口、时钟窗口等部分组成。系统向用户提供完善的汉字功能。在系统的画面显示、报警信息、操作提示、报警打印等方面均实现汉字输出,这更适合于国内用户的应用。

①站场图窗口

显示完整的车站信号平面图,背景为黑色。

在正常情况下显示信号机及信号机名称、道岔及道岔号、轨道电路,用鼠标也可以选出或关闭信号机名称,选出或关闭道岔名称,选出或关闭轨道电路区段名称。

显示内容还有:联锁机"同步"表示灯和"联锁 A 机/联锁 B 机"表示灯,"3 分"、"30 秒"、"引导"、"引导总锁"等表示灯,并有相应的计数器显示。

相应的报警表示有挤岔、灯丝报警、熔丝报警等。

②输入操作窗口

输入操作窗口包含的位图按钮有:排列进路、取消、信号重开、引导、引导总锁、总人工解锁、道岔总定、道岔总反、道岔单锁、道岔单解。鼠标单击功能按钮后,可办理各种作业。

③系统设备状态窗口

该窗口用图标方式显示计算机联锁系统各部分设备的运行状态,比如时钟调整、冗余 MMI 与联锁机的通信状况、MMI 主备状态、系统维护台通信状态、系统退出等。

运行日志,可按时间顺序打印记录系统运行过程中发生的事件及操作员所做的操作,以便事故追忆。

(3)MMI 双机热备

MMI 主备机能够自动切换。当主机工作不正常时,系统自动切换到备机工作。MMI 对车站值班员的所有操作进行合法性判断和逻辑预检查,仅把有效的操作命令传送到联锁机,同时实时显示车站信号设备的运行状态。

当双网均断开时,MMI 仍能通过串行通信方式与联锁机通信。这样,实现了在系统单点甚至多点故障时仍保证系统继续工作的苛刻要求,极大地提高了系统的可用性。

5. 冗余网络模块

在 VPI 系统中,所有计算机(MMI 主备机、系统维护台、值班员台、远程诊断)之间的数据通过网络进行交换,支持 Internet 远程维护。

VPI 系统采用基于集线器的星型结构和 10 M 以太网技术,冗余网络结构进一步加强网络系统的可靠性。

集线器为局域网、广域网和 SNA 网提供灵活、经济、高效和连接解决方案,可以连接许多网络环境和协议。

以太网网络具有高速、可靠及简单结构而降低安装费用的特点。此局部网络允许主计算机、联锁模块以及其他数据源在全站范围内通过低成本的双绞线对等通信。

标准的以太网网络介质为双绞屏蔽电缆。以太网网络支持热备,一条电缆故障,自动透明地切换至另一条,并提出故障诊断信息,便于维护。

计算机联锁工程的冗余 MMI 的工控机分别装有两块以太网接口卡,SM 模块工控机装有两块以太网接口卡,将 SM 模块接入冗余网络。另外,为了将冗余联锁机接入冗余网络,MMI 运行通信进程与冗余联锁机通信。

6. 系统维护模块

该模块主要为计算机联锁完成系统维护及接口设备监测功能。本模块包括一台工业控制计算机、接口设备数据采集机、一台 15 英寸彩色显示器、一台激光打印机、鼠标、键盘。作为联锁计算机系统的模块,它实现以下功能:网管子系统,计算机联锁系统维护子系统,运行记录子系统,远程登录诊断系统,接口设备在线监视和记录。

系统维护台(SM)采用 Windows NT 操作系统。

(1)系统维护台(SM)功能

系统维护台兼作集中监测的车站机,完成对室内外信号设备的监测、记录和报警,还具有远程诊断功能。

①记录现场操作人员操作和列车运行情况,对记录信息保存时间不低于 24 h,可以随时打印和再现记录信息。

②在线检测网络系统运行状态,有效诊断网络系统运行故障,为维护人员提供有效的运行状态信息。

③全天候连续对联锁设备和接口设备进行在线自动测试,并对测试结果进行记录,测试结果可以随时再现及打印,数据测试结果保留时间不少于 24 h。

④系统具有良好的实时性和可靠性,系统本身必须连续稳定工作且有自检功能,可及时发现监测设备本身故障并给出报警和提示。

⑤系统维护设备与所监测设备间必须具有良好的隔离措施,当维护设备本身故障时,不影响主用设备的正常工作。

⑥系统软件、硬件设计采用开放的模块化结构,具有良好的系统扩充能力,具有形成“信号设备维护、监测网络”的能力。

⑦系统提供远程拨号登录功能,可实现异地对联锁机实时诊断。

(2)系统维护及监测的主要内容

①在线监测冗余网络的运行状态,包括双网连接工作状态和网上各节点的连接工作状态。当网络发生故障或某个网络节点不正常工作时,发出报警信息,并作记录。

②在线监测和测试各类接口设备的工作。包括电源屏电压、轨道电路接收端电压、道岔电流动作曲线等,根据测试结果形成各种报表、分析曲线,预先发现故障隐患、及时

报警并记录,便于事后故障分析和处理。

③记录值班员对 MMI 的各种操作,记录始、终端及铅封按钮操作的时间和次数,并可以在 24 h 内按时间先后次序查询。

④ 进路登记:记录列车进路建立、信号开放、进路解锁及故障时间。按时间对列车、调车故障查询,按设置的速率再现列车运行情况。

⑤记录道岔表示、轨道空闲及占用、信号开放及关闭等有关信息,并可以在 24 h 内按时间先后顺序查询。

⑥记录列车信号机主灯丝断丝报警信息、熔丝断丝报警信息、道岔挤岔报警信息等,并可以在 24 h 内按时间先后次序查询。

⑦对所测试数据随时记盘储存,并可根据需要回放。

⑧对 A 机、B 机系统运行状态的查看。

三、系统接口电路

VPI 系统与室外信号设备进行接口,联锁机通过驱动安全型继电器和采集安全型继电器接点方式与继电电路接口,实现计算机设备与控制对象隔离。由于 VPI 采用 NISAL 专利技术,计算机输出控制只要采用普通的 JWXC-1700 安全型继电器,不需要动态继电器或动态组合电路,降低了室内接口电路工程造价,也简化了接口电路结构,确保输出驱动电路的安全性和可靠性,使用维护方便,也降低了维修成本。

1. VPI 系统输出(控制)接口电路

VPI 系统输出接口电路可以有:继电器接口;直接控制室外信号设备;通过安全型串行通信口与 ATP 地面设备等系统互连。

采用继电器接口方式时,进段信号机设列车信号继电器(LXJ)、正线继电器(ZXJ)、引导信号继电器(YXJ)。出段信号机设列车信号继电器(LXJ)。调车信号机设调车信号继电器(DXJ)。道岔设切换继电器(QHJ)(也可根据需要设 DCJ、FCJ),QHJ 全站统一设计,每个道岔启动电路用两组 QHJ 接点。

2. VPI 系统输入(采集)接口电路

采用继电器接口方式时,VPI 系统对采集信息的排列顺序无特殊要求,需要采集的内容有:

(1)道岔:道岔定位表示继电器(DBJ)前接点、道岔反位表示继电器(FBJ)前接点;

(2)信号机:灯丝继电器(DJ)前接点;

(3)轨道区段:轨道继电器(GJ)前接点(一送多受时仅采集主 GJ);

(4)主副电源:ZDYJ、前接点、FDYJ 前接点;

(5)主灯丝断丝报警:ZDSJ 前接点;

(6)熔丝断丝报警:RBJ 前接点;

(7)轨道停电:GDJ 前接点;

(8)道岔动作电流:根据需要。

根据需要,采集输出继电器的反馈信息。

以上信息内容,根据各种站场的作业需要不同,VPI 信息采集略有不同,将根据实际情况相应补充。

3. VPI 系统接口电源

(1)UPS 至每个 VPI 机架,设一路 AC 220 V 电源。

(2)KZ(24 V)环接至每个 VPI 机架零层电源端子。

(3)采集电源采用 DC +12 V,由 VPI 机架提供给组合架;采集电源也可采用 DC +24 V,由电源屏提供。

四、应 急 盘

应急盘可选。

当联锁机 A 机和 B 机的工作继电器都落下(即"A 机工作"指示灯和"B 机工作"指示灯都灭),系统会自动切换到应急盘控制状态。

当主备 MMI 的屏幕上站场都显示粉红色,并且联锁机 A 机和 B 机工作正常,表示系统通信中断,如短时间无法恢复,则关闭联锁机 A 机和 B 机,让系统切换到应急盘控制状态。

当全站处于应急盘控制状态时,应急盘上的"VPI 故障"表示灯亮红色,此时全站处于无联锁状态,车站值班员可办理单操道岔和引导接车。

当系统恢复正常后,需要人工干预才能切换并恢复到计算机联锁工作状态。

五、接地和电源

1. 接地

地线有防雷地线和设备地线。防雷地线应尽快入地,其间的配线应尽可能减少弯曲。设备地线的接地电阻不应大于 1 Ω,防雷地线的接地电阻不应大于 4 Ω。两接电体之间距离应大于 20 m。接地线引入室内时,引接线要有绝缘护套防护。

在电气化区段和多雷区,地线的质量和接地电阻(越小越好)更加重要。

2. 电源

为了保证计算机联锁系统安全稳定地工作,系统各工作模块的电源均由不间断电源 UPS 供电。从电源屏经稳压的单相交流电源经过二级单相防雷单元输入在线式 UPS,UPS 输出净化 220 V 交流电源。交流电源的输出分别给 MMI、冗余联锁机柜和系统维护台供电。

交流电源:50 Hz,220^{+22}_{-11} V,10 A, UPS 净化。

六、系统的维护

1. 系统停电和重新上电

当外电网停电时,UPS 将“嘟、嘟嘟”告警,并可继续供电达 20 min。

为保护 UPS,在 UPS 的蓄电池未用尽前,依次关闭所有工控机的电源及联锁机的电源。

在外电网恢复供电后,按以下顺序给系统重新上电,先通 UPS,再通电源配电盘电源。

电源配电盘位于 UPS 旁边。打开电源配电盘,确认所有的熔断器均在连通状态,即每路都有 220 V 的输出。

2. 系统开机

(1)分别打开联锁机 A、B 机架底部的三个电源(5 V、12 V、24 V)开关,使之处于“ON”位置,然后三个相应表示灯点亮。

(2)检查联锁机机架上的 A 机联机灯和 B 机联机灯的状态,如果各自的联机灯亮,说明对应联锁机通信正常。如系统运行正常,A 机联机灯和 B 机联机灯都应点亮。

(3)检查联锁机 A 机和 B 机同步工作表示灯状态,如同步工作表示灯亮,说明联锁机 A 机和联锁机 B 机的工作一致。

(4)检查联锁机 A 机工作灯和 B 机工作灯状态,如 A 机工作灯亮,说明 A 机为主机,B 机处于热备状态;如 B 机工作灯亮,则说明 B 机为主机, A 机处于备用状态。A 机工作灯和 B 机工作灯不可能同时亮。

(5)完成以上操作后,运转室内的彩色显示器屏幕的站场显示由粉红色变至白色,此时可进入全站解锁。用鼠标左键单击“总人解”图标,输入相应的密码,按下“回车”键,如操作有效,则“总人解”图标显示白色,用鼠标单击各个道岔区段;再用鼠标左键单击“封锁按钮”图标,输入相应的密码,按下“回车”键,如操作有效,则“封锁按钮”图标显示白色,用鼠标单击各个股道,站场显示由白色变至实际站场显示状态,表示全站解锁完成,系统可正常运行。

3. MMI 的主备机切换

当系统运行正常时,主备 MMI 上的“联锁机联机状态”图标均显示绿色,“主备 MMI 联机状态”图标均显示绿色,“系统维护台联机状态”图标均显示绿色,主 MMI 上的“主备模式”图标显示绿色,备 MMI 上的“主备模式”图标则显示灰色。

当主 MMI 发生故障时,MMI 会自动倒向备机;需要人工切换“MMI”主备机时,用鼠标左键单击“主备模式”图标,弹出密码窗,输入相应的密码,确认密码无误后,弹出“主备模式”切换窗口,单击“切换”按钮,如操作有效,则原处于备用状态的 MMI 在几秒后变成主机,其相对应的“主备模式”图标显示绿色。

注意:请不要按下计算机面板电源开关附近的 KB-LK(键盘总锁闭)按钮,KB-LK

灯平常应熄灭,若点亮的话,键盘因被锁而失效,密码将输不进去。

如果先按下“KB-LK”按钮,后开机,则计算机不能正常工作,此时维修人员会误认为“死机”。

4. 联锁机的主备机切换

正常状态下,联锁机机柜的指示灯显示如下:主机工作灯亮,备机工作灯灭(A 机和 B 机均可作为主机或备机);A 机和 B 机的联机灯亮;A 机和 B 机的 VRD 灯亮;A 机和 B 机的同步表示灯亮;手动切换开关应放在“自动”位置(即中间位置)。

如果联锁机主机发生故障,系统会自动切换到备机。如果联锁机备机发生故障,系统会给出故障表示而不会发生自动切换。

当需要人工切换时,应注意以下几点:

(1)首先要确认 A、B 机是否处于同步状态。

(2)当 A、B 机同步时,可以用开关将主机人工切换到备机。

(3)当 A、B 机不同步时,必须到系统维护台上查看 A、B 机状态,经确认不影响行车安全的前提下才可切换。

5. 网卡及网络集线器的故障检测

(1)网卡 LED 指示灯

每块网卡都有 2 个 LED 指示灯,标记分别为“PWR/TX”和“LNK/RX”,提供网络工作状态,表示意义为:

① PWR/TX(电源/发送)

稳定绿色:计算机电源打开,并且加载在网卡上;

绿色闪光:计算机向网络发送信息。

② LNK/RX(链路/接收)

稳定绿色:计算机和网络链路良好;

绿色闪光:计算机从网络接收信息。

(2)网络集线器 LED 指示灯

网络集线器前面板的 LED 指示灯分为两个功能区域,分别为电源/自检状态和 RJ45 口状态。

①电源/自检状态

电源/自检状态有传输错误表示灯、电源状态表示灯、传输冲突表示灯三个 LED 指示灯。

传输错误表示灯:平时灭灯,当网络集线器 16 个 RJ45 口中任意一个口接收到无效数据包(即超过允许长度),该灯闪红灯。

电源状态表示灯:接通集线器电源,亮绿灯;关闭集线器电源,该灯灭。

传输冲突表示灯:常态灭灯,当集线器 16 个 RJ45 口中任意两个(或以上)口同时发送时,亮黄闪;一般情况下,网络通信协议冲突解决算法能够解决问题。如果冲突灯频繁亮灯,则表示网络传输负荷太大。

② RJ45 网络接口状态

RJ45 网络接口状态 LED 指示灯绿色,表示该口与相应的网卡之间的通信链路正常;绿闪表示该口接收到数据。

如果某个端口连接但 LINK/RX 灭灯,应检查:集线器和相对应的网卡是否上电;电缆是否牢固连接在集线器和网卡上;连接电缆是否良好且型号正确;网络设备工作是否正常。如果问题继续存在,尝试其他空闲端口。

由于集线器能帮助用户检测和解决可能的网络故障,这些故障很少为严重的故障,绝大部分为网络电缆接触不良和损坏,或网络配置不当。采取以上措施基本能解决问题,如还不能,须与卡斯柯公司联系。

6. 联锁机印制电路板的故障检测

VPI 系统有故障检测辅助功能,这些辅助功能有助于判断在系统机箱和扩展机箱内部的故障范围、故障原因以及发生故障可能性等。判断印制电路板(以下简称 PC 板)以外的故障点,不属于本诊断范围。故障的 PC 板必须寄至卡斯柯公司进行维修。

对于 VPI 系统的故障诊断主要有以下两种方法:

(1)观察 PC 板上的 LED 指示灯,以可读的形式显示软件控制的测试结果。每块 PC 板边缘的表示灯能够用于判断板的故障,根据在 VPI 系统内的不同的表示灯的状态找出故障的 PC 板。

(2)通过系统维护台的监测来诊断故障。系统维护台可用来查询系统,获得较详细的故障信息,或者用来查询逻辑参数的结果、输出状态,读出输入结果或查询许多其他系统内部参数的状态。

另外,在进行系统维护时,应该首先检查如下内容:

①在 PC 板上测量的电源电压必须在 4.75 ~5.25 V;

②安全型输入板和安全型输出板必须有它们正确的特征鉴别头并且插在相应的板槽道上;

③VRD 板继电器驱动输出和 VRD 继电器之间的配线必须是完整的;

④供给 VRD 板的 12 V 电源必须在 9.0 ~16.0 V;

⑤在 CPU/PD 板上 EPROM 里的应用数据软件的当前版本必须与母板上 CPU/PD 板位置上的版本标志相匹配。

7. 系统维护台的辅助诊断

(1)系统维护台与 MMI 通信中断

将系统维护台关机再重新开机。

(2)MMI 主机与 MMI 备机失去联系

将 MMI 备机关机后重新开机。

(3)MMI 与联锁机 A 机通信中断

首先确认网桥 A 或网桥 B 的“POWER OK”灯点亮，如果没有点亮，检查网桥的电源部分，是否熔断器断或者电源线有故障。如果网桥的“POWER OK”灯点亮，将联锁机 A 的第 5 槽口的 OSEX 板的“RESET(复位)”按钮按一下。

(4)MMI 与联锁机 B 机通信中断

首先确认网桥 A 或网桥 B 的“POWER OK”灯点亮，如果没有点亮，检查网桥的电源部分，是否熔断器断或者电源线有故障。如果网桥的“POWER OK”灯点亮，将联锁机 B 的第 5 槽口的 CSEX 板的“RESET(复位)”按钮按一下。

(5)联锁机 A 机的 VRD 落下

观察冗余联锁机 A 机 VRD 灯是否点亮，如果点亮，忽略。如果没有点亮，用人工诊断方法进行查询。

(6)联锁机 B 机的 VRD 落下

观察冗余联锁机 B 机 VRD 灯是否点亮，如果点亮，忽略。如果没有点亮，用人工诊断方法进行查询。

(7)联锁机 A 机与联锁机 B 机之间的非安全型通道出现故障

按一下联锁机 A 机扩展机箱第 5 槽口 CSEX 板和联锁机 B 机扩展机箱第 5 槽口的 OSEX 板的“RESET(复位)”按钮。

(8)联锁机 A 机与联锁机 B 机安全通道出现故障

按一下联锁机 A 机 VSC 板和联锁机 B 机 VSO 板的“RESET(复位)”按钮。

8. 系统维护台对联锁机硬件的诊断

(1)系统维护台与联锁机的连接

系统维护台通过串口与联锁机 A 和联锁机 B 的 CPU/PD 板相连，联锁机进行实时诊断，端口通信速率为 1 200 Baud，数据格式为 8，1，N。

(2)系统维护台诊断信息状态显示

①SYSTEM OK：表示系统正常工作，没有检测出故障。

②SYS WARNING：表示系统工作在告警状态，但系统还能工作，VRD 继电器仍在工作状态。

③ERROR ALERT：表示出现致命错误，系统不能工作，VRD 继电器不能吸起，所有输出都切断。

(3)硬件诊断的键盘操作命令

下列用’ ’表示的信息都是实际的键盘操作命令。

①’S’ = 开始/结束，用来启动或关闭。

②’?’ = 错误类型，可以在’SYS WARNING’或’ERROR ALERT’出现时，进一步显示错误类型。

③'N' = NEXT,用来显示下一层的诊断信息,当使用这个命令再加上'Q'命令时,显示的是地址加 4 的信息。

④'C' = 继续测试, 在初始测试出现错误信息时,该命令让系统继续工作,但有些错误只有修复之后才能工作。该命令还可使系统返回主诊断信息(系统 OK,系统报警,出错报警),而且不会擦除任何存储的信息。

⑤'X' = 擦除信息, 擦除所有的存储的错误信息。

⑥'Q' = 询问,该命令显示 CPU RAM 的内容。在输入地址处开始处理'Q'命令。系统显示 RAM 数据的 4 个字节,输入的起始地址必须是十六进制。这个显示包括起始地址的最低 3 个字符。如果输入'WXYZO',显示的是'XYZ'8 个十六进制字符。这 8 个字符代表 XYZ,WXYZ +1,WXYZ +2,WXYZ +3 的 RAM 位置的信息。输入'N'命令使系统显示新的以 WXYZ +4 为开始的 4 个字节数据。RAM 地址对于不同系统的参数被定义在系统文件中,所给的地址是从 RAM 地址区开始的偏移值,从所要求入口是同样值。

(4)联锁机故障诊断流程图

联锁机故障诊断流程图如图 6-5 所示。

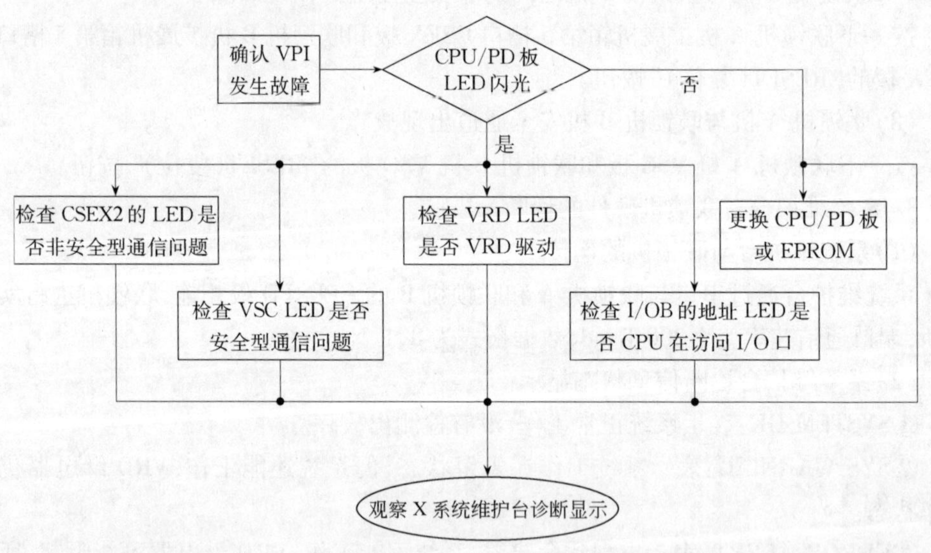

图 6-5　联锁机故障诊断流程图

(5)系统维护台对联锁机诊断的具体故障信息

① 系统开机时的故障诊断

系统开机时的故障原因及处理见表 6-1。

②联锁机运行过程中“系统出错”的诊断

联锁机运行过程中“系统出错”的原因及处理见表 6-2。

表 6-1　系统开机时的故障原因及处理

信息显示	可能原因	用户响应	采取措施
无显示	测试电缆故障;CPU/FD板软件无效无法进行下一步测试	无	检查电缆配线; 验证 CPU/PD EPROM 有效; 如果问题继续存在,更换 CPU/PD 板
CPU RAM ERR	系统内存测试错,在不使用有缺陷的内存情况下可继续工作	C/回车	更换 CPU/PD 板
POLY DIV ERR	CPU/PD 板除法器故障; 系统并行电缆故障	C/回车	记录系统故障; 检查/更换 CPU/PD 板; 检查/更换系统并行电缆
PROM MEM ERR	CPU/PD 的 EPROM 故障; 2 号开关错; 系统在这种情况下无法正常工作	N/回车 故障信息: "ROUTINE PROM"; "AD-NOSHADOW"; "ADS SHADOW"	记录系统故障; 更换有关 EPROM; 如果所有 EPROM 出错,更换 CPU/PD 板; 检查最新版本软件的兼容性; 检查 2 号开关设置
CPU SIG ERR	CPU/PD 板 EPROM 内软件版本与母板绕线不符; VRD 不能励磁	C/回车	验证母板绕线与 CPU/PD 的 EPROM 的版本是否一致
OUTPUT ERR	输出板 AOCD 测试错; 输出板的鉴别 PROM 错; 输出板地址错; 在这种情况下,系统无法工作	? /回车 故障信息: 'OUT# X/YY/Z'; X = 机箱号; Y = 槽道号; Z = 输出口号; 连续打回车	更换输出板; 检查鉴别 PROM; I/OB 板鉴别头错; 检查 I/OB 板; 检查系统并行总线; 检查鉴别头地址配线
VRD INTER ERR	VRD 板 DPRAM 接口故障; CPU/PD 板故障; 在这种情况下,系统不能工作	C/回车	初始化 CPU/PD 测试 VRD 接口 RAM; 如果继续存在,更换 VRD 板; 如果继续存在,更换 CPU/PD 板; 如果继续存在,检查母板总线接触

CSE INTER ERR	CSEX2 板 DPRAM 接门故障;
	在这种情况下,系统能工作
		N/回车
		故障信息:
		'CSE BD #X/YY';
		X = 机箱号;
		Y = 槽道号
			初始化 CPU/PD 测试 CSEX 接口 RAM;
			检查板子接触是否良好;
			如果继续存在,更换 CSEX 板;
			如果继续存在,更换 CPU/PD 板;
			如果继续存在,检查母板总线接触和 I/OB 绕线;
			检查系统并行总线

续上表

信息显示	可能原因	用户响应	采取措施
VSC INTER ERR	VSC 板 DPRAM 接口故障;系统在这种情况下能工作	N/回车 故障信息: 'VSC BD#X/YY'; X=机箱号; Y=槽道号	初始化 CPU/PD 测试 VSC 接口 RAM; 如果继续存在,更换 VSC 板; 如果继续存在,更换 CPU/PD 板; 如果继续存在,检查母板总线接触

表 6-2　联锁机运行过程中"系统出错"的原因及处理

信息显示	可能原因	用户响应	采取措施
POLY DIV ERR	CPU/PD 板主周期 PD 测试错; CPU/PD 板故障	N/回车 可能故障模式: 'PD C3,1ERR'; 'PD C3,2ERR'; 'PD C1,1ERR'; 'PD C1,2ERR'; 'PD LOAD ERR'	记录 CPU/PD 板故障信息; 检查系统并行总线; 检查/更换 CPU/PD 板
MAIN CWD ERR	送到 VRD 板的 1 个或多个校核字错	N/回车 故障信息: 'MAIN CWD#XX' XX=十六进制主校核字号; 继续打回车,直到显示: 'END ERR DATA'	采取的措施取决于校核字号码; 如果显示 CHKMEM,检查 CPU/PD 板的 EPROM 安装是否正确; 如果所有校核字错,表示 VRD 板没有驱动 VRD 继电器,但该继电器的前接点输入 VPI,可能由于测试设置和配线错; 如果其他校核字错,更换 CPU/PD 板
VRD XFR ERR	送往 VRD 板的校核字正确,而通过 VRD 前接点检测 VRD 没有励磁	C/回车	如果 VRD 继电器没有励磁,更换 VRD 板; 检查外部设备和配线

OUTPUT ERR	50 ms 重校核字错;
	DPRAM 错
		N/回车
		故障信息:
		'( )UT # X/YY/Z';
		X=机箱号;
		Y=槽道号;
		Z=输出口号;
		继续打回车,直到显示:
		'END ERR DATA'
			检查/更换有问题的输出板;
			检查外部设备和配线;
			检查地址和 PROM

续上表

信息显示	可能原因	用户响应	采取措施
TRE VAL ERR	输出板返回的 TRE 值错，导致送往 VRD 的重校核字错； 输出板故障	N/回车 故障信息： 'TREVAL#X/YY'； X＝输出口组号； Y＝输出口号； 继续打回车，直到显示： 'END ERR DATA'	检查/更换有问题的输出板； 检查外部设备和配线
RECHK CWD ERR	送往 VRD 板的校核字错； 输出板故障	N/回车 故障信息： 'RCHK # X/XX '； X X＝校核字号； 继续打回车，直到显示： 'END ERR DATA'	检查/更换有问题的输出板； 检查外部设备和配线

③联锁机运行过程中“系统告警”的诊断

联锁机运行过程中“系统告警”的原因及处理见表 6-3。

表 6-3　联锁机运行过程中“系统告警”的原因及处理

信息显示	可能原因	用户响应	采取措施
BAD IN DATA	输入口返回测试破坏的数据	N/回车 故障信息： 'IN #X/YY/Z'； X＝机箱号； Y＝槽道号； Z＝输入口号	如果特定口连续发错误，更换板子； 检查母板绕线，DI 板和 I/OB 板的鉴别头
OUT NOT ON	输出没有驱动，可能输出电路负载开路	U/回车 禁止显示： 'OUT NOT ON'； O/回车； 允许显示： 'OUT NOT ON'； N/回车； 故障信息： 'OUT #X/YY/Z'； X＝机箱号； Y＝槽道号； Z＝输出口号	检查输出电路负载，如果输出负载可工作，更换输出板

续上表

信息显示	可能原因	用户响应	采取措施
XPR RSLT ERR	运算结果不是通道 1 或 2 的码字	N/回车 故障信息: 'XPR#XXX/CHY'; XXX = 表达式号; Y = 通道号; 继续打回车,直到显示: 'END ERR DATA'	检查无效的表达式参数
NO VRD FRONT	VRD 板有输出,但返回 VRD 没有输入 VPI	C/回车	检查 DI 板输入电压和 LED; 如果不正常,检查外部电路; 如果 LED 亮,更换 DI 板; 检查电缆配线; 检查 VRD 的开关是在 F 位置

VSC DIAG ERR	CPU /PD 板无法在主周期从 VSC 读数据;
	VSC 程序停止工作或 VSC 在复位状态 VSC 的 3 号开关位置错
		N/回车
		故障信息:
		'VSC BD # X/YY';
		X = 机箱号;
		Y = 槽道号
			检查母板总线;
			如果继续发生,更换板子;
			检查 VSC 开关位置

CSE DIAG ERR	CPU/PD 板无法在主周期从 CSEX 读数据; CSEX 程序停止工作,或 CSEX 在复位状态	N/回车 故障信息: 'CSE BD#/YY'; X = 机箱号; Y = 槽道号	检查母板总线; 打'X'清除消息,观察发生的频率; 如果继续发生,更换板子; 检查 CSEX 跳线

9. 印制电路板的更换

一旦确定印制电路板故障,按照下列步骤更换板件,并确认新板件的工作状态。

(1) CPU/PD 板

①关闭系统电源。

②拔出故障电路板。

③拔出板上位于 D_{16} 和 D_{17} 插座的系统软件 EPROM 和位于 D_{18} 和 D_{19} 的"应用软件" EPROM。

④检查备用板上跳线和开关的位置是否与被更换板一致。

⑤插入板件,查看系统维护台诊断有关信息。

⑥如果系统维护台诊断显示系统正常,没有必要验证板件的功能。

⑦观察系统运行至少 5 min,如果没有异常,系统恢复使用。

⑧系统维修日志中记录有关维护信息。

(2)VRD 板

①关闭系统电源。

②拔出故障电路板。

③验证 1 号开关在“F”位置。

④恢复使用,在系统维修日志中记录有关维护信息。

(3)VSC 板

①关闭系统电源。

②拔出故障电路板。

③将故障板上的系统 EPROM 和应用 EPROM 安装在备用板上,插入备用板,观察诊断口显示。

④如果没有故障,验证板件的功能。使用系统维护台诊断的内存查询命令,观察链路两端的系统工作情况。

⑤在系统维修日志中更新有关数据和记录日期。

(4)I/O B 板

①关闭系统电源。

②拔出故障电路板。

③将故障板上的 SIGNATURE HEAD 拔出后,安装在备用板上,上电后,观察诊断口显示。

④如果没有异常,验证板件的功能。改变每块输入板任何一个口的状态,观察系统工作情况。

⑤如果没有异常,验证板件的功能。改变每块输出板任何一个口的状态,观察系统工作情况。

⑥恢复使用,在系统维修日志中记录有关数据。

(5)DI 板

①关闭系统电源。

②拔出故障电路板。

③将故障板上的 SIGNATURE HEAD 拔出后,安装在备用板上,上电后,观察诊断口显示。

④如果没有异常,验证板件的功能。改变每块输入板任何一个口的状态,观察系统工作情况。

⑤恢复使用,在系统维修日志中记录有关数据。

(6)SBO 板

①关闭系统电源。

②拔出故障电路板。

③将故障板上的位于 IC_8 插座的 PROM 特征鉴别芯片拔出后,安装在备用板上。

④上电后,观察系统维护台诊断显示。

⑤如果没有异常,验证该板件的功能。执行系统逻辑,打开和关闭板件上每个输出口,观察有关 LED 显示是否与输出状态一致,及有关接口继电器工作情况。

⑥恢复使用,在系统维修日志中记录有关数据。

(7) CSEX/CSEX2/CSEX3 板

①关闭系统电源和通信电源。

②拔出故障电路板。

③拔出板上系统软件 EPROM 和应用软件 EPROM。

④备用板安装软件。

⑤检查备用板上跳线和开关的位置是否与被更换板一致。

⑥插入板件,验证板件的功能。执行站控和遥控操作,非安全型逻辑和/或现场表示和通信(如果有,全部执行)。

⑦恢复使用,在系统维修日志中记录有关维护信息。

(8) NVI 板

①关闭系统电源。

②拔出故障电路板,插入备用板。

③恢复使用,在系统维修日志中记录有关维护信息。

(9) NVO 板

①关闭系统电源。

②拔出故障电路板,插入备用板。

③恢复使用,在系统维修日志中记录有关维护信息。

第二节　iLOCK 型计算机联锁系统

卡斯柯公司从 ALSTOM 引进成熟的安全型专用联锁机技术,结合既有的通过铁道部检测和认证的 VPI 系统联锁软件及人机界面等开发成果,完成了 iLOCK 型二乘二取二计算机联锁系统的技术国产化工作。

iLOCK 型计算机联锁系统(以下简称 iLOCK 系统)是在一般的二乘二安全结构基础上,再增加独立的“故障—安全”校验模块、采用 NISAL 专利技术,构成智能安全型计算机联锁系统。

一、系统结构

iLOCK 系统由联锁处理子系统(IPS)、人机界面子系统(MMI)、值班员台子系统(GPC)、诊断维护子系统(SDM,含集中监测——可选)、冗余网络子系统(RNET)、电源子系统(PWR)组成。iLOCK 系统基本结构如图 6-6 所示。

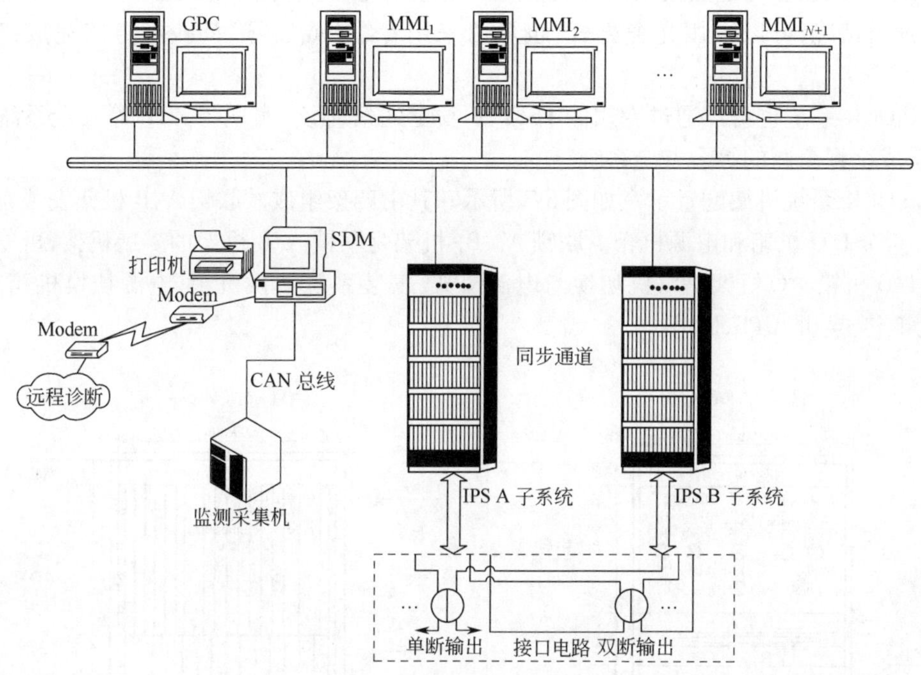

图 6-6 iLOCK 系统基本结构

MMI 是 iLOCK 系统与车站值班员之间的交互接口。通常情况下,iLOCK 系统采用彩色显示器作为计算机联锁系统的人机交互界面,供车站值班员通过鼠标办理各种作业,显示站场信号设备,并给予明了的语音提示。在较大的车站,设有 GPC,供车站值班员监视站场内列车运行情况以及站场状态,GPC 的界面显示与 MMI 完全一致。

IPS 是由一个或多个机柜组成的二乘二取二系统,A 系和 B 系无论是否同时启动,双系开机并通过安全校验后即能很快自动同步。A 系和 B 系采集共享、并行输出,当一个系某一路采集或输出发生错误时,只要另一个系对应的码位不发生错误,就不会影响系统的运行。单系实行双通道采集、双断稳态输出,只有在双通道运算结果一致、双通道总线控制结果一致、双通道输出电路完好等各项二乘二严格条件都满足以后,才使输出真正有效。

SDM 采用图形化“诊断维护电子向导”,是维修人员进行系统维护和信号设备监测的工具。

iLOCK 系统还设有基于交换机的以太网技术的冗余网络和冗余热备的 UPS 的供电配置。

iLOCK 系统可以通过 MMI 的串口实现与 ATS 等系统的信息交换。通过标准的联网方式,可以在任何地点接入任意数量的调度显示终端。根据距离远近和用户所能提供的通道情况,可以采用光缆方式,也可以采用专线(或拨号)Modem 方式完成终端接入。

iLOCK 系统也可以通过专用的 FSFB/2 安全通信协议,实现与 ATP 等安全系统联网,构成全程全网的综合安全系统。

iLOCK 系统机架配置示意如图 6-7 所示。其由四架组成。联锁 A、B 机架安装系统机箱、4 个 I/O 机箱和电源机箱。联锁 A_1/B_1 机架是联锁 A/B 机架的扩展机架,可安装 6 个 I/O 机箱。C 机架是双机切换与电源机架,安装系统切换机箱、电源切换机箱、配电机箱、交换机、UPS、MMI。

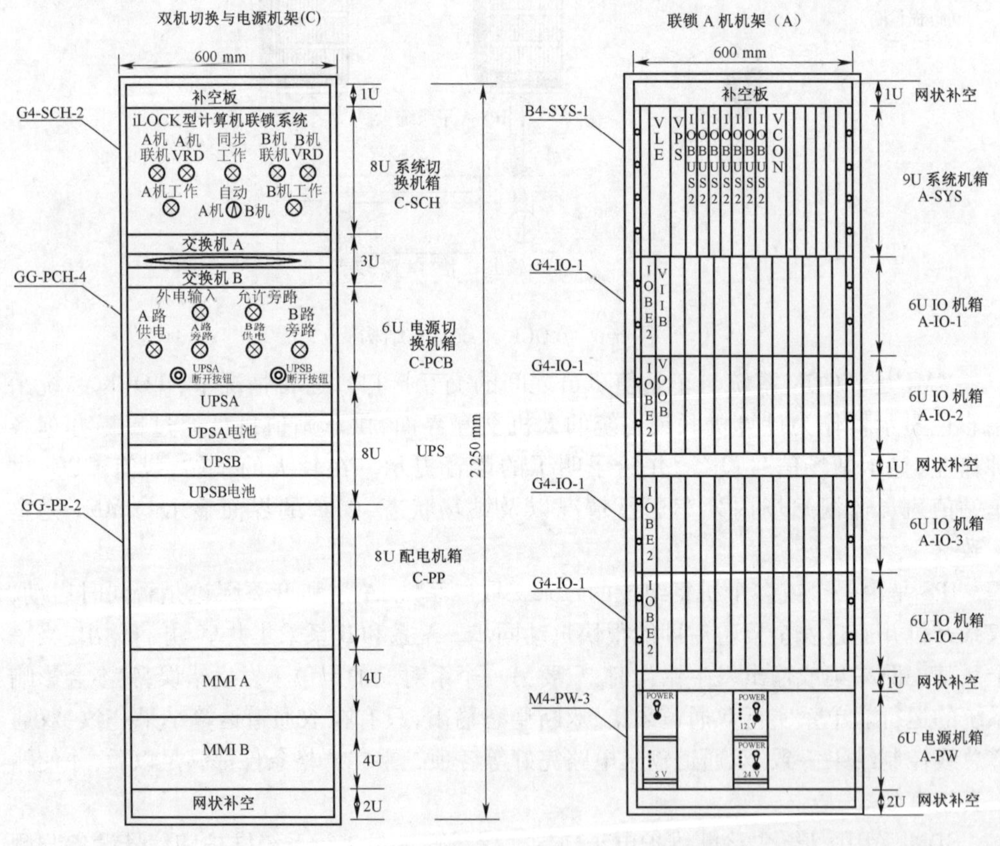

(a) 双机切换与电源机架前视图　　(b) 联锁 A 机前视图

图　6-7

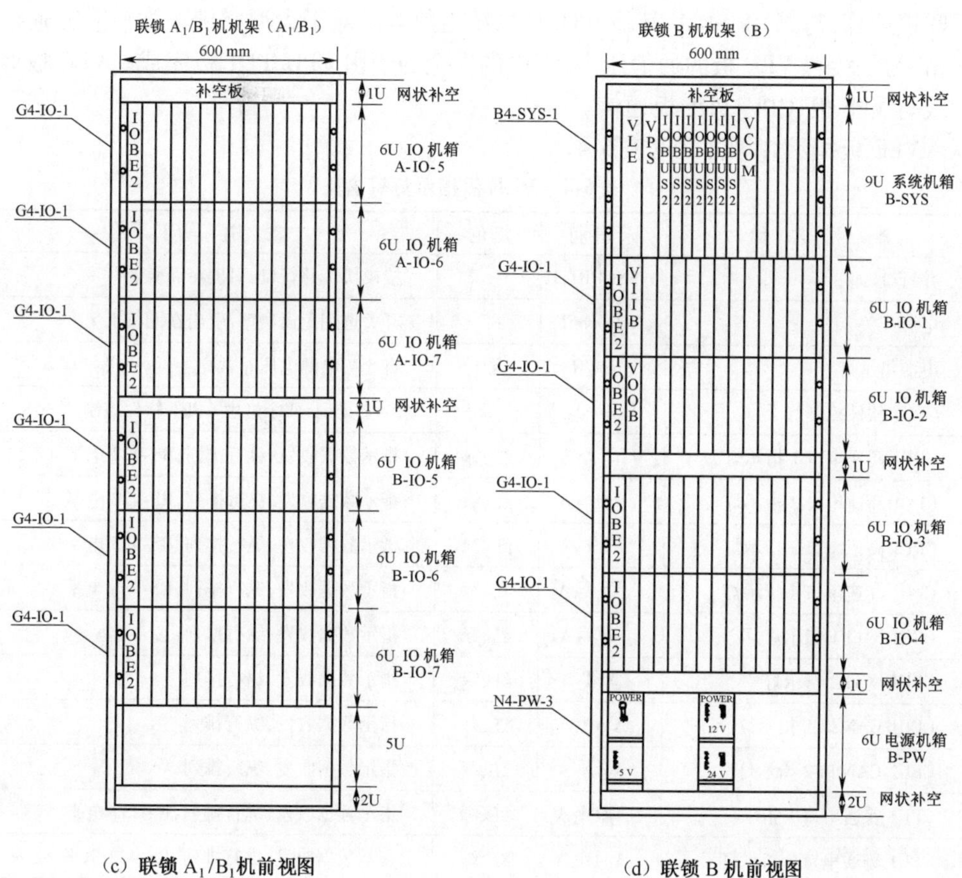

（c）联锁 A_1/B_1 机前视图　　（d）联锁 B 机前视图

图 6-7 iLOCK 系统机架配置示意

二、设备组成

1. 联锁处理子系统

IPS 是整个 iLOCK 系统的核心，它由专用联锁机（IPS A 和 IPS B）组成，根据需要可以采用中央逻辑控制（CLC）和区域逻辑控制（ZLC）结构。

（1）IPS 硬件

IPS 硬件由一个或多个机柜组成，包含一个以上的机箱，机箱中有一定数量的印制电路板连接他们的线路，以及与其他设备交换信息的接口。iLOCK 系统机箱高度为 9U，扩展机箱高度为 6U，每层机箱有 14 个槽道，灵活性及可扩展性好。

IPS 包括以下印制电路板：

①安全逻辑运算板（VLE）

VLE 板是整个联锁处理子系统的核心,包括通过 I/O 选址读取输入/输出信息;进行联锁运算;与 MMI、SDM、其他 iLOCK 系统通信等。对于大型联锁车站或有光通信的车站,为了缓解 VLE 板的通信压力,其中的安全通信由 CPU/PD1 板完成。VLE 板通过总线与 VPS 板、CPU/PD1 板通信。

VLE 板指示灯等含义见表 6-4。

表 6-4　VLE 板指示灯等含义

器件名称	标识符	颜色	说明
并行口	SECURITE		接模块 1 并行口,引出在面板上
电源开关	ON/OFF		开关选用免误碰型,引出在面板上
电源指示灯	PWR	红	有 5 V 电源电压时常亮
CPU1 软件控制灯	$L_1A \sim L_4A$	绿	2×2 排列,四个灯由 CPU1 软件控制
CPU1 高速串口 1 指示灯	VS L_1A	红、绿	指示数据收发,纵行排列,RS-422 电平
CPU1 高速串口 2 指示灯	VS L_2A	红、绿	指示数据收发,纵行排列,RS-422 电平
CPU1 高速串口 3 指示灯	VS L_3A	红、绿	指示数据收发,纵行排列,RS-485 电平
CPU1 高速串口 4 指示灯	VS L_4A	红、绿	指示数据收发,纵行排列,RS-485 电平
CPU1 网口 1 指示灯	NET_1A	红、绿	指示数据收发,纵行排列
CPU1 网口 2 指示灯	NET_2A	红、绿	指示数据收发,纵行排列
CPU1 CAN 口 1 指示灯	CAN_1A	红、绿	指示数据收发,纵行排列
CPU1 CAN 口 2 指示灯	CAN_2A	红、绿	指示数据收发,纵行排列
CPU1 普通串口 1 指示灯	COM_1A	红、绿	指示数据收发,纵行排列,RS-232 电平
CPU1 普通串口 2 指示灯	COM_2A	红、绿	指示数据收发,纵行排列,RS-422 电平
CPU2 软件控制灯	$L_1B \sim L_4B$	绿	2×2 排列,四个灯由 CPU2 软件控制
CPU2 高速串口 1 指示灯	VS L_1B	红、绿	指示数据收发,纵行排列,RS-422 电平
CPU2 高速串口 2 指示灯	VS L_2B	红、绿	指示数据收发,纵行排列,RS-422 电平
CPU2 高速串口 3 指示灯	VS L_3B	红、绿	指示数据收发,纵行排列,RS-485 电平
CPU2 高速串口 4 指示灯	VS L_4B	红、绿	指示数据收发,纵行排列,RS-485 电平
CPU2 网口 1 指示灯	NET_1B	红、绿	指示数据收发,纵行排列
CPU2 网口 2 指示灯	NET_2B	红、绿	指示数据收发,纵行排列
CPU2 CAN 口 1 指示灯	CAN_1B	红、绿	指示数据收发,纵行排列
CPU2 CAN 口 2 指示灯	CAN_2B	红、绿	指示数据收发,纵行排列
CPU2 普通串口 1 指示灯	COM_1B	红、绿	指示数据收发,纵行排列,RS-232 电平
CPU2 普通串口 2 指示灯	COM_2B	红、绿	指示数据收发,纵行排列,RS-422 电平
复位按钮	RESET		可同时复位两个 CPU 模块

续上表

器件名称	标识符	颜色	说　明
VCC 测试端口	VCC		接 5 V 电源,引出在面板上
GND 测试端口	GND		接 GND,引出在面板上
串行口	MAC		DB_9 插座,引出在面板上,其中 2、3、5 脚接模块 1 的普通 RS-232 串口,6、7、9 脚接模块 2 的普通 RS-232 串口

②安全校验板(VPS)

VPS 板是 iLOCK 系统的安全型监视机构,独立于 VLE 板,对系统进行全面的安全检查。它以一定的间隔接收一组编码检查信息,如经检查这组信息正确,则输出一个安全型数字信号,这个信号通过一个安全型滤波器滤波并且用于励磁一个安全型继电器 VRD,用以证明系统自检正常。所有通向 iLOCK 系统的安全型输出电源都经过用 VRD 继电器的前接点。当发现系统有错误时,VRD 继电器立即失磁,切断 iLOCK 系统所有的安全型输出电源。VRD 继电器在 VPS 经过 7 个周期连续检查后,证明系统是正常时才能再度励磁,以确保系统安全。

VPS 板指示灯等含义见表 6-5。

表 6-5　VPS 板指示灯等含义

器件名称	标识符	颜色	说　明
电源指示灯	PWR	红	有电源电压时常亮
VPS 读写指示灯	REQ/RDY	红、绿	指示数据收发
VITAL RELAY	RELAY	红	指示 VITAL RELAY 状态
复位按钮	RESET		可同时复位 CPU 模块
VCC 测试端口	VCC		接 5 V 电源,引出在面板上
GND 测试端口	GND		接 GND,引出在面板上

③输入输出总线扩展板(I/O BUS 2)

I/O BUS 2 板是 VLE 板和输入输出板交换信息的通道。I/O BUS 2 板为输入板的测试数据和输出板的端口校验数据提供存储空间;同时也包含逻辑和时序电路,以控制输出端口的连续校验。I/O BUS 2 板能与 I/O BE 2 板交换信息,通过 I/O BE 2 板实现差分驱动,驱动双断输出板。

I/O BUS 2 板指示灯等含义见表 6-6。

表 6-6 I/O BUS 2 板指示灯等含义

器件名称	标识符	颜色	说　明
电源指示灯	PWR	红	有电源电压时常亮
第一路读写指示灯	RD/WR	红、绿	指示第一路 IO BUS 数据收发
第二路读写指示灯	RD/WR	红、绿	指示第二路 IO BUS 数据收发
复位按钮	RESET		可同时复位 CPU 模块
VCC 测试端口	VCC		接 5 V 电源,引出在面板上
GND 测试端口	GND		接 GND,引出在面板上

④输入输出总线扩展板(I/O BE 2)

I/O BUS 2 板与 I/O BE 2 板交换信息,通过 I/O BE 2 板实现差分驱动,驱动双断输出板。

I/O BE 2 板指示灯等含义见表 6-7。

表 6-7 I/O BE 2 板指示灯等含义

器件名称	标识符	颜色	说　明
电源指示灯	PWR	红	有电源电压时常亮
读写指示灯	RD/WR	红、绿	指示 I/O BE 板数据收发
VCC 测试端口	VCC		接 5 V 电源,引出在面板上
GND 测试端口	GND		接 GND,引出在面板上

⑤双采安全型输入板(VIIB)

VIIB 板为 iLOCK 系统的两个 CPU 分别采集提供相同的接口。每块 VIIB 板有 16 个输入端口,每个输入端口对应一个指示灯,当某端口有输入信号时,相应的指示灯点亮。

VIIB 板指示灯等含义见表 6-8。

表 6-8 VIIB 板指示灯等含义

器件名称	标识符	颜色	说　明
电源开关	ON/OFF		开关选用免误碰型,引出在面板上
电源指示灯	PWR	红	有电源电压时常亮
读写指示灯	RD/WR	红、绿	指示 VIIB 板数据收发
第 1 ~ 16 路采集	1 ~ 16	绿	平时熄灭,采集到数据后点亮
VCC 测试端口	VCC		接 5 V 电源,引出在面板上
GND 测试端口	GND		接 GND,引出在面板上

⑥安全型输入板(VIB)

VIB 板为 iLOCK 系统提供采集接口，使 LOCK 系统能安全检测输入端口状态。每块 VIB 板有 16 个输入端口，每个输入端口对应一个指示灯，当某端口有输入信号时，相应的指示灯点亮。

VIB 板指示灯等含义见表 6-9。

表 6-9 VIB 板指示灯等含义

器件名称	标识符	颜色	说　明
电源开关	ON/OFF		开关选用免误碰型，引出在面板上
电源指示灯	PWR	红	有电源电压时常亮
读写指示灯	RD/WR	红、绿	指示 VIB 板数据收发
第 1 ~16 路采集	1 ~16	绿	平时熄灭，采集到数据后点亮
VCC 测试端口	VCC		接 5 V 电源，引出在面板上
GND 测试端口	GND		接 GND，引出在面板上

⑦安全型双断输出板（VOOB）

VLE 板通过 VOOB 板产生输出信号，驱动接口设备，并且系统能时时检测 VOOB 板输出的正确性，输出与实际驱动的一致性。作为双断输出板，VOOB 板为二取二系统的两个 CPU 分别提供正负电控制对象。每块 VOOB 板有 8 对输出，每对输出设一个正电输出和一个负电输出对应一个有效输出。每对输出端口设一个指示灯，当正电和负电输出同时有效时，相应的指示灯点亮。

VOOB 板指示灯等含义见表 6-10。

表 6-10 VOOB 板指示灯等含义

器件名称	标识符	颜色	说　明
电源指示灯	PWR	红	有电源电压时常亮
读写指示灯	RD/WR	红、绿	指示 VOOB 板数据收发
第 1 ~8 路采集	1 ~8	绿	平时熄灭，采集到数据后点亮
VCC 测试端口	VCC		接 5 V 电源，引出在面板上
GND 测试端口	GND		接 GND，引出在面板上

⑧安全型单断输出板（VOB）

VLE 板通过 VOB 板产生输出信号，驱动接口设备，并且系统能时时检测 VOB 板输出的正确性，输出与实际驱动的一致性。作为单断输出板，VOB 板仅提供正电控制对象。每块 VOB 板有 16 个输出，每个输出端口设一个指示灯，当输出有效时，相应的指示灯点亮。

VOB 板指示灯等含义见表 6-11。

表 6-11　VOB 板指示灯等含义

器件名称	标识符	颜色	说　明
电源指示灯	PWR	红	有电源电压时常亮
读写指示灯	RD/WR	红、绿	指示 VOB 板数据收发
第 1 ~ 16 路采集	1 ~ 16	绿	平时熄灭,采集到数据后点亮
VCC 测试端口	VCC		接 5 V 电源,引出在面板上
GND 测试端口	GND		接 GND,引出在面板上

⑨安全数据处理板(CPU/PD1)

对于大型联锁车站或有光通信的车站,为了缓解 VLE 板的通信压力,增加配置 CPU/PD1 板,通过 VLE 板通信。

⑩母板(MB)

母板是联锁处理子系统中各印制电路板之间连接的桥梁。通过母板,VLE 板可以进行 I/O 选址,可以与 VPS 板交换信息,对于配置安全通信板的联锁车站还可以与 CPU/PD1 板交换信息,通过母板、I/O B 板可以与输入输出板交换数据,从而达到整个联锁处理子系统之间的信息互通。

采用 CLC 和 ZLC 分层逻辑结构时,联锁运算和输入输出板的逻辑控制交由两组 VLE 板来完成。CLC 进行联锁逻辑运算,ZLC 则接收 CLC 的控制命令,实施采集和驱动的控制,同时,也可以在 CLC 与 ZLC 之间通信中断时,实现基本联锁(如基本列车进路、引导进路)的自律控制。IPS 的这种工作方式,对区域计算机联锁区段进行站场改造非常方便。

(2)NISAL 技术

NISAL 技术是卡斯柯公司从 ALSTOM 引进的通过国际权威机构认证的安全技术。iLOCK 系统的联锁逻辑是由安全型逻辑组成的。它把传统的由继电器实现的联锁逻辑和控制逻辑"写"成一系列逻辑表达式,这些逻辑表达式的正确实施就是通过 NISAL 技术的联锁安全运算功能来保证的。NISAL 技术是在基本逻辑(即联锁逻辑)以外运行的,提供了一种独立的安全校核。二取二技术和 NISAL 技术的综合运用,使得 iLOCK 系统比一般的二取二系统更加安全。

(3)带独立故障—安全校验的二取二结构

IPS 的二取二结构如图 6-8 所示。

在二乘二取二系统中,单系的 VLE 板采用二取二结构,软件采用双 CPU 独立运算,两个 CPU 运算采用的数据互不相同,这些数据包括安全采集数据、安全输出数据、

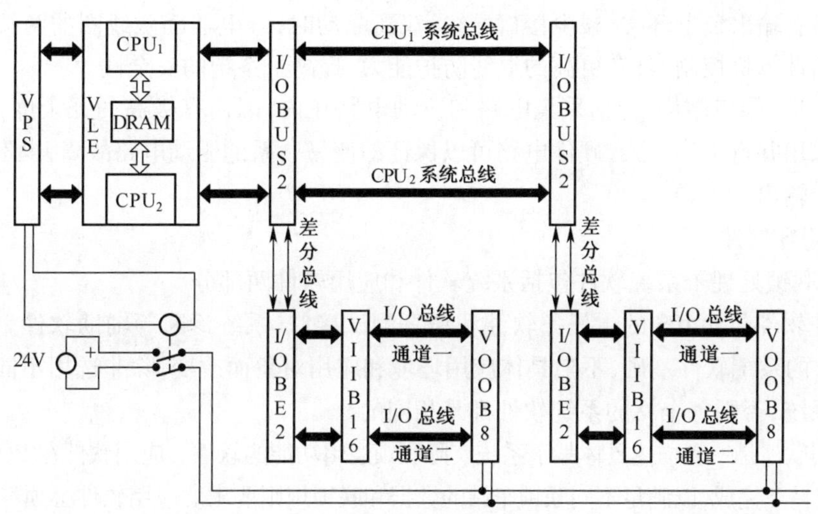

图 6-8 IPS 的二取二结构

安全通信数据和中间数据,它们都是通过冗余编码选择而得。两个 CPU 分别进行一个通道的运算,两个 CPU 之间具有数据比较、同步比较、结果比较等联系,只有运算结果相同时,才允许输出。

两个 CPU 内都不会存储有关安全性的任何真值,安全采集数据是通过每个主周期采集得到,安全输出数据由布尔表达式运算得到,所有的安全数据在本周期内使用完毕后就会被清除。

(4)VPS 校验

VPS 实际上是 IPS 的动态安全监视器,它与 VLE 板一起,构成 IPS 的安全检查核心。可以说 VPS 是独立于二取二的 VLE 板以外的、本身具有故障—安全特性的安全校验模块。这使得 iLOCK 系统比通常的二取二系统具有更高的安全性。

VPS 在精确的周期间隔内接收一组经编码的,分别代表系统采集正常、系统 CPU_1/CPU_2 运行正常、内存刷新正常、安全通信正常、各输出板状态正常的校验信息。当且仅当校验信息均正确时,VPS 才能输出一个安全的数字信号,该信号通过安全型的谐波检查后,作为“系统安全校验继电器”的励磁电源。更为重要的是,这种电源只在每次系统安全校验通过后才能产生,并只能维持 50 ms,如下一个 50 ms 安全校验周期有任何出错的报警,则立即切断该电源,此时,也就意味着给各个输出端口供电的 KZ/KF 同时被切断。

系统的这种快速的“反应故障—安全”机制,保证了即使输出端口有出错的可能性,VPS 也能在该错误产生实际效果之前,可靠切断 IPS 的安全输出电源,保证系统输出控制的安全。

(5)单断、双断可选并行驱动

IPS 的输出可以根据用户需要选用单断或双断的继电器并行驱动输出方式。单断驱动时所有输出负电环接,减少接口配线;双断驱动时,继电器励磁线圈的两端分别由二取二的计算机控制,具有更高的混线防护能力,提高了系统的安全性。

IPS 的二乘二结构,包括采集电路和驱动电路在内,因而有极高的冗余度,A、B 系的输出采用并行工作方式,硬件电路可以保证即使另一系的驱动电路故障,也不会影响本系安全输出。

(6) IPS 软件

IPS 联锁处理子系统软件包括系统软件和应用软件两部分。

系统软件包含 IPS 的主任务软件和仿真测试接口、系统诊断等辅助软件。这些软件是 IPS 的系统软件基础,不随具体应用环境和应用对象而改变,除非选用不同系列的 iLOCK 系统,否则每个站的系统软件都是相同的。

应用软件是一套描述具体某个系统实际联锁逻辑功能的软件。应用软件在 BOOL-CAD 软件包支持下完成,以满足不同联锁车站的数据和联锁规则要求。应用软件必须经 CAA 软件包编译检查、生成 iLOCK 系统专用的应用数据(ADS)后才能被系统所接受执行。

应用软件中还包括仿真测试数据安全切出、切入设计。

系统软件和应用软件放在不同的、能避免在线擦除或更改的存储媒介中,有利于系统软件和应用软件的管理。

2. 人机界面子系统

(1) MMI 功能

MMI 工作于 Windows 2000 或更高版本的 Windows 多任务操作系统,对每个车站,采用 $N+1$ 热备工作方式,使用高可靠的工业控制计算机,通过高速网口或串口与其他系统(子系统)交换信息。

MMI 完成以下功能:

①车站值班员发送控制命令和接收现场表示信息。

②MMI 之间、MMI 与 SDM 子系统和仿真测试系统之间通过高速网络交换信息。

③完成非安全联锁逻辑功能(如选路判断、表示等)。

④数字式道岔动作电流显示。

⑤通过串口提供 iLOCK 系统与 ATS 系统交换信息的接口。

⑥用户所要求的其他表示与报警功能。

(2) MMI 界面

MMI 界面由站场图窗口、操作输入窗口、信息提示窗口组成,可以复示现场信号设备状态、发送控制命令、并给出信息提示。

①站场图窗口

站场图窗口包括:信号机的状态表示,道岔位置表示,进路的锁闭状态表示,轨道及道岔区段的占用表示,反映进路控制过程的其他必要表示,以及与其他系统联系的相应表示,主要设备的报警,其他必要的表示和报警。

②操作输入窗口

车站值班员通过操作输入窗口可以进行排列进路、取消进路、重复开放信号、延时解锁进路、操纵道岔、单独锁闭/解锁道岔、关闭信号、事故解锁区段、办理引导进路、引导总锁闭、封锁信号设备的操作以及其他用户要求的有关操作。

③信息提示窗口

信息提示窗口中记录了操作员进行的各种操作。车站值班员可以选择显示和隐藏信息提示窗口。当车站值班员办理了 MMI 能识别的非法操作时,信息提示窗口自动弹出,并用红色字体给出提示。

(3)值班员台(GPC)

较大车站(一般为 25 组道岔以上车站)根据用户需要设置值班员台。

3. 诊断维护子系统

诊断维护子系统 SDM,主要完成系统诊断维护及接口设备在线监测的功能,由工业控制计算机、彩色显示器、激光打印机、鼠标、键盘等组成,根据需要还可提供双套热备,可以联网,提供远程诊断功能。

SDM 可与集中监测站机构成二合一系统(集中监测与诊断维护系统),以提高整个系统的综合化水平,充分发挥计算机的处理能力,减少了硬件配置和维护。

(1)SDM 的功能

①IPS 的系统诊断与维护,通过高速网络接收 IPS 的诊断结果信息、输入/输出信息、全站简化参数信息、指定参数详细信息。系统正常工作时,不需要查询,SDM 自动接收 IPS 的工作信息,当 SDM 故障修复后或与联锁处理子系统通信恢复后,SDM 仍能接收到 IPS 记录的一天内的报警和错误信息。

②通过网络接收来自 MMI 和联锁机的操作和表示信息,并记录关键操作和表示。

③站场显示、历史回放。

④网络管理。

⑤通过 Modem 实现远程诊断接入。

⑥通过 CAN 总线或串口接收集中监测机的监测信息。

⑦根据需要,SDM 可以与不同的中央维修中心接口。

⑧通过以太网为其他管理系统与 iLOCK 系统通信提供接口。

(2)诊断维护内容

①在线监测 IPS 的工作状态,诊断并记录 1 个月内的工作正常与故障信息。

②在线监测冗余网络的运行状态,包括双网和网上各节点的连接工作状态。当网络发生故障或某个网络节点不正常工作时,发出报警信息,并作记录。

③记录值班员对 MMI 的各种操作,记录始终端及铅封按钮操作的时间和次数,并可以在 1 个月内按时间先后次序查询。

④记录 MMI 上的各种站场表示状态,并可以回放 1 个月内的 MMI 站场信息。

⑤在线显示并记录 1 个月内的输入、输出码位信息。

⑥对所测试数据随时储存,并可根据需要回放。

(3)诊断维护电子向导

系统设计了独特的图形化“诊断维护电子向导”模式,SDM 可以用图形化方式将联锁机故障定位到板级,输入输出板的故障定位到具体某一位,指明哪台联锁机发生故障;故障发生在联锁机的哪个部位;哪块印制板;从故障记录上提示用户该印制板可能发生了什么故障;应该如何处理等等。用户只要经过简单的培训,很快就能掌握 iLOCK 系统故障诊断,能处理系统的常见故障。

4. 冗余网络子系统

iLOCK 系统采用基于高速交换机的以太网冗余网络结构,进一步加强了网络系统的可靠性。通过网络通信的各子系统均安装有两块以太网接口卡将其接入冗余网络,一条网络故障,各子系统可以自动通过另一条网络通信,并在 SDM 子系统中给出故障诊断信息,便于及时维护。

5. 电源子系统

iLOCK 系统采用了双 UPS 热备的冗余供电方式。来自电源屏的单相交流电经过二级电源防雷后输入在线式 UPS,UPS 输出净化 220 V 交流电,经过电源柜配电端子排供给 iLOCK 各子系统。

正常情况下,整个系统由一个 UPS 供电,当工作 UPS 出现故障时,电源切换电路自动切换至备用 UPS 供电,当两个 UPS 均不能正常工作时,电源切换电路自动切换至由电源屏直接供电。两个 UPS 之间也可通过切换按钮实现人工切换。电源切换不影响系统的正常工作。

iLOCK 系统电源配置如图 6-9 所示。

三、安全性和可靠性

1. 故障—安全设计

iLOCK 系统基于 ALSTOM 设计的专用于铁路信号联锁控制的专利安全技术,采用了多重故障—安全保证措施,综合运用了反应故障—安全、组合故障—安全、固有故障—安全技术。

(1)VLE 板采用双 CPU 进行运算,对同一功能,在 CPU_1 和 CPU_2 中采用了独立相异的两组编码来表示,运行各自独立的软件,使联锁机从硬件到软件均构成二取二的“组合故障—安全”体系结构。

(2)在联锁运算采用二取二模式的基础上,CPU_1 和 CPU_2 每执行一行程序,均分别构成校核字的一部分被实时地送到以 VPS 板为核心的独立的安全防护(校验)部分进行校核,以监督系统完好,且每行程序均得到正确执行。VPS 板还对各安全型输出端口

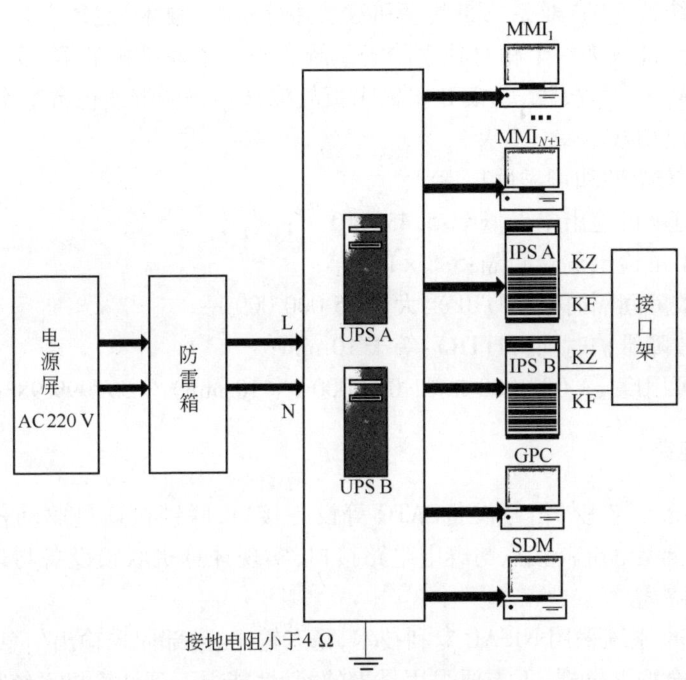

图 6-9　iLOCK 系统电源配置图

进行实时动态校核(校核周期为 50 ms),确保防护电路能在系统可能发生错误输出之前即切断输出通道的电流,以实现故障—安全目的。

(3)iLOCK 系统中的 VPS 板、VIB 板、VIIB 板、VOB 板、VOOB 板以及安全输出板中的 AOCD 元器件,均像安全型继电器一样具有固有故障—安全特性。

2. 可靠性设计

iLOCK 系统的印制电路板采用高品质高可靠性的元器件。满足欧美铁路和中国计算机联锁系统防雷和抗电磁干扰双重要求,经过电源防雷、线路防雷及端口防雷,能在重雷区稳定可靠地工作。iLOCK 系统的输入输出板每一路都设有防雷防浪涌元件。系统分设了多个滤波器,以防电源噪声和外部电磁干扰(EMI)进入 iLOCK 系统。安全型输入和安全型输出的每一种状态都用双通道、各 32 bit 来表达,大大增强了系统的抗干扰能力。

3. 冗余工作原理

由于模块化设计,iLOCK 系统采用 $N+1$ 热冗余的操作员台 MMI、冗余联锁机 IPS、双网、双 UPS 等全面冗余结构,任意一个或多个子系统故障时,iLOCK 系统能通过自动重组,继续稳定可靠地工作。

IPS 既可以采用两系并行控制的工作方式,也可以选用双系热备模式。并行控制的可靠性更高,但双系热备方式比较节能省电,且 iLOCK 系统输出板有单断或双断、输入板有单采和双采两种不同的类型可供用户选择。

iLOCK 系统特有的“双系采集共享和双系并行控制”技术,使每个联锁计算机及其采集板、输出板,都成为一个相对独立的子系统。当两个联锁机的输入/输出出现交叉故障(如联锁 A 机采集故障、联锁 B 机输出板故障)时,仍能继续正常工作,并不会导致其他子系统无故切换。

4. 系统的安全性和可靠性指标

(1)双通道不可检出错误概率:5.43×10^{-20};

(2)系统不可检出危险间隔:5.8×10^{10}年;

(3)平均故障间隔时间(MTBF):大于 15 000 000 h;

(4)平均故障维护时间(MTTR):等于 10 min;

(5)系统可用度 = 1 000 000 h/(1 000 000 h + 10 min) = 99.999 98%。

四、接口电路

iLOCK 系统可与室外信号设备、ATC 等设备接口,联锁机通过驱动普通安全型继电器和采集安全型继电器接点与继电电路接口,实现计算机联锁设备与现场设备的电路衔接和安全隔离。

由于 iLOCK 系统采用 NISAL 专利技术,稳态输出、内部回采输出信息,输出控制只需采用普通安全型继电器,不需要采用昂贵的、其性能得不到计算机系统持续的直接检查的动态继电器或动态组合电路,不仅大大降低了室内接口电路的工程造价,也简化了接口电路结构,确保了输出驱动电路的可靠性,节约了用户的维修成本,更重要的是彻底消除了动态继电器或动态组合电路的安全隐患。

1. 正线车站接口

(1)与车辆段/停车场 CBI(计算机联锁)子系统的接口

排列出、入车辆段/停车场的进路,满足正线与车辆段/停车场的相互敌对照查条件。正线联锁系统和车辆段/停车场联锁系统之间的接口电路采用安全通信模式,通过联锁站间安全通信网络即采用安全型数字通信接口传递相应信息,节省了大量的继电器。

其接口内容主要为:敌对照查条件、相邻区段占用出清信息、相邻道岔信息等。

(2)与信号机的接口

CBI 与信号机之间通过安全型继电器接口。CBI 通过安全型输出板输出控制信号继电器(如对于防护信号机和进段信号机的 LXJ、ZXJ、YXJ,对于调车信号机的 DXJ,对于具有点灯和灭灯两种模式的信号机需设置点灯继电器 DDJ)。

通过安全型采集板采集信号机的灯丝继电器信息。

LED 信号机报警装置通过串口向 SDM 传送信号机每个灯位的灯丝电流超标的信息。

与信号机的接口分界点在电缆分线柜接线端子。

(3)与转辙机的接口

CBI 与转辙机之间的接口通过安全型继电器实现。CBI 的安全型输出板输出控制道岔动作继电器(DCJ、FCJ 和 DCQD)。CBI 的安全型采集板采集道岔位置(DBJ、FBJ)信息。

与转辙机的接口分界点在电缆分线柜接线端子。

(4)与紧急停车按钮的接口

在 IBP 盘上设置紧急停车按钮及相应表示灯。在紧急情况下,可按下车站控制室综合控制工作台的紧急停车按钮或车站站台上的紧急停车按钮,实现对列车的紧急控制。非设备集中站的紧急停车按钮状态通过站扣电缆送到集中站,再由 CBI 采集。同时,CBI 把该信息送给 ATC。CBI 与紧急停车按钮的接口是通过安全型继电器来实现的。紧急关闭继电器状态通过安全型输入送至联锁系统。

(5)与电源设备的接口

CBI 的工作电源为经过防雷稳压的 AC220 V,按照系统结构,可以分为三路输入。两路给联锁系统,正线每路 1 500 W,由联锁再分配给各个子模块。1 路给机架风扇和打印机用电 1 000 W。CBI 与接口架的接口电源为 DC24 V,工作电流为 10 A。

设备集中站的电源设备通过串口与 SDM 相连;由设备集中站的系统维护台统一显示所辖区域的电源报警信息,通过 ATC 骨干网送至维修中心的维修服务器。

非设备集中站的操作员工作站通过串口和非设备集中站的 UPS 连接,获取相关报警信息,再通过 ATC 骨干网传至设备站 SDM 设备,由设备集中站的系统维护台统一显示所辖区域的电源报警信息,通过 ATC 骨干网送至维修中心的维修服务器。

(6)与车载 ATP/ATO 之间的接口

CBI 与车载 ATP/ATO 之间通过安全型通信交换信息,主要完成与屏蔽门接口的信息交换功能。

(7)与计轴设备的接口

CBI 通过安全型采集板采集计轴设备的轨道信息,其接口采用安全型继电器。

(8)与地面 ATP 的接口

CBI 与地面 ATP 通过安全型通信交换数据。CBI 向地面 ATP 提供信号机和道岔状态、列车进路设置情况、防护进路的建立等信息。地面 ATP 向 CBI 提供检测的列车位置信息、信号机点灯和灭灯命令等信息。

(9)与相邻联锁站的接口

CBI 与相邻联锁站之间的信息交换通过 ATP/ATO 信号安全子网完成。相邻联锁站之间主要交换相关列车位置、相邻信号机状态等。

(10)与 ATS 的接口

联锁操作工作站与 ATS 工作站合一设置,称为现地控制工作站。联锁设备与 ATS 系统结合实现对列车进路的自动控制。通过车站级的局域网,联锁设备向 ATS 设备提供列车运行的表示信息和信号状态信息,并接收 ATS 子系统的进路控制命令。

CBI 向 ATS 发送的数据包括:现场信号设备状态(计轴器状态、道岔位置、信号机显示、紧急停车按钮状态等)、内部设备状态(进路、运行方向等)。

ATS 向 CBI 发送的数据包括对进路、道岔、信号机等的控制命令。

(11)与屏蔽门的接口

CBI 需能与屏蔽门(PSD)系统接口,接口位于各车站 PSD 系统设备控制室内中央控制盘端子排,通过安全型继电器来实现,CBI 通过安全型输入/输出板去采集/驱动相应的安全型继电器。

2. 车辆段/停车场接口

与信号机、转辙机、电源设备的接口与正线一致(但不含输出信号点灯继电器)。

(1)与 ATS 的接口

仅 CBI 子系统向 ATS 子系统提供列车运行的表示信息和信号状态信息,ATS 子系统不向 CBI 子系统发送进路控制命令,即车辆段/停车场的 ATS 子系统只监不控。

(2)与轨道电路的接口

CBI 通过安全型采集板采集轨道电路信息,其接口采用安全型继电器。该状态为负逻辑,当该继电器落下时,轨道电路为占用状态。

(3)与试车线的接口

试车线作为车辆段/停车场 CBI 子系统控制的一部分,其联锁受车辆段/停车场信号楼的控制。试车线设备与车辆段/停车场计算机联锁设备采用数字接口。

(4)与应急控制盘的接口

车辆段/停车场各设置一套应急控制盘,在联锁机均故障的情况下,办理车辆段/停车场的道岔单操以及引导总锁闭下的引导信号开放。应急控制盘与 CBI 子系统不能同时操作,并且应急控制盘是没有联锁关系的控制设备,其安全完全需要人工保证。

五、诊断维护子系统的使用

1. SDM 主画面

SDM 的主画面显示网络管理图,用来显示 iLOCK 系统各子系统之间的联系情况,表示各子系统工作状态和线路链接状态。由于一台计算机上一般只运行一个程序,即一个程序对应一台机器,为方便起见,计算机上的程序状态简称机器状态,机器状态有两种:程序处于正常运行状态(用绿色显示)和程序处于非正常运行状态(用黄色或红色显示)。线路状态分为正常状态(显示为绿线)和故障状态(显示为红线)。

SDM 主画面界面中有菜单栏,其功能为:

①记录信息

查询数据库中的历史数据,存储时间为一个月。主要分为:开关量数据库、诊断文件记录、参数追踪记录表、系统检测回放、MMI 操作记录、输入码位记录表、输出码位记录表。

②查看信息

查询实时信息。主要分为:参数追踪设定、联锁系统通信状态图系统检测、输入码位对照、输出码位对照、原始数据窗口。

③帮助信息

版本信息、目录和索引、修复数据库、清空数据库。

④站场显示

切换到站场显示界面。

2. SDM 详细功能

(1)记录信息

①开关量数据库

此功能是监视、记录开关量的发生时刻、恢复时刻。可以对"全体开关量记录"、"轨道占用记录"、"调车、列车信号记录"、"灯丝报警记录"、"定反表状态记录"、及"其他报警"等记录表查询。

查询开关量记录时,先在"请选择日期"和"联锁机选择"中分别选择日期和联锁机(即联锁处理子系统),再单击"排序方式",列表中显示所选日期的开关量信息。

为了方便查询,可以对开关量名称进行筛选排序,在开关量名称一列中,对任意一行的名称进行双击,就可在列表中得到此开关量的记录集。

为了便于快速查询,可以在关键字搜索中键入所要查找的开关量名称,单击"搜索"按钮,则会在列表中显示出此开关量的记录集。

在此对话框中,表格显示的内容为:"序号"表示此条信息在记录集中的位置;"发生时间"表示该动作的具体发生时刻;"恢复时间"表示该动作取消的具体时刻;"延时时间"表示此动作延续的时间。

②诊断文件记录

诊断文件记录记录 IPS 的工作状态。选择此功能后,出现诊断文件记录画面。

在此对话框中,表格显示的内容为:"序号"表示此条信息在记录集中的位置;"联锁机名称"表明诊断信息发生的联锁机;"诊断信息"表示对所选联锁机的诊断内容;"诊断时间"表示 IPS 正常或故障信息的发生时刻。

可根据需要选择所要查看的日期和联锁机,再选择"显示记录",将会在列表中列出自动诊断的全部信息,若选择"退出",将返回主画面。

在"诊断信息"中显示内容及故障说明见表 6-12。

表 6-12 "诊断信息"中显示内容及故障说明

序号	故障信息	故障类型	说明
1	奇周期系统正常,偶周期系统正常	系统正常	系统正常
2	系统报警、输入板输入数据错误,第×层第×槽道第×灯位出错	输入板输入数据错误	系统报警,仍可工作
3	系统报警,双通道输入数据不一致,第×层第×槽道第×灯位出错	双通道输入数据不一致	系统报警,仍可工作
4	系统报警,安全通信接收错误	安全通信接收错误	系统报警,仍可工作
5	系统报警,非安全通信接收错误	非安全通信接收错误	系统报警,仍可工作
6	系统报警,安全通信校核字错	安全通信校核字错	系统报警,仍可工作
7	系统报警,安全通信信息位错	安全通信信息位错	系统报警,仍可工作
8	系统报警,普通和自锁布尔表达式有非法码字	普通和自锁布尔表达式有非法码字	系统报警,仍可工作
9	系统报警,定时器初始化布尔表达式初始化时出错	定时器初始化布尔表达式初始化时出错	系统报警,仍可工作
10	系统报警,定时器初始化布尔表达式运行时出错	定时器初始化布尔表达式运行时出错	系统报警,仍可工作
11	系统报警,定时器结果布尔表达式结束时出错	定时器结果布尔表达式结束时出错	系统报警,仍可工作
12	系统报警,定时器结果布尔表达式刚完成时出错	定时器结果布尔表达式刚完成时出错	系统报警,仍可工作
13	系统报警,定时器结果布尔表达式计时进行时出错	定时器结果布尔表达式计时进行时出错	系统报警,仍可工作
14	系统报警,通道 1 输出电流检查出错,第×层第×槽道第×灯位出错	通道 1 输出电流检查出错	系统报警,仍可工作
15	系统报警,通道 2 输出电流检查出错,第×层第×槽道第×灯位出错	通道 2 输出电流检查出错	系统报警,仍可工作
16	系统报警,没有 VPS 采集	没有 VPS 采集	系统报警,仍可工作
17	系统报警,输出端口未驱动,第×层第×槽道第×灯位出错	输出端口未驱动	系统报警,仍可工作
18	系统故障,主校核字错	主校核字错	致命错误,系统停止工作

续上表

序号	故障信息	故障类型	说　明
19	系统故障,重校核字错	重校核字错	致命错误,系统停止工作
20	系统故障,VPS 出错	VPS 出错	致命错误,系统停止工作
21	系统故障,VRD 继电器前接点采集不到	VRD 继电器前接点采集不到	致命错误,系统停止工作
22	系统故障,AB 机标志采集不到	AB 机标志采集不到	致命错误,系统停止工作
23	系统故障,主备机标志采集不到	主备机标志采集不到	致命错误,系统停止工作
24	系统故障,通道 1 输入板故障,第×层第×槽道第×灯位出错	通道 1 输入板故障	致命错误,系统停止工作
25	系统故障,通道 2 输入板故障,第×层第×槽道第×灯位出错	通道 2 输入板故障	致命错误,系统停止工作
26	系统故障,通道 1 输出板故障,第×层第×槽道第×灯位出错	通道 1 输出板故障	致命错误,系统停止工作
27	系统故障,通道 2 输出板故障,第×层第×槽道第×灯位出错	通道 2 输出板故障	致命错误,系统停止工作
28	系统故障,输入板拔出	输入板拔出	系统报警,仍可工作

③参数追踪记录表

对曾经追踪过的参数变化信息进行记录。选择此功能后,显示参数追踪记录表画面。

可根据需要选择所要查看的联锁机,再选择“显示记录”,则会在列表中显示出此参数的诊断信息,若选择“退出”,将返回主画面。

在此对话框中,表格显示的内容为:“序号”表示此条信息在记录集中的位置;“联锁机名称”表明所选择的联锁机;“参数名称”表示该参数在布尔代数中的名称;“参数值”表示追踪参数运算过程中的值;“诊断时间”表示追踪参数变化的时刻。

为了方便查询追踪的参数,可在关键字搜索中键入所要查找的参数名称,单击“搜索”按钮,则会在列表中显示出此参数的记录集。

④系统检测回放

回放联锁机工作状态,选择此功能后,显示系统检测回放画面。

拖动滚动条选择需要回放数据的开始时间,在“时间长度”栏中,可以选择最长 24 h

的回放时间长度,单击“确定”按钮,则以输入信息为依据进行联锁机工作状态的回放,此时 SDM 自动关闭“系统检测回放信息”窗口,打开回放控制窗口。

上方为联锁机的工作状态显示,下方为“系统检测再现窗口”(再现窗口可以根据需要自由移动)。当联锁机故障,相对应的机架整个框架显示为红色;若联锁机工作正常,则显示为蓝色。

如果选择“取消”,则取消本次操作,返回主画面。

“系统检测”再现窗口中,“起始时间”显示再现数据的开始时刻;“终止时间”显示再现数据的结束时刻;“速度控制”表示播放的速度,用鼠标按上箭头按钮,可以加快播放速度,用鼠标按下箭头按钮可以减慢播放速度。在播放前或播放过程中可以根据需要随时改变播放速度。

单击“播放”按钮后,该按钮显示为“暂停”,可以随时在插放过程中暂时停止播放。

在播放过程中,“当前记录时间” 显示播放数据的当前时间,上方显示联锁机工作状态的变化,其下方滚动条显示当前记录的位置。当联锁机工作状态没有变化时,记录时间是以 1 h 为间隔,有变化时,实时显示。

在播放过程中,可以通过改变播放速度来控制速度的快慢;可以通过再现窗口中的滚动条来调整播放位置,跳过不重要的部分;可以通过“暂停”按钮,使播放暂时停止,以便仔细查看当前的状态;可以通过“《”按钮,来查看联锁机前一时间的状态;可以通过“》”按钮,来查看联锁机后一时间的状态;可以通过“停止”按钮,来停止播放,并回到开始播放时的状态;可以通过“返回” 按钮,回到主画面。

当用户需要查看某一机架印制电路板的工作状态时,可以在停止或暂停的状态下,将光标放在该机架上,按下左键,显示相应画面。

上方为印制电路板的工作状态显示,下方为“系统检测再现”窗口。当电路板有故障时,该板显示为红色,并且其所在的那一层机箱用红框框起来;当电路板工作正常时,显示为灰色。如果用户需要查看某一层机箱的各个电路板的灯位状态,则可以在停止或暂停的状态下在该电路板位置按下左键,显示相应画面。

上方为每块印制电路板的灯位显示图,下方为“系统检测再现”窗口。绿色灯位表示正常,红色灯位表示故障。如果用户需要回到查看上级印制电路板的状态,按下鼠标右键。

在“系统检测再现”窗口中,除“返回”按钮只在显示联锁机工作状态时有效外,其他按钮操作及显示意义均一致。

⑤MMI 操作记录

此功能记录 MMI 操作的信息。

查询记录时,先在“请选择日期”栏选择日期,再单击右边的“显示记录”,列表中显示当天的操作信息。并且为了方便查询,可以对操作名称进行筛选排序。在操作名称一列中,对任意一行的名称双击,就可在列表中得到此名称的记录集。

为了便于快速查询操作数据,可在关键字搜索中键入所要查找的名称,按下“搜索”按钮,则在列表中显示出相关的记录集。

在此对话框中,表格显示的内容为:“序号”表示此条信息在记录集中的位置;“操作名称”即 MMI 上的操作信息;“发生时间”表示该动作的发生时刻;“操作机”表示该动作的来源(MMI)。

⑥输入码位记录表

此功能记录联锁机输入码位的信息。

查询输入码位信息时,先选择日期,再单击按钮“显示记录”,列表中显示所选日期的输入码位信息。

为了便于快速查询输入码位数据,可在关键字搜索中键入所要查找的输入码位名称,按下“搜索”按钮,则在列表中显示出相关的记录集。

在此对话框中,左边表格显示联锁 A 机的输入码位信息,右边表格显示联锁 B 机的输入码位信息。表格显示的内容为:“序号”表示此条信息在记录集中的位置;“开关量名称”即输入码位名称;“发生时间”表示输入码位为 1 时的具体发生时刻;“恢复时间”表示输入码位为 0 时的具体发生时刻。

⑦输出码位记录表

此功能记录联锁机输出码位的信息。

查询输出码位信息时,先选择日期,再单击按钮“显示记录”,列表中显示所选日期的输出码位信息。

为了便于快速查询输出码位数据,可在关键字搜索中键入所要查找的输出码位名称,按下“搜索”按钮,则在列表中显示出相关的记录集。

在此对话框中,左边表格显示联锁 A 机的输出码位信息,右边表格显示联锁 B 机的输出码位信息。表格显示的内容为:“序号”表示此条信息在记录集中的位置;“开关量名称”即输出码位名称;“发生时间”表示输入码位为 1 时的具体发生时刻;“恢复时间”表示输入码位变为 0 时的具体发生时刻。

(2)查看信息

①参数追踪设定

SDM 可以对所指定的参数进行当前状态查询,选择此功能后显示参数追踪设定画面。

在此对话框中,“编辑参数名”一栏中最多可以写入 20 个参数,SDM 将对这 20 个参数进行实时参数追踪。在对话框的右侧将显示此参数的实时变化的波形。高电平表示参数 1,低电平表示参数 0。

当单击某一参数前的序号时,在对话框下方的编辑栏中,会显示该参数的布尔表达式(即联锁逻辑电路)。

SDM 可以列出所有的参数名称,只要根据需要选择即可。单击“选择所有参数”按钮,出现相应窗口。

“参数名称列表”中列出了某个联锁车站的所有的参数名称,当需要选择某一参数时,用鼠标左键双击该名称,则该参数会出现“所选参数”一列,继续进行以上操作可以选择多个(不超过 20 个)参数。当不清楚所要追踪的具体参数名称时,可在搜索编辑框中输入此参数的部分名称,然后单击“搜索”按钮,就会在参数列表中有所提示。选择完需要追踪的参数后,单击“确定”按钮,则返回上级对话框,并且以上所选参数显示在参数追踪表格中。

追踪参数时,先选择“A 机”或“B 机”,单击“开始”按钮开始追踪,单击“暂停”按钮停止追踪,单击“退出”按钮返回主界面。

②联锁系统通信状态图

显示网络中各子系统间的通道状态,通道是指两台机器上的程序建立起来的互相传输数据的 TCP 连接,一般情况下,一条通道由一对 IP 地址确定。

状态主要分为两种:正常状态(以绿色圆点图案显示)和断开状态(以红色圆点图案显示)。

③系统检测

系统检测用于对联锁机实时检测。可以对 iLOCK 系统的印制电路板进行逐级故障诊断,系统板定位至板级,输入/输出板定位至码位。选择此功能后,显示系统检测界面。

在此界面显示联锁 A、B 机的工作状态。把鼠标移动到机架框图上时,可出现提示信息。当联锁机工作正常,则显示为蓝色,提示信息为“系统正常,右键返回主画面”;若工作不正常,相对应的机架整个框架显示为红色,提示信息为“左键单击进入下级诊断,右键返回主画面,回车键切换到诊断记录”。诊断记录画面即前面介绍的“诊断文件记录”,可定位到产生该故障的具体记录信息,查看该故障的发生时间。单击“返回诊断画面”,可再回到上级画面。

选中要检测的机笼,单击后出现印制电路画面。

把鼠标移到某块印制电路板时,可出现提示信息。当电路板工作正常时,显示为灰色,提示信息为“正常,右键返回上级诊断画面”;当电路板有故障时,显示为红色,并且其所在的那一层机箱用红框框起来,提示信息为“左键单击进入下级诊断,右键返回上级诊断,回车键切换到诊断记录”。如果要继续查看某一层机箱的各个印制电路板的灯位情况,则光标在电路板位置时单击左键,界面显示某层每块印制电路板的灯位显示图。

把鼠标移到具体灯位时,可出现提示信息。红色灯位表示故障,提示信息为“右键返回上级诊断画面,回车键切换到诊断记录”;绿色灯位表示正常,提示信息为“正常,右键返回上级诊断画面”。

④输入码位对照

输入码位对照是用来对比联锁 A 机和 B 机的输入码位是否一致。选择此功能后，显示输入码位对照界面。

选择所要查看的联锁机箱。若联锁 A 机和联锁 B 机输入一致且都为“1”时点绿灯，输入一致且都为“0”时点黄灯，输入不一致时点红灯。将鼠标移至红灯灯位会出现提示信息，显示具体的码位。

单击“退出”返回主界面。

⑤输出码位对照

输出码位对照是用来对比联锁 A 机和 B 机的输出码位是否一致。选择此功能后，显示输出码位对界面。

选择所要查看的联锁机箱。若联锁 A 机和联锁 B 机输出一致且都为“1”时点绿灯，输出一致且都为“0”时点黄灯，输出不一致时点红灯。将鼠标移至红灯灯位会出现提示信息，显示具体的码位。

⑥原始数据窗口

查看所接收的原始数据，选择此功能后，界面显示采集的原始数据。

六、故障处理

1. PCB 故障诊断

iLOCK 系统有故障诊断功能，可以对系统的印制电路板（以下简称 PCB）进行故障判断。故障的 PCB 必须送回卡斯柯公司进行维修。

（1）iLOCK 系统的故障诊断方法

①观察 PCB 的 LED 灯

每块 PCB 的面板上有许多表示灯，这些表示灯能够用于判断 PCB 的故障。

②通过系统维护台来诊断

系统维护台可用来查询系统运行状态，获得较详细的信息，或者用来查询布尔逻辑参数的结果和输出状态，读出输入结果或许多其他系统内部参数。

（2）系统诊断维护应检查的内容

在进行系统诊断维护时，首先应该检查以下内容：

①在 PCB 的电压测试点上测量到的电压值必须在 4. 85 ~ 5. 25 V。

②I/O BE 板插有正确的鉴别芯片，PCB 插在正确的槽道上。

③供给 VPS 板的 12 V 电源必须在 6 ~ 9 V。

④VLE 板上的应用芯片里的数据是最新版本。

（3）故障初判

①SDM 与 MMI 通信中断

首先确认 SDM 和 MMI 之间的网线是否连接正常,或将 SDM 关机再重新开机。

②联锁机 A 机的“A 机联机”灯闪亮

正常状态下“A 机联机”表示灯亮稳定的灯光。当此表示灯闪亮时,表示联锁机 A 机与 MMI 通信中断,可按以下办法检查故障原因:

a. 检查联锁机、MMI 的通信线接触是否正常。

b. 检查 MMI 网卡是否正常。

c. 复位 VLE 板,如故障仍在,需更换 VLE 板。

③联锁机 B 机的“B 机联机”灯闪亮

检查办法同②。

④ 联锁机 A 机的“VRD”灯灭

正常状态下,“VRD”灯点稳定的灯光。如果“VRD”灯灭,则按以下方法检查:

a. 检查此灯的灯泡是否完好。

b. 对联锁机进行诊断,判断故障所在。

⑤联锁机 B 机的“VRD”灯灭

检查办法同④。

⑥ 联锁机“同步工作”表示灯灭

正常状态下,“同步工作”表示灯点稳定的灯光。如果“同步工作”表示灯灭,则按以下方法检查:

a. 检查此表示灯的灯泡是否完好。

b. 检查联锁机 A 机和联锁机 B 机间的安全通信线、非安全通信线接触是否牢固。

c. 复位 VLE 板,如故障仍在,需更换 VLE 板。

(4) PCB 板更换步骤

一旦确定 PCB 板故障,按照下列步骤更换 PCB 板,确认新 PCB 板的工作。这些步骤适用于 iLOCK 系统的各种类型维修,但并不代表每个特定故障的处理办法,供处理故障参考。

①更换 VLE 板

a. 关闭 IPS 电源。

b. 拔出故障电路板。

c. 拔出板上系统和应用电子盘。

d. 备用板安装系统和应用电子盘。

e. 检查备用板上跳线和开关的位置是否与被更换板。

f. 插入板件,观看 SDM 有关诊断信息。

g. 如果 SDM 诊断显示系统正常,没有必要验证板件的功能。

h. 观察系统运行至少 5 min,如果没有异常,系统恢复使用。

i. 系统维修日志中记录有关维护信息。

②更换 VPS 板、I/OBUS2(I/OBE2)板、VIIB 板、VOOB 板

a. 关闭 IPS 电源。

b. 拔出故障电路板。

c. 更换备板。

d. 恢复使用,在系统维修日志中记录有关维护信息。

③更换 VIB 板

a. 关闭系统电源。

b. 拔出故障电路板。

c. 将故障板上的 SIGNATURE HEAD,安装在备用板上,上电后,观察系统工作情况。

d. 如果没有异常,验证板件的功能。改变每个输入口的状态,观察诊断口显示。

e. 恢复使用,在系统维修日志中记录有关数据。

④更换 VOB 板

a. 关闭系统电源。

b. 拔出故障电路板。

c. 将故障板上的特征鉴别芯片,安装在备用板上。

d. 上电后,观察系统维护台诊断显示。

e. 如果没有异常,验证该板子的功能。执行系统逻辑,打开和关闭板件上每个输出口,观察有关 LED 显示是否与输出状态一致,及有关接口继电器工作情况。

f. 恢复使用,在系统维修日志中记录有关数据。

2. 故障排除方法

(1)区分是室外故障还是室内故障

①采集

主要查看相应的继电器状态是否与意图一致。如一致,则故障点在室外;如不一致,则故障点在室内。

若故障点在室内,对照联锁机采集码位表,查看相应的 PCB 板灯位,如灯位状态确实与继电器状态一致,则说明是 IPS 故障。若灯位状态与继电器状态不一致,则说明故障发生在采集板与接口继电器电路之间。此时在联锁机接口架处相应的位置测量电压,判断出哪一根线的连接有故障。

例如:在 MMI 上有道岔挤岔表示,首先查看道岔表示继电器是否有吸起,如无吸起,则为室外故障,如吸起则为室内故障。

②驱动

查看相应的继电器位置是否与要求的一致。如一致,则故障点在室外;如不一致,则故障点在室内。

对照联锁机驱动码位表,查看相应的PCB板灯位,如灯已点亮而继电器无驱动,说明驱动的条件电源没有,查看联锁机机架后24 V电源处熔断器状态。

(2)重新启动上位机

在遇到下列故障时,重新启动上位机:

①按钮按下无反应。

②操动道岔无红闪反应。

③无语音报警。

④白光带出现之后,道岔还在红闪。

第七章

引进的计算机联锁系统

我国城市轨道交通引进了一些 ATC 设备,同时也引进了一些计算机联锁系统,有 SIEMENS 公司的 SICAS 型计算机联锁系统、US&S 公司的 MicroLok Ⅱ型计算机联锁系统、泰雷兹(THALES)公司 PMI 型计算机联锁系统,以及西屋公司、庞巴迪公司的计算机联锁系统。这些计算机联锁系统都运用在计算机联锁的正线上。

第一节　SICAS 型计算机联锁系统

SICAS(Siemens Computer Aided Signalling,西门子计算机辅助信号)型计算机联锁系统(以下简称 SICAS)是德国 SIEMENS 公司研制的。SICAS 型计算机联锁可监督和控制道岔、轨道区段、信号机和包括单独操作或进路设置的其他室外设备部件,与 LZB700M 连续式列车自动控制系统相结合。

SICAS 型计算机联锁的安全性由以下措施来保证:统一采用受安全测试和认证的 SIMIS 技术;所用硬件的高度有效性和可靠性;彻底的电码防护措施,确保数据传输的高度安全性;通过校核和验证,确保联锁专用软件的正确功能。

一、SICAS 型计算机联锁系统构成

1. 系统的结构

计算机联锁设备普遍分成五层,分别为操作显示层、联锁逻辑层、执行表示层、设备驱动层以及现场设备层。SIEMENS 的联锁设备对应分为:LOW(现场操作工作站)、SICAS(联锁计算机)、STEKOP(现场接口计算机)、DSTT(接口控制模块)以及现场的道岔、轨道电路和信号机。SICAS 型计算机联锁系统结构如图 7-1 所示。

SICAS 联锁功能划分为操作和显示、联锁逻辑、控制和监督、接口 4 个逻辑功能层。

(1)操作和显示层。操作和显示功能是通过具有 VICDS OC 101 操作控制系统的人机接口来完成的。操作和显示的部件与联锁逻辑之间的通信经由一个统一的数据处理接口进行。这个接口允许具有安全和非安全功能的不同技术的连接,并且它能实现这些部件的独立配置。

(2)联锁逻辑层。其主要功能是联锁逻辑运算,通过它完成操作员具体的命令,实现进路的排列、锁闭、监督、解锁,防止同时排列敌对进路。从控制和显示层发出的命令

通过数据处理接口传到联锁逻辑层,由其完成处理,所产生的结果状态和故障信息发回到操作和显示层。

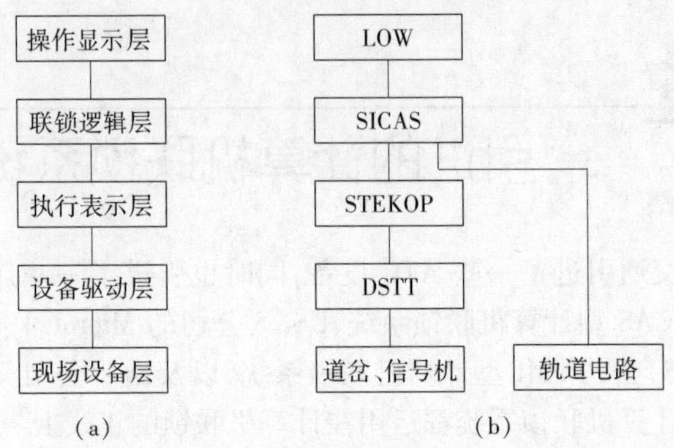

图 7-1　SICAS 型计算机联锁系统结构

(3)控制和监督层。控制和监督层负责控制、监视室外设备,并记录室外设备(信号机显示、道岔位置等)的状态和故障信息(信号机灯位故障、电缆损坏等)。

(4)接口层。其功能是经由统一的数据处理接口连接到相应的系统中去,完成列车自动选路、列车自动跟踪、列车指示等功能,纳入列车自动控制系统。

此外还有与列车自动控制(ATC)系统和其他联锁的附加接口。

联锁逻辑层、控制和监督层有三种可能的基本配置,如图 7-2 所示。一是带 DSTT 的系统,由 SICAS 直接经 DSTT 控制现场设备;二是带 DSTT 和 STEKOP 的系统,SICAS 经 STEKOP 和 DSTT 控制现场设备;三是带 ESTT(电子元件接口模块)的系统,SICAS 直接经 ESTT 控制现场设备。

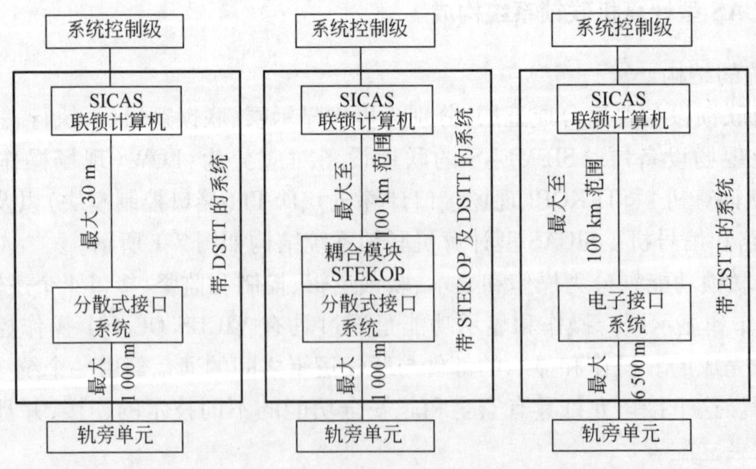

图 7-2　SICAS 型计算机联锁系统的基本配置

2. 联锁主机的结构及组成

目前主机主要采用两种冗余方式,二取二热备方式或者三取二方式(多采用三取二的结构),用于保证设备安全和提高设备可用性。

(1)二取二故障—安全系统

系统至少由两个各自独立的、相同的,对命令同步工作的计算机通道1和通道2组成,如图7-3所示。

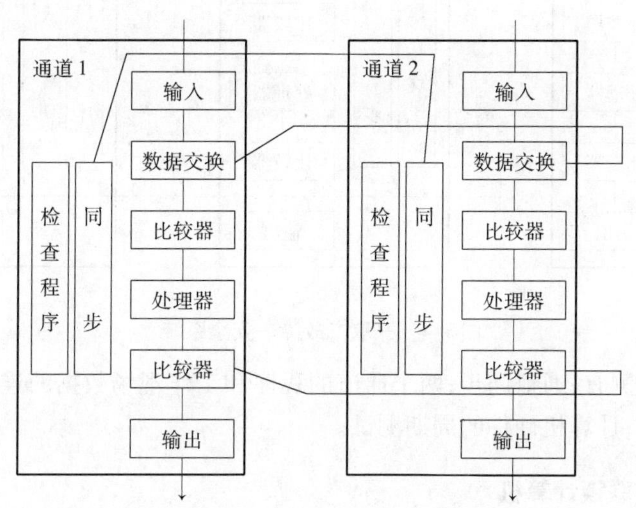

图7-3　二取二故障—安全系统

过程数据由两个通道输入、比较和同时进行处理。只有当两个通道的处理结果相同时,结果才能输出。

独立于数据流的在线计算机功能检测可确保偶然故障的及时检出。这一检查在一定的周期内完成一次,一旦检出了第一个故障,此系统将停止工作,这样避免了连续出现的故障所引起的危害。

主要功能检测有:通道同步;两个通道的程序和工作现场数据的连续比较;输入和输出数据的比较;计算机硬件的周期测试。

(2)三取二故障—安全系统

系统至少由三个各自独立的、相同的、对命令同步工作的计算机(通道1、通道2和通道3)组成,如图7-4所示。

过程数据由三个通道输入、比较和同时进行处理。只有当两个或三个通道的处理结果相同时,结果才能输出。如果其中一个通道故障,另外两个通道会继续工作。独立于数据流的在线计算机功能检测,可确保偶然故障的及时检出。这一检查在一定的周期内完成一次,一旦检出了第一个故障,相关的通道会被切除。联锁计算机将按二取二系统方式继续工作。只有当又一个通道故障时,系统才停止工作。第三套计算机在通道出现故障的情况下可用作备机。

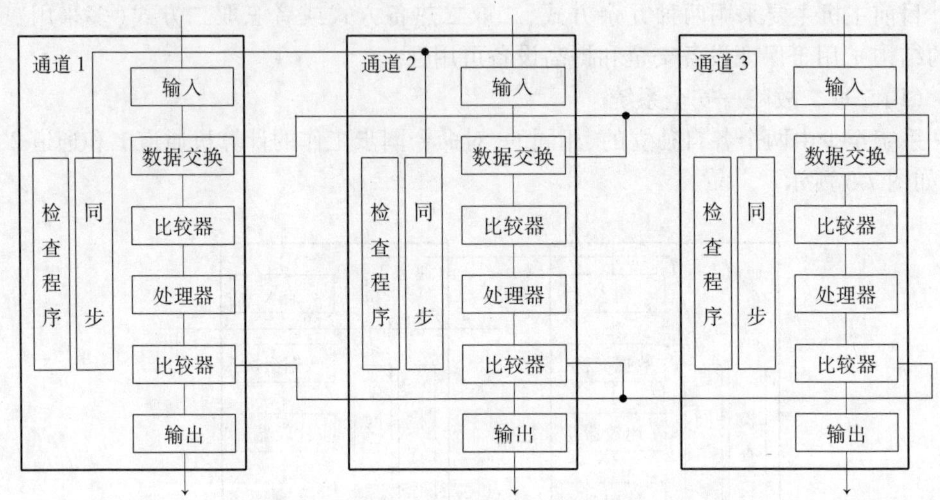

图 7-4　三取二故障—安全系统

主要功能检测有:通道同步;两个通道的程序和工作现场数据的连续比较;输入和输出数据的比较;计算机硬件的周期测试。

二、SICAS 联锁计算机

SICAS 联锁计算机实现轨道电路信息处理,排列、监督和解锁进路,动作和监督道岔,控制和监督信号机,并向 ATC 系统发出进入进路的许可。

此外,联锁系统确保故障—安全的操作能得到维护和保证。除非是预有准备的安全相关操作,否则无效的操作行为将被联锁自动否决。

1. 联锁计算机柜

SICAS 联锁计算机安装在联锁计算机柜中,机柜如图 7-5 所示。联锁计算机是为控制联锁而设计的,它建立在西门子的故障—安全微机系统 SIMIS-3216 基础上,按照系统可用性要求和覆盖的距离选择计算机柜,所需的计算机柜的数量根据需要和连接的轨旁设备决定,可按照用户需要采用二取二结构或三取二结构。每一个计算机通道均安装在各自的一个安装机架中,二取二计算机由两个安装机架组成,三取二计算机则由三个安装机架组成,各计算机通道上下叠放。

每个计算机通道有 21 个安装位置,包括同步和比较器板、处理器板、中断板、总线控制模块,此外,提供 4 个开关量输入板、1 个开关量输出板,还有电缆夹、通风装置、通信模块 OLM、电源和滤波器等。

根据应用,SICAS 联锁所用的计算机柜的数目是不同的,5 种机柜类型如下:

类型 1:32 块接口板或电子元件接口模块;

类型 2:64 块接口板或电子元件接口模块;

类型 3:96 块接口板或电子元件接口模块;

类型 4:32 块接口板或电子元件接口和连续式列车控制系统连接;

类型 5:64 块接口板或电子元件接口和连续式列车控制系统连接。

如果整个系统配置需要的连接超过 96 块接口板或电子元件接口模块时,可使用若干个机柜。

2. 计算机通道部件的组成

每一个安装机架由以下板件组成:

①同步比较板(VESUV3)

同步比较板是 SIMIS-3216 硬件操作系统的组成部分,不同的计算机通道之间的同步由同步比较模块来实现,它使双计算机通道或三计算机通道实现同步。它能自动比较本计算机通道与相邻通道的输出数据;监督供电电压在允许误差范围内;协调中断请求的输入;使超时模块完成对计算机的同步校核;通过切断安全相关外设的电源来保证相关计算机通道的安全关闭。

通过输入分配器和中断分配器来协调输入请求和中断。

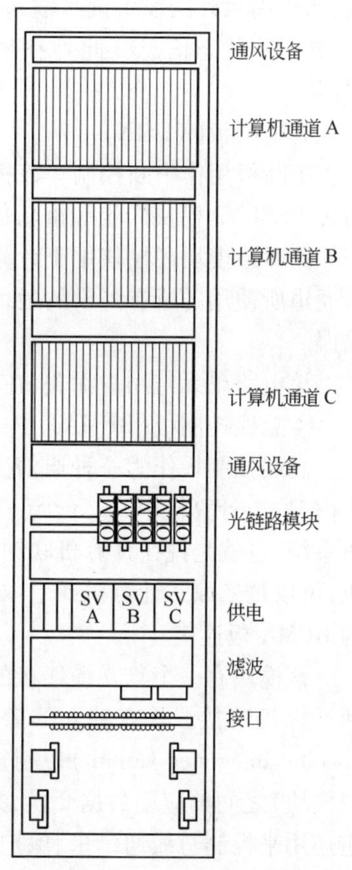

图 7-5　SICAS 联锁计算机柜图

该模块包括了所有必需的监控功能。SIMIS 的关键功能器件之一——硬件比较器也位于该电路板,它自动地执行本通道的输出数据与相邻通道输出数据的比较。监测电路包括过压/欠压继电器、定时器监督单元。由过压/欠压继电器进行电压监测,按照允许的范围监督电源电压。定时器进行时间监测。监督单元检查计算机的同步。

发现一项故障后,该模块通过切断与安全有关的外部设备的电源来安全地关闭相应的计算机通道,切断与安全有关的外部设备。

同步比较板电路单元包含三个接口:

a. VESUV3 电路单元之间的连接接口;

b. 接向数据处理及存储电路单元 VENUS2 的接口;

c. 用于切断外部设备的接口。

该电路单元与用户无关,SIMIS-3216 的每一个计算机通道都必须设置。

②处理器板(VENUS2)

该模块包括了中央逻辑处理计算机的中心功能部分。由 CPU、EPROM 和 RAM 组成,通过输入外围设备读入输入,在系统中进行数据处理,通过外围设备把控制命令输出,并指示状态信息。此外在模块上还有支持过程功能的单元,如中断控制器和定时器。

③中断板(VESIN)

中断板用作中断控制。该板可以对最多 32 种(个)中断请求产生中断,这些中断通过 VESUV3 模块产生和重新传输一组中断给给 SIMIS-3216 计算机,使其进入同步状态。同时该模块还校核用于计算机通道中模块的寻址差错,包含有用以揭示一个计算机通道所使用的所有外设的地址化错误,可以进行各板块的地址检查,发现各模块寻址错误。

该电路单元与用户无关,在 SIMIS-3216 中,每一个通道都必须设置。

④总线控制板(BUMA)

总线控制板作为一种通信模块,有一个连接联锁系统不同层次间的中央位置,每 2 个(二取二计算机中)或 3 个(三取二计算机中)BUMA 模块构成一个故障—安全计算机系统,也就是说在计算机联锁中的 BUMA 系统本身构成一个独立的故障—安全计算机,可以是二取二计算机或三取二计算机,通过 BUMA 板前面板的两个电接口与相邻的 BUMA 板连接。

该模块有一个与光缆连接的传输速度为 0.5 Mbit/s 的 PROFI BUS 接口,用于与其他计算机连接。具有独立的微处理器和 PROFI BUS 专用集成电路 ASIC(Application Specific Integrated Circuit)控制整个总线上联锁计算机与其他总线用户(如电子元件接口模块)之间的应用数据交换,并使用户数据在 SIMIS-3216 及其他接入设备之间传递。它还用来控制总线通信量、保护和管理总线系统、直流去耦、实现故障—安全的单通道数据传输。

STEKOP 系统的要素接口模块经由 BUMA 模块与联锁计算机相连。BUMA 模块与控制中心建立联系。通过总线主控模块,BUMA 可以使其他计算机与联锁计算机相连。它也可用于与连续式列车控制系统的结合。

ESTT 系统中的元件接口模块与联锁计算机之间通过 BUMA 模块连接,利用光缆作为传输媒介,能保证它们之间的电气隔离。

在城市轨道交通信号系统中用于与列车自动控制系统等设备连接,系统中一共有 5 块板(根据控制数量可以增加),从左到右为 BUMA0、BUMA1、BUMA2、BUMA3 和 BUMA4,分别连接到 ATP 轨旁计算机、诊断计算机、操作设备(ATS 的车站设备和 LOW)、用于控制道岔的 STEKOP 板和用于控制信号机的 STEKOP 板。

每个总线控制板可控制多达 16 个电子元件接口模块;每个总线控制板通过最多 16 块接口板可以控制多达 24 个元件。

⑤开关量输入板(MELDE2)

元件接口模块的信息和轨道空闲检查单元的状态信息通过开关量输入板传输到联

锁计算机,传输的最大距离为 30 m。由 2 个前端连接器(2×16 开关量输出)连接多达 64 个开关量输入,开关量输入板实现光耦输入端和联锁计算机之间抗 2 kV 的电气绝缘;通过联锁计算机软件的确认,检查独立的光耦输出端;通过面板前的 LED,可显示读过程的状态。

该模块通过前向插头能连接 64 个数字量输入,在模块内储存 64 位数码输入的状态。模块上的输入通过光耦隔离并由耐压 2 kV 的绝缘线和计算机分开。外部信号源通过光耦采用直流方式输入。通过联锁计算机的读入,可将 64 个输入状态存储于该模块中。

在系统中用于采集轨道电路的状态,一共有 4 块板,其中两块用于采集轨道继电器的前接点,另外用于采集轨道继电器的后接点。只有当前接点闭合和后接点断开时系统才认为轨道区段是空闲的,其他情况则认为是占用的。

⑥ 开关量输出板(KOMDA2)

本电路单元用于输出命令,联锁计算机通过开关量输出板输出至控制元件接口模块,总共可以驱动 32 个数字输出,传输的最大距离为 30 m。由 2 个前端连接器(2×16 开关量输出)连接多达 32 个开关量输出。写 32 位输出寄存器的通过光耦与计算机隔离,光耦输出端和联锁计算机之间抗 2 kV 的电气绝缘。晶体管的导通和寄存器的输出通过光耦由联锁计算机的软件来检查。通过面板前的两个 LED,可显示写和回读过程的状态。

板件之间通过母板上的 MES80-16 的并行总线连接。

三、电子元件接口模块系统(ESTT)

电子元件接口模块系统 ESTT 包括带安装架的机柜和各自的元件接口模块,适用于完整的元件接口模块系统和每一元件接口模块。元件接口模块安装在元件接口模块柜中。ESTT 到联锁计算机的距离可达 100 km。

每种类型的轨旁元件都有一个电子元件接口模块,除了特殊元件驱动电路外,大部分元件接口模块包含一个故障—安全计算机系统现场总线接口板 FEMES,每个元件接口模块都有完整的硬件和所需控制轨旁元件的软件。

为所有轨旁元件配置的基本系统、转辙机、信号机、速度监督等轨旁元件使用相应的功能单元。

1. 电子元件接口模块的特征

(1)联锁计算机和 PROFI BUS 相联接,减少了室内敷设电缆的费用;

(2)联锁计算机和元件接口模块间有一个传输安全数据的通道;

(3)控制的最远距离可达 6. 5 km ;

(4)智能元件接口模块作为联锁计算机的辅助部分,替代了特殊的元件接口模块。

2. 元件接口模块柜的功能

(1)每个机柜可以容纳多达 24 个电子元件接口模块和与之相应的保险板;

(2)拥有电源单元;

(3)和联锁计算机相连;

(4)在带有 STEKOP 和 DSTT 的三取二系统配置情况下,通过开关量输入和开关量输出模块与 DSTT 元件接口模块柜相连;

(5)在带有 ESTT 的三取二系统配置情况下,通过变压器柜中的变压器和信号机元件接口模块、列车制动模块相连接。

电子元件接口模块柜和变压器柜之间距离最远可达 20 m,变压器柜允许容纳最多 40 个变压器,用于连接室外设备的列车制动接口模块 EFAST 和信号机元件接口模块 LISTE。到电子元件接口模块的连接通过屏蔽电缆。

3. 现场总线接口板(FEMES)

FEMES 作为适配器板提供给单独的电子元件接口模块。它们保证了联锁计算机、电子元件接口模块、以及与之连接的控制和监督对象之间的故障—安全数据的传输。FEMES 独立于各自类型的元件接口模块,FEMES 模型被设计成一个二取二配置的故障—安全计算机系统。数据交换软件是 FEMES 的一个完整部分。

4. 电子元件接口模块

(1)电源模块(SV 2602)

SV 2602 承担每个计算机通道建立冗余电源的任务。电源单元安装在 ESTT 机柜里,作为一种标准性能,在电子元件接口模块中,允许 DC60 V 的电压变化到 DC8 V。

(2)道岔接口模块(WESTE)

道岔接口模块进行三相转辙机的控制和监督,控制距离可达 6. 5 km,它完成如下功能:

①解释和再传送来自联锁计算机的控制命令;

②监督道岔状态;

③将位置信息、测试结果和诊断信息传输给联锁计算机;

④通过连接几个电子道岔接口模块,对每个道岔的几台转辙机进行控制和监督。

(3)保险板(SIWE)

保险板 SIWE 通过熔丝对提供给道岔接口模块的 AC230 V 电压进行保护,SIWE 用 AC2 × AC21 V 给道岔元件接口模块供电,保护转辙机的 AC380 V 电源。

(4)信号机元件接口模块(LISTE)

信号机元件接口模块对信号机进行控制和监督。当采用低容量的 H80 电缆时,控制的距离可达 9 km。LISTE 完成如下功能:

①接收来自联锁计算机的控制命令;

②确定相应的控制命令;

③控制 LISTE 的信号灯切换；

④监督信号机的点灯状态。

一个 LISTE 模块最多可控制 8 灯位；一个 LISTE 模块可控制两架分别带有 4 个灯位的信号机；通过连接三个信号机元件接口模块，可控制信号机多达 24 个灯位的显示。

仅在信号机元件接口模块仅为了辅助联锁计算机时，列车控制系统的直接控制取决于信号显示。

(5)保险板(SISIG)

保险板 SISIG 通过熔丝对信号机元件接口模块 LISTE 或列车制动接口模块进行保护。

(6)速度监督元件接口模块(GVSTE)

元件接口模块用于监督速度，完成如下功能：

①通过列车上的感应线圈和钢轨上的感应线圈或车轮传感器在两个固定点间测量运行速度；

②将所测速度和由联锁计算机得到的最大允许速度进行比较；

③控制相应的列车制动接口模块。

在联锁计算机中，由程序可设置四个允许速度，依靠位置和操作来选择其中一个，并被传输到速度监督接口模块。

(7)列车制动元件接口模块 EFAST

列车制动接口模块用在带有或不带有速度监督的列车制动，就像不带速度监督的列车制动一样。用速度监督使列车制动，控制的距离可达 6.5 km。

就信号联锁的列车制动而言，当列车通过轨道区段没有授权或速度过高时，列车制动接口模块 EFAST 确保列车的制动和昼/夜电压的切换均衡。

四、现场接口计算机(STEKOP)

此接口板保证接口模块与 SICAS 计算机联锁的连接。

接口板 STEKOP 在 ESTT 系统中占有一个专门的位置。标准元件接口模块控制轨旁元件如信号机、转辙机等，接口板使得其他系统(如 SIMIS-C、DSTT)的元件接口模块连接到 ESTT 成为一种可能。接口板具有 2×12 路输入和输出，独立地连接应用。通过接口板，能读进信息：例如从轨道电路、联锁电源或开关，到显示输出命令和其他开关设备。

一个 STEKOP 能控制 1 个道岔元件接口模块 DEWEMO，或 2 个信号机元件接口模块 DESIMO，或多达 12 位的数码安全输入和 12 位数码安全输出，或多达 24 位的数码输入和 24 位数码输出。

STEKOP 允许对所有的元件接口模块进行连接。此外，还能完成如下功能：读入轨道空闲表示；读入开关信息；控制转换设备；控制显示单元；输出联锁计算机到连接的接口模块的控制命令；将开关量信息回传给联锁计算机。

联锁计算机和接口板之间通过 PROFI BUS 可以传输的距离高达 100 km。

STEKOP 本身就是一个二取二的计算机,是个故障—安全计算机。实现联锁计算机与接口控制模块(DSTT)之间的连接,根据联锁计算机给出的命令和接口控制模块的结构,分解命令,输出并控制接口控制模块。STEKOP 有两个通道,每个通道有 12 位数字输入和输出。STEKOP 与 SICAS 通过 PROFI BUS 连接,交换信息——接收从 SICAS 来的输出命令,并分解,用数字的形式将它们输出;同时数字读入设备状态将这些状态传输给 SICAS 联锁计算机。当故障—安全计算机的一个通道在 FEMES 中检测出一个故障,将自动关闭 STEKOP 的外设,即切断与 SICAS 和 DSTT 的连接。这一任务由板内继电器 ASS1 和 ASS2 来完成。

STEKOP 可以控制两个同类现场设备(即两台转辙机或两架信号机)。

五、现场控制单元(DSTT)

DSTT 为分散式元件接口模块,它们不含任何计算机系统,经由并行连接线与联锁计算机相连。联锁计算机直接通过 KOMDA2 和 MELDE2 模块对 DSTT 进行控制,或由接口板通过 ESTT 系统进行控制。DSTT 根据 SICAS 的命令控制现场设备,如道岔、信号机或轨道空闲检测系统。

分散式元件接口模块系统包括元件接口模块和机柜,每个元件接口模块被安装在它的机架内,机架通过导轨安装在元件接口模块机柜内。元件接口模块还可在分散式分布下安装在受控的轨旁元件附近的控制箱中。

从联锁计算机或接口板到 DSTT 的连接的最大距离是 30 m。通过接口板 STEKOP 连接,可以覆盖远至 100 km 的范围,控制距离最大可达 1 km。

1. 元件接口模块柜

元件接口模块柜在使用时,配有接口板和分散式元件接口模块。

一个元件接口模块机柜可安装多达 8 个接口板 STEKOP,或多达 12 个道岔接口模块 DEWEMO,或多达 32 个信号机元件接口模块 DESIMO,或多达 24 个信号机元件接口模块 DESIMO 和 16 个闪光元件接口模块 DEBLIMO,或混合装配。

2. 元件接口模块

DSTT 系统有如下功能单元:道岔元件接口模块 DEWEMO、信号机元件接口模块 DESIMO、闪光元件接口模块 DEBLIMO。

(1)道岔元件接口模块(DEWEMO)

道岔接口模块用于控制和监督单相和三相交流转辙机,通过另外的元件接口模块来控制直流转辙机,利用接通/切断控制电流的接点来连接外部电流接触器。

道岔元件接口模块可变的室外配线能够实现各种控制与监督电路,并且通过转辙机内部电机的接点连接监督电路,实现对道岔的终端位置和挤岔的连续监督,检查受控转辙机线路的内部短路和对地漏电流。

(2)信号机元件接口模块(DESIMO)

信号机元件接口模块用于控制和监督信号机。使用两种类型:控制和监督直流或交流信号机,三种固定的额定电流;控制和监督交流信号机,可变的额定电流。

信号机元件接口模块控制稳定灯光的信号机显示(直接供电给信号机点灯,或通过变压器给信号机供电);信号灯泡的双灯丝控制;用附加的闪光模块,实现信号机闪光显示;日/夜点灯电压切换,以延长灯泡寿命。

每个信号机元件接口模块最多控制两架信号机。通过多个信号机元件接口模块互相连接,可扩展信号机到任意灯位数。

(3)闪光元件接口模块(DEBLIMO)

闪光元件接口模块用于产生闪光信号显示,可直接给信号机供电或通过变压器进行供电,来实现闪光和稳定灯光的交替控制;通过信号机元件接口模块监督闪光或稳定灯光的控制;由计算机通过并行控制,以同一闪光频率使多个灯闪光。

每个闪光元件接口模块控制多达两个单独的信号灯闪光。

六、现场操作工作站(LOW)

1. LOW 的功能

SICAS 系统使用操作和联锁所需的所有的功能单元都集成在操作控制台中,除了非安全功能单元(如自动列车进路和列车追踪),与安全有关的功能单元均集成在操作和显示系统(B&A)中。操作和显示系统包括通用的标准部件,例如 PC、显示器、打印机等,工作站也包含服务和诊断功能(S&D)。

SICAS 联锁系统的本地操作和表示是通过 LOW——VICOS OC 100 的人机接口系统来实现的。VICOS OC 100 的应用领域从现场联锁的简单操作和显示系统到带有自动功能的控制系统操作员控制台。根据联锁操作和形式的不同,可分为 VICOS OC 101 WS 和 VICOS OC 111 WS 。除常规操作外,如果要执行辅助操作,则 VICOS OC 111 可作为一种带有程序保护的操作和显示的操作控制台。就分散式工作站而言,另外一台 PC 仅作为一种参考计算机。安全操作和显示被完全集成,操作员不必切换到一个独立的操作控制台。

操作和显示系统也包含一个完善的服务和诊断系统。所用的服务和诊断系统 VICOS OC 100 S&D 诊断联锁故障,并且给维修提供提示。安装时可采用若干个诊断 PC 机。根据信息量的多少,每台诊断 PC 可最多和 4 个联锁系统相连。在适量的信息或提高有效性的情况下,每个联锁系统采用一个单独的诊断 PC 是可能的。服务设备被设置在需要这种信息的网络上。例如:它可被集成到操作控制台,直接在诊断 PC 上或在服务中心维修操作控制台上作为一个独立的计算机。SICAS 联锁计算机的连接通过总线控制模块 BUMA 来实现。对访问进行防护是通过注册或口令来实现的。

2. LOW 的组成

LOW 由一台主机、一台彩色显示器(最多可连接四台彩色显示器)、一台记录打印机、一个键盘、一只鼠标和一对音箱组成。设备和行车状况(轨道占用道岔位置和信号显示、锁闭等)在彩色显示器上显示,通过操作鼠标和键盘,通过命令对话窗口可实现常规和安全相关的联锁命令操作。所有安全相关命令操作、操作员登录/退出操作、设备故障报警将被记录存档。

还有两种可能的配置:每个联锁系统拥有多个操作控制台,或多个联锁系统采用一个控制台。

3. LOW 工作平台的特点

(1)运用图形显示,清楚地表明了设备的当前运行情况。

(2)对每一报警信息都立即直接给出视觉和听觉的报警信号提示,该报警信号是自动发出的,并请求操作员立即采取行动确认报警。

(3)操作员的每个动作都有视觉或听觉的响应来确认,并提示是否为误操作。LOW 系统不执行任何自动操作,所有的操作均由操作员完成。

(4)对不同元件(道岔、轨道区段等)的控制、操作及显示被限制在一个明确的范围。一个操作分为几个步骤,并可以中途取消。

(5)进行分级控制,不同访问级别的操作员可以执行的操作是不一样的。

4. LOW 的屏幕显示

LOW 的屏幕显示可以分为三部分,自上而下为:

①基本窗口:包括基本菜单;

②主窗口:显示轨道布置图和行车情况;

③对话窗口:包括操作对话和命令提示。

(1)基本窗口

计算机启动后第一个出现的窗口为基本窗口,包括:

①注册/退出——输入区域;

②调用整体视图以及局部视图的一组软键;

③用于特殊管理功能和用于调用确认报警对话的一组软键;

④时间/日期显示。格式:“小时,分钟”,“月·日·年”。

(2)主窗口

启动 LOW 后显示整个联锁区轨道布置图,能选择元件并操作它。

(3)对话窗口

对话窗口由三部分组成:

左边:命令软键;

中间:对话标题,三个控制软键,命令行,响应行;

右边:综合信息显示器。对整个联锁区都有效,其显示总是有效的。

5. 联锁操作

联锁操作可以分为“常规操作”、“安全相关操作”和“维修命令”。

如果已进入联锁操作对话且没有选择任何元件,则这时为基本模式。在基本模式中出现所有可能的关于联锁区的操作。输入失败后或命令被成功执行之后,操作对话自动转入基本模式。

在 LOW 与联锁之间的传输正确的前提下,不能执行常规命令或得不到正确结果时采用“安全相关操作”,以提高或重建联锁设备的有效性,此时由操作员负责安全,故必须输入正确的命令。

联锁命令可以操作的元件或对象有:联锁区、车站、轨道区段、道岔及道岔区段、信号机、进路。

系统是根据所选择的元件来提供相应的控制命令的。

6. 联锁命令

联锁根据对象可以分为六类命令。

(1)联锁区对话:全部信号机处于自动排列进路状态、全部信号机处于人工排列进路状态、全部信号机取消处于自动排列进路状态、全部信号机取消联锁自动排列进路状态、关闭联锁区全部信号机并封锁、向 OCC 交出控制权、从 OCC 接收控制权车站、强行从 OCC 取得控制权。

(2)轨道对话:禁止通过该区段排列进路、允许通过该区段排列进路、解锁进路中的该区段、把区段设为逻辑空闲、设置轨道区段的限速、取消轨道区段的限速指示、ATP/ATO 进行列车的牵出折返作业指示、ATP/ATO 将列车的驾驶端由上行端转为下行端指示、ATP/ATO 将列车的驾驶端由下行端转为上行端、取消运营停车点。

(3)道岔对话:锁定单个道岔以阻止转换、取消对单个道岔的锁定道岔以转换转换、道岔轨道区段占用时强行转换道岔、禁止通过道岔排列进路、允许通过道岔排列进路、解锁进路中的道岔、把道岔区段设置为逻辑空闲、对道岔区段设置限速、取消对道岔区段的限速、取消挤岔逻辑标记。

(4)信号机对话:开放引导信号、设置信号机为关闭状态、封锁在关闭状态下的信号机、设置信号机为开放状态、取消对关闭状态下的信号机的封锁、设置单架信号机为自动排列进路状态、设置单架信号机为人工排列进路状态、单架信号机由联锁自动排列进路、单架信号机取消由联锁自动排列进路。

(5)进路对话:排列进路、取消进路。

(6)车站对话:关闭车站所有信号机并封锁。

7. 报警处理

(1)操作员报警处理

根据对行车的影响程度,报警可以分成以下三类:

A 类:严重影响行车; B 类:即将影响行车; C 类:一般信息,C 类报警无须确认并无声音报警。

三类故障的优先级为:A 类最高,B 类其次,C 类最低。输入输出的信息都属于其中一类。当出现一个报警时,将以下三种方法显示报警:

基本窗内的相应按钮"A"、"B"开始红色闪光,按钮"C"显示红色;

产生一个声音报警,声音报警对应队列中最重要的报警;

如果涉及到相关的元件,将另外通过主窗口中的元件的相应显示来显示或综合信息显示器相应的信息显示红色,提示出现故障的元件。

当报警发生后,可以通过以下方法确认报警:

单击最高优先级的报警按钮;

选择并读短文后,单击"确认"键确认;

如果在处理过程中,来了一个更重要的报警,立即离开该对话并进入最重要的报警的对话中,处理这个最新、最严重的故障;

如果 LOW 为遥控(即在 OCC 上进行操作),所有的报警都将排队,当下一个操作员进入 LOW 操作时,必须先确认所有报警。

出现报警时可以按压"音响"键消除声音报警。

队列中的报警最多存储 48 h。

(2)事件的处理

①事件简介

事件可以分成以下几类:

来自现场元件或联锁的信息;来自元件或联锁的报警(也为操作员报警);来自或经由 RTU/ATS 的信息和报警(也为操作员报警);安全操作报告;LOW 内部出现的错误(也为操作员报警);派生的信息,如以前信息的综合(也为操作员报警);注册/退出报告。

出现的事件都会按顺序存入 48 h 打印存储器中,并产生一个简单的信息内容,以便查询。

事件出现后,要求操作员应尽可能按出现的顺序处理,但报警信息除外,应按"操作员报警处理"进行处理。

②打印事件

操作员可以观察并打印所有的事件。打印时可以按照事件进行分类,一次打印同一类事件,也可以选择特定的故障进行打印。

但如果是写硬盘错误,则会产生一个信息表明该错误,该信息将超过 48 h,只有管理员才能用命令从中删除该事件记录。

七、软　件

1. 软件概述

SICAS 联锁计算机按照已被安全测试的 SIMIS 原理设计。根据 SIMIS 原理,计算机操作包括至少两个单独的计算机，相同的程序、结构、在同步指令下操作。这些计算机带有相同的并行输入信息，由于相同的程序总是执行相同的工作，所需的输出信息会在两个通道中形成。只有两个计算机的输出数据是一致时，两个独立的比较器才允许输出至下级电路。为了达到这个目的，一个切断单元串接在比较器后面，如果结果出现偏差将切断输出电路部分。

SICAS 软件原理建立在按照联锁表原理来处理铁路操作规则的基础上，为此，将所有现场元件的静态操作状态以表的形式进行储存，进路处理范围内元件的连接由一个小型软件核心来获得，该软件核心能用于所有的应用程序。

作为 SIMIS 计算机组成的一部分，测试程序会及时提供故障检查。在调试和正常运营阶段，为保证正确运行，这些测试程序将持久地检查各通道的硬件，假如出现同安全相关的错误，它会将联锁转向安全状态。计算机总是导向安全侧，甚至第二次出现错误也不会危及到运营安全。

SICAS 软件具有以下特点：

①在计算机每次开机的时候，检查程序确保计算机在运行任何应用程序以前无故障。以最低优先权运行时，这些检查程序检测硬件错误。

②SICAS 联锁计算机的操作软件采用安全测试 COSPA 软件，它是独立于硬件的。

③操作和显示系统采用 Windows NT。

④联锁计算机操作和显示系统间通信采用现场总线。

⑤操作应用软件、显示应用软件、登入应用软件和安全操作相关的防护程序采用西门子专用软件。

软件有基本软件和应用软件之分。

2. 基本软件

基本软件的功能是保持应用软件独立于硬件，并提供高性能服务。基本软件包括测试程序、多通道中断和在线校核程序、计时器程序、信箱和管道程序、接口驱动器程序、安全数据传送程序等。

当系统启动时，存储器被初始化，测试程序被运行一遍，过程处理以规定的顺序开始。

多通道中断和在线校核程序有助于保证一个故障—安全系统。在修理后，通过加载，系统便可更新，并继续三取二的高可用性运行。

计时器可以用作特殊的应用软件，但它由基本软件管理。

信箱和管道这两个通信服务器支持过程处理间的信息交换。

接口驱动器包括输入/输出驱动器、端口驱动器、PROFI BUS 驱动器和 PROFI BUS 适配器、信息缓冲器、FIFO 驱动器等。

输入/输出驱动器实施 MELDE2 模块与应用软件之间以及应用软件与 KOMDA2 模块之间的连接。

端口驱动器在所有的电子要素接口模块里启动,并且读写这些模块的数码输入和输出。

PROFI BUS 驱动器被包含在 BUMA 和 FEMES 模块中。PROFI BUS 适配器像一个用户过程处理一样对信息缓冲器产生影响。PROFI BUS 适配器能够与 PCS 通信,例如,操作和显示系统、列车自动选路等。

在计算机配有 COSPAS 操作系统和信息缓冲器的情况下,承担从一个计算机到另一个计算机的信息传送任务。

FIFO 驱动器控制基础联锁计算机系统和经过信息缓冲器并作为存储器操作的 BUMA 之间的数据资料交换。

安全数据传送程序鉴定确保仅有需要的参与者之间的通信。

3. 应用软件

应用软件由操作和显示接口、状态管理、安全测试等部分组成。

操作和显示接口构成通向联锁逻辑的故障—安全端口。也就是说,所有从操作控制系统传到联锁的信息通过语法和格式的正确性校核。数据处理接口保证建立在标准部件基础上的操作员控制台的操作和显示系统遵守了程序防护的机理。

状态管理储存了一个中央处理图像。来自操作控制系统的指令经由解释程序传到联锁逻辑。要素状态的改变(例如,轨道空闲、道岔位置等)可更新要素专用存储器。此后,操作控制系统的部件也得到更新。

把数个建立在标准 PCS 基础上的操作和显示系统(B&A)连接到一个联锁计算机上是有可能的。所有 B&A 系统中的软件都是相同的,只有项目专用数据不同。Windows NT 用作操作系统。联锁计算机与 B&A 系统之间的通信是通过经由 PROFI BUS 进行的。操作、显示、登录以及涉及安全操作的和程序防护的应用均以一个特殊方式编程。

安全测试 COSPAS 软件作为 SICAS 联锁计算机的操作系统使用。此软件包括一个核心部分和扩展模块。这些扩展模块涉及通信软件和所用模块的当前驱动器。核心部分为与系统无关的规则解释程序。

八、通　信

按照接口的类型和面向应用条件(如距离),不同系统层间的通信采用不同的传输媒质。

在 SICAS 中开关量信息的传输通过并行接口以点对点的方式来实现的,传输的距离可达 30 m。

来自通用数据处理接口的串行数据的传输作为每个 EN 50170 通过成熟的 PROFI BUS 来实现。PROFI BUS 在电磁影响和过压方面有很高的抗干扰性,所用的过程保护保证了单通道故障—安全数据的传输,PROFI BUS 的冗余结构提高了可用性,可实现点对点连接、线连接、环连接、星型连接。

采用光连接插头(OLP)或光连接模块(OLM),能够实现从铜缆到光纤之间的简单传输,依靠光纤和采用OLM或OLP,传输距离的范围为20～15 000 m。

1. 光连接模块(OLM)

OLM用于连接电子和SINEC L2总线,这样用线型、环型和星型结构就可组成网络。

OLM在授权过程中自动检查光纤的连接;借助于信号传输时间和检查次数,通过限制级联的层次来实现信号再生;4个通道模块组成环型冗余结构使网络具有高的可用性;在带有PROFI BUS的标准和大型网络中,可选择性地切换监督时间;通过浮动的信号接点显示模块状态;集成了监督功能(或连接的回波功能、连续式信号监督、操作和错误信号);选择性的传输器以两个阶段驱动光纤;提供24 V(DC)的冗余馈入的可能性;自动识别变换速率。

当采用OLM/P3作为中继器时(没有电气绝缘),数据传输速率能达到1.5 Mbit/s。

2. 光连接插头(OLP)

OLP允许通信处理器板到SIENCE L2总线的连接,为此,OLP直接插在通信处理器板上,通过两个单一的HP插座连接光纤网络,OLP完成从属连接PROFI BUS到光学单纤维环,调节传输速率。

OLP和OLM间的光纤长度可达58 m。

3. 通信处理器CP 5412(A2)

通信处理器CP 5412(A2)位于一个ISA板(通信处理板)上,它能够使PC直接连接到PROFI BUS(通过铜缆)或到SINEC L2总线(通过OLP)。该板插在PC上空闲的ISA插槽中,PROFI BUS的协议由单独的软件支持。

九、与有关设备的接口

1. 与车辆段/停车场联锁的接口

该接口类似铁路的场间联系,通过继电接口实现的,主要实现以下联锁关系:

(1)不能同时向对方联锁区排列进路,并将本方排列进路的信息传送给对方。

(2)如果本方的轨道电路作为另一方联锁区进路的一部分,则必须传给另一方,以进行进路检查。

(3)如果本方进路包含另一方联锁区的轨道电路,则必须将本方进路的排列信息传送给另一方,并要求另一方排列出另一部分进路。

(4)为了减少对咽喉区的影响,列车在入段时,必须先排列车辆段接车进路,然后才能排列入段进路。

2. 与洗车线的接口

与洗车线的接口关系是,只有当洗车线给出同意洗车信号时,才有可能排列进入洗车线的进路。否则,不能排列进路。

3. 与防淹门接口

与防淹门实现以下四种信息的传递或控制:

(1)防淹门状态信息:开门状态。

(2)防淹门状态信息:非开状态。

(3)防淹请求信号:请求关门。

(4)信号设备给出的同意信号:关门允许。

其基本联锁关系如下:

(1)进路的排列应检查防淹门的状态,只有当防淹门在开门状态并且没有请求关门的情况下才能排列进路,否则不能排列进路。

(2)根据计算的 ATP 保护区段的长度与防淹门的位置关系,如果防淹门在计算的保护区段内,则只有当防淹门在开门状态并且没有请求关门的情况下提供的保护区段才有效,列车才能进入站台停车。如果在计算的保护区段外方,则保护区段无须考虑防淹门的状态。

(3)信号机开放信号后,收到了防淹门非开信号,信号机立即关闭并封锁信号。

(4)信号机开放信号后,收到了来自防淹门的“请求关门”信号,联锁按以下步骤自动处理:

①首先关闭并封锁始端信号机。

②如果接近区段无车时,则立即取消进路;否则延时 30 s 取消进路。

③检查隧道区域轨道电路是否有红光带,如没有红光带则立即给出“关门允许”信号;否则,联锁不给出“关门允许”信号,需要防淹门操作人员人工确认列车运行情况并依据有关操作规定人工关门。

4. 与 ATC 的接口

ATC 与 SICAS 联锁系统的连接是通过逻辑的连接来实现的。联锁系统与 ATP/ATO 室内设备间的传输将通过一对二乘二光缆含后备模式实现。后备模式用光缆与主用光缆相同。故障—安全数据传输则通过一个信息缓冲器协议来保证。

5. 与相邻联锁系统的接口

SICAS 联锁系统的连接是经由联锁总线(故障—安全配置的标准通信总线 PROFI BUS)通过连接中央逻辑层而实现的。各联锁区是相配合的。数个区域可以由一个联锁系统操作。

SICAS 联锁系统经由进路间的特殊配合来实现链接。一条在不同 SICAS 联锁区域内具有始端信号和终端的运行进路,其一部分在第一个 SICAS 联锁计算机内,另一部分在第二个 SICAS 联锁计算机内。进路两部分之间的相互作用,经由对此进路两部分的配合来实现。运行进路由始端信号机所在的联锁来设定。运行进路包括带有自身联锁内运行进路部分和相邻联锁内运行进路部分的连接点。联锁边界处的每个设备均以其进路特征反映至相邻联锁。联锁设备之间的通信通过运行进路来实现。

第二节　MicroLok Ⅱ型计算机联锁系统

MicroLok Ⅱ型计算机联锁系统(以下简称 MicroLok Ⅱ系统)为 US&S 公司所研制,系统为双机热备方式。MicroLok Ⅱ是基于安全微处理器的计算机系统和接口/通信系统。

一、系统组成

US&S 的 ATC 安全轨旁逻辑使用 MicroLok Ⅱ系统,由安全微处理器来实现。MicroLok 系统安装在轨旁和指定区域的信号设备室(SER)中。轨旁联锁系统结构如图7-6所示。

完成安全联锁控制逻辑和速度逻辑的 MicroLok Ⅱ系统也用于试车线上。

1. MicroLok Ⅱ单元

MicroLok Ⅱ系统是一个安全的基于微处理器的用轨旁联锁逻辑执行铁路运输安全功能的专用计算机系统。该系统基于专用的安全结构,该结构具有软件的差异性和可诊断性。该系统执行安全的联锁逻辑功能,驱动所有安全的 I/O 设备,采用安全的串口通信协议与相邻的 MicroLok Ⅱ系统和其他的子系统接口通信。

MicroLok Ⅱ单元分为处理安全信号的"IMLK"(联锁 MicroLok)和"TMLK"(轨道 MicroLok)两种。

"联锁 MicroLok Ⅱ"完成在联锁区域内对于道岔和信号机的控制,专门用来为轨旁联锁逻辑(转辙机控制和通信、信号机控制和通信等)执行安全功能,是在轨旁系统配置中主要的涉及安全的子系统。此系统由 68322 安全微处理器单板机来控制,并基于一种特定的安全结构,软件多样,且带有诊断。与联锁设备的接口通过专门的 I/O 板(继电器、信号机等)来处理。在每个集中站,完成所有速度数据逻辑并实现与安全 AF-904 轨道电路的数据通信。

任何必需的安全输出都通过与 MicroLok Ⅱ系统并口相连的安全型继电器实现。采取控制动作所需要的信息,例如来自相邻 SER 的进路信息等,都通过安全串行链路获得。

"轨道 MicroLok Ⅱ"是联锁 MicroLok Ⅱ单元的从单元,实现串行通信,来与安全 AF-904 轨道电路进行数据通信,完成速度数据逻辑控制。AF-904 音频数字轨道电路用于确定轨道占用,并将此信息传送到联锁 MicroLok Ⅱ单元,以进行到控制中心的安全处理和通信。该串行通信连接由 MicroLok Ⅱ系统来进行管理。在这些单元中,基于 68322 的 CPU 板提供了串行通信通道和相关软件,并且不使用 I/O 板。

2. MicroLok Ⅱ单元组成

每个 MicroLok Ⅱ 单元包括一个机箱,用来安装 CPU 印刷电路板、多块安全的 I/O

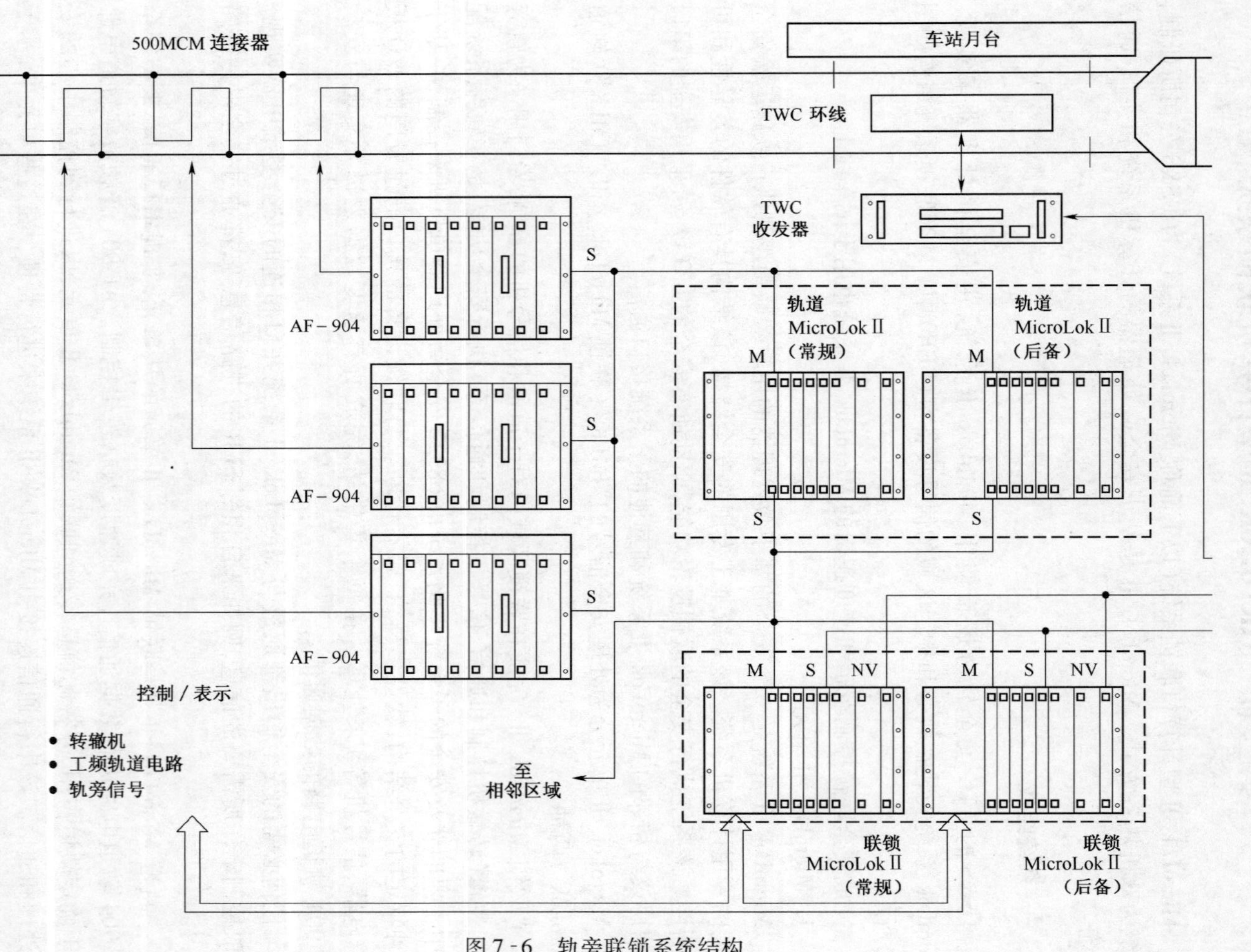

图 7-6　轨旁联锁系统结构

印刷电路板、电源板、串口适配器电路板、多块非安全的 I/O 印刷电路板。

根据需要可配置总共 4 个串口作为主串口或从串口。机箱支持 12 块带地址的安全 I/O 板。串行 RS-232 口作为诊断/编程的接口。

USSI PN 系列安全型插入式继电器将用于 MicroLok Ⅱ单元和轨旁设备间的接口以及地面检测电路。

3. MicroLok Ⅱ系统冗余

每个 MicroLok Ⅱ系统的每个现场设备点都由一个常规单元和一个后备单元构成，其中，一个处于常规运行状态，而另一个作为冗余备用。当在线系统发生故障时，备用系统会自动变成在线系统。在线单元将监视备用单元的性能状况，如果备用单元不可用，将报警发往控制中心，本地显示器上也有显示。在线和备用单元之间的故障—安全也可通过控制器上的硬件复位设备手动完成。复位一个特定的单元还可在应用程序中通过软件复位来实现。当在线单元上的安全串口失败时，利用这一设备将在线单元转为备用单元。

在不同等级上实现轨旁 ATC 系统的冗余。MicroLok Ⅱ系统的运行监督功能能在故障时导向备用单元，以保证系统的可用性。当 MicroLok Ⅱ系统发生安全失效时，AF-904 设备将切断串行通信链路，导致系统降级到最限制状态。系统失效时，所有的速度命令都强置为零。备用系统在条件允许时即可接替失效系统。错误日志特性对 MicroLok Ⅱ系统是有用的，系统可利用它来诊断故障。NVLE 有一个内置的数据日志功能。所有基本的数据都记录在日志中用于排除故障和维护。

轨旁 ATC 系统的设备配置具有很高的可用性。MicroLok Ⅱ和 NVLE 子系统按冗余方式配置。这些子系统采用模块化结构，能够在最短的时间内很方便地更换。MicroLok Ⅱ系统的电源也是冗余的。

4. 非安全逻辑模拟器工作站(NVLE)

每个集中站的设备室还安装有两台 NVLE 工作站，工作站含有处理系统通信用的非安全逻辑软件，提供与 MicroLok Ⅱ系统的通信接口以便交换非安全控制和指令。非安全逻辑模拟器直接连接到 MicroLok 子系统和 TWC 轨旁调制解调器来进行通信。

非安全逻辑模拟器提供与 MicroLok Ⅱ的通信接口以便交换非安全控制和指令。

在正常操作中，NVLE 通知 MicroLok Ⅱ由控制中心确认进路，或直接由控制中心选择进路。NVLE 的应用程序允许在控制中心离线时，自动排列列车进路。NVLE 处于控制时，它将需要的信息传送给 MicroLok Ⅱ系统和控制中心。

二、系统软件

MicroLok Ⅱ系统的安全软件固化在 CPU 板上。软件分为两类：执行程序和应用程序。执行软件是固化在硬件上的标准安全软件。各个单元之间没有什么不同。每个受控制集中站的应用软件都是特定的。应用软件在 MicroLok Ⅱ开发系统上编写、编译。

应用软件的开发及文档由 USSI 软件控制程序 PR-1320 管理。

MicroLok Ⅱ系统编程和诊断工具由编译器、模拟器、非易失性应用程序存储器的编程软件和端口模拟器组成。编译器、模拟器和编程软件允许用户对系统的应用软件作编写、修改和校验(离线)。端口模拟程序被用来监督或模拟任何串口。这些应用软件的工具软件在一台带有兼容串口的便携式计算机上。这些工具软件是应用软件的一部分,服从于认证和确认质量和安全保障。通过轨旁软件控制程序控制使用这套工具的软件开发过程,轨旁软件控制程序由 USSI 程序 PR-1320 管理。通过控制 SER 人员的权限来保护这套软件的使用。不提供特定的密码保护方案。MicroLok Ⅱ系统诊断程序允许对输入和输出的每个比特功能作测试。

开发系统可用于离线时的程序修改,测试按编译器→模拟器→事件日志→EPROM 写片器→端口模拟器的顺序进行。

(1)编译器

编译器是一个计算机程序,将带布尔等式的 ASCII 文本文件转换成 EPROM 表文件。生成一系列文件显示错误和程序开关设置。这一系列文件是 ASCII 文件,可用任何计算机文本编辑器查看。

(2)模拟器

模拟器是一个用于便携式计算机上的计算机程序,在开发过程中,利用它仿效布尔等式生成相应显示来调试软件。MicroLok Ⅱ 系统的所有方面都能利用这一系统进行离线仿效。

(3)事件日志

MicroLok Ⅱ可编程储存某些感兴趣的应用信息。错误日志可通过诊断口储存和下载到便携式计算机中。

(4)EPROM 写片器

EPROM 写片器是一个便携式计算机上的计算机程序,利用它将 EPROM 可执行程序下载到 MicroLok Ⅱ应用的 EPROM 芯片中。

(5)端口模拟器

用来仿效或监督每个串口的计算机程序。这些程序和 MicroLok Ⅱ上的任何串口相连。在测试期间,利用这些程序校验每个独立的输入和输出位。

基于轨旁 MicroLok 安全微处理器的 ATC 子系统还应用了多样性和自检的安全概念,并带有分散安全电路。结构的多样性体现在“双路编程”。双路编程技术处理应用逻辑布尔定式,并将这些方程式与第二套不同的方程式相比较,第一套方程式在这一操作过程中作为源。第二套方程式的创建对于用户是透明的,因为它是由“安全执行软件”来创建的。在执行每套方程式的过程中,双路编程比较两个结果,以确认它们产生同样的逻辑输出状态。

三、系统功能

1. 联锁控制

每个 SER 中的联锁 MicroLok Ⅱ单元对联锁控制负责。

车站控制计算机(SCC)安装在车站控制室(SCR)中,本地操作员能够通过 SCC 接管控制中心对联锁的控制,由本地完成联锁操作。如果必须在某个联锁区执行控制模式的转换,现地操作员必须请求控制中心放弃对联锁的控制,从而将控制中心的联锁转向现地模式。此外,紧急转换特性能使现地操作员单方面取得控制权。

联锁 MicroLok Ⅱ单元中的安全逻辑运算控制下列功能:接近锁闭和时间锁闭;进路锁闭;检测器锁闭;道岔锁闭;运行方向锁闭;超速防护;进路控制;机车信号保持电路;紧急道岔手动操纵;轨道闭塞;报警;设置区域限速;取消区域限速;防淹门锁闭。

这些功能由联锁 MicroLok Ⅱ单元中的应用逻辑完成。任何必需的安全输出都通过与 MicroLok Ⅱ系统并口相连的安全型继电器实现。采取控制动作所需要的信息,例如来自相邻 SER 的进路信息等,都通过安全串行链路获得。另外,联锁区内的轨道电路以并口方式和 MicroLok Ⅱ系统输入相连,提供轨道占用信息。这样的配置能够提供轨道电路的快速分路检测,从而保证在联锁区内采取有效的控制动作。

MicroLok Ⅱ系统和车辆段联锁系统之间由接点进行联系。当列车执行进入/退出操作时,系统会检查转换轨,以避免建立任何敌对进路。

2. 数字数据传输

信息的数据场一部分是由轨道 MicroLok Ⅱ单元编码,数据场信息包括:轨道电路编号,正在通过的轨道电路;方向控制,列车的运行方向;下一频率,进路内方下一个轨道电路的频率;目标距离,到达障碍地或限制区的距离;线路速度,限制区内允许的最大速度;目标速度,列车到达指定目标处的速度;停站,已停在站台,它是安全的开门命令。

AF-904 型轨道电路返回 MicroLok Ⅱ系统的信息有:轨道占用;设置的闭塞分区速度;方向校核;AF-904 型轨道电路速度命令。

3. 区域速度限制

区域限速分为 15 km/h、30 km/h 、45 km/h 、60 km/h ,它们可由 MicroLok Ⅱ系统设置,也可在需要时由控制中心或本地控制。本地设置的区域限速也必须由本地复位。如果控制中心离线或通信失败,则本地可越过控制中心直接设置区域限速。区域速度限制是针对轨道电路内的预定区域的,根据 SER 的控制限制来确定区域,应考虑轨道 1 和轨道 2 速度区域的隔离。控制线显示速度区域,轨旁 ATP 逻辑基于控制线完成区域速度限制。

一旦设置了限速,集中站的轨道 MicroLok Ⅱ单元就将产生到限速区域的新的目标距离和实际的目标限制速度,并通过 AF-904 型轨道电路传送给接近限速区域的列车。

4. 终点站作业和折返作业

列车完全停站后,速度数据命令列车停车,同时启动 MicroLok Ⅱ系统逻辑中的一个安全定时器来延时解锁延续进路锁闭。

5. 紧急停车系统

联锁 MicroLok Ⅱ单元检测相关设备的某个常闭接点,一旦断开即激活紧急停车系统。轨道 MicroLok Ⅱ单元收到紧急停车命令后,将发送给影响区域内列车的数据信息中的“线路速度”、“目标速度”设置为零。

6. 列车间隔

基于轨道电路占用和其他安全联锁条件,MicroLok Ⅱ的应用逻辑安全地产生每一列车的安全速度数据,并通过 AF-904 子系统发送到机车。

轨旁 TWC 单元通过串行链路和 NVLE 接口。NVLE 含有缺省的时刻表,如果控制中心离线,则 NVLE 使用该时刻表。NVLE 处理所有来自机车的接收数据以及所有发往列车的数据。所有 TWC 数据都要送往控制中心以便记录/处理。

7. TWC 排路

在有 TWC 环线的任何集中站, NVLE 都能通过轨旁 TWC 模块询问列车的目的地编号。NVLE 在时刻表中查找列车车次号,向 MicroLok Ⅱ系统发送进路申请,由 MicroLok Ⅱ系统选择需要的道岔和信号机以建立进路。

四、系统通信

1. 联锁 MicroLok Ⅱ单元的通信

联锁 MicroLok Ⅱ单元和下列设备通信:轨道 MicroLok Ⅱ单元、从联锁 MicroLok Ⅱ单元、NVLE 单元、相邻联锁 MicroLok Ⅱ单元。

(1)与轨道 MicroLok Ⅱ 单元的通信

一般联锁 MicroLok Ⅱ单元发送数据为:相邻联锁区轨道电路状态;速度限制;设置紧急停车;复位速度限制和紧急停车;运行方向状态。

从轨道 MicroLok Ⅱ单元可接收轨道占用状态和站台轨道停车信息。

(2)与联锁 MicroLok Ⅱ单元的通信

与集中站的联锁 MicroLok Ⅱ单元通过 RS-485 口相连接。联锁 MicroLok Ⅱ单元发送和接收诸如轨道状态、紧急停车状态和运行方向状态等信息。

(3)与 NVLE 单元的通信

NVLE 与联锁 MicroLok Ⅱ单元通过 RS-423/RS-232 链路通信。

联锁 MicroLok Ⅱ单元接收信息为:进路申请;道岔控制申请;操作模式状态;设置速度限制;复位速度限制。

联锁 MicroLok Ⅱ单元发回信息为:轨道状态;报警状态道岔表示;运行方向和锁闭;紧急停车状态。

(4)与相邻联锁 MicroLok Ⅱ单元的通信

和相邻集中站的 MicroLok Ⅱ单元(从和主)通过光纤环状网络进行通信。

2. 轨道 MicroLok Ⅱ单元的通信

轨道 MicroLok Ⅱ单元与下列设备通信:联锁 MicroLok Ⅱ单元、AF-904 模块。

(1)与联锁 MicroLok Ⅱ单元的通信

轨道 MicroLok Ⅱ单元通过 RS-485 链路与联锁 MicroLok Ⅱ单元通信。数据交换内容同上述。

(2)与 AF-904 模块的通信

与 AF-904 模块的通信通过 RS-485 链路,双断配置。每个 AF-904 控制器电路板被设置在开的位置,并行输出口(在联锁区表示轨道占用)与轨道 MicroLok Ⅱ单元连接,完成锁闭监测功能。

轨道 MicroLok Ⅱ单元和 AF-904 模块采用安全的串行通信链路在各个单元之间传送数据。数据流包括地址位、最大到 126 位的数据和 24 位 CRC。这些 CRC 位仅用于错误检测和非向前纠错(FEC)。CRC 位是由数据流除以一个固定多项式后得到的,并将除后的剩余部分添入数据流。译码功能要求升级到更高允许状态的命令必须是两条相同的信息,而降级到更低允许状态的命令只要一条。另外,其他单元必须连续接收到信息。

第三节　PMI 型计算机联锁系统

PMI 型计算机联锁系统(以下简称 PMI 系统)是泰雷兹(THALES)公司研制的,用于城市轨道交通正线。

一、PMI 系统结构

PMI 系统包括 1 个 SCOM 机架、2 个 MCCS 机架(MEI)、1 个看门狗继电器机架,如图 7-7 所示。

1. 计算机联锁模块 MEI

计算机联锁模块 MEI 由两个控制模块 MCCS A 和 MCCS B 组成,通过两个安全命令将它们关联起来。每个 MCCS 包括 Master Unit 和 Slave Unit 两个处理单元,以及 1 ~ 3 个与现场输入与输出(MIRET)接口的组件。

MCCS 模块 A 和 B 分别整合在 ARMOIRE MCCS A 和 ARMOIRE MCCS B 的两个机架中,而维修开关和看门狗的控制指示灯整合在 MCCS A 中。现场输出采用 OR 接线方式相互并行。

(1)MCCS 机架

MCCS 机架如图 7-8 所示。

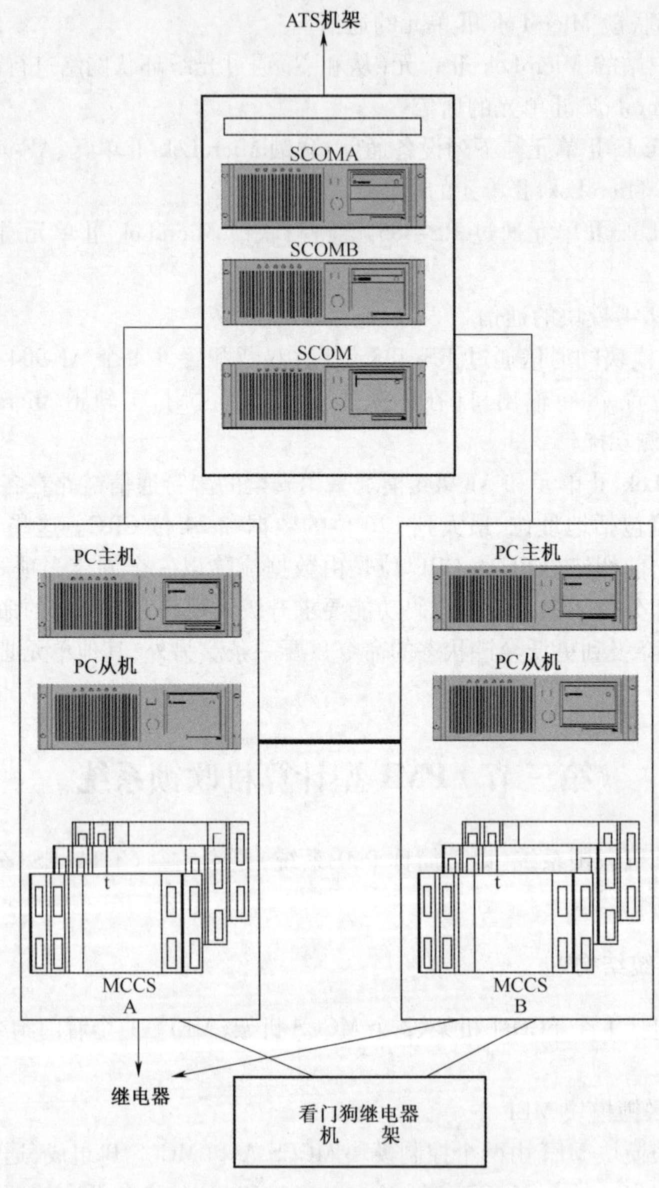

图 7-7　PMI 系统体系结构

(2)维修面板

维修面板上有切换开关和指示灯,如图 7-9 所示。

切换开关有 3 挡位置,如图 7-10 所示。

位置 A:MEI 操作取决于 MCCS A 的操作,与 MCCS B 的存在与否无关。为确保 MCCS B 不对 MEI 的操作产生干扰,只要开关位置处在 A 的位置,则 MCCS B 输出就不会加电(现场看门狗不会被复位)。

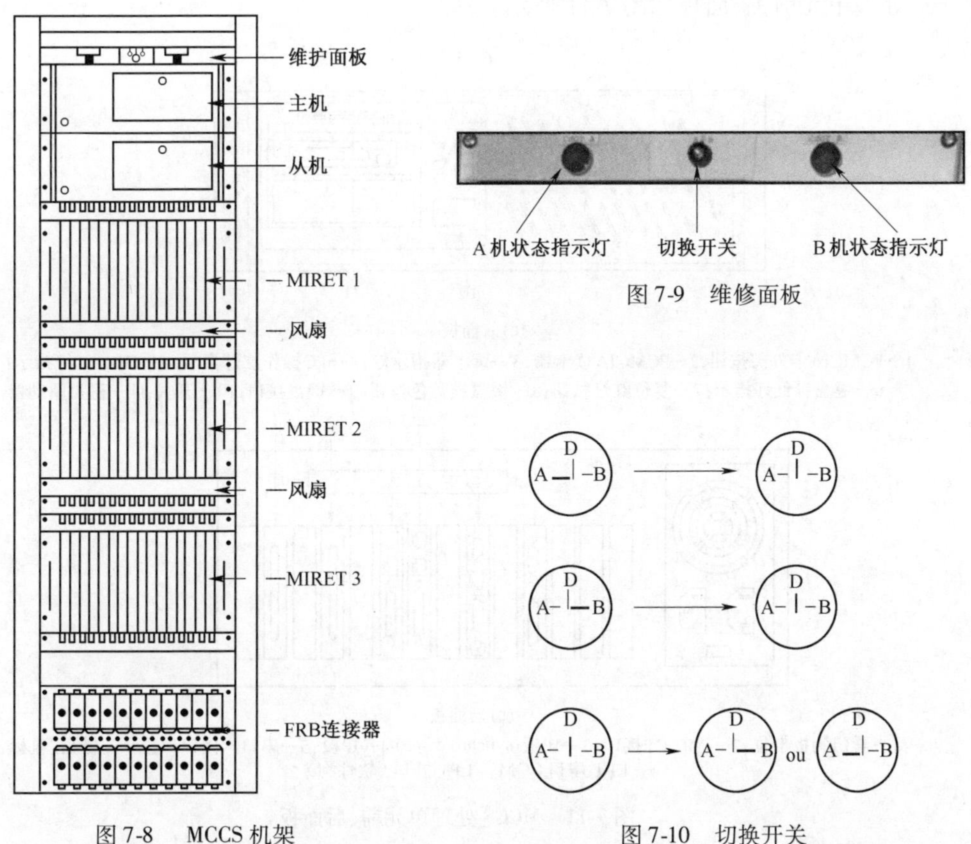

图 7-8 MCCS 机架

图 7-9 维修面板

图 7-10 切换开关

位置 B:操作情况与上述相似,只是 A 和 B 互换一下。

位置 D:两个 MCCS 都介入 MEI 操作。如果发生故障,MEI 会继续执行任务,而 MCCS 中的一个则被设置到重新部署的位置。

如果另一 MCCS 正在被配置,则不得将本 MCCS 从工作模式切换到维修模式。当备用 MCCS 重新启动时,屏幕会显示重新配置状态。启动时,它就会获取存储在 NORMALMCCS 中的上下文关系。

当看门狗指示灯亮起时,则可以已经完成 MCCS 的重新配置。

(3)处理单元

每个 MCCS 有主、从处理单元,构成二取二安全控制系统,两个 MCCS 构成冗余系统,从而组成二乘二取二系统。处理单元完成联锁逻辑运算。

MCCS 中的两个 PC 通过同步连接同步并交换数据,如果一个连接中断,则 MCCS 停止工作。

MCCS 通过 Dispo 连接比较数据/状态(I/O 状态,接受信息…),MCCS 启动时,通过此连接从另一个 MCCS 恢复数据。如果一个连接中断,从 MCCS 停止工作。

处理单元前、后面板如图 7-11 所示。

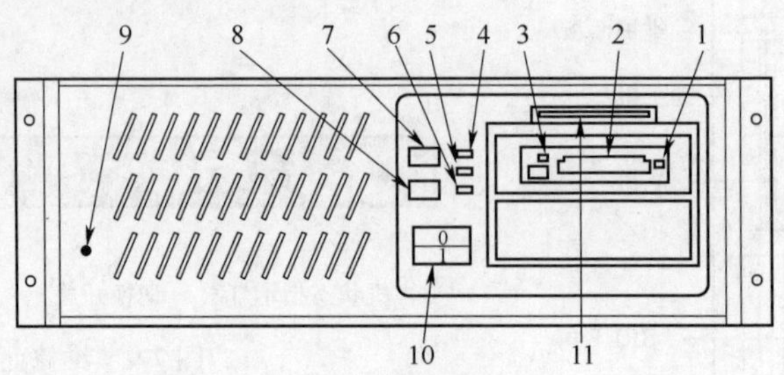

(a)前面板

1—PCMCIA卡外部按钮;2—PCMCIA读卡器;3—读卡器指示灯;4—PC操作红灯指示;5—HDD红灯指示;6—键盘锁红灯指示;7—复位红灯按钮;8—键盘锁蓝色按钮;9—键盘接口;10—开关;11—磁盘驱动器

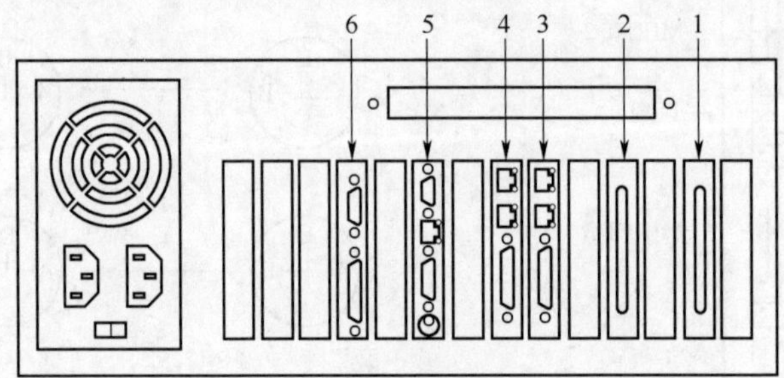

(b)后面板

1—看门狗板卡位;2— MIRET接口;3—IP板(synchro/dispo);4—IP板;5—串口，网口，显示，键盘/鼠标;6—LPT_1串口 COM_2，LPT_1并口(软件狗)

图 7-11 MCCS 处理单元前、后面板

(4) MIRET

每个 MCCS 有 1~3 个 MIRET(I/O 的机架)。MIRET1 前面板如图 7-12(a)所示，MIRET2、MIRET3 前面板如图 7-12(b)所示。

每个输入板卡有 16 位主部分输入和 16 位从部分输入,处理 16 位输入。每个输出板卡有 8 位主部分输入和 8 位从部分输入,处理 8 位输入。

每个 MCCS 输入和输出的容量取决于 MEI 的配置。可以按照 MIRET 的配置来设定输入/输出的数量,如表 7-1 所示。

表 7-1 MIRET 的配置

MIRET 的配置	输入数量	输出数量
6 个输入板卡 10 个输出板卡	96	80
7 个输入板卡 9 个输出板卡	112	72
8 个输入板卡 8 个输出板卡	128	64

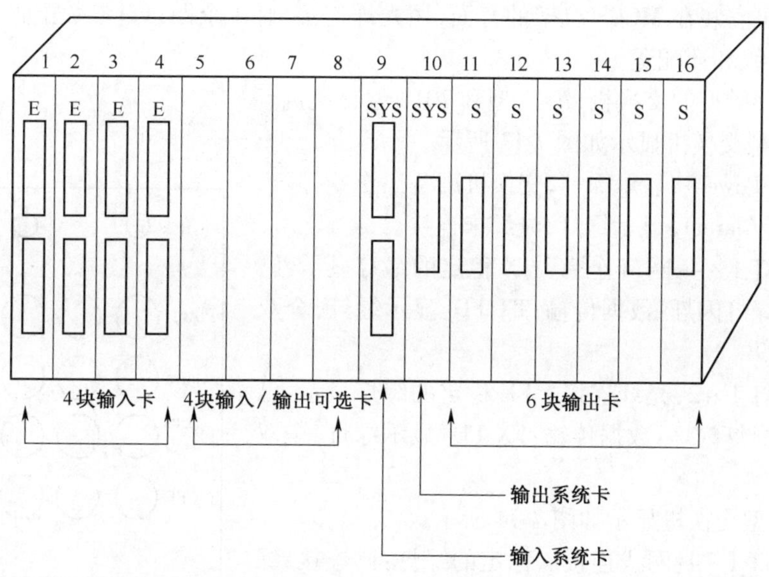

(a) MIRET 1前面板

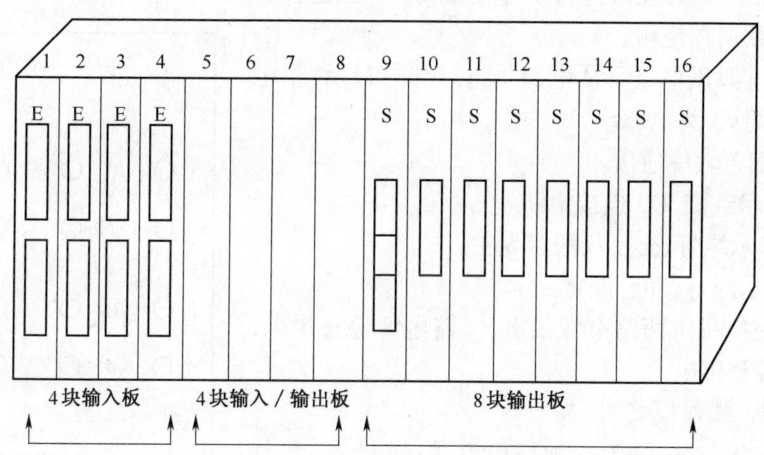

(b) MIRET 2和MIRET 3前面板

图 7-12　MIRET 前面板

因此,一个 MEI 系统最多可以管理约 600 个 I/O(MCCS 机架,带 3 个装满的 MIRET)。

(5)FRB 连接器

一个 FRB 连接器可以连接一块输入卡或两块输出卡。

(6)交换机

交换机安装在 MCCS 机架的背面,用光纤连接,有 4 个网口。参数配置包括 IP 地址、固件升级和环配置。

有两种类型的交换机,7007 型和 7018 型交换机。

7007 型交换机显示如图 7-13 所示。

电源(Power):显示绿灯,交换机准备工作。

报警(Alarm):显示绿灯,光纤未连接。

指示灯 1 ~4:网口连接。TX 稳定的绿灯显示:已连接;TX 绿灯闪烁:数据传输;TX FD:显示绿灯,全双工连接。

指示灯 1 ~2:光纤连接。FX 稳定的绿灯显示:已连接;FX 绿灯闪烁:数据传输;FX FD:显示绿灯,全双工连接。

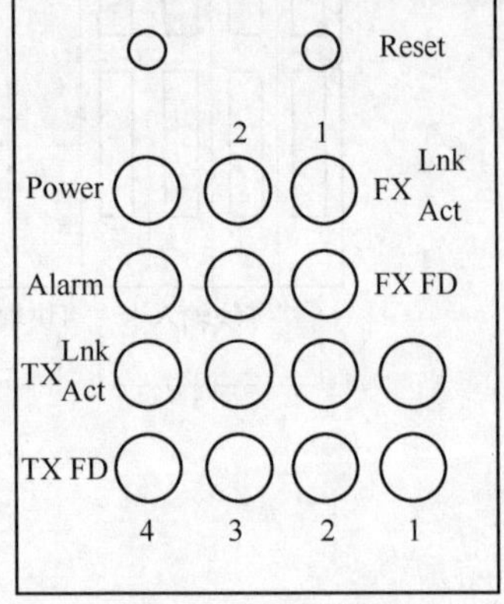

图 7-13　7007 型交换机显示

7018 型交换机显示如图 7-14 所示。

指示灯 1 ~4:网线连接。稳定的绿灯:已连接;绿灯闪烁:数据在传输。

指示灯 5 和 6:光纤连接。稳定的绿灯:已连接;绿灯闪烁:数据在传输。

P_1:主电源供电;P_2:从电源供电。绿灯显示:供电正常;绿灯熄灭:无电源。

St:与配置软件通信。

A1:显示红灯,FO 连接中断。

RM:显示绿灯,交换机配置为主。

Rg:显示绿灯,环已配置。

每个交换机由两路电源供电,一路电源停止供电,则另一路接替供电。

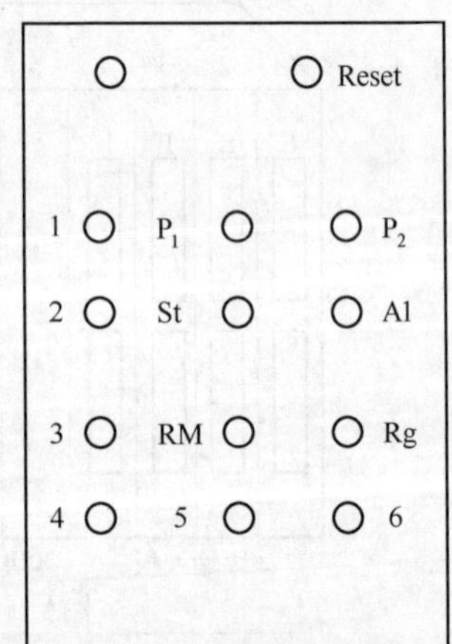

图 7-14　7018 型交换机显示

(7)MEI 操作模式

在稳定状态下,分为三种操作模式:强制(F)维修(M)模式、标称模式(N/S)、降级模式或故障模式(D)。

①强制(F)维修(M)模式

两个 MCCS 中的一个独自操作(强制模式)并参与执行 MEI 模块的任务,另一个 MCCS 被隔离(维修模式),不参与执行 MEI 任务,其输出不加电(现场看门狗不加电)。

②标称模式(N/S)

两个 MCCS 通过并行操作的方式共同执行 MEI 模块的任务。其中一个 MCCS 称为“工作 MCCS”,另一个称为“备用 MCCS”。任何时候只需一个 MCCS 执行任务,另一个 MCCS 的故障就会自动得以弥补。此时,操作采用降级模式。如果故障发生在工作 MCCS 中,则备用 MCCS 会切换成工作 MCCS。

③降级模式或故障模式(D)

此时,任务的执行只由正常 MCCS 独自保证。另一个 MCCS 尝试重新初始化;如果初始化成功,它就成为备用 MCCS,操作模式再次成为标准模式。否则,只要维修人员不介入修复故障,则操作模式永远属于降级模式。

为确保 MEI 可用,需要执行的功能有:在发生故障(永久性或临时性故障)后,自动重新初始化;信息同步;将故障现场输入逻辑设置成受限制。

在 MEI 上并行使用正常 MCCS(N)和备用 MCCS(S),通过获取储存在正常 MCCS 中的上下文关系来自动重新配置 MCCS,进行可用性交叉检查,确保将正常 MCCS 的当前上下文关系储存到备用 MCCS 中。在发生故障(永久性或临时性故障)后,进行工作和备份模式之间的自动切换。

(8)MCCS 的自动重新初始化

MEI 的每个 MCCS 都配备自动重新初始化系统,每当现场看门狗退出运行时它都会被激活。该设备会定时切断 MCCS 的电源(5 s),从而使后者能够在重新加电后自动重启。

一个 MCCS 重新启动的次数被限制为在 5 min 之内不得多于 3 次(限制仅针对 PC 主机)。这种机理可以在激活看门狗(如:在交叉检查某个输入时)时避免 MCCS 不断地重新启动 。

在重新启动后,如果故障是在激活看门狗之前就被发现,则不会出现重新初始化。

在所有的情况下,MCCS 系统报警是通过存档系统产生的,然后必须使系统回到正常的操作状态。

(9)故障检测

MEI 的每个 MCCS 都能检测其自身故障以及在其环境中发生的一些故障。每个故障(临时或永久性故障)都会作为一种致命故障或系统报警进行存档。MCCS 的每一台 PC 机(主机或)所专用的存档系统对每一种故障或报警执行以下的操作:记录到 PCMCIA 存档磁带机上,记录到 SCOM 机架(4 台 MEI PC 和 SAM PC 之间的串行链路)的 SAM PC 上。

2. SCOM

SCOM 负责数据与通信管理,作为 ATS 与 MEI 之间的一个桥梁,维持信号状态和报警的数据库,记录有关所有操作员命令和事件,以便 ATS 将其用于重播功能。

SCOM 机架如图 7-15 所示。SCOM 机架包括:1 台 SCOMA PC,1 台 SCOMB PC,1 台 SAM PC,1 个 KVM,1 个 WD/NR 控制面板,2 个交换机,2 个交换机电源。

(1)SCOM PC

SCOM PC 管理 ATS 和 MEI PC 之间的通信。

SCOM PC 由 1 个 ISA-PCI 背板,1 个处理器板卡(CPU),1 个硬盘(40 GB UDMA),

1 个内部 IDE CD-RW 驱动器,1 个 4 通道以太网板卡,1 个看门狗板卡(WD)组成。

使用的操作系统是装载到 SCOM PC 机的 Windows XP。当 Windows 启动时,应用程序自行运行。

(2)SAM PC

SAM PC 显示 MEI PC 的日志(串行连接),显示 PCMCIA 卡的内容,记录错误。

PC 工作在 Windows XP 平台。

(3)KVM

KVM 可以由一个键盘、鼠标和监视器通过 VGA 电缆来控制多台 PC 机:SAM PC、SCOMA PC、SCOMB PC。

若要使用 SCOM 机架的 KVM,需要密码 * * * * * * * * 。

维修控制系统(SAM)是为维修人员提供的,它可以确保 MEI 子系统的维修控制功能。通过 SAM 可以查询 MCCS 机架的 PC 机文档,查询 PCMCIA 卡上储存的 MEI 文档,实时跟踪 MEI PC 机的进程。

(4)WD/NR 控制面板

控制面板上有 SCOMA 指示器和 SCOMB 指示器,各有一个 WD 指示灯和 NR 指示灯。

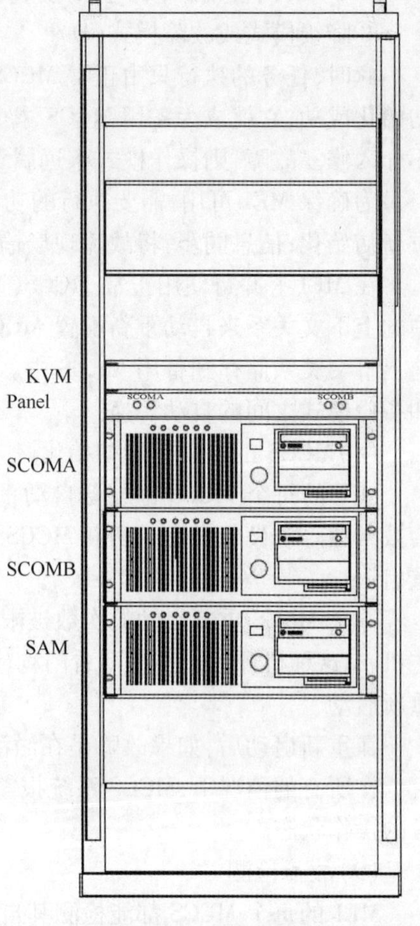

图 7-15　SCOM 机架

WD 指示灯亮,表示 SCOM 软件处于工作中。NR 指示灯亮,表示 SCOM 通信正常,它正在与 ATS 通信。两个 NR 指示灯不能同时点亮。

(5)交换机/交换机供电模块

SCOM 中使用 2 个交换机和 2 个电源供电模块,交换机及其供电模块与在 MEI 中使用的相同。

3. WRR

看门狗机柜 WRR 可以在故障情况下切断 PC 供电 5 s(重启 PC)。

看门狗机柜由继电器、熔丝、电阻、电容组成。

CDG 控制停止(主单元和从单元 PC CDG 中一个落下)导致 CDG TB 继电器延时 500 ms 落下。(落下延时以使 PC CDG 继电器能自检)。

PC 电源切断 5 ~ 10 s(CRAZB 继电器延时)以便确保 PC 在重新启动之前保持

关闭。

ACT TB 继电器落下延时以避免在一段时间内 2 个通道均不工作。

PIPC 软件通过重启 CDG 倒计时循环重启 CDG。在故障情况下,CDG 不保持而落下。

CDG 每小时自检几次,检测落下后重新吸取。(这并不影响运行功能,因为 NS1 继电器有 500 ms 延时)。

二、PMI 系统的维修

1. 维修原则

系统的维修主要依赖于:

一线维修,基于使用一套备品备件来快速替换故障设备。

现场修理,只适用于不可互换的站内零部件(电缆等)。

维修,通过 SCOM 机架的 SAM PC 机,跟踪 MCCS 机架(MCCSA 和 MCCSB)的 PC 机。所有的踪迹都保存在 PC 机。

2. 一线维修

一线维修的目的是要快速地使故障设备回到服务状态,而不需要深入地了解数据处理系统。这种维修是基于快速定位故障设备,并进行系统替换。

为了进行这些工作,维修人员需要配备以下工具:1 个维修加密狗、1 个 PCMCIA 维修卡、1 个安装光盘、以太网交叉电缆(5 类)。

必需的备用设备或备品备件有:PC 主机(MCCS)、PC 从机(MCCS)、带双电源的机架 MIRET、用于 MIRET 的通信卡、输入板卡、输出板卡、以太网交换机、开关电源、板卡、加密狗。

3. 设备故障诊断和修理

在一线维修中,被替换的设备需要在制造工厂中进行故障诊断和修理。

建议维修人员亲自对故障设备进行故障诊断和修理。实际上,对故障设备采取任何人为干预(除其本身被替换之外)都会使产品质量保证自动失效。

唯一授权可以在现场进行的修理操作有:

对于 MCCS,更换看门狗指示灯,更换有故障的风扇,修理有故障的电缆。

对于 SCOM,更换指示灯,修理有故障的电缆。

4. 维修控制系统(SAM)

SAM 子系统是为维修人员提供的,它可以确保 MEI 系统的维修控制功能。

SAM 子系统的功能有:查询 MCCS 机架的 PC 机文档,查询 PCMCIA 卡上储存的 MEI 文档,实时跟踪 MEI PC 机的进程。

(1)查询 MEI 文档

MEI 文档是一套以文本文件格式保存的文档文件。它们存储在 PCMCIA 卡和

SAM PC 机上。

PCMCIA 卡上的文件可以在 Windows 下作为一套文本文件来使用。用户因可以从所有的操作中获益:

用 Windows 文本编辑器进行阅读,将文件拷贝到 SAM 的硬盘上。

使用系统文档对于 MEI 维修,包括 MEI 专用装置(输入卡、输出卡等)中出现的各种故障,可以方便地检测故障单元,以进行替换。

系统在操作时,其访问文档 PCMICA 板卡的程序是与各个 PC 机相同的。

这种程序包括以下的操作:

①安装维修加密狗

在 PC 机的操作加密狗上安装维修加密狗,等待 30 s 到文件关闭。文件的关闭产生了"Start of de-archiving"(停止归档)的信息 。

②取出文档卡盘

从 PC 机的 PCMCIA 驱动器中取出 PCMCIA 卡,放在 SAM PC 机上查看文档文件。

③将 PCMCIA 放回去

将 PCMCI 卡插到 PC 机上并锁定,拆下维修加密狗。

(2)实时跟踪 MEI 进程

MEI 会在 PC 机(主机或从机)的串行端口 COM_2上产生进程踪迹。这些信息与文档中写下的信息相同。SAM 有一个接口用于获取这些踪迹,可以显示在 SAM PC 机的屏幕上。

可以启动跟踪 MEI 在维修操作之后的操作情况。如果故障致使 MEI 不能启动,则必须查询 PCMCIA 卡盘上的文档。也可以直接在 SAM PC 机上查询故障。

5. 在对 MCCS 进行人为干预时,必须采取的保护措施

(1)按照 MCCS 机柜中的干预级别,必须先关机并切断 AC 220 V 和 DC +24 V电源。

(2)可以对机架进行照明。

(3)目检设备、检查输出熔丝、检查风扇,都不需要机架停机。更换 SCOM PC、SAM PC、KVM 不需要 SCOM 机架停机。更换以太网交换机电源不需要 SCOM 机架停机。

(4)在以下情况下,机架必须停机:

更换输入板卡、输出板卡、MIRET 时,需要使相关的 MCCS 机架停机。

更换 PC(位于 MCCS 机架上)机、MIRET 机架、以太网交换机时,需要使 MCCS 机架停机,并切断 AC220 V 电源。电源从密封壳体内部件的主电路断路器上断开或通过断开机架内部的断路器来断开。

更换 MCCS 机柜部件中的电缆需要自身关机,并切断该机架的 AC220 V 和 DC +24 V电源。

6. 报警

MEI 有三种报警:系统报警、功能报警和软件报警。

系统报警指由于连接的设备(输入板卡、存档卡盘、保护密钥、邻近 MEI、对方 MCCS 等)故障引发的报警。报警指明了某一故障的启动或终止。只有与输入故障有关报警才会报告给 ATS。这些报警后,会引发软件故障,致使切换到降级运行位置,以期系统能够自动重新初始化。

功能报警指由于不可能执行操作员命令而引发的报警。这不是系统故障,因此与维修无关。

软件报警指由于软件降级、硬件自检故障或某个 MEI 的各个 MCCS 机架之间的仲裁等原因引发的报警。它们会使系统切换至降级运行位置,以期系统能够自动重新初始化。软件报警是致命错误。

由 MEI 的 MCCS 机柜内部件发现的这些报警一方面存档在外部 PCMCIA 卡盘上,另一方面继续由串行维修通信端口进行编辑。跟踪终端可以连接到每个 PC 机(主机或从机)的每个维修端口。该消息输出具有单一格式。

第八章 联锁执行电路

联锁执行电路包括接口电路、信号点灯电路、道岔控制电路和其他电路。这些电路没有标准图,各城市各线路不尽相同,本章无法穷尽,只能举例说明。本章以卡斯柯公司的为例进行介绍。

第一节 正线联锁区电路

正线联锁区电路包括接口电路、信号机点灯电路、道岔控制电路、计轴设备控制电路、紧急关闭控制电路、安全门控制电路、断路器报警电路、与邻站信标编码器站间联系电路、与车辆段联系电路等。正线联锁区信号设备平面布置示意如附图 1 所示。

一、接口电路

接口电路包括驱动电路和采集电路,可以将它们设计在一张图纸上,也可以分开。

1. 信号机驱动及采集电路

信号机驱动及采集电路图采用不同的信号组合时,不一样。有采用 CZQX、FCZQX、(C)FZX 的不同情况。

(1)采用 CZQX 的信号机驱动及采集电路

采用 CZQX 的信号机驱动及采集电路如图 8-1 所示。它驱动 DDJ、LXJ,采集 DJ

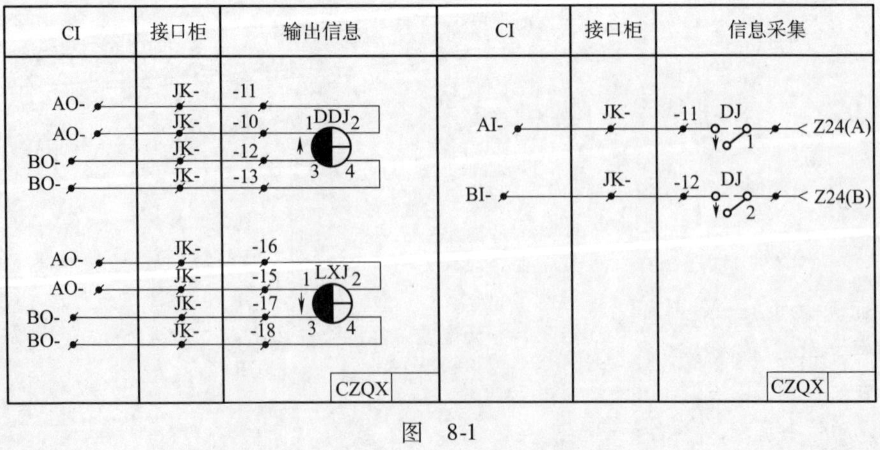

图 8-1

信号机	组合位置	至组合侧面端子								至组合侧面端子	
		至接口柜(驱动)								至接口柜(采集)	
		DDJ-1(A)	DDJ-2(A)	DDJ-3(B)	DDJ-4(B)	LXJ-1(A)	LXJ-2(A)	LXJ-3(B)	LXJ-4(B)	DJ-12(A)	DJ-22(B)
Z_1	Z_1-3(1)	04-10	04-11	04-12	04-13	04-15	04-16	04-17	04-18	01-11	01-12
		JK-4-D_4-39	JK-4-D_4-40	JK-7-D_4-39	JK-7-D_4-40					JK-3-D_2-17	JK-6-D_2-17
Z_2	Z_2-5(1)	04-10	04-11	04-12	04-13					01-11	01-12
		JK-4-D_5-5	JK-4-D_5-6	JK-7-D_5-5	JK-7-D_5-6					JK-3-D_2-18	JK-6-D_2-18

图 8-1　信号机驱动及采集电路图(一)

前接点。在所附配线表中填写的是信号机名称、组合位置、至接口柜端子号。组合侧面端子号是固定的。如 LXJ 不插,则有关 LXJ 的端子号不填。

(2)采用 FCZQX 的信号机驱动及采集电路

采用 FCZQX 的信号机驱动及采集电路如图 8-2 所示。它驱动 DDJ、LXJ、YXJ、ZXJ,采集前接点。在所附配线表中填写的是信号机名称、组合位置、至接口柜端子号。组合侧面端子号是固定的。如 YXJ、ZXJ 不插,则有关 YXJ、ZXJ 的端子号不填。

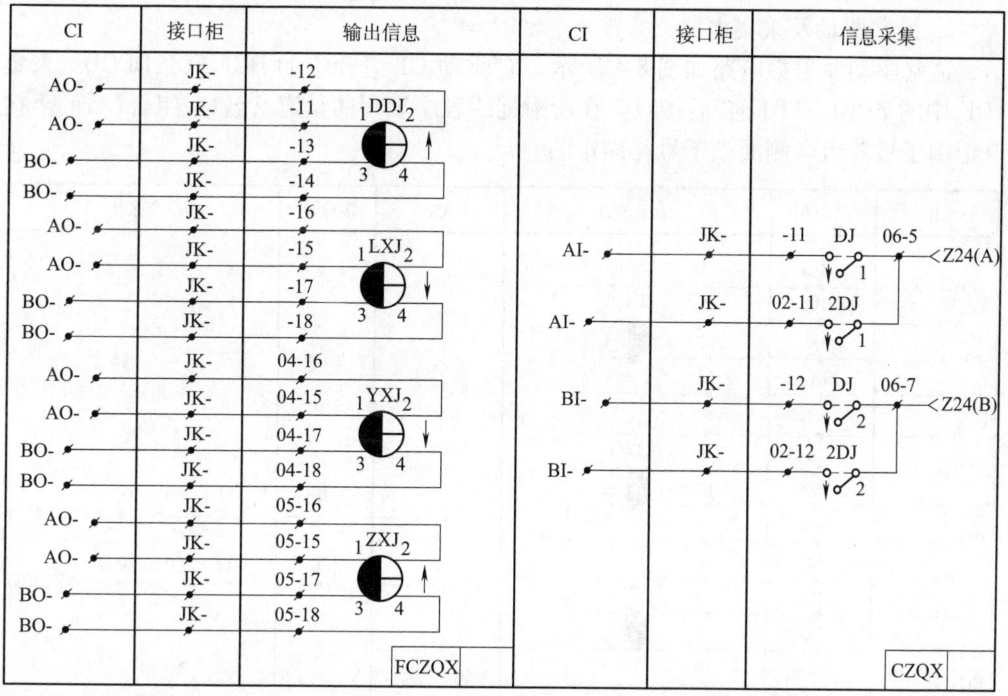

图　8-2

信号机	组合位置	至组合侧面端子																			
		至接口柜(驱动)																至接口柜(采集)			
		DDJ-1(A)	DDJ-2(A)	DDJ-3(B)	DDJ-4(B)	LXJ-1(A)	LXJ-2(A)	LXJ-3(B)	LXJ-4(B)	YXJ-1(A)	YXJ-2(A)	YXJ-3(B)	YXJ-4(B)	ZXJ-1(A)	ZXJ-2(A)	ZXJ-3(B)	ZXJ-4(B)	DJ-12(B)	DJ-22(A)	2DJ-12(A)	2DJ-22(B)
		04-11	04-12	04-13	04-14	01-15	01-16	01-17	01-18	04-15	04-16	04-17	04-18	05-15	05-16	05-17	05-18	01-11	01-12	02-11	02-12
F_3	Z_1-9(1)	JK-4-D_2-29	JK-4-D_2-30	JK-7-D_2-29	JK-7-D_2-30	JK-4-D_2-31	JK-4-D_2-32	JK-7-D_2-31	JK-7-D_2-32	JK-4-D_2-33	JK-4-D_2-34	JK-7-D_2-33	JK-7-D_2-34					JK-3-D_1-32	JK-6-D_1-32	JK-3-D_1-33	JK-6-D_1-33
F_5	Z_1-8(1)	JK-4-D_3-5	JK-4-D_3-6	JK-7-D_3-5	JK-7-D_3-6	JK-4-D_3-7	JK-4-D_3-8	JK-7-D_3-7	JK-7-D_3-8	JK-4-D_3-9	JK-4-D_3-10	JK-7-D_3-9	JK-7-D_3-10					JK-3-D_1-36	JK-6-D_1-36	JK-3-D_1-37	JK-6-D_1-37
F_7	Z_1-7(1)	JK-4-D_3-17	JK-4-D_3-18	JK-7-D_3-17	JK-7-D_3-18	JK-4-D_3-19	JK-4-D_3-20	JK-7-D_3-19	JK-7-D_3-20	JK-4-D_3-25	JK-4-D_3-26	JK-7-D_3-25	JK-7-D_3-26	JK-4-D_3-27	JK-4-D_3-28	JK-7-D_3-27	JK-7-D_3-28	JK-3-D_2-2	JK-6-D_2-2	JK-3-D_2-3	JK-6-D_2-6
F_8	Z_2-8(1)	JK-4-D_3-29	JK-4-D_3-30	JK-7-D_3-29	JK-7-D_3-30	JK-4-D_3-31	JK-4-D_3-32	JK-7-D_3-31	JK-7-D_3-32	JK-4-D_3-33	JK-4-D_3-34	JK-7-D_3-33	JK-7-D_3-34	JK-4-D_3-35	JK-4-D_3-36	JK-7-D_3-35	JK-7-D_3-36	JK-3-D_2-4	JK-6-D_2-4	JK-3-D_2-5	JK-6-D_2-5

图 8-2 信号机驱动及采集电路图(二)

(3)采用(C)FZX 的信号机驱动及采集电路

采用(C)FZX 的信号机驱动及采集电路如图 8-3 所示。它驱动 DDJ、LXJ、ZXJ,采集前接点。在所附配线表中填写的是信号机名称、组合位置、至接口柜端子号。组合侧面端子号是固定的。如 YXJ、ZXJ 不插,则有关 YXJ、ZXJ 的不填。

2. 道岔驱动及采集电路

道岔驱动及采集电路如图 8-4 所示。它驱动 CT 组合中的 DCJ、FCJ、DCQDJ,采集 TDF_2 中的 ZDBJ、ZFBJ 前、后接点。在所附配线表中填写的是道岔名称、组合位置、至接口柜端子号。组合侧面端子号是固定的。

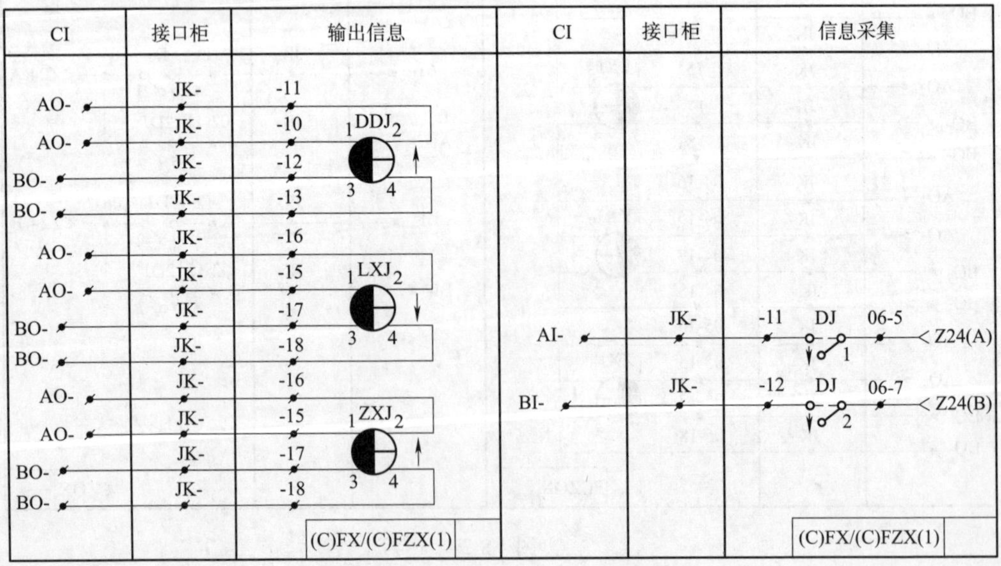

图 8-3

信号机	组合位置	至组合侧面端子												至组合侧面端子	
		至接口柜(驱动)端子												至接口柜(采集)端子	
		DDJ-1(A)	DDJ-2(A)	DDJ-3(B)	DDJ-4(B)	LXJ-1(A)	LXJ-2(A)	LXJ-3(B)	LXJ-4(B)	ZXJ-1(A)	ZXJ-2(A)	ZXJ-3(B)	ZXJ-4(B)	DJ-12(A)	DJ-22(B)
F_1	Z_1-10(1)	04-10	04-11	04-12	04-13	01-15	01-16	01-17	01-18	04-15	04-16	04-17	04-18	01-11	01-12
		JK-4-D_2-15	JK-4-D_2-16	JK-7-D_2-15	JK-4-D_2-16	JK-4-D_2-17	JK-4-D_2-18	JK-7-D_2-17	JK-7-D_2-18					JK-3-D_1-27	JK-6-D_1-27
F_9	Z_1-6(1)	04-10	04-11	04-12	04-13	01-15	01-16	01-17	01-18					01-11	01-12
		JK-4-D_3-37	JK-4-D_3-38	JK-7-D_3-37	JK-7-D_3-38	JK-4-D_3-39	JK-4-D_3-40	JK-7-D_3-39	JK-7-D_3-40					JK-3-D_2-6	JK-6-D_2-6

图 8-3　信号机驱动及采集电路图(三)

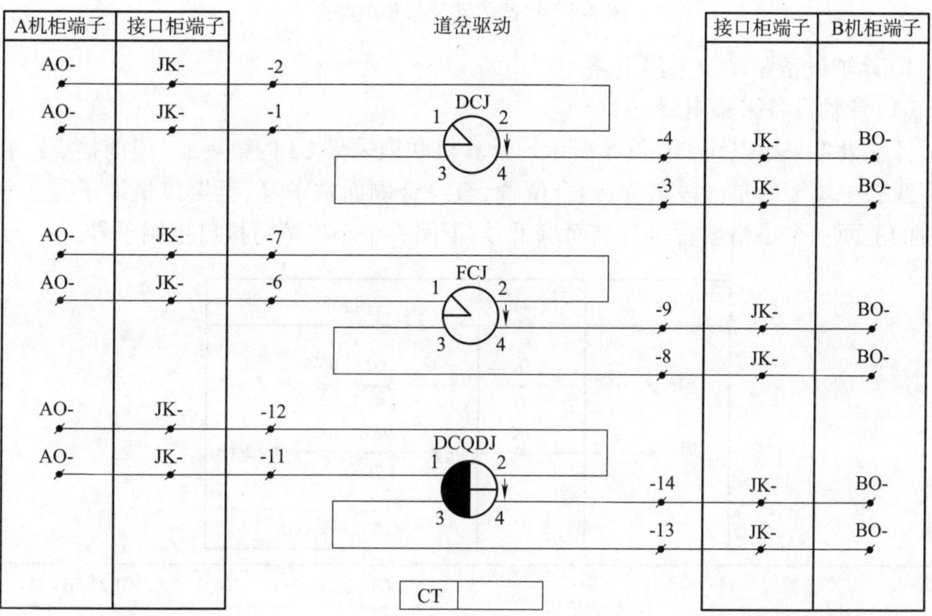

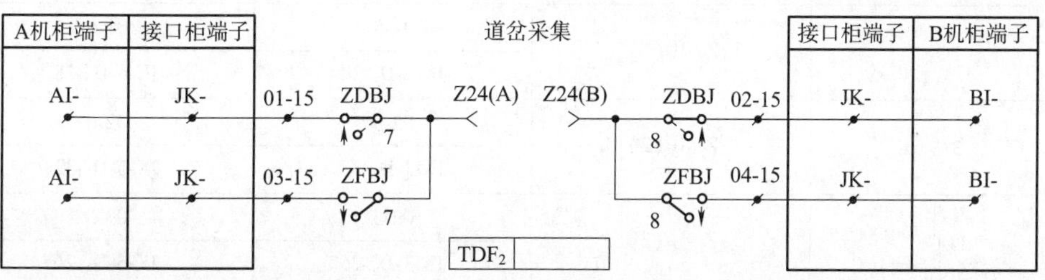

图　8-4

道岔	组合位置CT	A机						B机						组合位置TDF$_2$	A机		B机	
		至接口柜(驱动)端子													至接口柜(采集)端子			
		DCJ-1	DCJ-2	FCJ-1	FCJ-2	DCQDJ-1	DCQDJ-2	DCJ-3	DCJ-4	FCJ-3	FCJ-4	DCQDJ-3	DCQDJ-4		ZDBJ-72	ZFBJ-72	ZDBJ-82	ZFBJ-82
1#	Z_4-4(1)	01-1	01-2	01-6	01-7	01-11	01-12	01-3	01-4	01-8	01-9	01-13	01-14	Z_4-9	01-15	03-15	02-15	04-15
		JK-4-D_1-5	JK-4-D_1-6	JK-4-D_1-7	JK-4-D_1-8	JK-4-D_1-9	JK-4-D_1-10	JK-7-D_1-5	JK-7-D_1-6	JK-7-D_1-7	JK-7-D_1-8	JK-7-D_1-9	JK-7-D_1-10		JK-3-D_1-11	JK-3-D_1-12	JK-6-D_1-11	JK-6-D_1-12
3/6#	Z_5-5(1)	01-1	01-2	01-6	01-7	01-11	01-12	01-3	01-4	01-8	01-9	01-13	01-14	Z_4-2	01-15	03-15	02-15	04-15
		JK-4-D_1-17	JK-4-D_1-18	JK-4-D_1-19	JK-4-D_1-20	JK-4-D_1-25	JK-4-D_1-26	JK-7-D_1-17	JK-7-D_1-18	JK-7-D_1-19	JK-7-D_1-20	JK-7-D_1-25	JK-7-D_1-26		JK-3-D_1-15	JK-3-D_1-16	JK-6-D_1-15	JK-6-D_1-16
4/5#	Z_5-5(2)	02-1	02-2	02-6	02-7	02-11	02-12	02-3	02-4	02-8	02-9	02-13	02-14	Z_5-8	01-15	03-15	02-15	04-15
		JK-4-D_1-27	JK-4-D_1-28	JK-4-D_1-29	JK-4-D_1-30	JK-4-D_1-31	JK-4-D_1-32	JK-7-D_1-27	JK-7-D_1-28	JK-7-D_1-29	JK-7-D_1-30	JK-7-D_1-31	JK-7-D_1-32		JK-3-D_1-17	JK-3-D_1-18	JK-3-D_1-17	JK-3-D_1-18

图 8-4　道岔驱动及采集电路图

3. 计轴设备驱动及采集电路

(1)计轴设备采集电路

计轴设备采集电路如图 8-5 所示。计算机联锁采集 GJ 的第一、二组前接点。在所附配线表中填写的是区段名称、组合位置、至组合侧面端子号、至接口柜端子号。每个区段的上面一个小格填写组合侧面端子号,下面一个小格填写接口柜端子号。

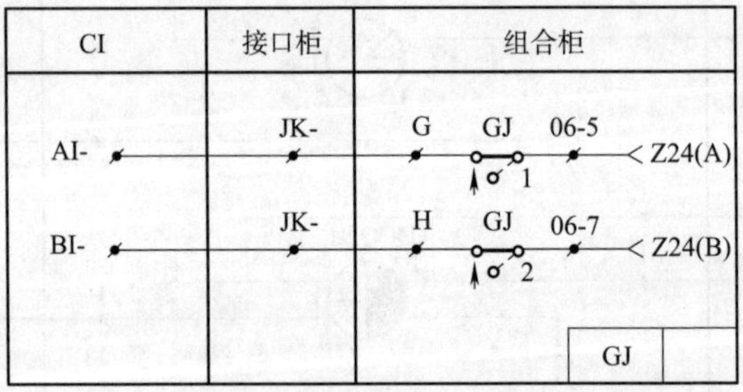

CI　接口柜　组合柜

AI-　JK-　G　GJ 1　06-5　Z24(A)

BI-　JK-　H　GJ 2　06-7　Z24(B)

GJ

区段	GJ 组合位置	GJ-12(A)	GJ-22(B)
		G	H
1G	Z_7-10(1)	01-5	01-6
		JK-3-D_2-28	JK-6-D_2-28
3G	Z_7-10(2)	02-5	02-6
		JK-3-D_2-32	JK-6-D_2-32
1DG	Z_7-10(3)	03-5	03-6
		JK-3-D_3-26	JK-6-D_3-26

图 8-5　计轴设备采集电路

计轴设备采集电路图也可以和计轴设备控制电路在一张图上。

(2)计轴设备复位驱动和采集电路

计算机联锁驱动计轴复位继电器 FWJ,计轴设备复位驱动和采集电路如图 8-6 所示。在所附计轴复位继电器组合位置表中填写的是各区段 FWJ 的组合位置,在驱动配线表中填写的是区段名称、FWJ 组合位置、至组合侧面端子号、至接口柜端子号。每个区段的上面一个小格填写组合侧面端子号,下面一个小格填写接口柜端子号。在配线表中填写的是区段名称、FWJ 组合位置、至组合侧面端子号、至计轴机柜端子号。每个区段的上面一个小格填写组合侧面端子号,下面一个小格填写计轴机柜端子号。

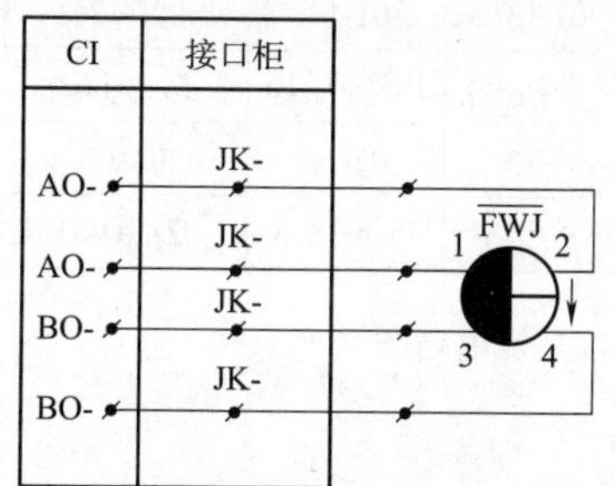

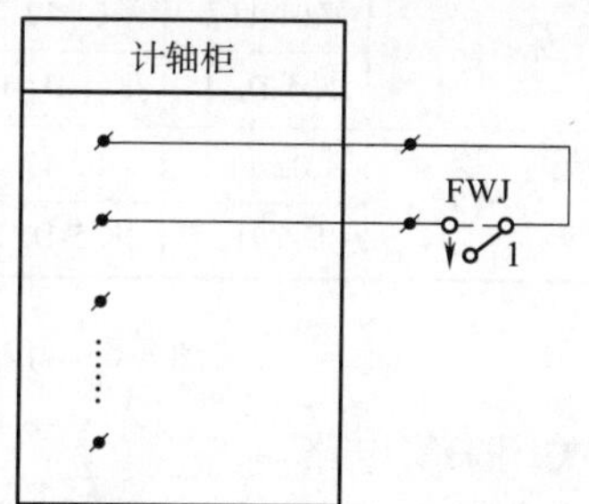

计轴复位继电器组合位置表

	组合位置	1	2	3	4	5	6	7	8	9	10
FWJ	Z_7-5	1G	3G	1DG	3-5DG	5G	7G	7DG	9DG	9G	11G
	Z_7-4	13G	15G	17G	19G	21G	1DG-B	23G	25G		
	Z_7-3	2G	4G	6G	8G	2DG	4-6DG	10G	12G	8DG	10DG
	Z_7-2	14G	16G	18G	20G	22G	24G	26G	28G	30G	2DG-8
	Z_7-1	32G	34G								

计轴设备复位电路图的驱动配线表

区段	FWJ 组合位置	驱　动				采　集	
		FWJ-1	FWJ-2	FWJ-3	FWJ-4	FWJ-11	FWJ-12
						计轴机柜	
1G	Z_7-5(1)	01-1	01-2	01-3	01-4	01-7	01-8
		JK-4-D_5-39	JK-4-D_5-40	JK-7-D_5-39	JK-7-D_5-40	JZ_2-J-Q-21	JZ_2-J-Q-43
3G	Z_7-5(2)	02-1	02-2	02-3	02-4	02-7	02-8
		JK-4-D_6-7	JK-4-D_6-8	JK-7-D_6-7	JK-7-D_6-8	JZ-J-Q-22	JZ-J-Q-43
1DG	Z_7-5(3)	03-1	03-2	03-3	03-4	03-7	03-8
		JK-4-D_7-35	JK-4-D_7-36	JK-7-D_7-35	JK-7-D_7-36	JZ-J-Q-23	JZ-J-Q-44

图　8-6

续上表

区段	FWJ 组合位置	驱动				采集	
		FWJ-1	FWJ-2	FWJ-3	FWJ-4	FWJ-11	FWJ-12
						计轴机柜	
3-5DG	Z_7-5(4)	04-1	04-2	04-3	04-4	04-7	04-8
		JK-4-D_7-39	JK-4-D_7-40	JK-7-D_7-39	JK-7-D_7-40	JZ_2-J-Q-24	JZ_2-J-Q-44
5G	Z_7-5(5)	05-1	05-2	05-3	05-4	05-7	05-8
		JK-4-D_6-11	JK-4-D_6-12	JK-7-D_6-11	JK-7-D_6-12	JZ-J-Q-61	JZ-J-Q-45
7G	Z_7-5(6)	01-11	01-12	01-13	01-14	01-17	01-18
		JK-4-D_6-15	JK-4-D_6-16	JK-7-D_6-15	JK-7-D_6-16	JZ-J-Q-62	JZ-J-Q-45
7DG	Z_7-5(7)	02-11	02-12	02-13	02-14	02-17	02-18
		JK-5-D_1-7	JK-5-D_1-8	JK-8-D_1-7	JK-8-D_1-8	JZ-J-Q-63	JZ-J-Q-46

图 8-6 计轴设备复位电路图

4. 紧急关闭采集电路

紧急关闭采集电路如图 8-7 所示。在图中填写的是接口柜端子号。

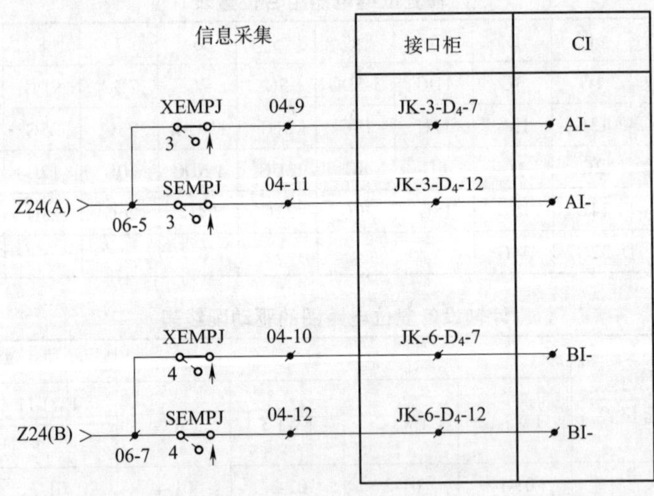

图 8-7 紧急关闭采集电路图

紧急关闭采集电路图按车站设计。

紧急关闭采集电路图可以和紧急关闭控制电路图在一张图纸上。

5. 安全门驱动和采集电路

计算机联锁驱动 GMJ、KMJ(X、S),采集 MGJ、MPLJ(X、S)前接点。安全门驱动和采集电路如图 8-8 所示。在图中填写的是接口柜端子号。

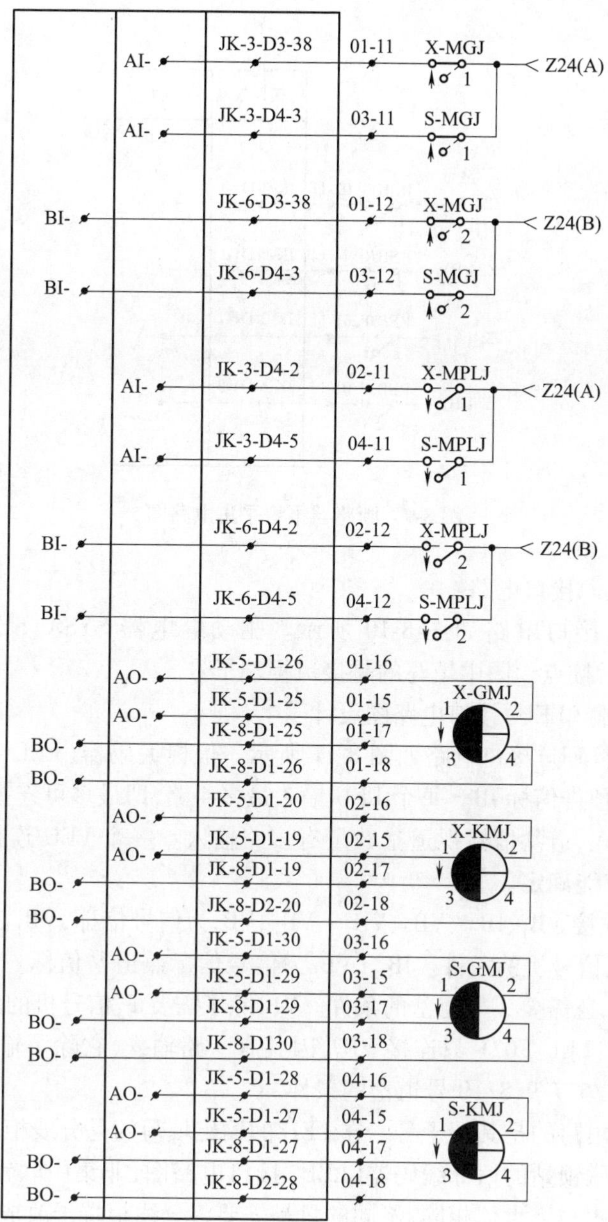

图 8-8　安全门驱动和采集电路图

安全门驱动和采集电路图按车站设计。

安全门驱动和采集电路图可以和安全门控制电路在一张图纸上。

6. 断路器报警采集电路图设计

断路器报警采集电路如图 8-9 所示，采集的是 RSBJ、RSBJF 前接点。图中填写的是接口柜端子号。

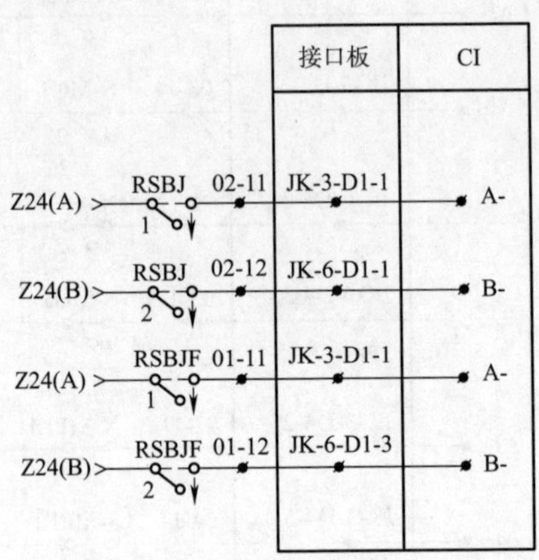

图 8-9　断路器报警采集电路图

7. CI 系统电源接口电路

CI 系统电源接口电路如图 8-10 所示。驱动继电器 SYSA、SYSB、KZKFJ，采集 SYSA、SYSB 前、后接点。图中填写的是接口柜端子号。

8. 信标编码器(LEU)接口电路图设计

信标编码器(LEU)接口电路如图 8-11 所示。信标编码器(LEU)用来连接接口柜和重开信标 VB、预告信标 IB。每个 LEU 输入最多 4 路，即最多可连接 4 个信标。信号信标只有 1 路输入，道岔信标视道岔数量有多路输入。一个 LEU 连接几个信标，先要看有多少输入，才能确定。

LEU-E01F 连接 VB_1、IB_{12}、VB_5、VB_7。VB_1、VB_7 为信号信标，VB_1 需要 XC 信号机的条件，VB_7 需要 F_3 信号机的条件。IB_{12}、VB_5 为信号信标兼道岔信标。IB_{12} 除了需要 SQ_2 信号机的条件外，还需要 2 号道岔的条件。VB_5 除了需要 F_5 信号机的条件外，还需要 4/5 号道岔的条件。LEU-E02F 只连接 VB_3，因其有 9 路输入，它除了输入 F_1 信号机的条件外，还输入 1、3/6、7/9、8/10 号道岔的条件。

在接口柜中填写的是其端子号。在 LEU 的输出填写的是分线柜端子号。

以上是集中联锁站的信标编码器(LEU)接口电路图，非集中联锁站的信标编码器(LEU)接口电路图与之大体相同，不同的只是需要将分线柜端子改成综合柜端子。

二、信号机点灯电路

信号机有出站信号机、防护信号机、阻挡信号机、区间信号机，以及出站兼防护信号机等。所有信号机在 CBTC 正常使用时都灭灯，只有在使用降级模式时通过操作使点灯继电器 DDJ 吸起，才点亮红灯，然后根据条件显示相应灯光。

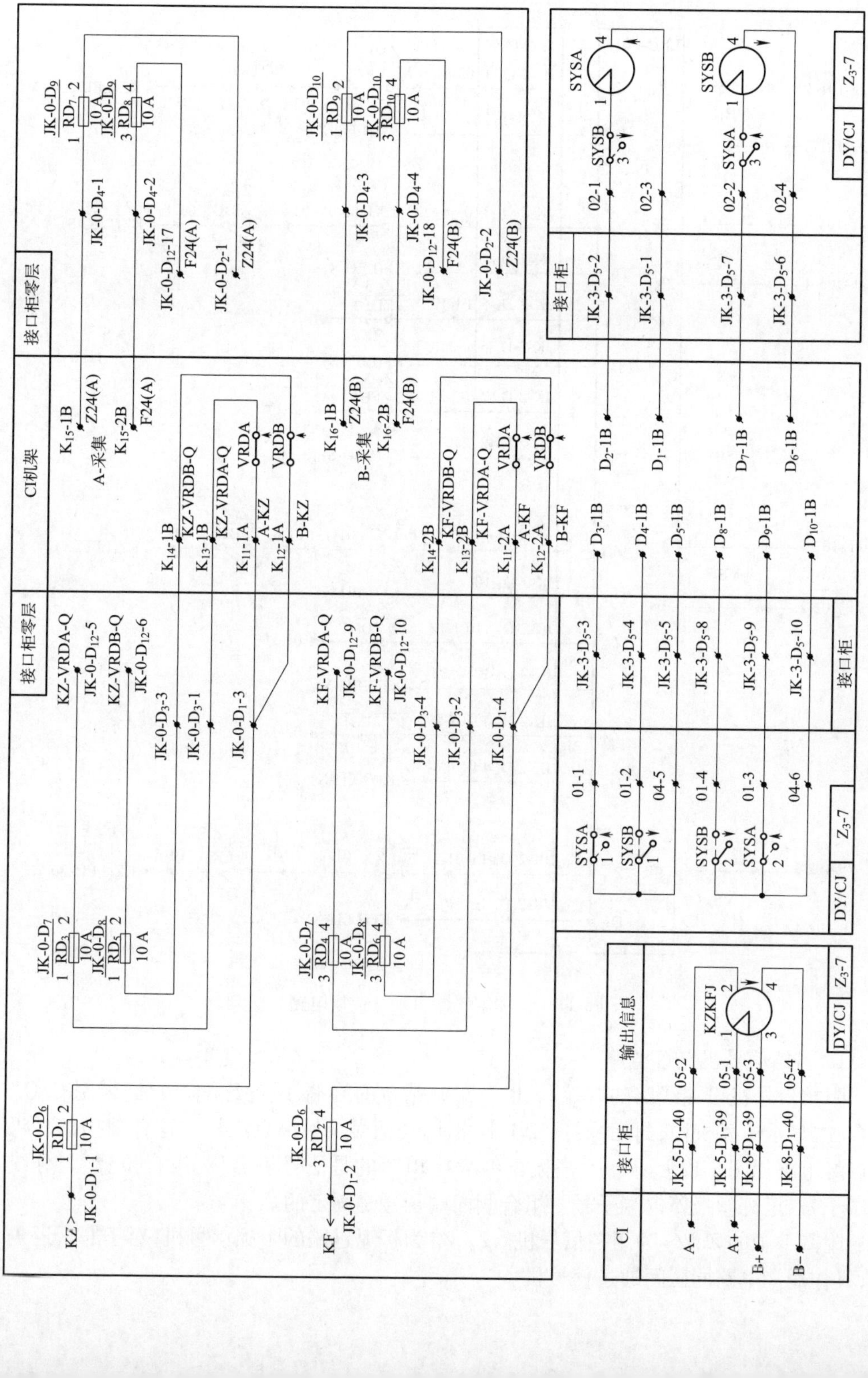

图 8-10 CI系统接口电路图(iLOCK)

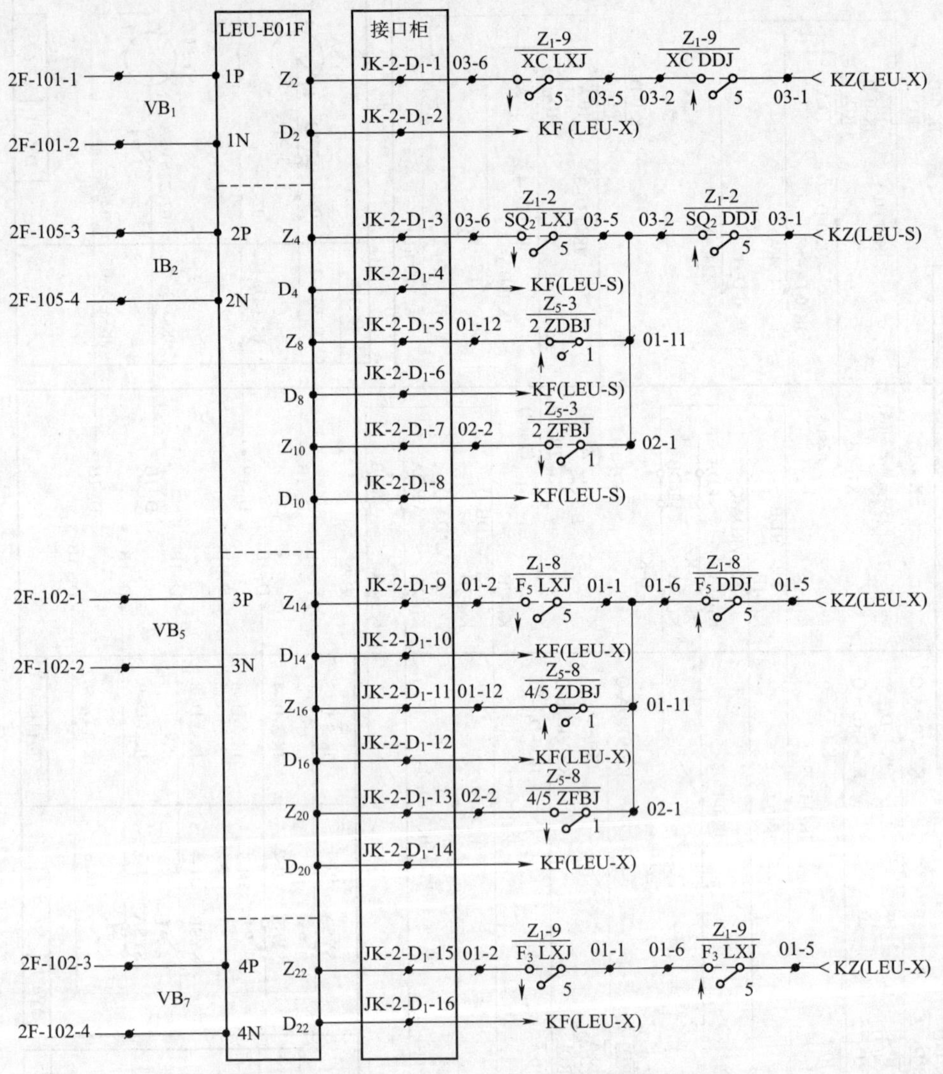

图 8-11　信标编码器(LEU)接口电路

1. 阻挡信号机点灯电路

阻挡信号机设在线路的终端站,以及车站站台的终端,线的终端。它们采用 CZQX 组合,二显示信号机构,封闭绿灯,LXJ 不插,阻挡信号机始终点红灯。这种阻挡信号机的点灯电路如图 8-12 所示。在所附配线表中填写的是信号机名称、组合位置、至分线柜端子号、至灯丝报警仪端子号。组合侧面端子号是固定的。

附图 1 中的 Z_1、Z_2 为阻挡信号机。Z_4、Z_6 为折返进路的阻挡信号机,对于非折返进路,其作用和电路同区间通过信号机。

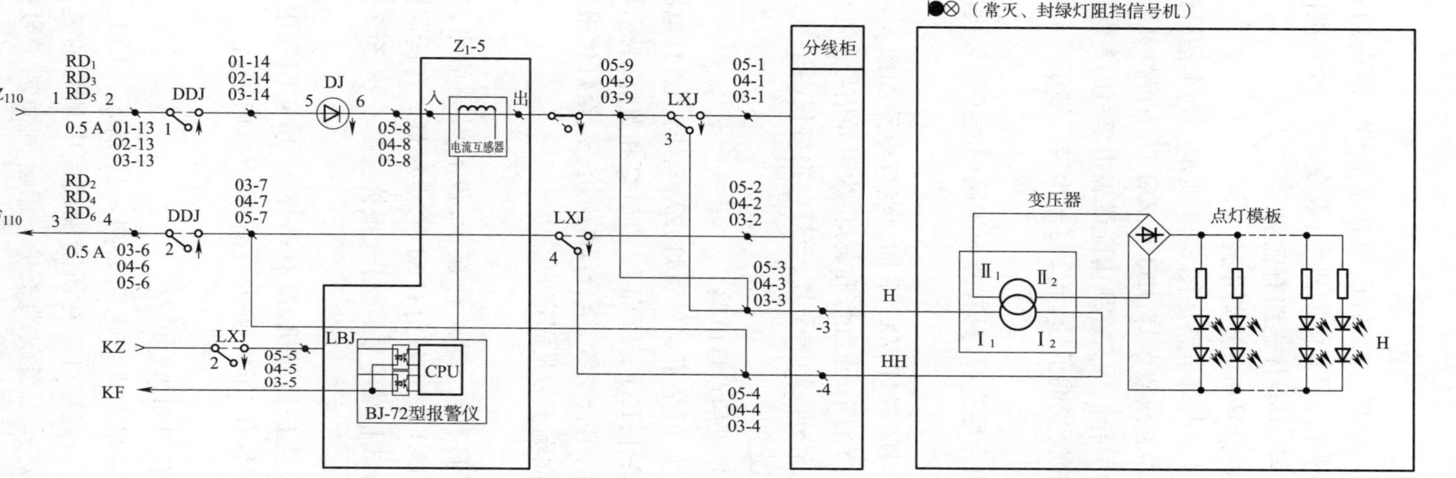

信号机	组合位置	至组合侧面端子		至组合侧面端子	
		至分线柜端子		至灯丝报警仪	
	CZQX	H	HH	互感器-入	互感器-出
Z_1	Z_1-3(1)	05-3	05-4	05-8	05-9
		1F-301-3	1F-301-4	Z_1-5-CJ_2-25	Z_1-5-CJ_2-26
Z_2	Z_2-5(1)	05-3	05-4	05-8	05-9
		1F-404-3	1F-404-4	Z_1-5-CJ_5-5	Z_1-5-CJ_5-6

图 8-12 阻挡信号机点灯电路

2. 防护信号机点灯电路图

防护信号机根据所防护的位置不同,大体有三种情况:设在岔前,直、侧向均有进路;设在岔前,因限制直向通行或直向为尽头线,只有侧向进路;设在岔后,没有侧向进路。它们均采用 FCZQX 组合,都有引导信号,但具体电路有区别。

(1)设在岔前,直、侧向均有进路的防护信号机的点灯电路

它有红、黄、绿三种显示,以及引导信号。点灯电路如图 8-13 所示。列车信号继电器 LXJ↓,点红灯;LXJ↑,正线信号继电器 ZXJ↓,点黄灯;LXJ↑,ZXJ↑,点绿灯;LXJ↓,引导信号继电器 YXJ↑,点红灯和黄灯,为引导信号。在所附配线表中填写的是信号机名称、组合位置、至分线柜端子号、至灯丝报警仪端子号、至 2 灯丝报警仪端子号。组合侧面端子号是固定的。

(2)设在岔前,因限制直向通行或直向为尽头线,只有侧向进路的防护信号机的点灯电路

它有红、黄两种显示,以及引导信号,封闭绿灯,ZXJ 不插。点灯电路如图 8-14 所示。LXJ↓,点红灯;LXJ↑,点黄灯;LXJ↓,YXJ↑,点红灯和黄灯,为引导信号。在所附配线表中填写的是信号机名称、组合位置、至分线柜端子号、至灯丝报警仪端子号、至 2 灯丝报警仪端子号。组合侧面端子号是固定的。

(3)设在岔后没有侧向进路的防护信号机的点灯电路

它有红、黄、绿三种显示,以及引导信号,但是不点单黄灯,ZXJ 不插。点灯电路如图 8-15 所示。LXJ↓,点红灯;LXJ↑,点绿灯;LXJ↓,YXJ↑,点红灯和黄灯,为引导信号。在所附配线表中填写的是信号机名称、组合位置、至分线柜端子号、至灯丝报警仪端子号、至 2 灯丝报警仪端子号。组合侧面端子号是固定的。

3. 出站信号机点灯电路

出站信号机设在车站站台端部,它们有红、绿两种显示,没有引导信号,采用 FCZQX 组合。点灯电路如图 8-16 所示。LXJ↓,点红灯;LXJ↑,点绿灯。在所附配线表中填写的是信号机名称、组合位置、至分线柜端子号、至灯丝报警仪端子号、至 2 灯丝报警仪端子号。组合侧面端子号是固定的。

出站信号机内方有道岔,即为出站兼防护信号机,没有引导信号,它们采用(C)FZX 组合。根据所防护的位置,有三种情况:有直向和侧向进路;只有直向进路;只有侧向进路。

(1)有直向和侧向进路的出站兼防护信号机点灯电路

有直向和侧向进路的出站兼防护信号机的点灯电路如图 8-17 所示。LXJ↓,点红灯;LXJ↑,ZXJ↓,点黄灯;LXJ↑,ZXJ↑,点绿灯。在所附配线表中填写的是信号机名称、组合位置、至分线柜端子号、至灯丝报警仪端子号。组合侧面端子号是固定的。

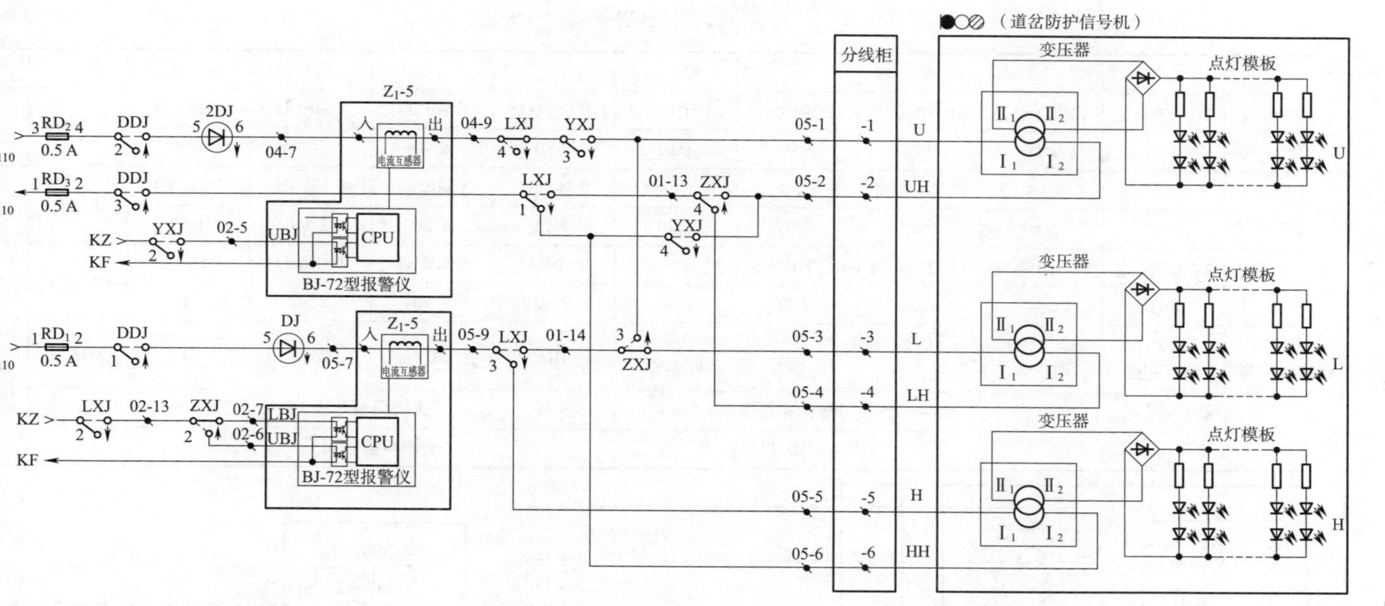

信号机	组合位置	至组合侧面端子						至组合侧面端子				至组合侧面端子		
		至分线柜端子						至灯丝报警仪				至 2 灯丝报警仪		
	FCZQX	U	UH	L	LH	H	HH	互感器-入	互感器-出	电压采集点(LBJ)	电压采集点(UBJ)	互感器-入	互感器-出	电压采集点(UBJ)
F_1	Z_1-7(1)	05-1	05-2	05-3	05-4	05-5	05-6	05-7	05-9	02-9	02-6	04-7	04-9	02-5
		1F-2 06-1	1F-2 06-2	1F-2 06-3	1F-2 06-4	1F-2 06-5	1F-2 06-6	Z_1-5-CJ_1-29	Z_1-5-CJ_1-30	Z_1-5-CJ_1-31	Z_1-5-CJ_1-32	Z_1-5-CJ_2-1	Z_1-5-CJ_2-2	Z_1-5-CJ_2-3
F_8	Z_2-8(1)	05-1	05-2	05-3	05-4	05-5	05-6	05-7	05-9	02-7	02-6	04-7	04-9	02-5
		1F-3 09-1	1F-3 09-2	1F-3 09-3	1F-3 09-4	1F-3 09-5	1F-3 09-6	Z_1-5-CJ_4-9	Z_1-5-CJ_4-10	Z_1-5-CJ_1-11	Z_1-5-CJ_1-12	Z_1-5-CJ_4-13	Z_1-5-CJ_4-14	Z_1-5-CJ_4-15

图 8-13　防护信号机点灯电路图（一）

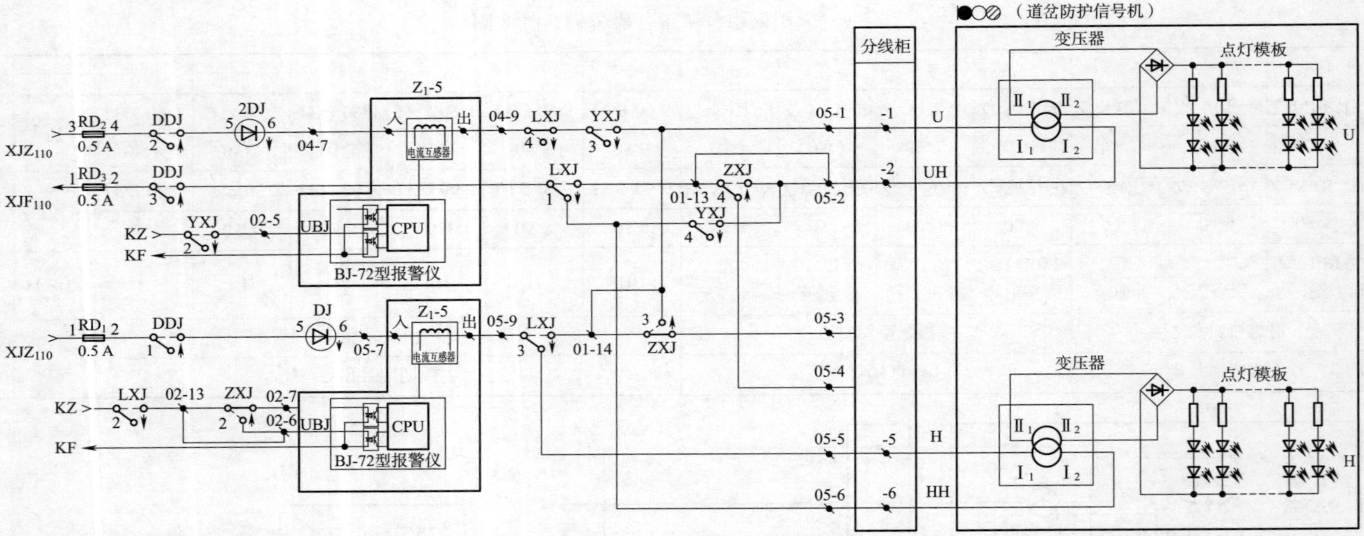

信号机	组合位置	至组合侧面端子				至组合侧面端子			至组合侧面端子		
		至分线柜端子				至灯丝报警仪			至2灯丝报警仪		
	FCZQX	U	UH	H	HH	互感器-入	互感器-出	电压采集点（LBJ）	互感器-入	互感器-出	电压采集点（UBJ）
F_5	Z_1-8（1）	05-1	05-2	05-5	05-6	05-7	05-9	02-6	04-7	04-9	02-5
		1F-204-1	1F-204-2	1F-204-5	1F-204-6	Z_1-5-CJ_1-17	Z_1-5-CJ_1-18	Z_1-5-CJ_1-19	Z_1-5-CJ_1-21	Z_1-5-CJ_1-22	Z_1-5-CJ_1-23
F_2	Z_1-2（1）	05-1	05-2	05-5	05-6	05-7	05-9	02-6	04-7	04-9	02-5
		1F-302-1	1F-302-2	1F-302-5	1F-302-6	Z_1-5-CJ_3-1	Z_1-5-CJ_3-2	Z_1-5-CJ_3-3	Z_1-5-CJ_3-5	Z_1-5-CJ_3-6	Z_1-5-CJ_3-7
F_5	Z_1-8（1）	05-1	05-2	05-5	05-6	05-7	05-9	02-6	04-7	04-9	02-5
		1F-305-1	1F-305-2	1F-305-5	1F-305-6	Z_1-5-CJ_3-17	Z_1-5-CJ_3-18	Z_1-5-CJ_3-19	Z_1-5-CJ_3-21	Z_1-5-CJ_3-22	Z_1-5-CJ_3-23

图 8-14 防护信号机点灯电路图（二）

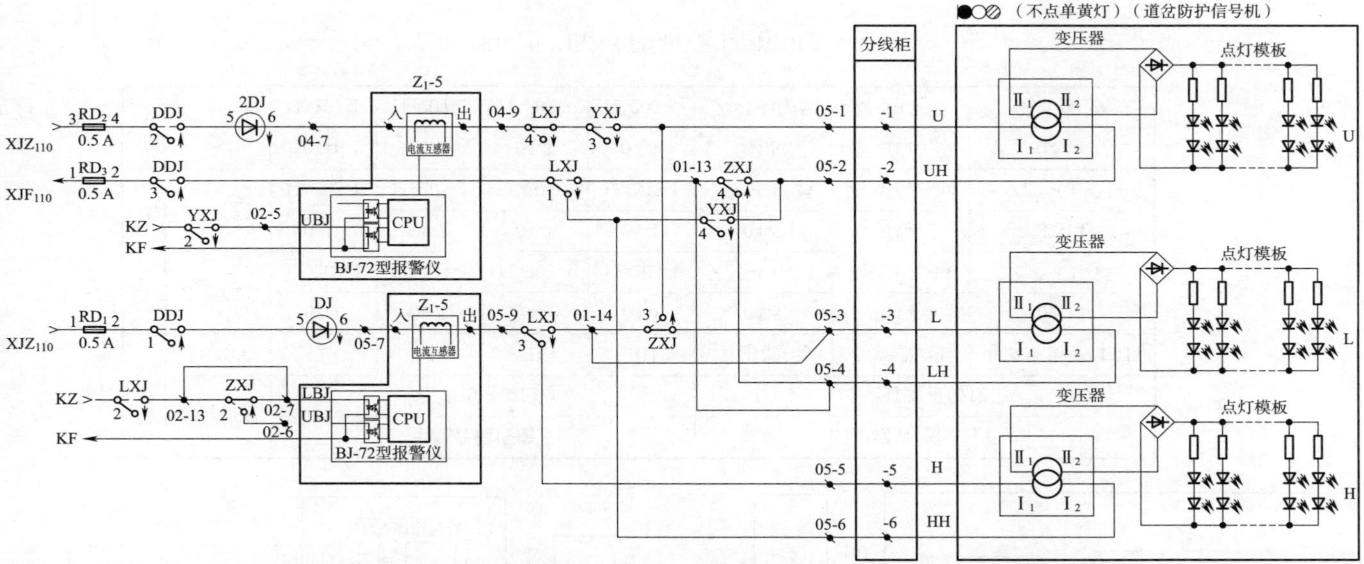

信号机	组合位置	至组合侧面端子						至组合侧面端子			至组合侧面端子		
		至分线柜端子						至灯丝报警仪			至2灯丝报警仪		
	FCZQX	U	UH	L	LH	H	HH	互感器-入	互感器-出	电源采集点(LBJ)	互感器-入	互感器-出	电源采集点(UBJ)
F_3	Z_1-9(1)	05-1	05-2	05-3	05-4	05-5	05-6	05-7	05-9	02-6	04-7	04-9	02-5
		1F-2 02-1	1F-2 02-2	1F-2 02-3	1F-2 02-4	1F-2 02-5	1F-2 02-6	Z_1-5-CJ_1-5	Z_1-5-CJ_1-6	Z_1-5-CJ_1-7	Z_1-5-CJ_1-9	Z_1-5-CJ_1-10	Z_1-5-CJ_1-11
$F_1$1	Z_1-4(1)	05-1	05-2	05-3	05-4	05-5	05-6	05-7	05-9	02-6	04-7	04-9	02-5
		1F-2 09-1	1F-2 09-2	1F-2 09-3	1F-2 09-4	1F-2 09-5	1F-2 09-6	Z_1-5-CJ_2-13	Z_1-5-CJ_2-14	Z_1-5-CJ_2-15	Z_1-5-CJ_2-17	Z_1-5-CJ_2-18	Z_1-5-CJ_2-19
F_6	Z_2-9(1)	05-1	05-2	05-3	05-4	05-5	05-6	05-7	05-9	02-6	04-7	04-9	02-5
		1F-3 07-1	1F-3 07-2	1F-3 07-3	1F-3 07-4	1F-3 07-5	1F-3 07-6	Z_1-5-CJ_3-29	Z_1-5-CJ_3-30	Z_1-5-CJ_3-31	Z_1-5-CJ_4-1	Z_1-5-CJ_4-2	Z_1-5-CJ_4-3

图 8-15　防护信号机点灯电路图（三）

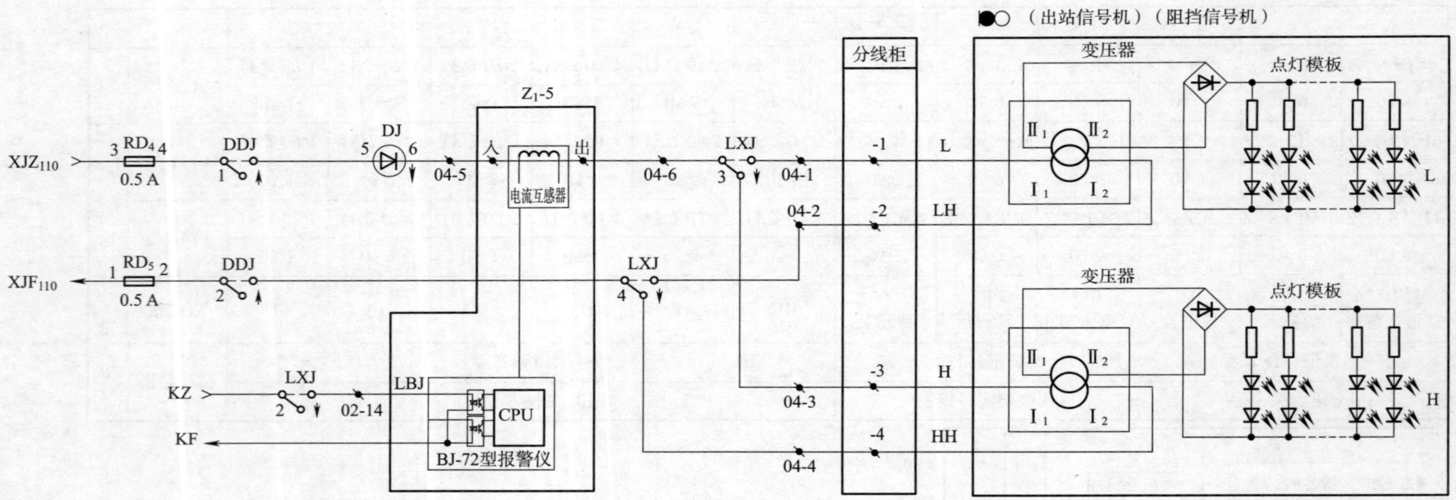

信号机	组合位置	至组合侧面端子				至组合侧面端子		
		至分线柜端子				至灯丝报警仪		
	FCZQX	L	LH	H	HH	互感器-入	互感器-出	电源采集点(LBJ)
XC	Z_1-9(2)	04-1	04-2	04-3	04-4	04-5	04-6	02-14
		1F-203-1	1F-203-2	1F-203-3	1F-203-4	Z_1-5-CJ_1-13	Z_1-5-CJ_1-14	Z_1-5-CJ_1-15
XQ_1	Z_1-8(2)	04-1	04-2	04-3	04-4	04-5	04-6	02-14
		1F-205-1	1F-205-2	1F-205-3	1F-205-4	Z_1-5-CJ_1-25	Z_1-5-CJ_1-26	Z_1-5-CJ_1-27
XQ_3	Z_1-7(2)	04-1	04-2	04-3	04-4	04-5	04-6	02-14
		1F-207-1	1F-207-2	1F-207-3	1F-207-4	Z_1-5-CJ_2-5	Z_1-5-CJ_2-6	Z_1-5-CJ_2-7

图8-16　出站信号机点灯电路图

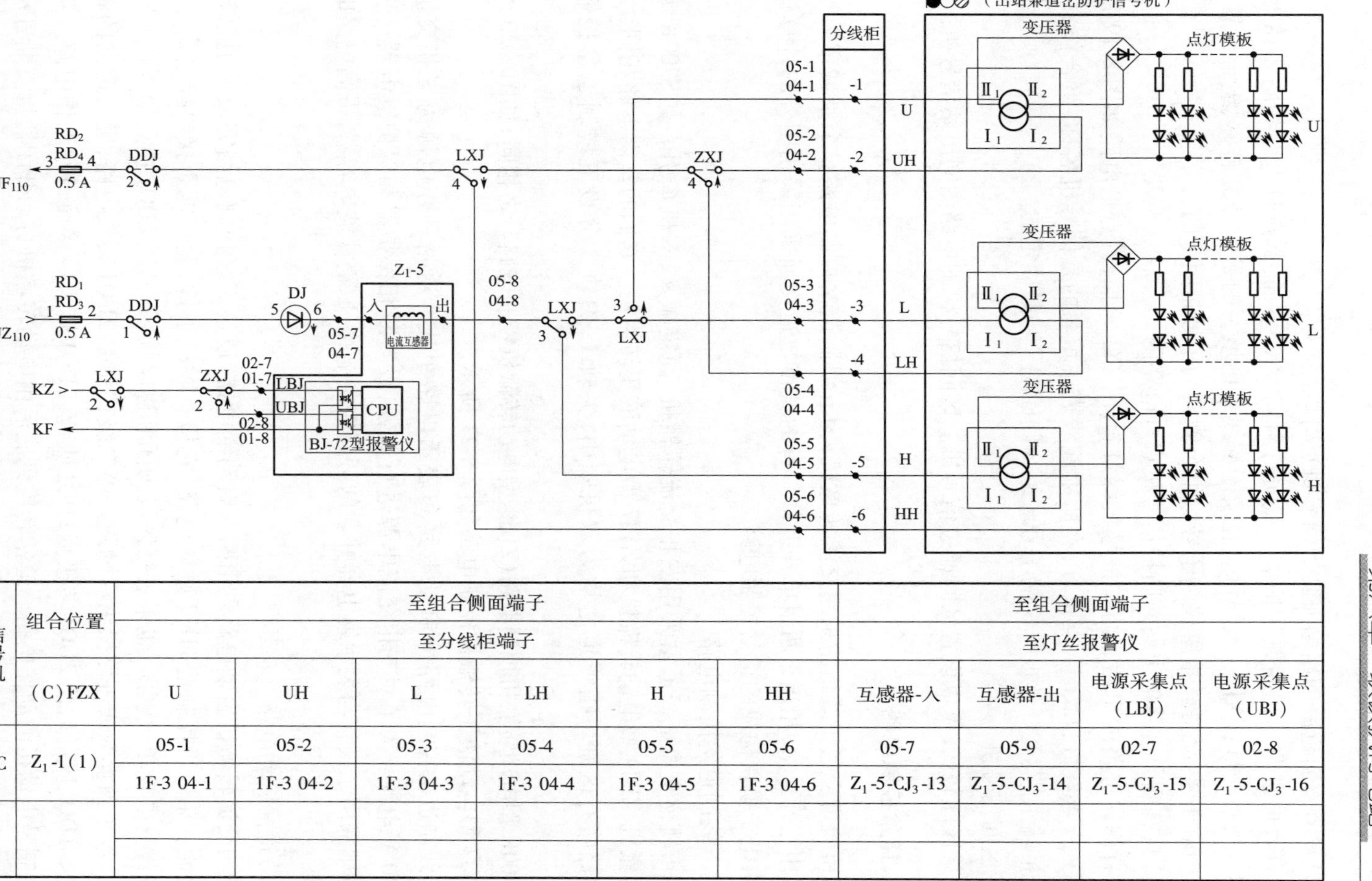

<table>
<tr><td rowspan="3">信号机</td><td rowspan="2">组合位置</td><td colspan="6">至组合侧面端子</td><td colspan="4">至组合侧面端子</td></tr>
<tr><td colspan="6">至分线柜端子</td><td colspan="4">至灯丝报警仪</td></tr>
<tr><td>（C）FZX</td><td>U</td><td>UH</td><td>L</td><td>LH</td><td>H</td><td>HH</td><td>互感器-入</td><td>互感器-出</td><td>电源采集点（LBJ）</td><td>电源采集点（UBJ）</td></tr>
<tr><td rowspan="2">SC</td><td rowspan="2">Z_1-1（1）</td><td>05-1</td><td>05-2</td><td>05-3</td><td>05-4</td><td>05-5</td><td>05-6</td><td>05-7</td><td>05-9</td><td>02-7</td><td>02-8</td></tr>
<tr><td>1F-3 04-1</td><td>1F-3 04-2</td><td>1F-3 04-3</td><td>1F-3 04-4</td><td>1F-3 04-5</td><td>1F-3 04-6</td><td>Z_1-5-CJ_3-13</td><td>Z_1-5-CJ_3-14</td><td>Z_1-5-CJ_3-15</td><td>Z_1-5-CJ_3-16</td></tr>
<tr><td rowspan="2"></td><td rowspan="2"></td><td></td><td></td><td></td><td></td><td></td><td></td><td></td><td></td><td></td><td></td></tr>
<tr><td></td><td></td><td></td><td></td><td></td><td></td><td></td><td></td><td></td><td></td></tr>
</table>

图8-17　出站兼防护信号机点灯电路图（一）

(2)只有直向进路的出站兼防护信号机点灯电路

只有直向进路的出站兼防护信号机黄灯封闭,ZXJ 不插,其点灯电路如图 8-18 所示。LXJ↓,点红灯;LXJ↑,点绿灯。在所附配线表中填写的是信号机名称、组合位置、至分线柜端子号、至灯丝报警仪端子号。组合侧面端子号是固定的。

(3)只有侧向进路的出站兼防护信号机点灯电路图

只有侧向进路的出站兼防护信号机绿灯封闭,ZXJ 不插,其点灯电路如图 8-19 所示。LXJ↓,点红灯;LXJ↑,点黄灯;在所附配线表中填写的是信号机名称、组合位置、至分线柜端子号、至灯丝报警仪端子号。组合侧面端子号是固定的。

4. 区间信号机

如果区间较长,可以设置区间通过信号机。区间信号机的电路图同出站信号机。

三、道岔控制电路

城市轨道交通正线道岔采用交流转辙机,为五线制道岔控制电路。个别城市轨道交通采用三开道岔,相当于两组单开道岔。有的城市轨道交通采用采用国外的计算机联锁,有电子模块构成的道岔控制电路。

1. 五线制道岔控制电路

城市轨道交通正线道岔采用三相交流转辙机,固定辙叉,双机牵引。有 S700K 型电动转辙机、ZDJ9 型电动转辙机和 ZYJ7 型电动液压转辙机。它们的室内电路相同,仅室外电路略有区别。正线道岔均为双机牵引,尖轨 1、尖轨 2 分设五线制道岔控制电路。

S700K 型电动转辙机控制电路(ZDJ9 型电动转辙机控制电路与之相同)如图 8-20 所示。ZYJ7 型电动液压转辙机控制电路如图 8-21 所示。

五线制道岔控制电路由启动电路和表示电路组成。道岔动作电源为三相交流 380/220 V 电源。为了对三相交流电源进行监督,设置断相保护器和保护继电器。表示电路则采用二极管与表示继电器并联的旁路控制电路,取消滤波电容器,提高电路的可靠性。

(1)道岔启动电路

三相交流转辙机启动电路采用两个启动继电器,通过三级控制电路完成对道岔转换的控制。第一级控制是 1DQJ 励磁电路,它检查联锁条件,确定能否接收控制命令。即检查没有办理单独锁闭,也未进行区段锁闭和进路锁闭,又经 2DQJ 接点检查道岔需转换后,经单独操纵或进路操纵后励磁。第二级控制是 2DQJ 转极电路,确定道岔的转换方向。1DQJ 吸起后使 2DQJ 转极。1DQJ 吸起,2DQJ 转极后接通道岔动作电路。第三级控制是电动机的动作电路。道岔转换到底后由电动转辙机自动开闭器接点断开动作电路。

三相转辙机启动电路包括道岔启动继电器电路和道岔动作电路。

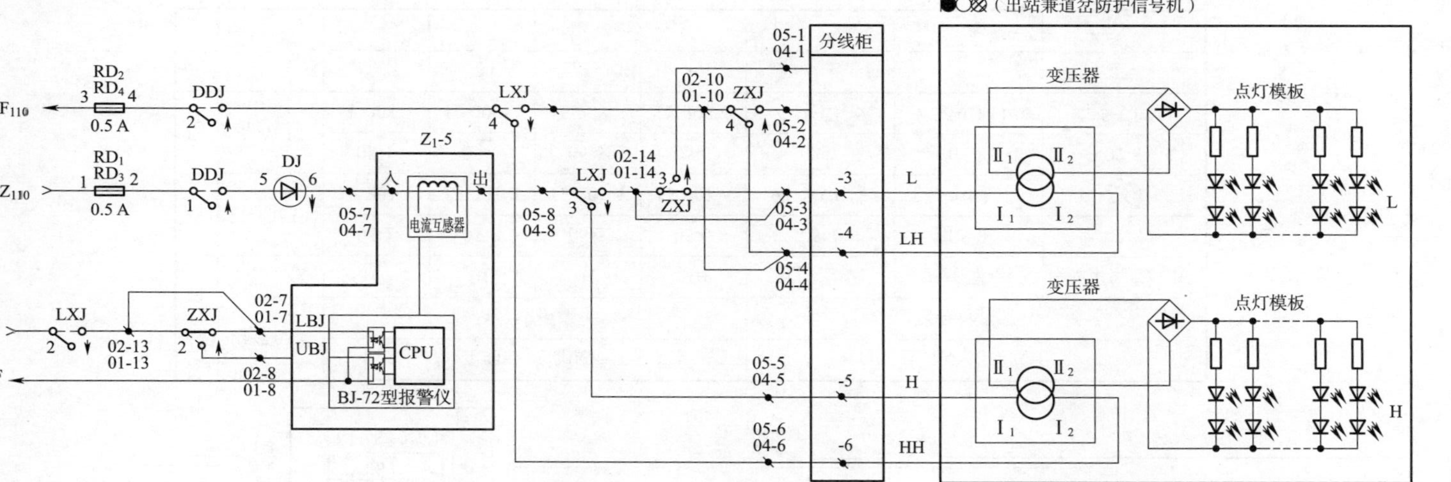

信号机	组合位置	至组合侧面端子				至组合侧面端子		
		至分线柜端子				至灯丝报警仪		
	（C）FZX	L	LH	H	HH	互感器-入	互感器-出	电源采集点（LBJ）
（B）SC	Z_2-7（1）	05-3	05-4	05-5	05-6	05-7	05-8	02-7
		1F-401-3	1F-401-4	1F-401-5	1F-401-6	Z_1-5-CJ_4-21	Z_1-5-CJ_4-22	Z_1-5-CJ_4-23

图 8-18　出站兼防护信号机点灯电路图（二）

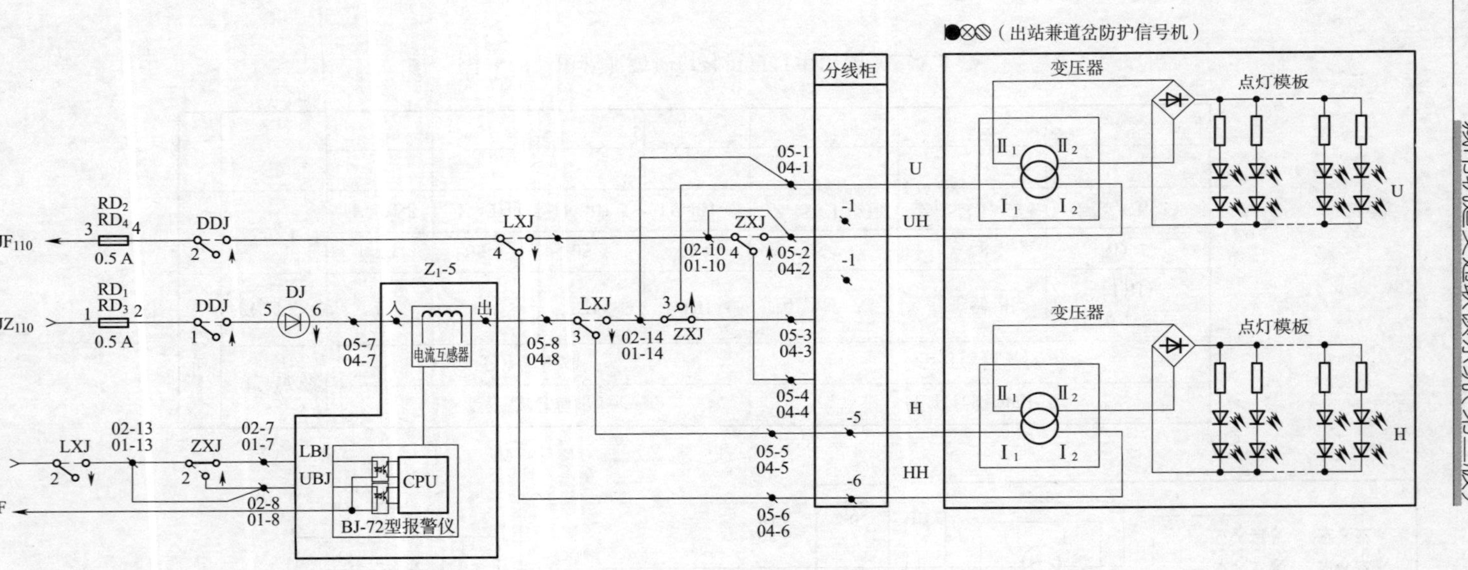

信号机	组合位置	至组合侧面端子 至分线柜端子				至组合侧面端子 至灯丝报警仪		
	(C)FZX	U	UH	H	HH	互感器-入	互感器-出	电源采集点(UBJ)
F_1	Z_1-10(1)	05-1	05-2	05-5	05-6	05-7	05-8	02-8
		1F-201-1	1F-201-2	1F-201-5	1F-201-6	Z_1-5-CJ_1-1	Z_1-5-CJ_1-2	Z_1-5-CJ_1-3
F_9	Z_1-6(1)	05-1	05-2	05-5	05-6	05-7	05-8	02-8
		1F-208-1	1F-208-2	1F-208-5	1F-208-6	Z_1-5-CJ_2-9	Z_1-5-CJ_2-10	Z_1-5-CJ_2-11

图 8-19 出站兼防护信号机点灯电路图(三)

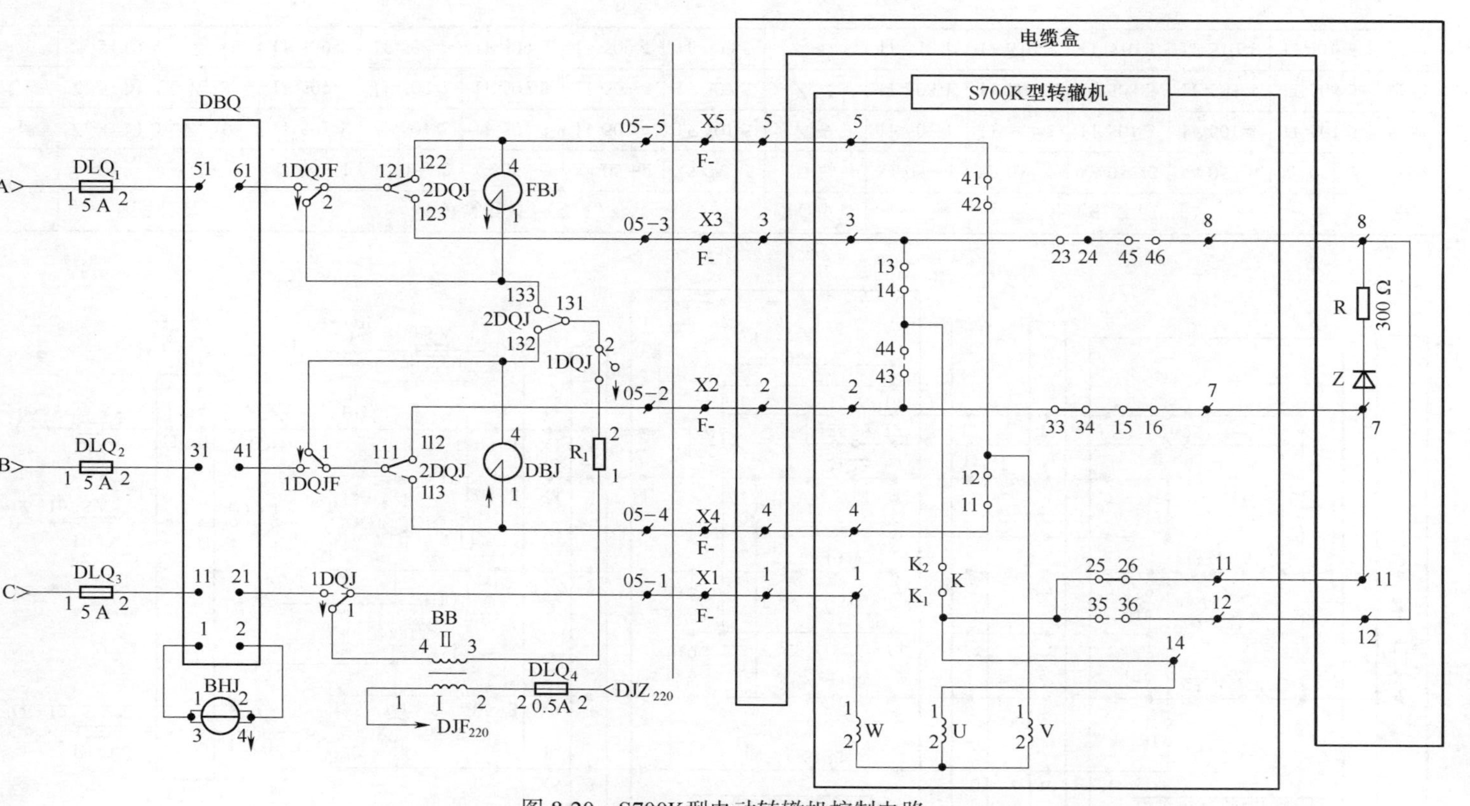

图 8-20　S700K型电动转辙机控制电路

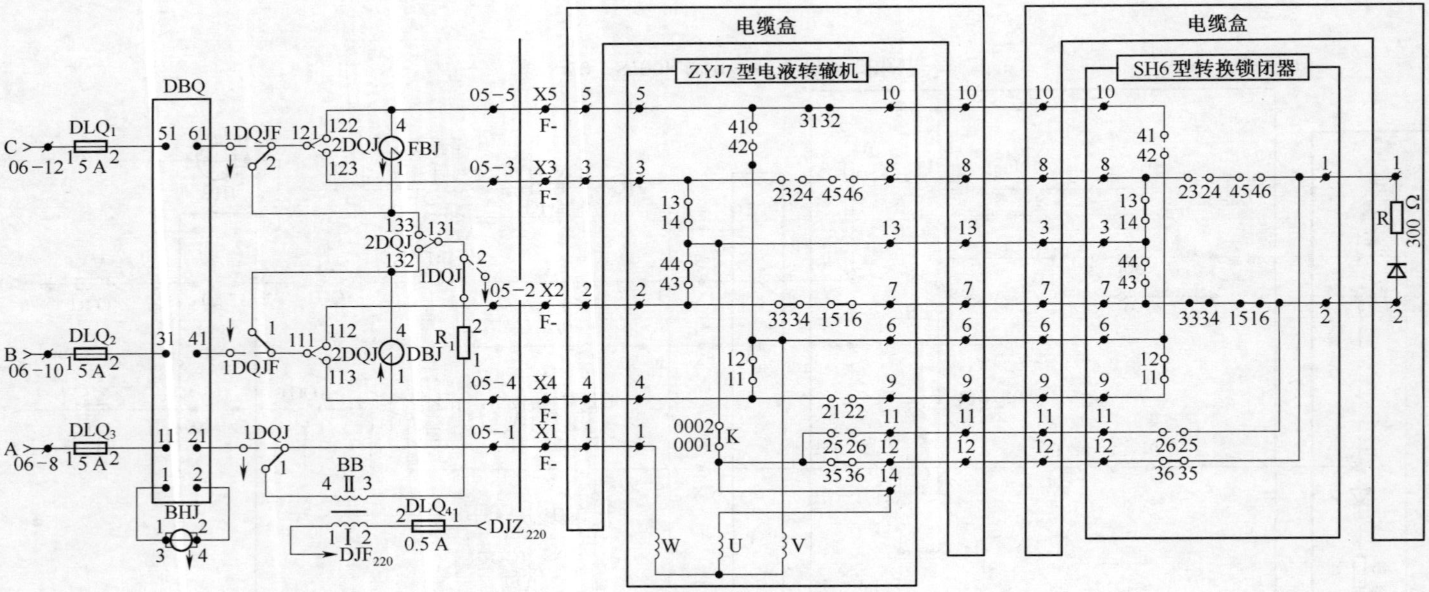

道岔	组合位置		至分线柜端子(尖1)					组合位置	至分线柜端子(尖2)					单/双动
	CT	TDF_1	X1 05－1	X2 05－2	X3 05－3	X4 05－4	X5 05－5	TDF_2	X1 05－1	X2 05－2	X3 05－3	X4 05－4	X5 05－5	
1#	Z_4-4(1)	Z_4-10	1F-501-1	1F-501-2	1F-501-3	1F-501-4	1F-501-5	Z_4-9	1F-501-1	1F-501-2	1F-501-3	1F-501-4	1F-501-5	单动
3/6#	Z_5-5(1)	Z_4-3	1F-507-1	1F-507-2	1F-507-3	1F-507-4	1F-507-5	Z_4-2	1F-508-1	1F-508-2	1F-508-3	1F-508-4	1F-508-5	双动
3/6#	Z_4-5(1)	Z_4-1	1F-509-1	1F-509-2	1F-509-3	1F-509-4	1F-509-5	Z_5-10	1F-510-1	1F-510-2	1F-510-3	1F-510-4	1F-510-5	双动

图 8-21　ZYJ7 型电动液压转辙机控制电路

①道岔启动继电器电路

道岔启动继电器电路包括 1DQJ 励磁电路和自闭电路、2DQJ 转极电路、1DQJF 电路、TJ 电路。道岔启动继电器电路如图 8-22 所示。

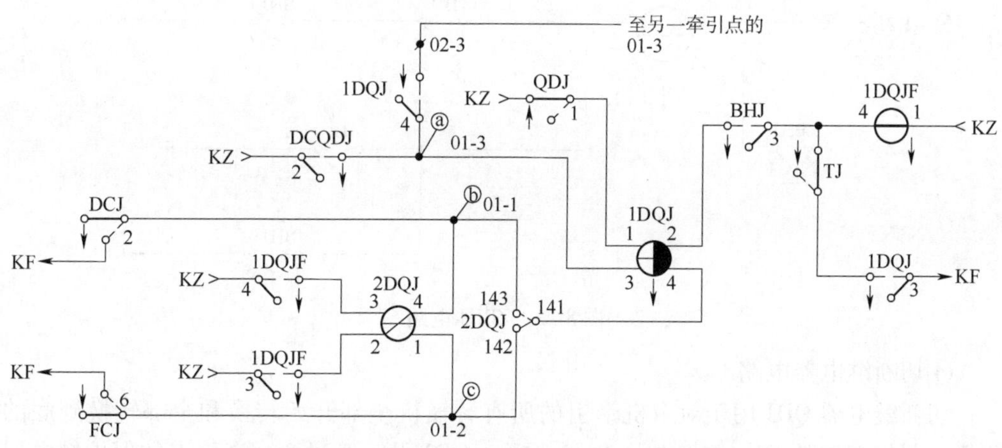

图 8-22　道岔启动继电器电路

1DQJ 的 3-4 线圈励磁电路中检查联锁条件。1-2 线圈为自闭电路，由 BHJ 第三组前接点用直流 24 V 电源接通来间接检查电动机的正常工作。当三相电流无电或三相缺相时，BHJ 落下，断开 1DQJ 自闭电路；当尖轨的两台电动转辙机动作时间不一致时，QDJ 落下，也断开 1DQJ 自闭电路。

当 1DQJ 吸起后，经 1DQJ 第三组前接点接通 1DQJF 励磁电路。因 1DQJ 接点不够用，故增设其复示继电器 1DQJF。

当 1DQJF 吸起后，2DQJ 转极，接通道岔控制电路。

若为双动道岔，图中的ⓐ、ⓑ、ⓒ分别与另一动的ⓐ、ⓑ、ⓒ相连。

②断相保护器和保护继电器电路

为防止在三相电源缺相情况下三相电动机缺相运行而烧毁，设置了断相保护器 DBQ 和保护继电器 BHJ。DBQ 的输入端分别串联在三相电路中，输出端接 BHJ。三相电动机得到三相电源而正常工作时，BHJ 吸起。道岔转换到位后，由于三相负载断开，BHJ 落下。只要三相电源缺一相，就使 BHJ 落下，断开 1DQJ 电路，进而断开电动机三相电源。

③总断相保护继电器电路

在双机牵引的情况下，设总断相保护继电器 ZBHJ，以监督各转辙机的全部开始转换和全部转换到底。双机牵引的 ZBHJ 电路如图 8-23 所示。ZBHJ 平时落下，当第一、第二牵引点都开始工作时，两 BHJ 均吸起，ZBHJ 吸起并自闭。当两牵引点都转换完毕时，两 BHJ 落下，断开 ZBIIJ 电路，使之落下。在道岔转换前，只要有一个 BHJ 因故落下，ZBHJ 不会吸起。将 ZBHJ 的前接点串入切断继电器 QDJ 电路，以保证两牵引点转辙机的同步动作。

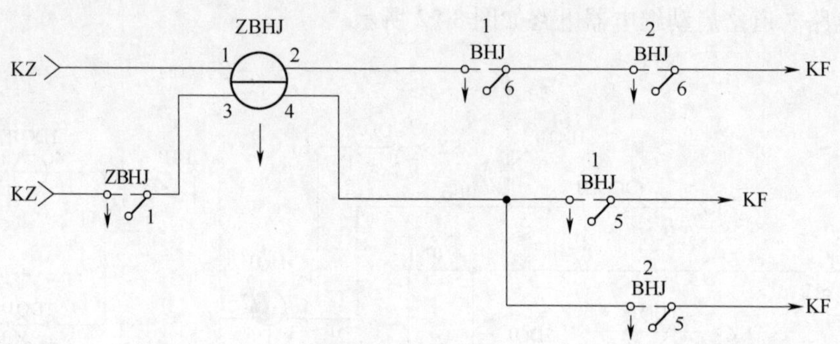

图 8-23　ZBHJ 电路

④切断继电器电路

切断继电器 QDJ 用于对双机牵引的所有转辙机全部开始转换和全部转换到底的监督。双机牵引的 QDJ 电路如图 8-24 所示。QDJ 平时通过两个牵引点的保护继电器 BHJ 后接点保持吸起。当两牵引点转辙机开始转换时，两 BHJ 吸起，使总保护继电器 ZBHJ 吸起，通过 ZBHJ 前接点沟通 QDJ 的另一条励磁电路和自闭电路，使 QDJ 一直保持吸起。若有任一牵引点转辙机因故不能开始转换，则 ZBHJ 落下使 QDJ 落下，接在本转辙机 1DQJ 自闭电路中的 QDJ 前接点断开该电路，起到切断保护作用。

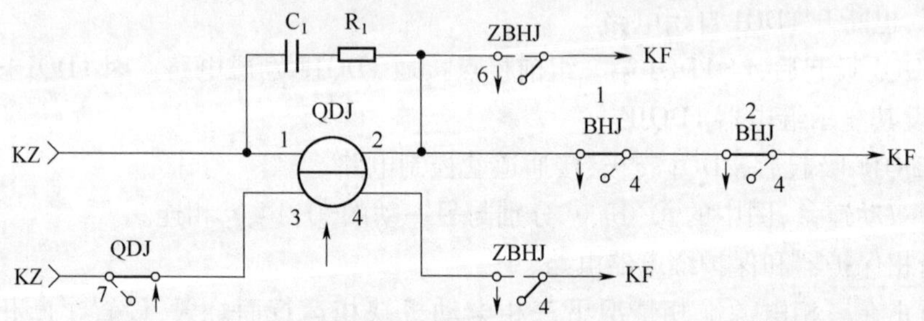

图 8-24　双机牵引的 QDJ 电路

为了使 QDJ 在 BHJ、ZBHJ 继电器在接点转换过程中能可靠吸起，在其 1-2 线圈励磁电路上并联了 RC 电路，以获得缓放。

⑤电动机动作电路

当 1DQJ、1DQJF 吸起，2DQJ 转极时，构成电动转辙机动作电路。S700K 型电动转辙机启动电路如图 8-25 所示，为定位时 1、3 排接点闭合的情况。若定位时 2、4 排闭合，需将 X_2 与 X_3，X_4 与 X_5 互换，二极管 Z 颠倒极性。现以定位 1、3 排接点闭合为例，介绍其电路原理。

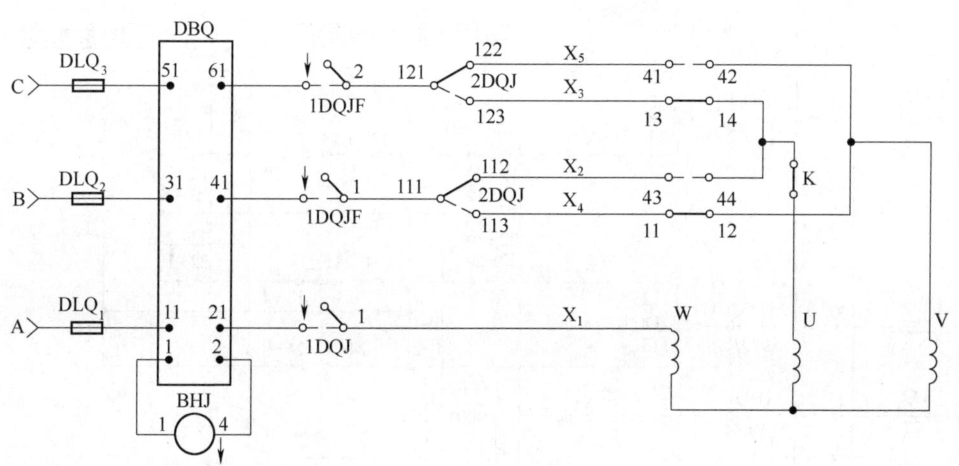

图 8-25　S700 型电动转辙机（三相交流转辙机）启动电路

道岔由定位向反位动作时，三相电源 A、B、C 分别经 DLQ_1、DLQ_2、DLQ_3 进入断相保护器 DBQ，并分别由外线 X_1、X_3、X_4 向三相电动机送电。电动机相序为 W—V—U，其逆时针方向转动，带动尖轨向反位移动。转换到位时，第一排接点断开，BHJ 落下，断开 1DQJ 的自闭电路，1DQJ，1DQJF 落下，接通反位表示电路。

道岔由反位向定位动作时，三相电源分别由外线 X_1、X_2、X_5 向三相电动机送电。电动机相序为 W—U—V，其顺时针方向转动，带动尖轨向定位移动。转换到位时，第四排接点断开，BHJ 落下，断开 1DQJ 自闭电路，1DQJ 和 1DQJF 落下，接通定位表示电路。

每相动作电路中均接入断路器，容量为 5 A，起过载保护作用。2DQJ 的两组接点用于区分定、反位动作方向，对 B、C 相起到换相作用，使三相电动机正转或反转。

进行转辙机内部检修或需人为切断动作电路时，可以断开遮断开关 K，使 BHJ 不能吸起或由吸起转为落下，道岔就不能转换，保证了人身安全。

以上介绍的是 S700K 型电动转辙机控制电路。ZDJ9 型电动控制电路与其相同。ZYJ7 型电液转辙机动作电路与之有所不同，主要是考虑双机同步，控制电路需分别使用主、副机接点。第二牵引点不需主机，也就不需要 TDF 组合了。ZYJ7 型电液转辙机启动电路如图 8-26 所示。

主、副机的接点是并联的。当主、副机动作不同步时，如主机先转换到位，虽然其动作接点已断开，但仍能经另一排接点和副机的动作接点接通电源，使副机未转换到位前，主机中的三相电动机仍能继续转动。

(2)道岔表示电路

①道岔表示电路

三相交流转辙机的表示电路和四线制道岔控制电路一样，也是利用一对回线传递三个信息（道岔的定位、反位和四开）的“交流半波整流三值极性电路”，但其采用的不

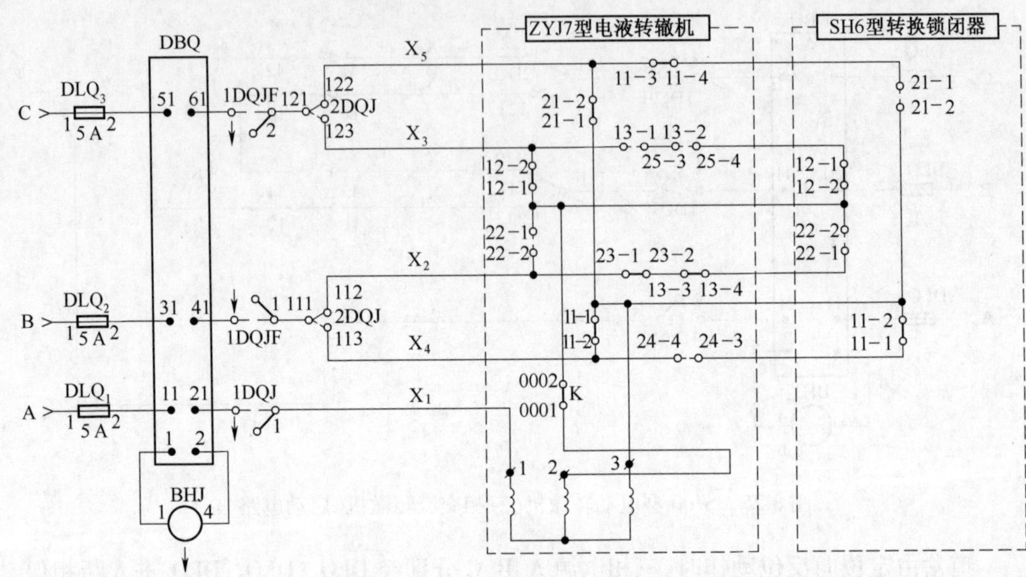

图 8-26　ZYJ7 型电液转辙机启动电路

是二极管与继电器串联的直接控制电路，而是二极管与继电器并联的旁路控制电路。S700K 型转辙机的表示电路如图 8-27 所示。

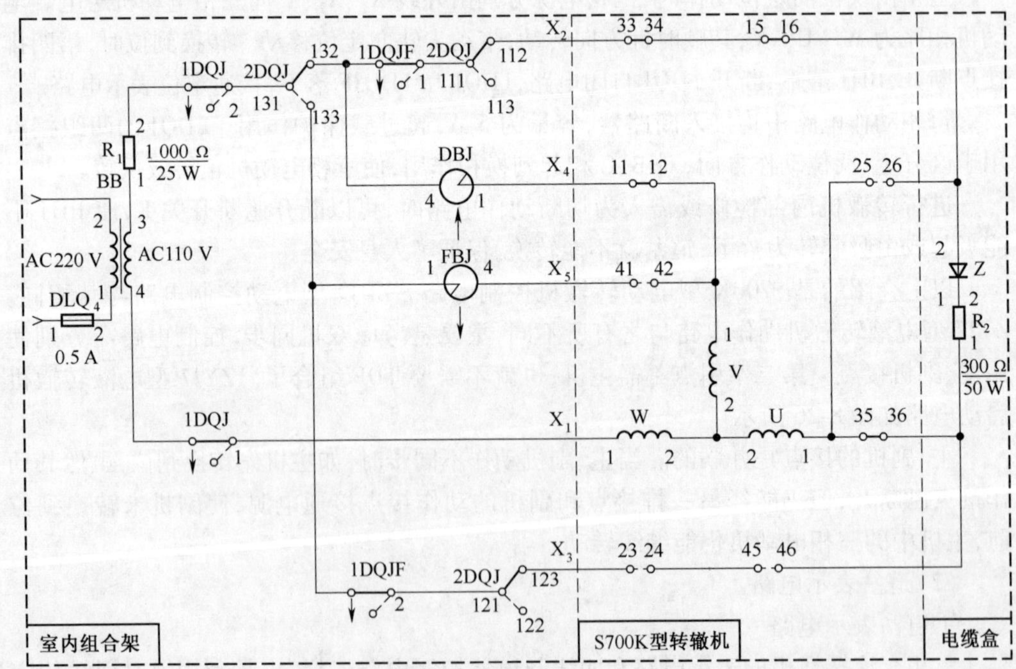

图 8-27　S700K 型转辙机表示电路

该道岔表示电路取消了电容器,表示继电器靠线圈的自感电势来渡过半波整流造成的无电的半周,从根本上解决了由于材质不良造成的电容器损坏,以及电容器产生的倍压对二极管的损坏而造成的表示电路惯性故障。但由于动作电源的混入,以及电动机产生的自感电势串入会产生高电压、大电流,因此在表示电路中串入了较大阻值的电阻 R_1(1 000 Ω,75 W),二极管改用 2CZ57D(600 V,5 A)的大功率二极管,二极管上串有电阻 R_2(300 Ω,50 ~ 70 W)。

道岔在定位,电源正半周电路为:

BB_3—$R_{1\ 1\text{-}2}$—$1DQJ_{23\text{-}21}$—$2DQJ_{131\text{-}132}$—$1DQJF_{13\text{-}11}$—$2DQJ_{111\text{-}112}$—转辙机接点 33-34—15-16—$Z_{2\text{-}1}$—$R_{2\ 2\text{-}1}$—转辙机接点 36-35—电动机线圈 U—电动机线圈 W—$1DQJ_{11\text{-}13}$—BB_4。

电源负半周电路为:

BB_3—$R_{1\ 1\text{-}2}$—$1DQJ_{23\text{-}21}$—$2DQJ_{131\text{-}132}$—$DBJ_{4\text{-}1}$—转辙机接点 11-12—电动机线圈 V—电动机线圈 W—$1DQJ_{11\text{-}13}$—BB_4。

在电源正半周,经整流二极管构成回路,电能消耗在电阻 R_1、R_2 上。在电源负半周,二极管不导通,使 DBJ 吸起。DBJ 检查了电动转辙机和密贴检查器的定位接点的接通。

道岔在反位,电源负半周电路为:

BB_3—$R_{11\text{-}2}$—$1DQJ_{23\text{-}21}$—$2DQJ_{131\text{-}133}$—$1DQJF_{23\text{-}21}$—$2DQJ_{121\text{-}123}$—转辙机接点 23-24—45-46—$R_{2\ 1\text{-}2}$—$Z_{1\text{-}2}$—转辙机接点 25-26—电动机线圈 U—电动机线圈 W—$1DQJ_{11\text{-}13}$—BB_4。

电源正半周电路为:

BB_3—$R_{1\ 1\text{-}2}$—$1DQJ_{23\text{-}21}$—$2DQJ_{131\text{-}133}$—$FBJ_{1\text{-}4}$—转辙机接点 41-42—电动机线圈 V—电动机线圈 W—$1DQJ_{11\text{-}13}$—BB4。

在电源负半周,经整流二极管构成回路,电能消耗在电阻 R_1、R_2 上。在电源正半周,二极管不导通,FBJ 吸起。FBJ 吸起检查了电动转辙机和密贴检查器的反位接点的接通。

五线制道岔控制电路中,定位表示电路用外线 X1、X2、X4,反位表示电路用外线 X1、X3、X5。可见,X1 是启动、表示、定位、反位的共用线;X2 和 X3 是启动、表示的交叉共用线,定位向反位启动及反位表示用 X3,反位向定位启动及定位表示用 X2;X4 则是定位启动和表示共用线;X5 是反位启动和表示的共用线。

在表示电路中,检查了 1DQJ 和 1DQJF 的后接点。道岔被操纵时,1DQJ 及 1DQJF 吸起,断开道岔表示继电器电路。当道岔动作到位,1DQJ 及 1DQJF 落下后,接通道岔表示继电器电路。

DBJ 电路检查了 2DQJ 的前接点,FBJ 电路检查了 2DQJ 的后接点,其作用是检查启动电路与表示电路动作的一致性。DBJ 电路检查了转辙机的第 1 和第 3 排接点各两组,FBJ 电路检查第 2 和第 4 排接点各两组。

道岔表示电路还检查三相电动机每相线圈的完好,即一旦线圈断线,道岔将失去表示。

R_1电阻主要是防止室外负载短路时保护电源不被损坏。

R_2电阻的作用,一是当道岔转换到位时,防止动作电源击穿二极管;二是防止外线短路时在道岔转换到位后因电动机反转使道岔逆转解锁。

ZYJ7 型电液转辙机表示电路的室内部分与 S700K 型电动转辙机的表示电路相同,只是室外部分必须检查 SH6 型转换锁闭器的接点,如图 8-28 所示。

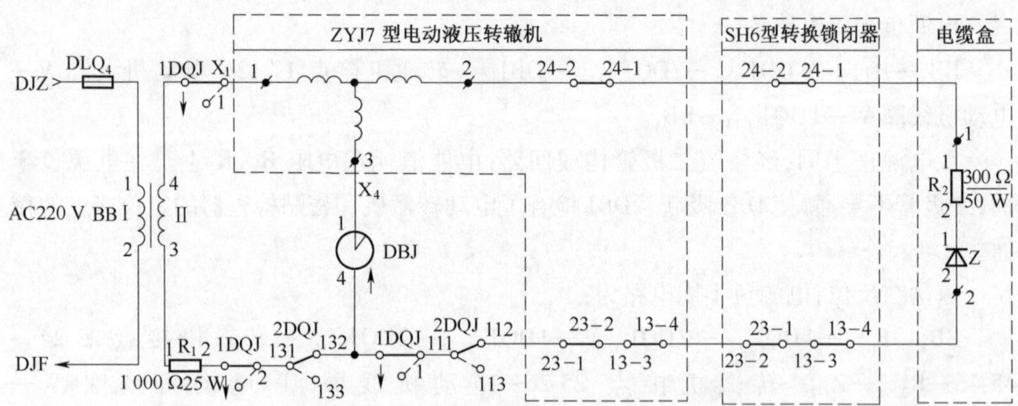

图 8-28　双点牵引的 ZYJ7 型转辙机表示电路

以上均以定位时第 1 和第 3 排接点接通为例,如是定位时第 2 和第 4 排接点接通,则应将 X_2与 X_3交叉连接,X_4与 X_5交叉连接,二极管 Z 反接。

②道岔总表示电路

双机牵引时,总的道岔表示继电器 DBJ(FBJ)要经所有各转辙机的 DBJ(FBJ)前接点构成励磁电路。

道岔总表示电路如图 8-29 所示。是将各牵引点的 DBJ 前接点串联构成 ZDBJ 电路,将各牵引点的 FBJ 前接点串联构成 ZFBJ 电路。在所附表格中填写的是尖 1 的 TDF_1、TDF_2,尖 2 的 TDF_1、TDF_2的组合位置。

若采用 ZDJ9 型电动转辙机,与 S700K 型电动转辙机相同。

若采用 ZYJ7 型电动转辙机,其有主机和副机,各动作一个电路牵引点,电路如图 8-21 所示,这时一组道岔只需要一个 TDF 组合。也可以只设主机,这时每个牵引点各需要一个 TDF 组合。

在所附配线表中填写的是道岔名称、各组合位置、至分线柜端子号。组合侧面端子号是固定的。

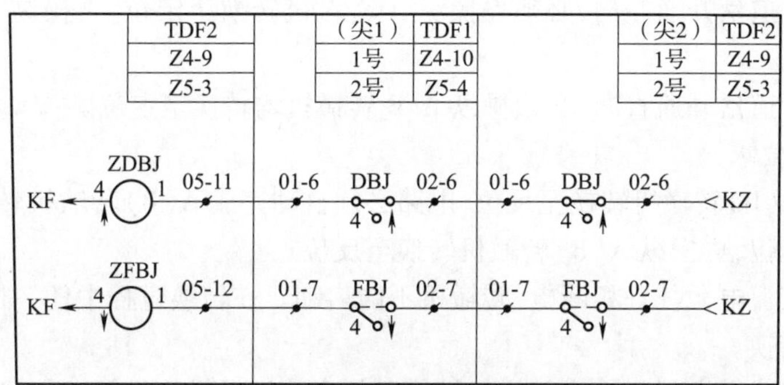

(a) 单动道岔

TDF2
Z4-7
Z4-2
Z5-8
Z5-1
Z6-6

（尖1）	TDF1
7号	Z4-8
3号	Z4-3
4号	Z5-9
8号	Z5-2
1_B号	Z6-7

（尖2）	TDF2
7号	Z4-7
3号	Z4-2
4号	Z5-8
8号	Z5-1
1_B号	Z6-6

（尖1）	TDF1
9号	Z4-6
6号	Z4-1
5号	Z5-7
10号	Z6-10
2_B号	Z6-5

（尖2）	TDF2
9号	Z4-5
6号	Z5-10
5号	Z5-6
10号	Z6-9
2_B号	Z6-4

ZDBJ
KF 4 1 05-11 01-6 DBJ 02-6 01-6 DBJ 02-6 01-6 DBJ 02-6 01-6 DBJ 02-6 KZ
4 4 4 4
ZFBJ
KF 4 1 05-12 01-7 FBJ 02-7 01-7 FBJ 02-7 01-7 FBJ 02-7 01-7 FBJ 02-7 KZ
4 4 4 4

(b) 双动道岔

图 8-29　道岔总表示电路

2. 三开道岔控制电路

一组三开道岔可视为两组单开道岔，有直向、左向、右向三种开通位置。一组三开道岔需要两台转辙机。

（1）安装位置及开通方向

以面向道岔岔尖方向看，安装在左侧的转辙机定义为 A 转辙机，安装在右侧的转辙机定义为 B 转辙机，动作杆伸出的为定位，拉入为反位。

A 转辙机定位，B 转辙机定位，开通直向。

A 转辙机反位，B 转辙机定位，开通右向。

A 转辙机定位，B 转辙机反位，开通左向。

（2）动作关系

要使三开道岔开通右向，必须先操纵 B 转辙机转换至定位，再操纵 A 转辙机转换至反位。

要使三开道岔开通左向,必须先操纵 A 转辙机转换至定位,再操纵 B 转辙机转换至反位。

要使三开道岔开通直向,必须操纵 A、B 转辙机均转换至定位。

(3)技术要求

①要使 A(B)转辙机转换至反位,电路必须自动完成 A(B)转辙机转换至 B(A)转辙机转换至定位,再操纵 A(B)转辙机转换至反位。

②三相交流电源任一相断电,转辙机不能启动。在转换过程中任一相断电,转辙机应立即停止转换。

③道岔表示继电器应检查转辙机转换到规定位置及转换锁闭器的状态。

④转辙机在 13 s 内未转换完毕,应停止转换。

(4)道岔控制电路辅助组合

每组三开道岔设一个道岔控制电路辅助组合 DDF,组合内有 A 道岔定位操纵继电器 ADCJ、A 道岔反位操纵继电器 AFCJ、B 道岔定位操纵继电器 BDCJ、B 道岔反位操纵继电器 BFCJ、锁闭继电器 SJ。均为 JWXC-1700 型。它们由计算机联锁驱动、采集。

SJ 的使用原则如下:

①A、B 构成的三开道岔不与其他道岔结合使用时,如图 8-30(a)所示,道岔控制电路使用 DDF 中的 SJ 接点。

②如由 A、B 构成的三开道岔与其他道岔组成两组双动道岔时,如图 8-30(b)所示,A 和 C 一组,B 和 D 一组。此时,A 道岔控制电路使用 C 的 SJ 接点,B 道岔控制电路使用 D 的 SJ 接点,即 A、C 使用同一个 SJ,B、D 的使用同一个 SJ。

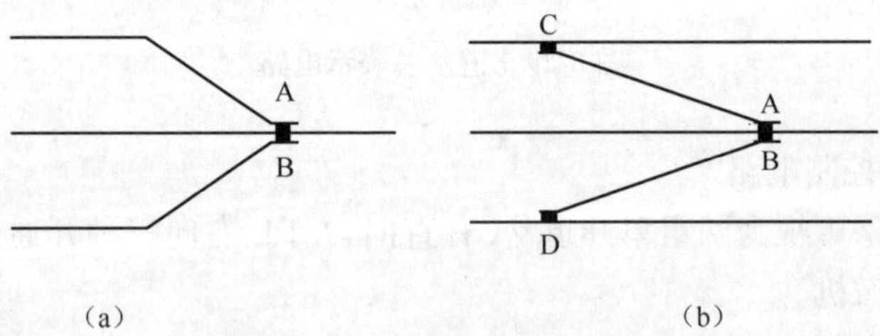

图 8-30　三开道岔使用示意图

(5)电路原理

三开道岔控制电路如图 8-31 所示。在 A、B 的单动道岔组合 DD 中设有先动继电器 XDJ。

如 A 转辙机在反位,要将 B 转辙机转换至反位,经过操纵后,计算机联锁驱动 BFCJ 吸起,此时 ADBJ 落下,这样 BXDJ 就吸起,接通 A1DQJ 电路,使 A1DQJ 吸起,A2DQJ 转极,A 转辙机先转换至定位。在 B1DQJ 电路中接有 ADBJ 的前接点,即只有在 A 转辙机处于定位时,B 转辙机才能沟通转换至反位的电路。

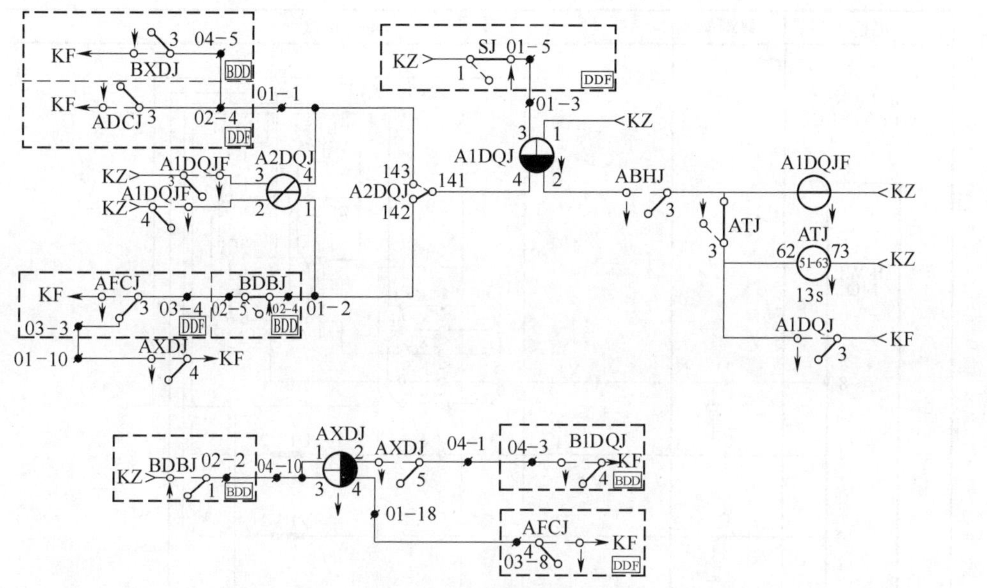

图 8-31　三开道岔控制电路

同样，如 B 转辙机在反位，要将 A 转辙机转换至反位，经过操纵后，计算机联锁驱动 AFCJ 吸起，此时 BDBJ 落下，这样 AXDJ 就吸起，接通 B1DQJ 电路，使 B1DQJ 吸起，B2DQJ 转极，B 转辙机先转换至定位。在 A1DQJ 电路中接有 BDBJ 的前接点，即只有在 B 转辙机处于定位时，A 转辙机才能沟通转换至反位的电路。

3. 采用电子模块的道岔控制电路

计算机联锁采用的电子模块接口时，由电子模块直接控制道岔控制电路。

图 8-32 所示为 S700K 转辙机接口电路的一例。道岔元件接口模块 DEWEMO 送出三相电源，当道岔由定位转至反位时，U 线圈与 V 线圈相连，W 线圈与 N 相连，使三相电动机逆时针方向转动，带动尖轨向反位移动。当道岔由反位转至定位时，U 线圈与 W 线圈相连，V 线圈与 N 相连，使三相电动机顺时针方向转动，带动尖轨向定位移动。

DEWEMO 通过转辙机自动开闭器接点监督道岔的位置。定位时，X1→X3，X2→X4；反位时，X1→X4，X2→X3。

图 8-33 所示为 ZDJ9 转辙机接口电路的一例。道岔元件控制单元送出三相电源，当道岔由定位转至反位时，X1→U，X3→V，X4→W，三相电动机相序为 U、V、W，使三相电动机逆时针方向转动，带动尖轨向反位移动。反位转至定位时，X1→U，X2→V，X5→W，三相电动机相序为 U、W、V，使三相电动机顺时针方向转动，带动尖轨向反位移动。通过转辙机自动开闭器接点监督道岔的位置。定位时，X2→X6；反位时，X3→X6。

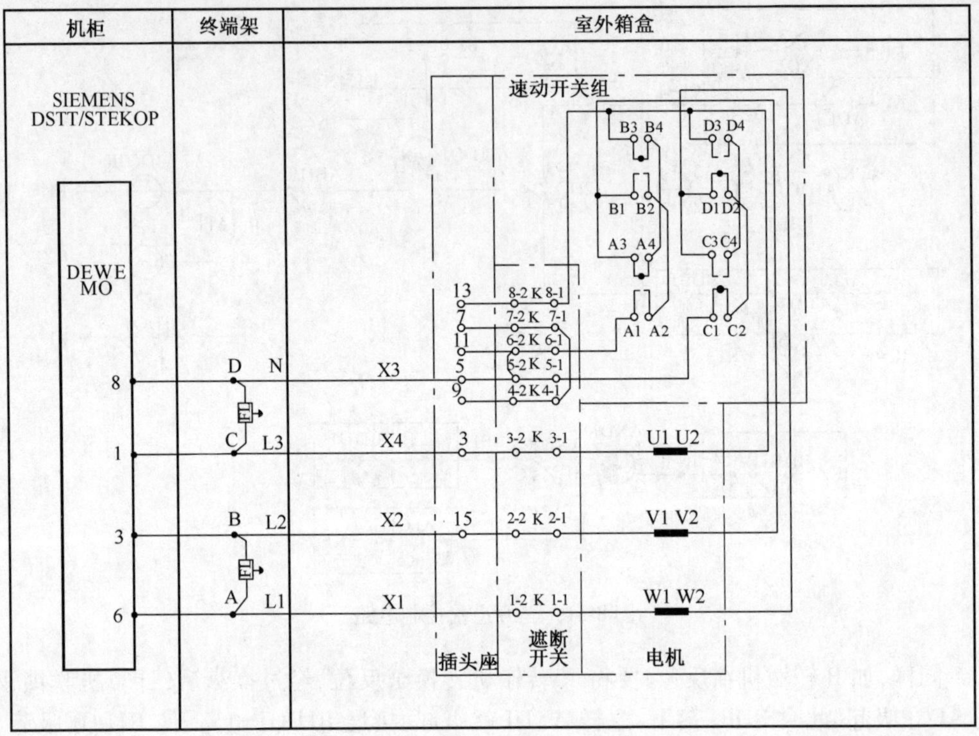

机柜
终端架
室外箱盒
SIEMENS
DSTT/STEKOP
DEWE
MO
速动开关组
B3 B4
D3 D4
B1 B2
D1 D2
A3 A4
C3 C4
A1 A2
C1 C2
13
7
11
5
9
8-2 K 8-1
7-2 K 7-1
6-2 K 6-1
5-2 K 5-1
4-2 K 4-1
D N
X3
8
C L3
X4
1
3
3-2 K 3-1
U1 U2
B L2
X2
3
15
2-2 K 2-1
V1 V2
A L1
X1
6
1-2 K 1-1
W1 W2
插头座
遮断
开关
电机

图 8-32　S700K 转辙机接口电路

元件控制单元机柜
电缆终端架
电缆盒
PD
M4
插
接
件
X1
X2
X3
X4
X5
X6
U
V
W
46 45
36 35
26 25
16 15
44 43
34 33
24 23
14 13
42 41
32 31
22 21
12 11
K
ZDJ-9

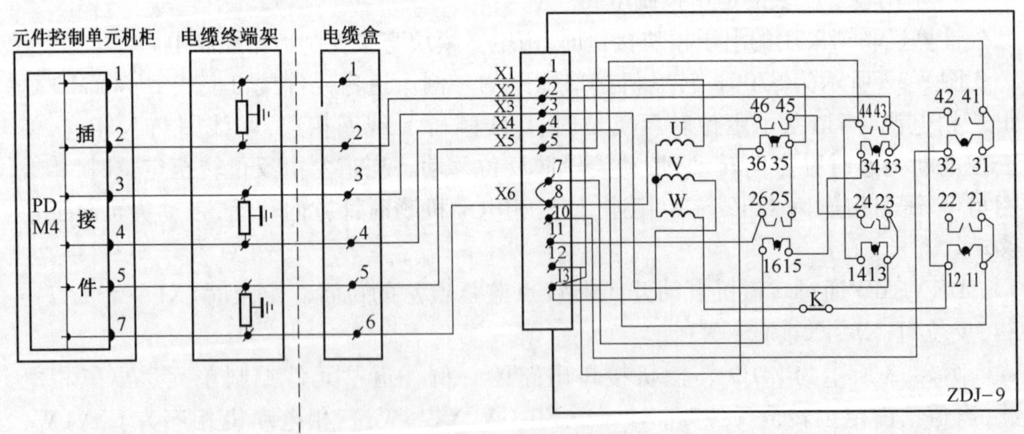

图 8-33　ZDJ9 转辙机接口电路

四、计轴设备控制电路

计轴设备控制电路如图8-34所示。由计轴驱动轨道继电器GJ，一个计轴机柜可供24个区段用。

在所附表1中填写GJ的组合位置。在所附表2中填写的是计轴点号、计轴机柜端子号、分线柜端子号。计轴机柜端子号的命名方法是：

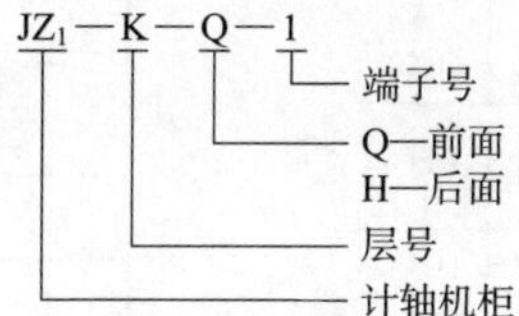

在所附表3中填写的是区段、组合侧面端子号、计轴机柜端子号。每个区段的上面一个小格填写组合侧面端子号，下面一个小格填写计轴机柜端子号。

五、紧急关闭控制电路

紧急关闭控制电路图如图8-35所示。紧急关闭控制电路设在各车站，其电路图按车站设计。各站按上、下行方向分别设紧急关闭继电器EMPJ，它们分别由该方向的站台上的紧急关闭按钮和综合后备盘上的紧急关闭按钮(均为带铅封自复式)控制。EMPJ平时吸起。当遇到紧急情况时，其中任一紧急关闭按钮被按下，EMPJ落下，其后接点被计算机联锁采集，关闭该站的信号机，同时点亮综合后备盘上的紧急关闭表示灯(红色)，并使电铃鸣响。紧急情况解除后，拉出紧急关闭按钮，EMPJ吸起，紧急关闭表示灯熄灭，电铃停止鸣响。为避免EMPJ不能正常恢复，在综合后备盘上按上、下行方向分别设紧急关闭复原按钮EMPFA(亦为带铅封自复式)，按下EMPFA后，使EMPJ复原。

在图上填写的是综合后备盘端子和分线柜端子。

六、安全门控制电路

安全门控制电路如图8-36所示。各车站均有安全门控制电路，由集中站信号设备室与各车站安全门设备室的电路组成。

信号设备室的上、下行KMJ、GMJ前接点分别使得安全门设备室的上、下行开门继电器KMJ和关门继电器GMJ吸起，完成安全门的开和关。安全门设备室的上、下行MGJ和MPLJ使得信号设备室的上、下行门关继电器MGJ、上、下行门偏继电器MPJ吸起，完成安全门状态的采集。

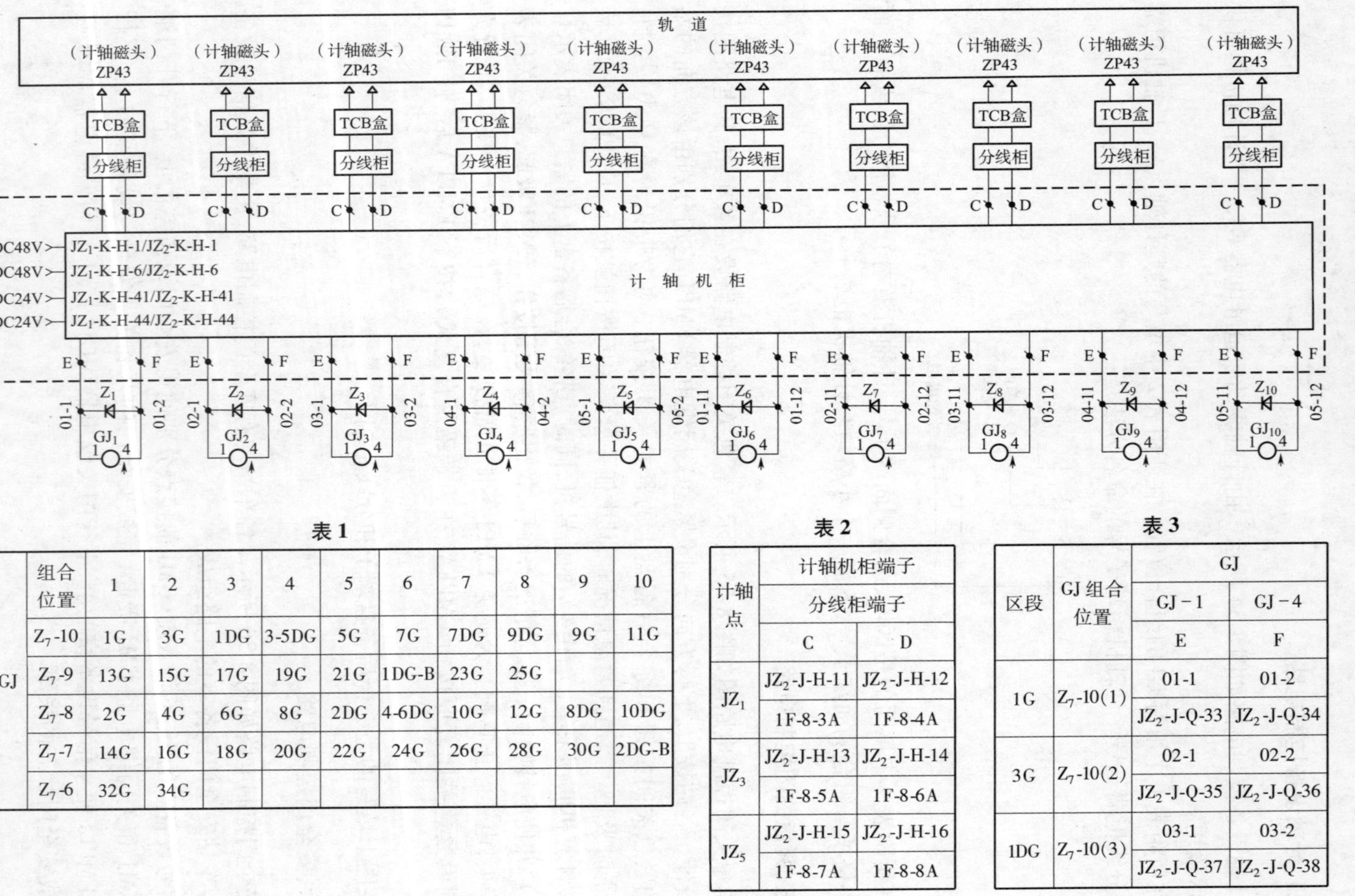

表 1

GJ	组合位置	1	2	3	4	5	6	7	8	9	10
GJ	Z_7-10	1G	3G	1DG	3-5DG	5G	7G	7DG	9DG	9G	11G
	Z_7-9	13G	15G	17G	19G	21G	1DG-B	23G	25G		
	Z_7-8	2G	4G	6G	8G	2DG	4-6DG	10G	12G	8DG	10DG
	Z_7-7	14G	16G	18G	20G	22G	24G	26G	28G	30G	2DG-B
	Z_7-6	32G	34G								

表 2

计轴点	计轴机柜端子 / 分线柜端子 C	计轴机柜端子 / 分线柜端子 D
JZ_1	JZ_2-J-H-11	JZ_2-J-H-12
	1F-8-3A	1F-8-4A
JZ_3	JZ_2-J-H-13	JZ_2-J-H-14
	1F-8-5A	1F-8-6A
JZ_5	JZ_2-J-H-15	JZ_2-J-H-16
	1F-8-7A	1F-8-8A

表 3

区段	GJ 组合位置	GJ－1 E	GJ－4 F
1G	Z_7-10(1)	01-1	01-2
		JZ_2-J-Q-33	JZ_2-J-Q-34
3G	Z_7-10(2)	02-1	02-2
		JZ_2-J-Q-35	JZ_2-J-Q-36
1DG	Z_7-10(3)	03-1	03-2
		JZ_2-J-Q-37	JZ_2-J-Q-38

图 8-34 计轴设备控制电路

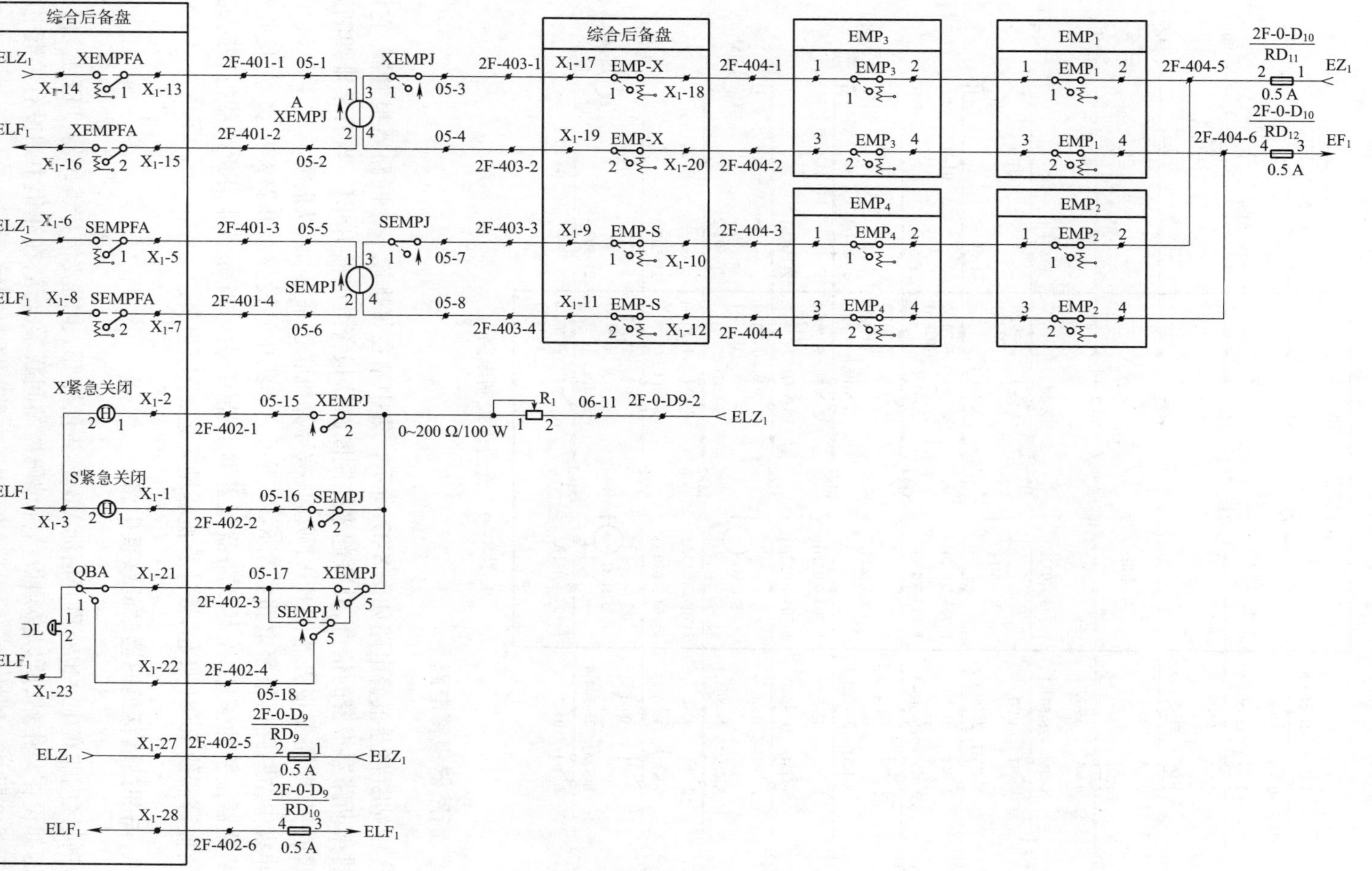

图8-35　紧急关闭控制电路

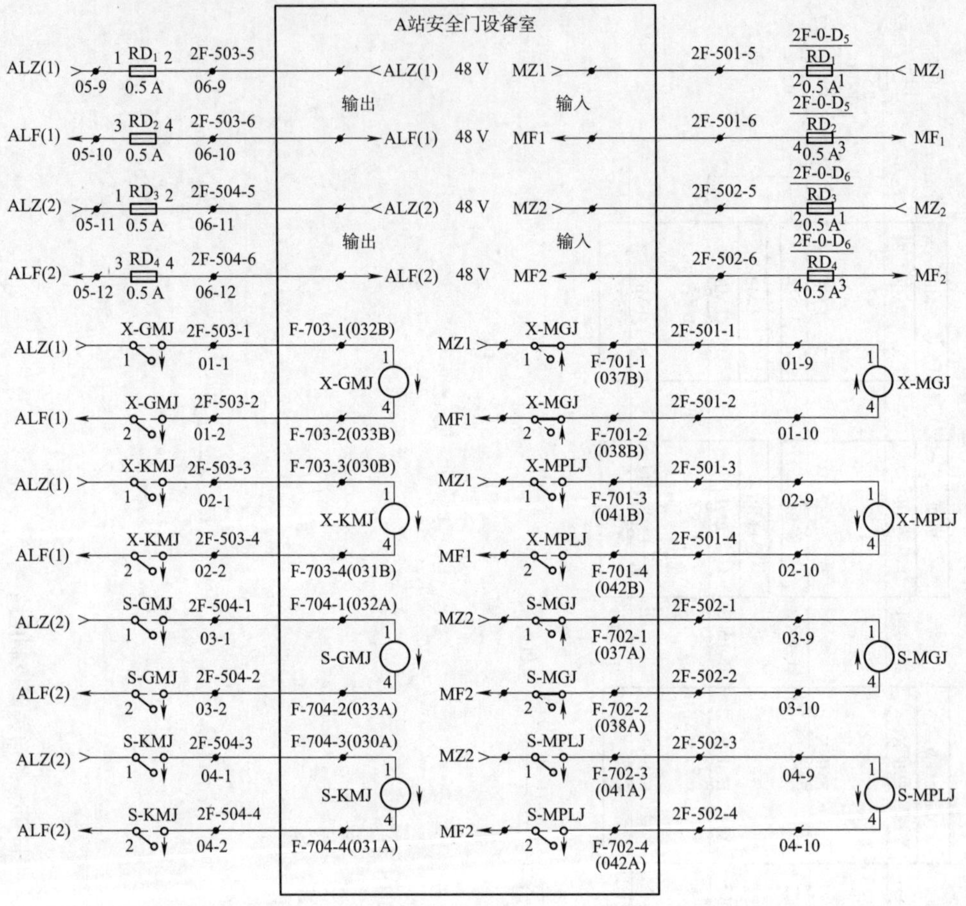

图 8-36　安全门控制电路

七、断路器报警电路

集中站断路器报警电路如图 8-37 所示。集中站在每排设一个断路器报警器,它们接收排架断路器报警的信息,并联起来控制断路器报警继电器 RSBJ。当有某排架断路器报警时,其断路器报警器使 RSBJ 吸起,被计算机联锁采集,予以报警。

非集中站断路器报警电路如图 8-38 所示。非集中站设一个断路器报警器,接收综合柜断路器报警的信息,控制断路器报警继电器 RSBJ。当有某排架断路器报警时,其断路器报警器使 RSBJ 吸起,被计算机联锁采集,予以报警。

八、与邻站信标编码器站间联系电路

联锁区内非集中站也有重开信标 VB、预告信标 IB,也需要信标编码器(LEU)。但是继电器都设在集中站,所以必须设信标编码器站间联系电路,在非集中站设有关继电器的复示继电器。与邻站信标编码器站间联系电路如图 8-39 所示。

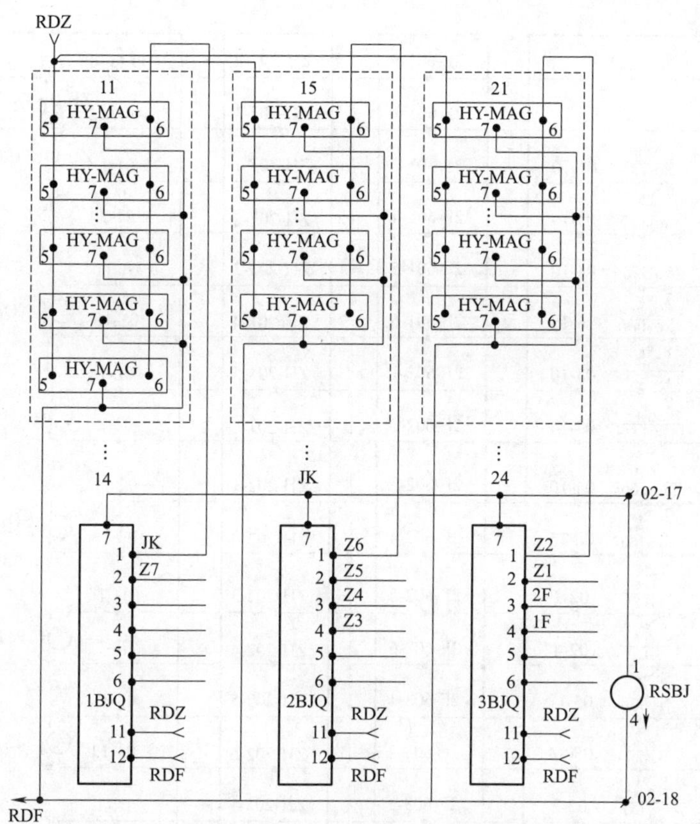

图 8-37　集中站断路器报警电路

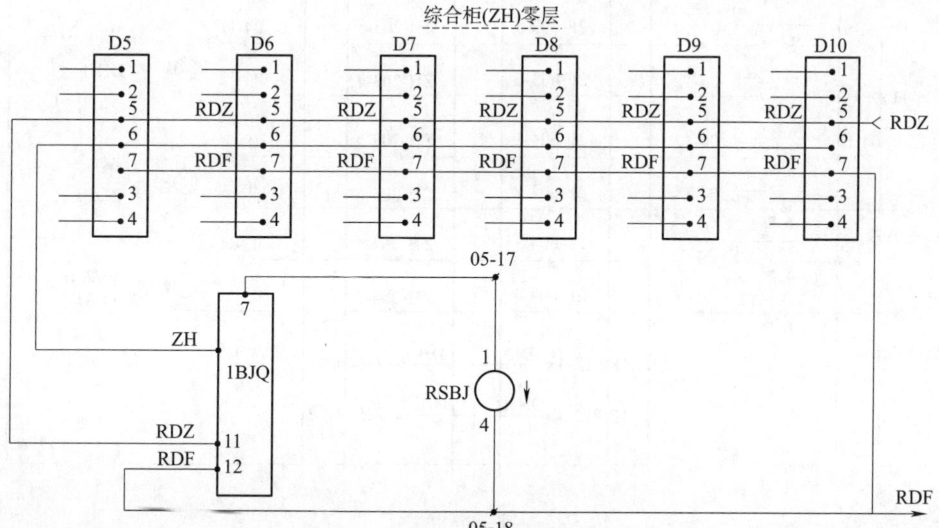

图 8-38　非集中站断路器报警电路

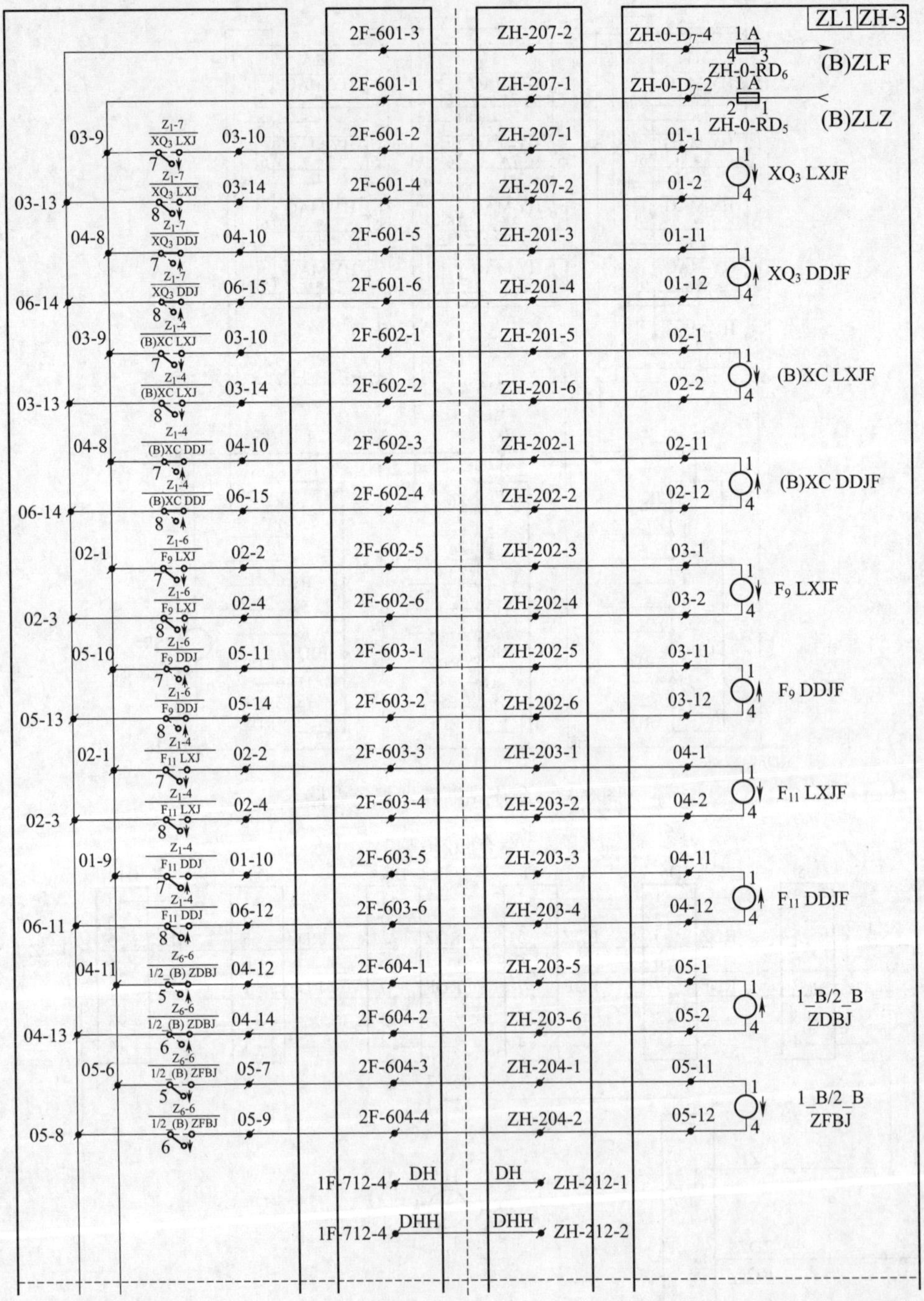

ZL1 ZH-3

2F-601-3　ZH-207-2　ZH-0-D_7-4　1 A　4 3　ZH-0-RD_6　(B)ZLF

2F-601-1　ZH-207-1　ZH-0-D_7-2　1 A　2 1　ZH-0-RD_5　(B)ZLZ

03-9　Z_1-7 XQ_3 LXJ 7　03-10　2F-601-2　ZH-207-1　01-1　1　XQ_3 LXJF

03-13　Z_1-7 XQ_3 LXJ 8　03-14　2F-601-4　ZH-207-2　01-2　4

04-8　Z_1-7 XQ_3 DDJ 7　04-10　2F-601-5　ZH-201-3　01-11　1　XQ_3 DDJF

06-14　Z_1-7 XQ_3 DDJ 8　06-15　2F-601-6　ZH-201-4　01-12　4

03-9　Z_1-4 (B)XC LXJ 7　03-10　2F-602-1　ZH-201-5　02-1　1　(B)XC LXJF

03-13　Z_1-4 (B)XC LXJ 8　03-14　2F-602-2　ZH-201-6　02-2　4

04-8　Z_1-4 (B)XC DDJ 7　04-10　2F-602-3　ZH-202-1　02-11　1　(B)XC DDJF

06-14　Z_1-4 (B)XC DDJ 8　06-15　2F-602-4　ZH-202-2　02-12　4

02-1　Z_1-6 F_9 LXJ 7　02-2　2F-602-5　ZH-202-3　03-1　1　F_9 LXJF

02-3　Z_1-6 F_9 LXJ 8　02-4　2F-602-6　ZH-202-4　03-2　4

05-10　Z_1-6 F_9 DDJ 7　05-11　2F-603-1　ZH-202-5　03-11　1　F_9 DDJF

05-13　Z_1-6 F_9 DDJ 8　05-14　2F-603-2　ZH-202-6　03-12　4

02-1　Z_1-4 F_{11} LXJ 7　02-2　2F-603-3　ZH-203-1　04-1　1　F_{11} LXJF

02-3　Z_1-4 F_{11} LXJ 8　02-4　2F-603-4　ZH-203-2　04-2　4

01-9　Z_1-4 F_{11} DDJ 7　01-10　2F-603-5　ZH-203-3　04-11　1　F_{11} DDJF

06-11　Z_1-4 F_{11} DDJ 8　06-12　2F-603-6　ZH-203-4　04-12　4

04-11　Z_6-6 1/2_(B) ZDBJ 5　04-12　2F-604-1　ZH-203-5　05-1　1　1_B/2_B ZDBJ

04-13　Z_6-6 1/2_(B) ZDBJ 6　04-14　2F-604-2　ZH-203-6　05-2　4

05-6　Z_6-6 1/2_(B) ZFBJ 5　05-7　2F-604-3　ZH-204-1　05-11　1　1_B/2_B ZFBJ

05-8　Z_6-6 1/2_(B) ZFBJ 6　05-9　2F-604-4　ZH-204-2　05-12　4

1F-712-4　DH　DH　ZH-212-1

1F-712-4　DHH　DHH　ZH-212-2

图　8-39

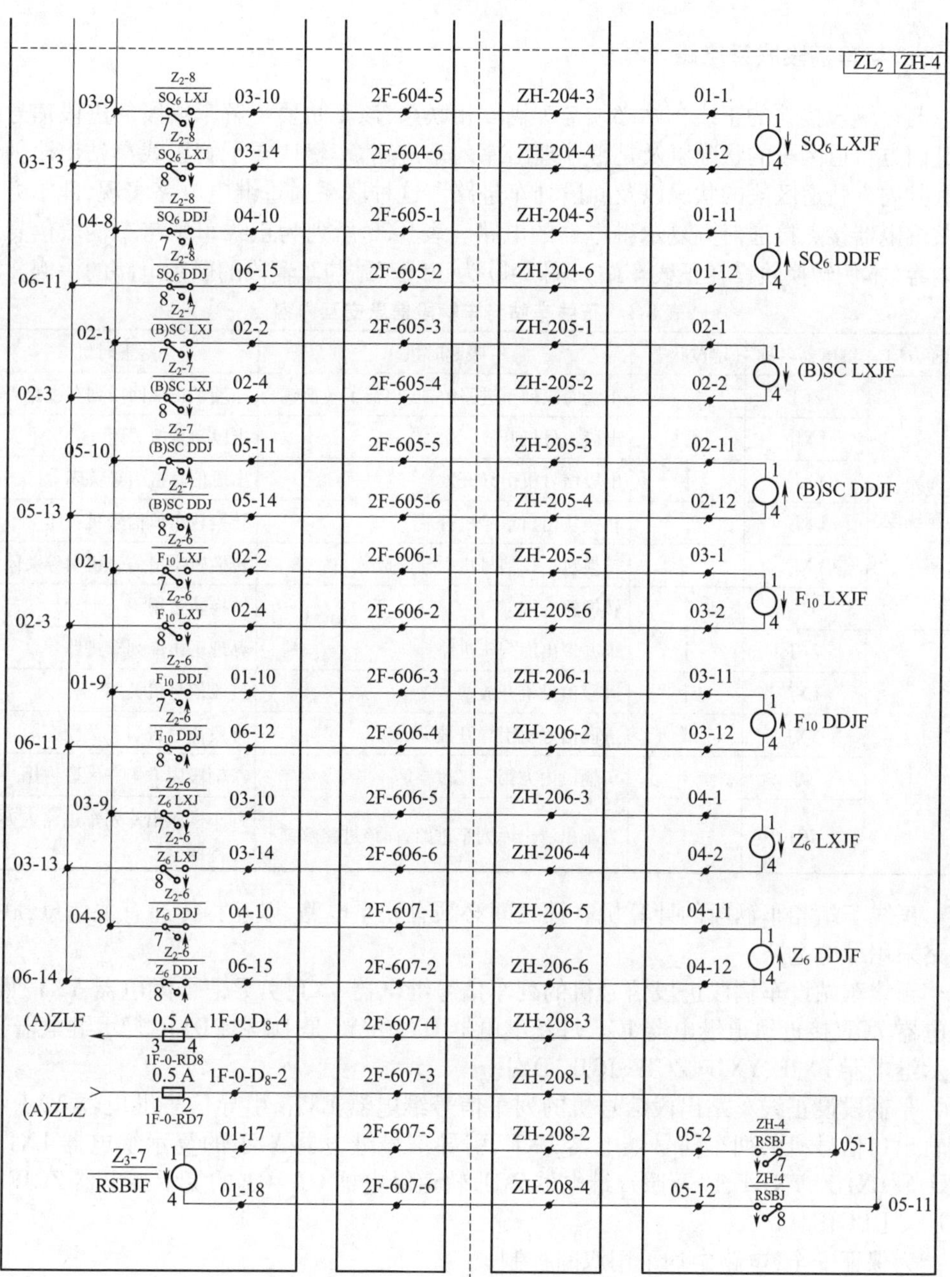

图 8-39　与邻站信标编码器站间联系电路

集中站的组合柜中填写的是继电器名称和组合位置，在分线柜中填写的是分线柜端子号，在综合柜中填写的是综合柜端子号，在非集中站的综合柜填写的是复示继电器名称及侧面端子号。

九、与车辆段联系电路

与车辆段接轨的正线车站必须与车辆段相联系,该车站要了解车辆段的进段信号机和其内方轨道区段的状况以及是否办理出库列车进路,车辆段要了解正线车站出段信号机和其内方轨道区段的状况以及回段列车进路。这种联系通过继电电路实现,即本方用有关继电器接点接通对方复示继电器的电路。表 8-20 所列为正线车站与车辆段信息交互内容(本例转换轨设在正线车站),图 8-40 为正线车站与车辆段的联系电路的一例。

表 8-1　正线车站与车辆段信息交互内容

传递方向	继电器名称	定位状态	吸起时机	落下时机
正线车站→车辆段	ZCJ	↑	正线回段列车进路解锁(出清了转换轨)	办理了正线回段列车进路
	LXJ_1	↓	出段信号机开放	出段信号机关闭
	YXJ_1	↓	出段信号机引导开放	出段信号机引导关闭
	LXJ_2	↓	转换轨出口信号机开放	转换轨出口信号机关闭
	YXJ_2	↓	转换轨出口信号机引导开放	转换轨出口信号机引导关闭
	GJ	↑	转换轨空闲	转换轨占用
车辆段→正线车站	ZCJ	↑	未办理出库列车进路	办理了出库列车进路
	LXJ	↓	进段信号机开放	进段信号机关闭
	YXJ	↓	进段信号机引导开放	进段信号机引导关闭
	GJ	↑	车辆段内方第一区段空闲	车辆段内方第一区段占用
	JGJ	↑	列车出清出库列车进路,而该进路解锁	列车进入出库列车进路内方第一区段

正线车站和车辆段的计算机联锁之间必须有联系电路,以互相传递有关信息,联系电路采用继电电路。

正线车站设车辆段进段信号机的列车信号继电器 LXJ、引导信号继电器 YXJ、照查继电器 ZCJ、接近轨道继电器 JGJ、灯丝继电器 DYJ(DYJ 是 DJ 和 2DJ 的复示继电器)的复示继电器 LXJF、YXJF、ZCJF、JGJF、DYJF。

车辆段设正线车站出段信号机的列车信号继电器 LXJ_1、引导信号继电器 YXJ_1、转换轨出口信号机的列车信号继电器 LXJ_2、引导信号继电器 YXJ_2 的复示继电器 LXJ_1F、YXJ_1F、LXJ_2F、YXJ_2F,以及照查继电器 ZCJ,轨道继电器 GJ_1、GJ_2 的复示继电器 ZCJF、ⅠAGJF、ⅠBGJF。

为保证安全,电路中均采用双断控制。

图中填写的是双方的接口柜端子号、组合侧面端子号、分线柜端子号,以及组合位置。

十、电源系统示意图

电源系统示意图表示各种电源从电源屏到各机柜、接口柜、组合柜、分线柜、IBP 盘及各信号设备之间的关系,如图 8-41 所示,是定型设计。

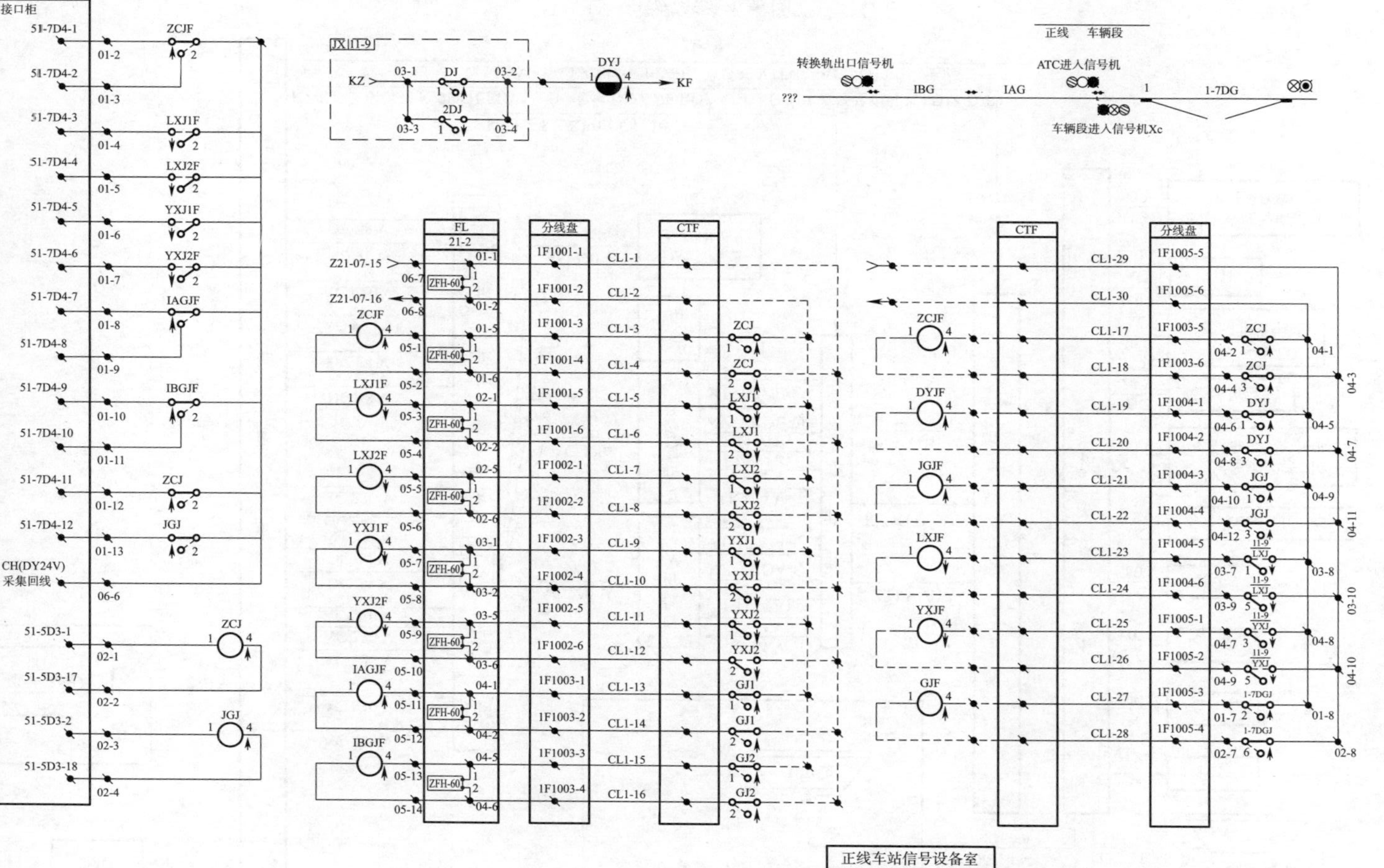

图 8-40 正线车站与车辆段的联系电路

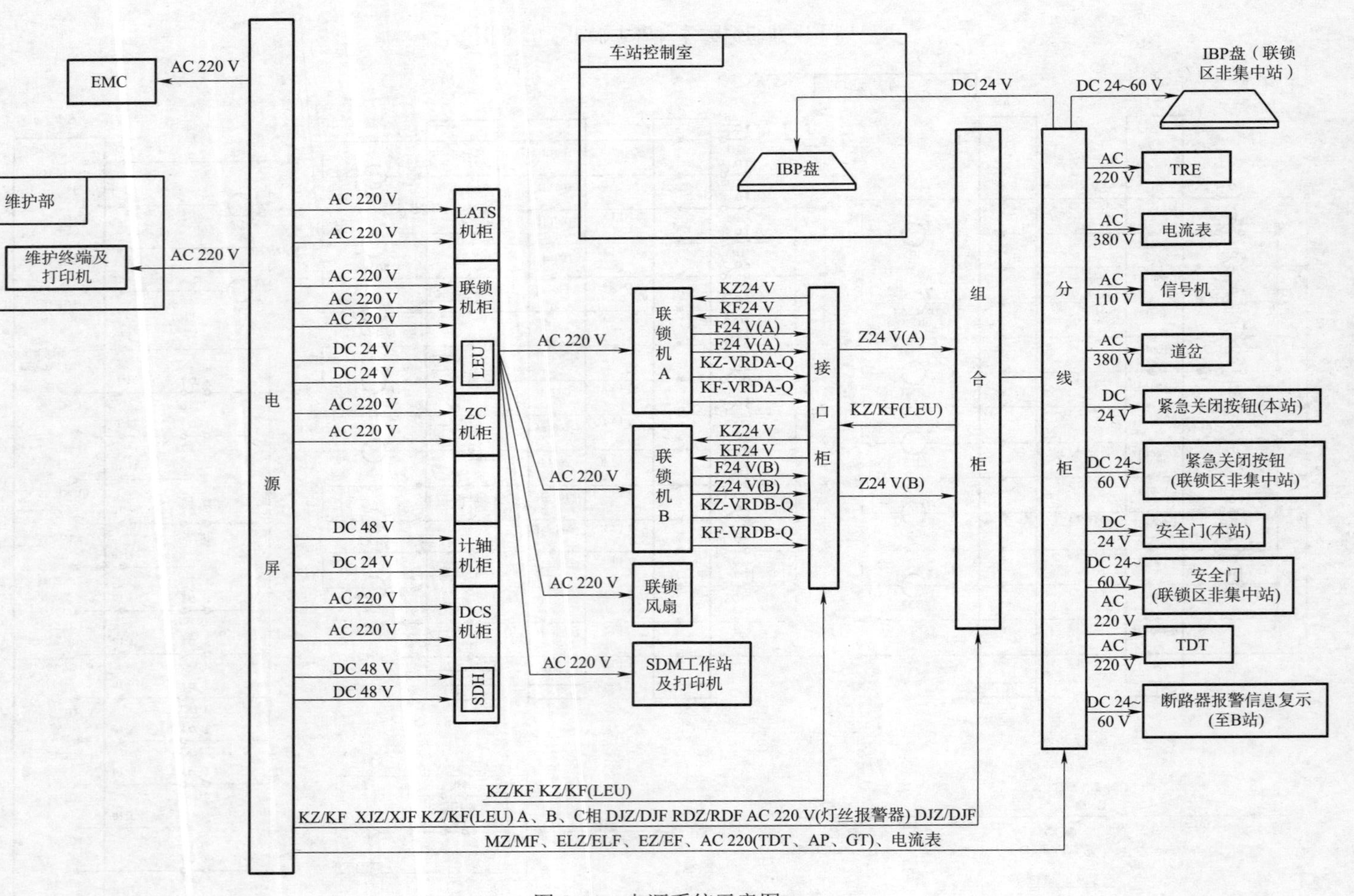

图 8-41 电源系统示意图

第二节　车辆段联锁电路

车辆段联锁电路包括接口电路、信号机点灯电路、道岔控制电路、轨道电路、轨道停车报警电路、灯丝报警电路、断路器报警电路、与正线车站联系电路等。

车辆段信号设备平面示意如附图2所示。

一、接口电路

1. 信号机驱动采集电路

车辆段的信号机有进段信号机、进库信号机、出库信号机、调车信号机。

(1)进段信号机驱动采集电路

车辆段的列车信号机有进段信号机和出段信号机,进段信号机由车辆段控制,出段信号机由相接的正线车站控制。

进段信号机驱动采集电路如图8-42所示。计算机联锁驱动列车信号继电器LXJ和引导信号继电器YZHJ,采集灯丝继电器1DJ、2DJ的前接点。在所附配线表中填写的是信号机名称、组合位置、接口柜端子号、联锁机柜端子号。组合侧面端子使用是固定的。

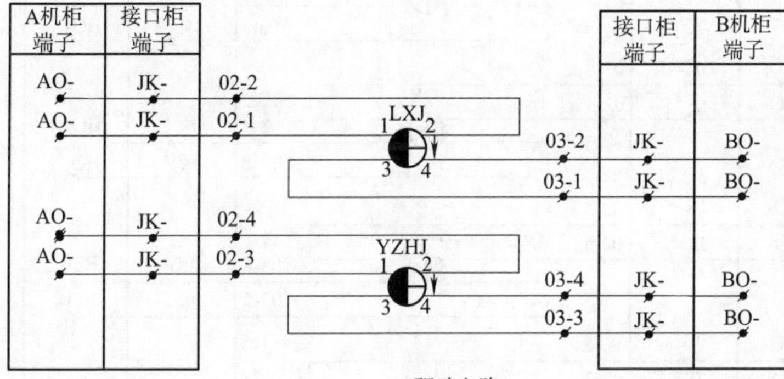

(a) 驱动电路

(b) 采集电路

图　8-42

信号机	组合位置	接口柜端子								接口柜端子			
		机柜端子								机柜端子			
		A 机				B 机				A 机		B 机	
		LXJ-1 02-1	LXJ-2 02-2	YZHJ-1 02-3	YZHJ-2 02-4	LXJ-3 03-1	LXJ-4 03-2	YZHJ-3 03-3	YZHJ-4 03-4	1DJ-12 01-1	2DJ-12 01-2	1DJ-22 01-11	2DJ-22 01-12
JD_1	18-6	JK-807-25	JK-807-26	JK-807-27	JK-807-28	JK-407-25	JK-407-26	JK-407-27	JK-407-28	JK-1003-15	JK-1003-16	JK-603-15	JK-603-16
		AO-4-X5-25	AO-4-X5-26	AO-4-X5-27	AO-4-X5-28	BO-4-X5-25	BO-4-X5-26	BO-4-X5-27	BO-4-X5-28	AI-1-X3-15	AI-1-X3-16	BI-1-X3-15	BI-1-X3-16
JD_2	18-7	JK-807-29	JK-807-30	JK-807-31	JK-807-32	JK-407-29	JK-407-30	JK-407-31	JK-407-32	JK-1003-17	JK-1003-18	JK-603-17	JK-603-18
		AO-4-X5-29	AO-4-X5-30	AO-4-X5-31	AO-4-X5-32	BO-4-X5-29	BO-4-X5-30	BO-4-X5-31	BO-4-X5-32	AI-1-X3-17	AI-1-X3-18	BI-1-X3-17	BI-1-X3-18

图 8-42 进段信号机驱动采集电路

(2)进、出库信号机驱动、采集电路

进、出库信号机驱动电路如图 8-43 所示。计算机联锁驱动三组列车信号继电器 LXJ 和调车信号继电器 DXJ。在所附配线表中填写的是信号机名称、组合位置、接口柜端子号、联锁机柜端子号。组合侧面端子使用是固定的。

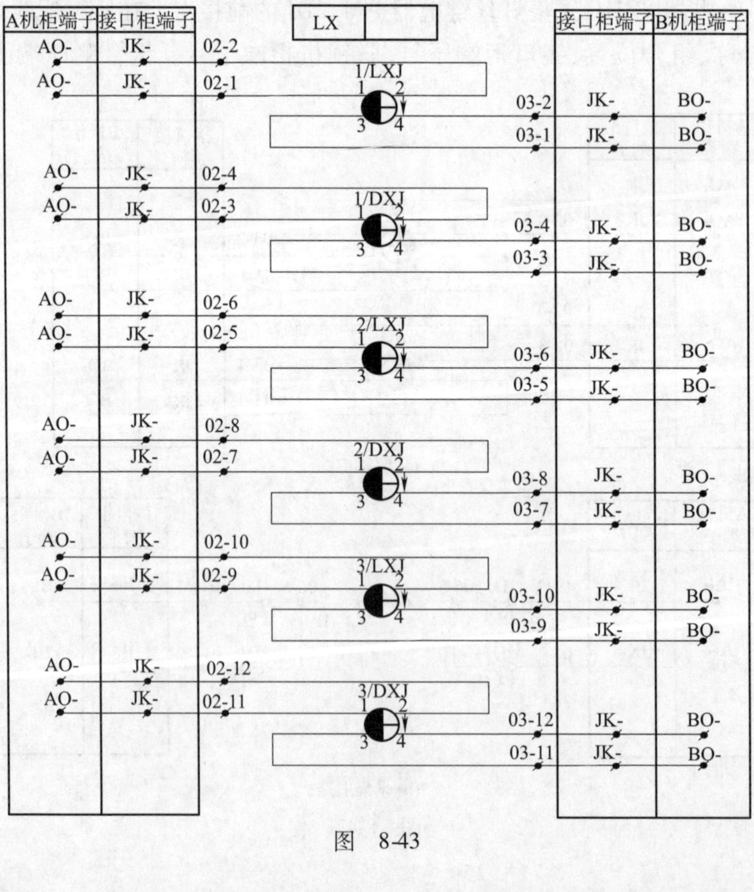

图 8-43

信号机	组合位置	A 机		B 机		A 机		B 机	
		组合侧面端子							
		接口柜端子							
		机柜端子							
CK_1	26-2	02-1 1/LXJ-1	02-2 1/LXJ-2	03-1 1/LXJ-3	03-2 1/LXJ-4	02-3 1/DXJ-1	02-4 1/DXJ-2	03-3 1/DXJ-3	03-4 1/DXJ-4
		JK_1-402-13	JK_1-402-14	JK_2-402-13	JK_2-402-14	JK_1-404-7	JK_1-404-8	JK_2-404-7	JK_2-404-8
		AO-4-X_5-13	AO-4-X_5-14	BO-4-X_5-13	BO-4-X_5-14	AO-4-X_7-7	AO-4-X_7-8	BO-4-X_7-7	BO-4-X_7-8
CK_2		02-5 2/LXJ-1	02-6 2/LXJ-2	03-5 2/LXJ-3	03-6 2/LXJ-4	02-7 2/DXJ-1	02-8 2/DXJ-2	03-7 2/DXJ-3	03-8 2/DXJ-4
		JK_1-402-17	JK_1-402-18	JK_2-402-17	JK_2-402-18	JK_1-404-9	JK_1-404-10	JK_2-404-9	JK_2-404-10
		AO-4-X_5-17	AO-4-X_5-18	BO-4-X_5-17	BO-4-X_5-18	AO-4-X_7-9	AO-4-X_7-10	BO-4-X_7-9	BO-4-X_7-10
CK_3		02-9 3/LXJ-1	02-10 3/LXJ-2	03-9 3/LXJ-3	03-10 3/LXJ-4	02-11 3/DXJ-1	02-12 3/DXJ-2	03-11 3/DXJ-3	03-12 3/DXJ-4
		JK_1-404-33	JK_1-404-34	JK_2-404-33	JK_2-404-34	JK_1-404-35	JK_1-404-36	JK_2-404-35	JK_2-404-36
		AO-4-X_7-33	AO-4-X_7-34	BO-4-X_7-33	BO-4-X_7-34	AO-4-X_7-35	AO-4-X_7-36	BO-4-X_7-35	BO-4-X_7-36
JK_1	27-2	02-9 3/LXJ-1	02-10 3/LXJ-2	03-9 3/LXJ-3	03-10 3/LXJ-4	02-11 3/DXJ-1	02-12 3/DXJ-2	03-11 3/DXJ-3	03-12 3/DXJ-4
		JK_1-303-29	JK_1-303-30	JK_2-303-29	JK_2-303-30	JK_1-303-31	JK_1-303-32	JK_2-303-31	JK_2-303-32
		AO-5-X_7-29	AO-5-X_7-30	BO-5-X_7-29	BO-5-X_7-30	AO-5-X_7-31	AO-5-X_7-32	BO-5-X_7-31	BO-5-X_7-32

图 8-43　进、出库信号机驱动电路

进、出库信号机采集电路如图 8-44 所示。采集三组灯丝继电器 DJ 的前接点。在所附配线表中填写的是信号机名称、组合位置、接口柜端子号、联锁机柜端子号。组合侧面端子使用是固定的。

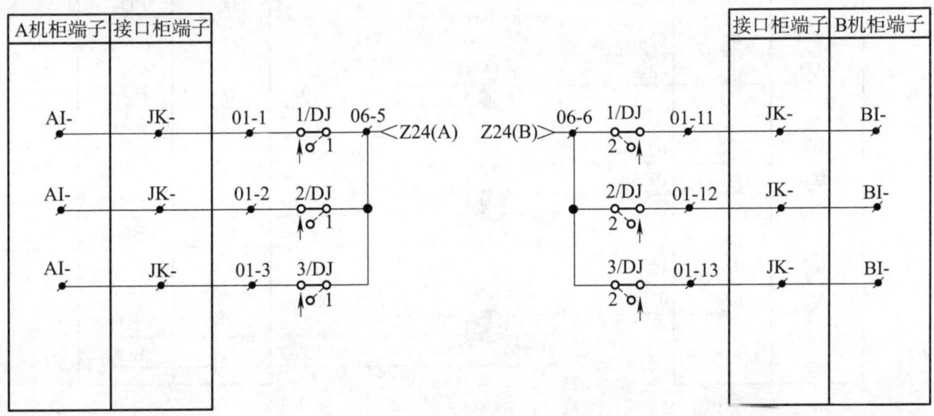

图　8-44

信号机	组合位置	A 机	B 机
		组合侧面端子	
		接口柜端子	
		机柜端子	
CK_1	26-2	01-1　1/DJ-12	01-11　1/DJ-22
		JK_1-706-11	JK_2-706-11
		AI-1-X_8-11	BI-1-X_8-11
CK_2		01-2　2/DJ-12	01-12　2/DJ-22
		JK_1-706-12	JK_2-706-12
		AI-1-X_8-12	BI-1-X_8-12
CK_3		01-3　3/DJ-12	01-13　3/DJ-22
		JK_1-704-23	JK_2-704-23
		AI-1-X_6-23	BI-1-X_6-23
JK_1	27-2	01-3　3/DJ-12	01-13　3/DJ-22
		JK_1-704-21	JK_2-704-21
		AI-1-X_6-21	BI-1-X_6-21
JK_2	27-3	01-1　1/DJ-12	01-11　1/DJ-22
		JK_1-704-22	JK_2-704-22
		AI-1-X_6-22	BI-1-X_6-22

图 8-44　进、出库信号机采集电路

(3)调车信号机驱动、采集电路图设计

调车信号机驱动、采集电路如图 8-45 所示。计算机联锁驱动四组调车信号继电器 DXJ,采集四组灯丝继电器 DJ 的前接点。在所附配线表中填写的是信号机名称、组合位置、接口柜端子号、联锁机柜端子号。

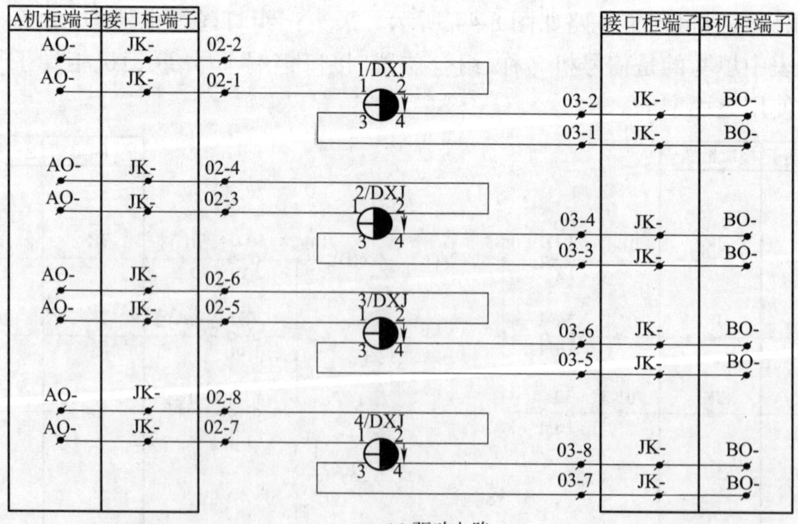

(a) 驱动电路

图　8-45

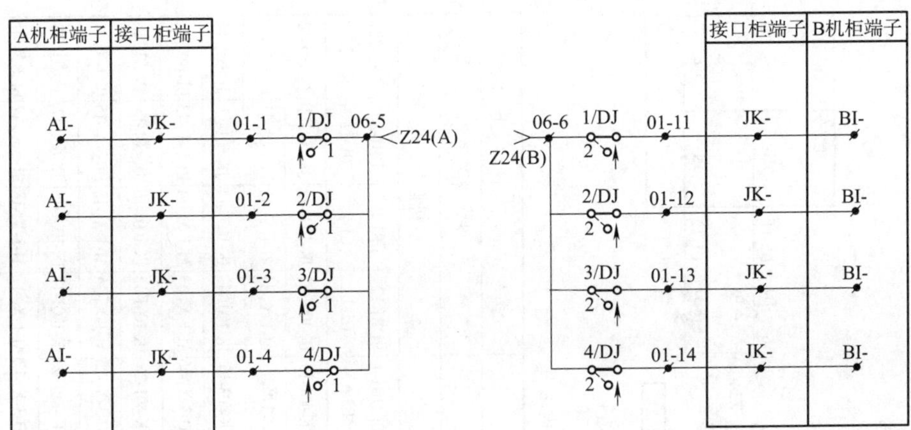

(b) 采集电路

驱动电路图的配线表

信号机	组合位置	组合柜端子 接口柜端子 机柜端子			
		A 机		B 机	
D_1	16-1	1/DXJ-1 02-1	1/DXJ-2 02-2	1/DXJ-3 03-1	1/DXJ-4 03-2
		JK-807-33	JK-807-34	JK-407-33	JK-407-34
		AO-4-X_3-33	AO-4-X_3-34	BO-4-X_3-33	BO-4-X_3-34
D_2		2/DXJ-1 02-3	2/DXJ-2 02-4	2/DXJ-3 03-3	2/DXJ-4 03-4
		JK-807-35	JK-807-36	JK-407-35	JK-407-36
		AO-4-X_3-35	AO-4-X_3-36	BO-4-X_3-35	BO-4-X_3-36
D_3		3/DXJ-1 02-5	3/DXJ-2 02-6	3/DXJ-3 03-5	3/DXJ-4 03-6
		JK-807-37	JK-807-38	JK-407-37	JK-407-38
		AO-4-X_3-37	AO-4-X_3-38	BO-4-X_3-37	BO-4-X_3-38
D_4		4/DXJ-1 02-7	4/DXJ-2 02-8	4/DXJ-3 03-7	4/DXJ-4 03-8
		JK-807-39	JK-807-40	JK-407-39	JK-407-40
		AO-4-X_3-39	AO-4-X_3-40	BO-4-X_3-39	BO-4-X_3-40

采集电路图的配线表

信号机	组合位置	组合柜端子 接口柜端子 机柜端子	
		A 机	B 机
D_1	16-1	1/DXJ-12 01-1	1/DXJ-22 01-2
		JK-1003-23	JK-603-23
		AI-1-X_5-23	BI-1-X_5-23
D_2		2/DXJ-12 01-3	2/DXJ-22 01-4
		JK-1003-24	JK-603-24
		AI-1-X_5-24	BI-1-X_5-24
D_3		3/DXJ-12 01-5	3/DXJ-22 01-6
		JK-1003-25	JK-603-25
		AI-1-X_5-25	BI-1-X_5-25
D_4		4/DXJ-12 01-7	4/DXJ-22 01-8
		JK-1003-26	JK-603-26
		AI-1-X_5-26	BI-1-X_5-26

图 8-45　调车信号机驱动、采集电路图

2. 道岔（转辙机）驱动、采集电路

直流转辙机的道岔驱动、采集电路如图 8-46 所示。计算机联锁驱动道岔定位操纵继电器 DCJ、道岔反位操纵继电器 FCJ 和道岔启动继电器 DCQDJ，采集道岔定位操纵表示继电器 DBJ、道岔反位表示继电器 FBJ 的前接点。在所附配线表中填写的是道岔名称、组合位置、接口柜端子号、联锁机柜端子号。组合侧面端子使用是固定的。

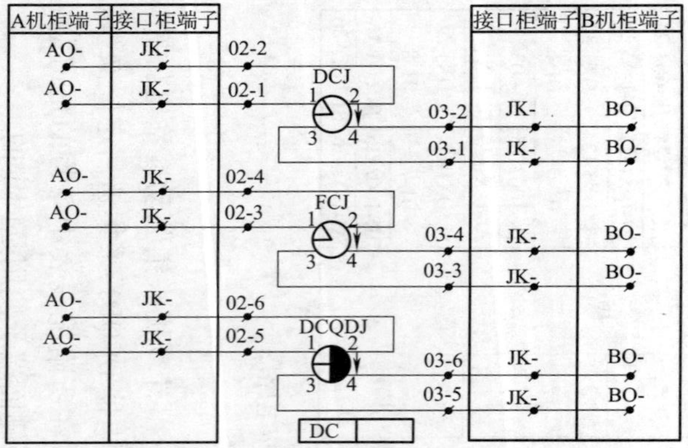

(a) 驱动电路

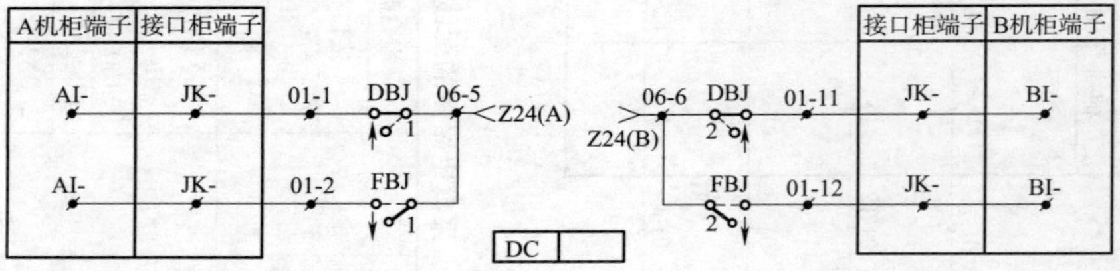

(b) 采集电路

道岔	组合位置	A机						B机						A 机		B 机	
		接口柜端子												接口柜端子			
		机柜端子												机柜端子			
		DCJ-1 02-1	DCJ-2 02-2	FCJ-1 02-3	FCJ-2 02-4	DCQDJ-1 02-5	DCQDJ-2 02-6	DCJ-3 03-1	DCJ-4 03-2	FCJ-3 03-3	FCJ-4 03-4	DCQDJ-3 03-5	DCQDJ-4 03-6	DBJ-12 01-1	FBJ-12 01-2	DBJ-22 01-11	FBJ-22 01-12
1	21-1	JK-801-5	JK-801-6	JK-801-7	JK-801-8	JK-801-9	JK-801-10	JK-401-5	JK-401-6	JK-401-7	JK-401-8	JK-401-9	JK-401-10	JK-1001-11	JK-1001-12	JK-601-11	JK-601-12
		AO-3-X_3-5	AO-3-X_3-6	AO-3-X_3-7	AO-3-X_3-8	AO-3-X_3-9	AO-3-X_3-10	BO-3-X_3-5	BO-3-X_3-6	BO-3-X_3-7	BO-3-X_3-8	BO-3-X_3-9	BO-3-X_3-10	AI-1-X_3-11	AI-1-X_3-12	BI-1-X_3-11	BI-1-X_3-12
2	21-2	JK-801-11	JK-801-12	JK-801-13	JK-803-14	JK-803-15	JK-803-16	JK-401-11	JK-401-12	JK-401-13	JK-403-14	JK-403-15	JK-403-16	JK-1001-13	JK-1001-14	JK-601-13	JK-601-14
		AO-3-X_3-11	AO-3-X_3-12	AO-3-X_3-13	AO-3-X_3-14	AO-3-X_3-15	AO-3-X_3-16	BO-3-X_3-11	BO-3-X_3-12	BO-3-X_3-13	BO-3-X_3-14	BO-3-X_3-15	BO-3-X_3-16	AI-1-X_3-13	AI-1-X_3-14	BI-1-X_3-13	BI-1-X_3-14
3	21-3	JK-801-17	JK-801-18	JK-801-19	JK-801-20	JK-801-25	JK-801-26	JK-401-17	JK-401-18	JK-401-19	JK-401-20	JK-401-25	JK-401-26	JK-1001-15	JK-1001-16	JK-601-15	JK-601-16
		AO-3-X_3-17	AO-3-X_3-18	AO-3-X_3-19	AO-3-X_3-20	AO-3-X_3-25	AO-3-X_3-26	BO-3-X_3-17	BO-3-X_3-18	BO-3-X_3-19	BO-3-X_3-20	BO-3-X_3-25	BO-3-X_3-26	AI-1-X_3-15	AI-1-X_3-16	BI-1-X_3-15	BI-1-X_3-16
4	21-4	JK-801-27	JK-801-28	JK-801-29	JK-801-30	JK-801-31	JK-801-32	JK-401-27	JK-401-28	JK-401-29	JK-401-30	JK-401-31	JK-401-32	JK-1001-17	JK-1001-18	JK-601-17	JK-601-18
		AO-3-X_3-27	AO-3-X_3-28	AO-3-X_3-29	AO-3-X_3-30	AO-3-X_3-31	AO-3-X_3-32	BO-3-X_3-27	BO-3-X_3-28	BO-3-X_3-29	BO-3-X_3-30	BO-3-X_3-31	BO-3-X_3-12	AI-1-X_3-17	AI-1-X_3-18	BI-1-X_3-17	BI-1-X_3-18

图 8-46　道岔（转辙机）驱动、采集电路

交流流转辙机的道岔驱动采集电路图同正线联锁区的道岔驱动采集电路图。

3. 轨道继电器采集电路

轨道继电器采集电路如图 8-47 所示。计算机联锁采集轨道继电器 GJ 的前接点。在所附配线表中填写的是轨道区段名称、组合位置、接口柜端子号、联锁机柜端子号。

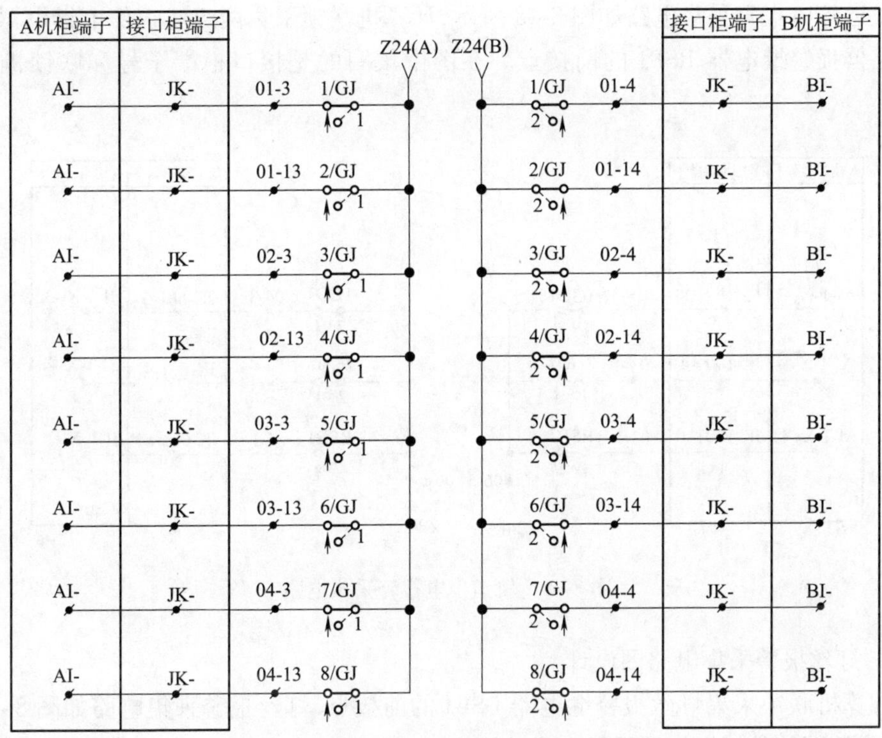

	轨道区段	组合位置	A	B
			接口柜端子	
			机柜端子	
			GJ-12	GJ-22
1	1-2DG	14-2	JK-1006-16	JK-606-16
			AI-1-X_8-16	BI-1-X_8-16
2	1-2DG_1			
3	3-4DG		JK-1006-17	JK-606-17
			AI-1-X_8-17	BI-1-X_8-17
4	3-4DG_1			

图 8-47　轨道继电器采集电路

若采用计轴,车辆段的轨道继电器采集电路同正线联锁区的轨道继电器采集电路,详见本章第一节。

若采用计轴,车辆段的计轴复位驱动和轨道继电器采集电路同正线联锁区的计轴复位驱动和轨道继电器采集电路,详见本章第一节。

4. 轨道停电报警采集电路图设计

轨道停电报警采集电路如图 8-48 所示,计算机联锁采集两组轨道停电继电器 GDJ 和断路器报警继电器 RSBJ 的前接点。在图中填写的是接口柜端子号和联锁机柜端子号。

A机柜端子
接口柜端子
AI-1-X3-3
JK-1001-3
03-3
1GDJ
AI-1-X3-4
JK-1001-4
03-4
2GDJ
AI-1-X3-1
JK-1001-1
03-1
RSBJ
06-5
Z24(A)
06-6
Z24(B)
04-3
04-4
04-1
接口柜端子
B机柜端子
JK-601-3
BI-1-X3-3
JK-601-4
BI-1-X3-4
JK-601-1
BI-1-X3-1

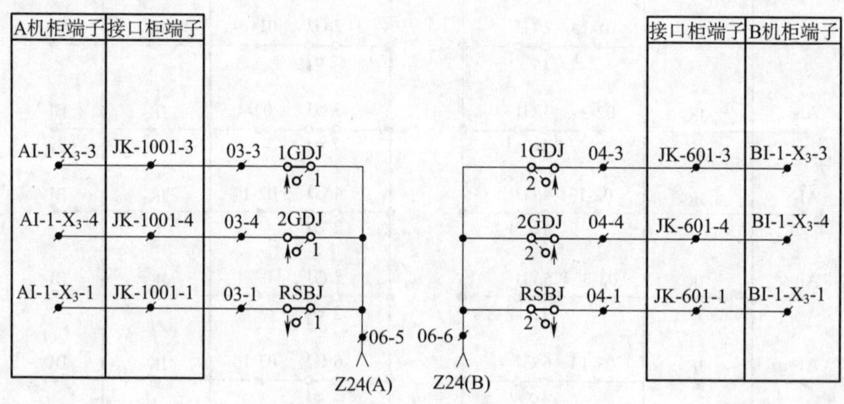

图 8-48　轨道停电报警采集电路

5. 灯丝报警采集电路图设计

计算机联锁采集灯丝报警继电器 DSBJ 的前接点,灯丝报警采集电路如图 8-49 所示,图中填写的是接口柜端子号和联锁机柜端子号。

CL机柜
接口柜
BJ 5-18
AI-1-X3-2
JK-1001-2
03-2
DSBJ
06-5
Z24(A)
BI-1-X3-2
JK-801-2
04-2
DSBJ
06-6
Z24(B)

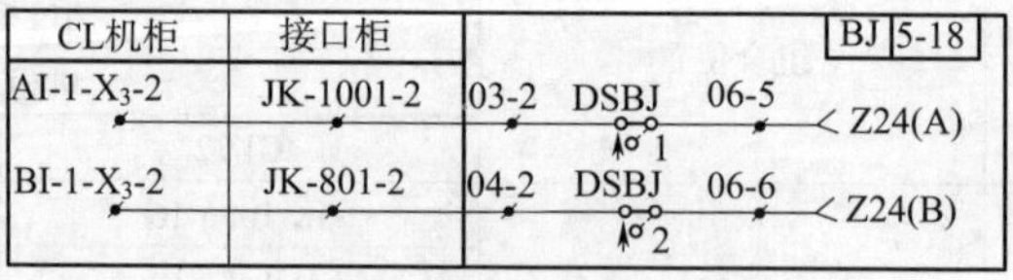

图 8-49　灯丝报警采集电路

6. 联锁机切换驱动采集电路图设计

联锁机驱动、采集电路如图 8-50 所示,驱动 KZKFJ、SYSAJ、SYSBJ,采集 SYSAJ、SYSBJ 前接点。图中填写的是 DY 组合位置、接口柜端子号和联锁机柜端子号。

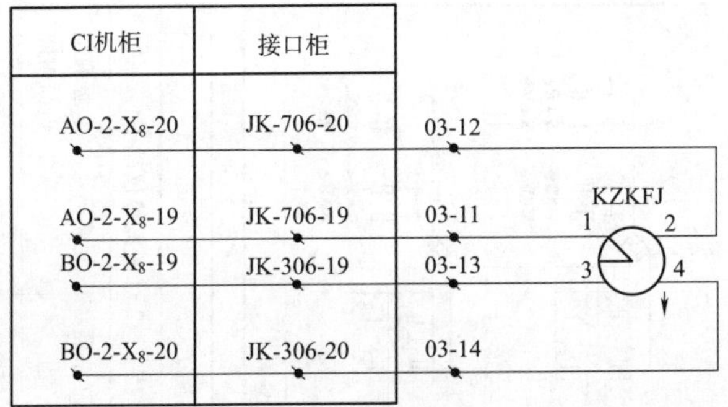

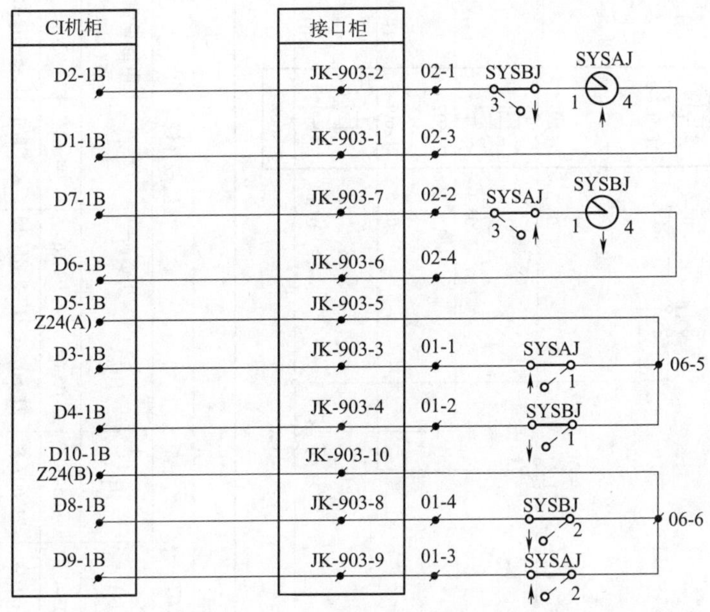

图 8-50 联锁机驱动、采集电路图

二、信号机点灯电路

车辆段的信号机有列车信号机、调车信号机。所有信号机正常使用时都点灯。

1. 进段信号机点灯电路

进段信号机点灯电路如图 8-51 所示。它有红、绿、黄三种显示,以及引导信号。列车信号继电器 LXJ↓,点红灯;LXJ↑,引导信号继电器 YXJ↓,点绿灯;LXJ↓,YXJ↑,点红灯和黄灯,为引导信号。在所附配线表中填写的是信号机名称、组合位置、至分线柜端子号、至灯丝报警仪端子号。组合侧面端子使用是固定的。

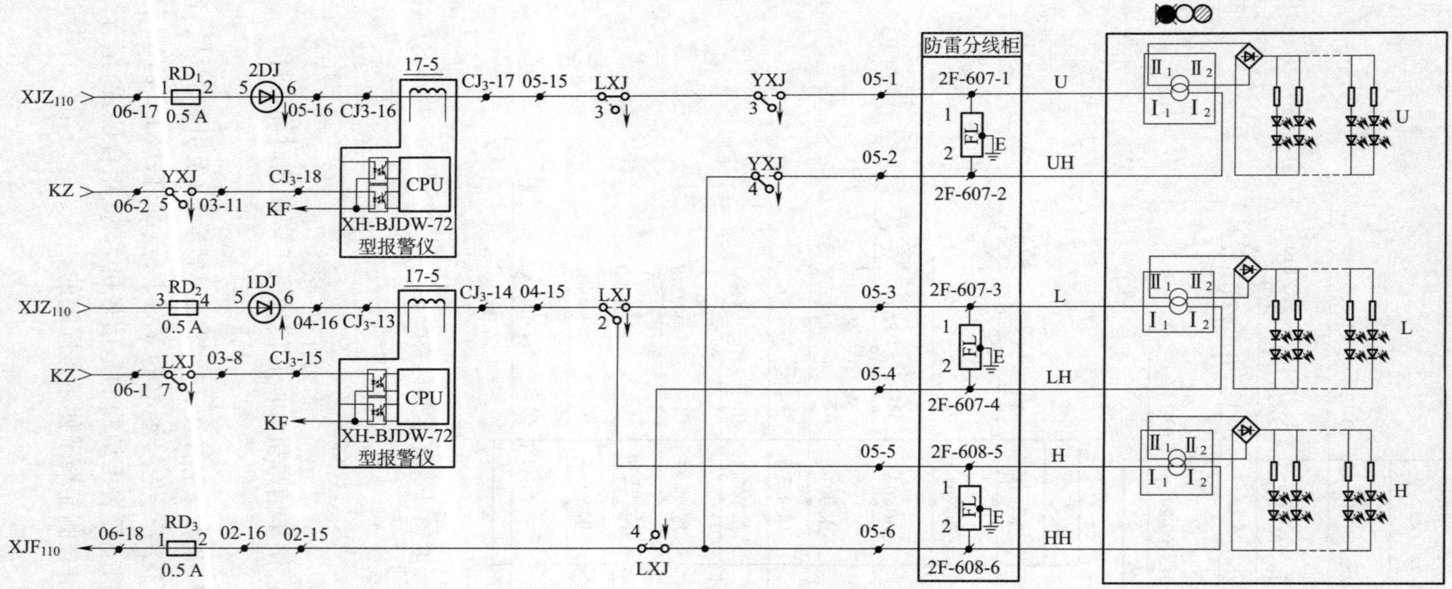

信号机	组合位置	组合侧面端子						组合侧面端子					
		防雷分线柜端子						灯丝报警仪端子			2 灯丝报警仪端子		
		U	UH	L	LH	H	HH	互感器-入	互感器-出	电源采集点（LBJ）	互感器-出	互感器-出	电源采集点（UBJ）
		05-1	05-2	05-3	05-4	05-5	05-6	04-16	04-15	03-8	05-16	05-15	03-11
JD_1	18-6	2F-607-1	2F-607-2	2F-607-3	2F-607-4	2F-607-5	2F-607-6	17-5-CJ_3-13	17-5-CJ_3-14	17-5-CJ_3-15	17-5-CJ_3-16	17-5-CJ_3-17	17-5-CJ_3-18
JD_2	18-7	2F-608-1	2F-608-2	2F-608-3	2F-608-4	2F-608-5	2F-608-6	17-5-CJ_3-21	17-5-CJ_3-22	17-5-CJ_3-23	17-5-CJ_3-25	17-5-CJ_3-26	17-5-CJ_3-27
JD_3	18	2F-609-1	2F-609-2	2F-609-3	2F-609-4	2F-609-5	2F-609-6	17-5-CJ_3-29	17-5-CJ_3-30	17-5-CJ_3-31	17-5-CJ_4-1	17-5-CJ_4-2	17-5-CJ_4-3

图 8-51　进段信号机点灯电路

2. 进、出库信号机点灯电路

有的车辆段设进、出库信号机。进、出库信号机点灯电路如图 8-52 所示(图中为该组合内的第一架信号机)。它有红、绿、月白三种显示。列车信号继电器 LXJ↓,点红灯;LXJ↑,点绿灯;LXJ↓,调车信号继电器 DXJ↑,点月白灯。在所附配线表中填写的是信号机名称、组合位置、至分线柜端子号、至灯丝报警仪端子号。组合侧面端子使用是固定的。

3. 调车信号机

调车信号机点灯电路如图 8-53 所示。它有蓝(或红)、月白两种显示。调车信号继电器 DXJ↓点蓝(或红)灯;DXJ↑ ,点月白灯。在所附配线表中填写的是信号机名称、组合位置、至分线柜端子号、至灯丝报警仪端子号。组合侧面端子使用是固定的。

三、道岔控制电路

这里介绍直流转辙机的四线制道岔控制电路。交流转辙机的五线制道岔控制电路与正线联锁区的道岔控制电路相同。

1. 单动道岔四线制控制电路

单动道岔四线制控制电路如图 8-54 所示。车辆段多数单动道岔采用 ZD6-D 型电动转辙机,单机牵引,为四线制道岔控制电路。本图按道岔定位时转辙机 1、3 排接点闭合设计,若定位时转辙机 2、4 排接点闭合,需将 X1 与 X2 交叉,现场二极管颠倒极性。

道岔控制电路包括道岔启动电路和道岔表示电路。

(1)道岔启动电路

道岔控制采用进路操纵方式。以进路的方式使进路上各组道岔按进路要求接通转辙机将道岔转换到定位或反位。计算机联锁按照选路的要求,选出进路上各组道岔应转向的位置,即某道岔是定位操纵继电器 DCJ 吸起,就接通道岔启动电路使该道岔转向定位;若是反位操纵继电器 FCJ 吸起,则接通道岔启动电路就使道岔转向反位。

为了行车安全,道岔启动电路必须满足以下技术要求:对道岔实行区段锁闭,道岔区段有车占用时,或道岔区段轨道电路发生故障时,轨道继电器落下,不准道岔转换;对道岔实行进路锁闭,进路在锁闭状态时,锁闭防护继电器落下,不准进路上的道岔再转换;道岔启动后,应保证道岔能继续转到底;道岔启动电路接通后,如果电路故障使道岔没有启动,如自动开闭器接触不良、电机炭刷与换向片不密贴等造成道岔未转动,则启动电路应自动被切断;道岔转换完毕到位密贴后,应自动切断启动电路使电机停转。

道岔启动电路采用分级控制方式控制道岔转换,由第一道岔启动继电器 1DQJ 检查联锁条件,符合要求后才能启动励磁;然后由第二道岔启动继电器 2DQJ 控制电机的转动方向,以决定使电机将道岔转向定位还是转向反位;最后由直流电动机转换道岔。

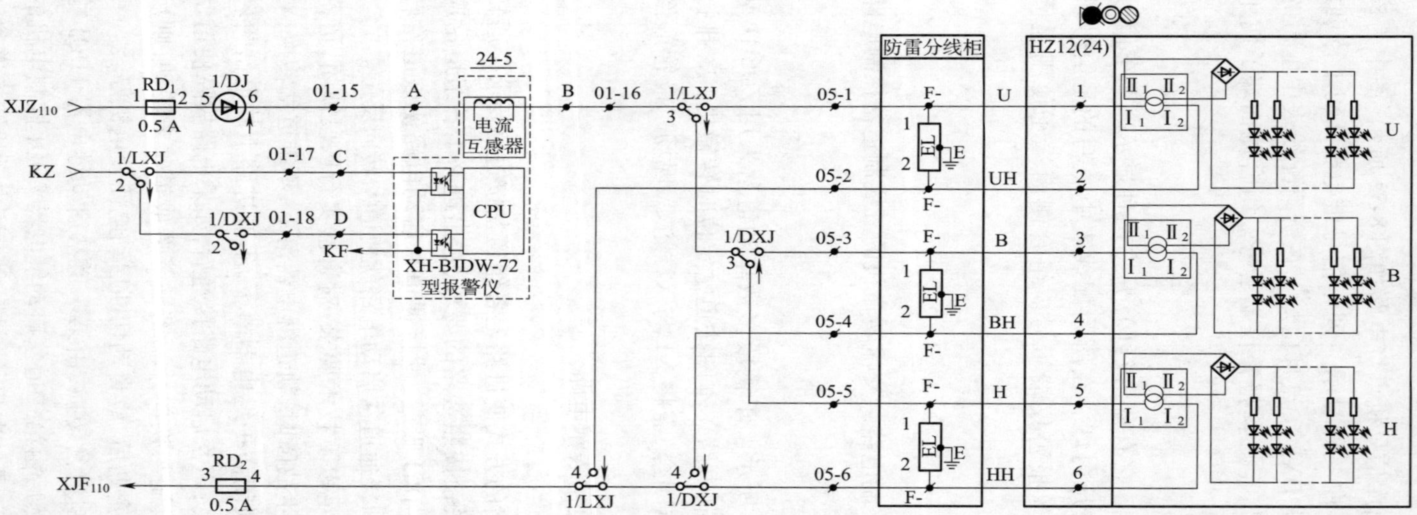

信号机	组合位置	组合侧面端子						组合侧面端子			
		防雷分线柜端子						灯丝报警仪端子			
		U	UH	B	BH	H	HH	A	B	C	D
CK_1	26-2	05-1	05-2	05-3	05-4	05-5	05-6	01-15	01-16	01-17	01-18
		2F-509-1	2F-509-2	2F-509-3	2F-509-4	2F-509-5	2F-509-6	24-5-CJ_1-17	24-5-CJ_1-18	24-5-CJ_1-19	24-5-CJ_1-20
CK_2		05-7	05-8	05-9	05-10	05-11	05-12	02-15	02-16	02-17	02-18
		2F-510-1	2F-510-2	2F-510-3	2F-510-4	2F-510-5	2F-510-6	24-5-CJ_1-21	24-5-CJ_1-22	24-5-CJ_1-23	24-5-CJ_1-24
CK_3		05-13	05-14	05-15	05-16	05-17	05-18	03-15	03-16	03-17	03-18
		2F-601-1	2F-601-2	2F-601-3	2F-601-4	2F-601-5	2F-601-6	24-5-CJ_1-25	24-5-CJ_1-26	24-5-CJ_1-27	24-5-CJ_1-28
JK_1	27-2	05-13	05-14	05-15	05-16	05-17	05-18	03-15	03-16	03-17	03-18
		2F-808-1	2F-808-2	2F-808-3	2F-808-4	2F-808-5	2F-808-6	24-5-CJ_5-5	24-5-CJ_5-6	24-5-CJ_5-7	24-5-CJ_5-8

图 8-52　进、出库信号机的点灯电路

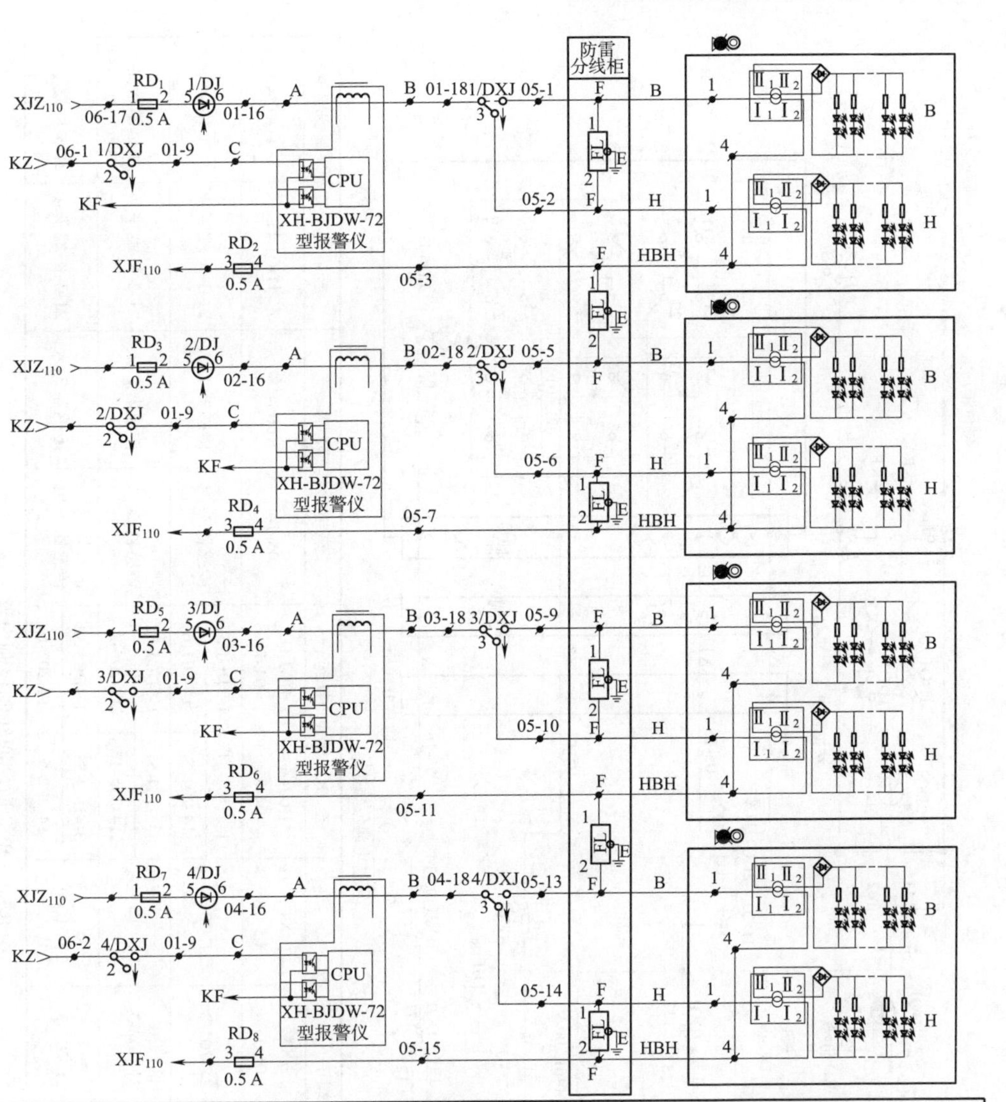

信号机		组合位置	组合侧面端子 分线柜端子			组合侧面端子 灯丝报警仪端子		
		DX	B	H	HBH	A	B	C
1	D_1	16-1	05-1	05-2	05-3	01-16	01-18	01-9
			2F-201-1	2F-201-2	2F-201-3	16-5-CJ_1-1	16-5-CJ_1-2	16-5-CJ_1-3
2	D_2		05-5	05-6	05-7	02-16	02-18	02-9
			2F-201-4	2F-201-5	2F-201-6	16-5-CJ_1-5	16-5-CJ_1-6	16-5-CJ_1-7
3	D_3		05-9	05-10	05-11	03-16	03-18	03-9
			2F-202-1	2F-202-2	2F-202-3	16-5-CJ_1-9	16-5-CJ_1-10	16-5-CJ_1-11
4	D_4		05-13	05-14	05-15	04-16	04-18	04-9
			2F-202-4	2F-202-5	2F-202-6	16-5-CJ_1-13	16-5-CJ_1-14	16-5-CJ_1-15

图 8-53 调车信号机的点灯电路

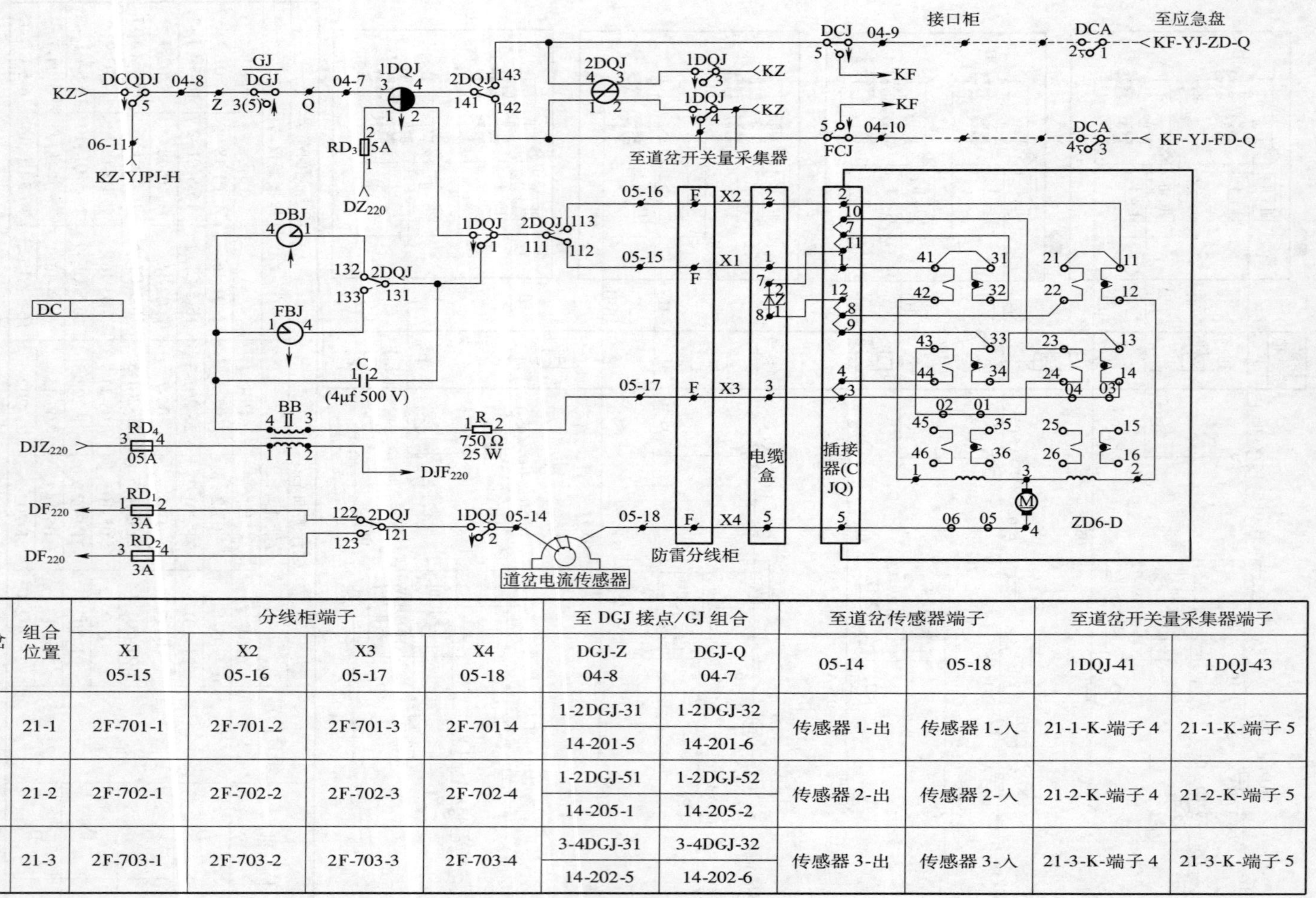

道岔	组合位置	分线柜端子				至 DGJ 接点/GJ 组合		至道岔传感器端子		至道岔开关量采集器端子	
		X1 05-15	X2 05-16	X3 05-17	X4 05-18	DGJ-Z 04-8	DGJ-Q 04-7	05-14	05-18	1DQJ-41	1DQJ-43
1	21-1	2F-701-1	2F-701-2	2F-701-3	2F-701-4	1-2DGJ-31 14-201-5	1-2DGJ-32 14-201-6	传感器 1-出	传感器 1-入	21-1-K-端子 4	21-1-K-端子 5
2	21-2	2F-702-1	2F-702-2	2F-702-3	2F-702-4	1-2DGJ-51 14-205-1	1-2DGJ-52 14-205-2	传感器 2-出	传感器 2-入	21-2-K-端子 4	21-2-K-端子 5
3	21-3	2F-703-1	2F-703-2	2F-703-3	2F-703-4	3-4DGJ-31 14-202-5	3-4DGJ-32 14-202-6	传感器 3-出	传感器 3-入	21-3-K-端子 4	21-3-K-端子 5

图 8-54　单动道岔四线制控制电路

图 8-54 为道岔在定位状态,当将该道岔选至反位时 FCJ 吸起检查进路解锁后,由 FCJ 第五组前接点将 1DQJ 的 3-4 线圈励磁电路接通。1DQJ 的励磁电路是:

$KZ—DCQDJ_{52\text{-}51}—DGJ_{31\text{-}32}—1DQJ_{3\text{-}4}—2DQJ_{141\text{-}142}—FCJ_{51\text{-}52}—KF$

1DQJ 励磁后,用其前接点构成 2DQJ 的转极,转极后用 2DQJ 第四组接点切断 1DQJ 的励磁电路。2DQJ 转极电路是:

$KZ—1DQJ_{41\text{-}42}—2DQJ_{2\text{-}1}—FCJ_{51\text{-}52}—KF$

由于 1DQJ 的吸起和 2DQJ 的转极,沟通 1DQJ 的 1-2 线圈自闭电路向室外电机送电电路,使电动转辙机中直流电动机转动,将道岔从定位转换至反位。电机转动过程中保持 1DQJ 自闭吸起。电机供电电路为:

$DZ_{220}—RD_3—1DQJ_{1\text{-}2}—1DQJ_{12\text{-}11}—2DQJ_{111\text{-}113}$—外线 X2—自动开闭器接点 11-12—电动机定子线圈 2-3—电动机转子线圈 3-4—遮断器 05-06—外线 $X4—1DQJ_{21\text{-}22}—2DQJ_{121\text{-}123}—RD_2—DF_{220}$

由于电动转辙机表示杆的作用,道岔刚转换时,自动开闭器第二组动接点将 41-42 接点接通,准备电动机反转回路;待道岔转至反位后,自动开闭器第一组动接点将 11-12 接点断开,使电动机停止转动。同时切断 1DQJ 的 1-2 线圈电路,使 1DQJ 缓放后落下,用其第一组后接点接通道岔表示电路。在道岔转换过程中,2DQJ 保持不动。

若要再将道岔转回定位,只需选路时 DCJ 吸起,则 1DQJ 又励磁,2DQJ 的 3-4 线圈接通又转极,直流电动机定子 1-3 线圈通电将道岔转至定位,自动开闭器 41-42 接点断开,电动机停转,1DQJ 落下接通道岔反位表示电路。

(2)道岔表示电路

由电动转辙机自动开闭器的接点接通道岔表示电路,来反映道岔的位置。用自动开闭器的定位接点接通道岔定位表示继电器 DBJ,用反位表示接点接通道岔反位表示继电器 FBJ。

道岔表示电路必须满足以下技术条件:只能用道岔表示继电器的吸起来反映道岔的位置,不准用一个继电器的吸起和落下来表示道岔的两种位置,即只能用 DBJ 的吸起表示道岔在定位,用 FBJ 的吸起表示道岔在反位;当外线发生混线或混入其他电源时,必须保证不使 DBJ 和 FBJ 错误励磁;在道岔转换过程中,或发生挤岔、停电、断线等故障时,应保证 DBJ 和 FBJ 落下。

道岔表示电路的 DBJ 和 FBJ 采用偏极继电器(JPXC-1000 型),采用道岔表示变压器 BB 供电,经插接器 CJQ 与电动转辙机的自动开闭器接点联结起来,并将整流二极管附在 CJQ 上。

道岔转到定位或反位后,1DQJ 失磁落下,用其后接点接通道岔表示电路。

道岔在定位时,DBJ 的励磁电路如下:

$BB_{II3}—R_{1\text{-}2}$—外线 X3—移位接触器 04-03 接点—自动开闭器 14-13 接点—自动开闭器 33-34 接点—二极管 $Z_{1\text{-}2}$—自动开闭器 32-31 接点—外线 $X1—2DQJ_{112\text{-}111}$—

$1DQJ_{11\text{-}13}$—$2DQJ_{131\text{-}132}$—$DBJ_{1\text{-}4}$—BB_{II4}。

DBJ 由道岔变压器二次侧供给的 220 V 交源电源,通过电动转辙机自动开闭器的定位接通接点,经整流二极管将交流电进行半波整流,其电流的方向正好与 DBJ 的励磁方向一致。在交流电的另半周,由于有电容器 C 的放电电流,所以能保持 DBJ 的稳定吸起。

当道岔转到反位后,自动开闭器反位表示接点 21-22、23-24 及 43-44 接通,2DQJ 处于反极性状态,整流二极管反接于表示电路中,改变了半波整流电流的方向使 FBJ 吸起,表示道岔处于反位。

不论道岔是处于定位还是处于反位,为了确切地反映道岔位置,都检查了自动开闭器两组接点的动作一致性。DBJ 励磁电路中,不但检查了自动开闭器第一组接点 13-14 的接通,而且又检查了第二组接点 31-32、33-34 的接通,用以确认接触良好和动接点的一致性。FBJ 的励磁也检查了自动开闭器第二组和第四组接点的接通一致性。

当道岔尖轨有障碍物使电动机空转时,1DQJ 不能落下,使表示电路不能接通;或道岔被挤,自动开闭器两组动接点被表示杆移位将检查柱抬起处于中间状态而断开表示电路,同时移位接触器 01-02 和 03-04 也被动作杆上顶柱断开,使得 DBJ 和 FBJ 均处于落下状态,表示道岔发生故障,挤岔报警电路被接通发出挤岔报警。

在所附配线表(见图 8-54)中填写的是道岔名称、组合位置、分线柜端子号。组合侧面端子号是固定的。在至 DGJ 接点/GJ 组合栏中的上格中填写的是轨道继电器名称及接点号,下格中填写的是组合侧面端子号。在至道岔传感器栏中填写的是道岔传感器所在组合位置及该传感器在组合中的编号。在至道岔开关量采集器端子填写的是本道岔的组合位置。

2. 双动道岔四线制控制电路

双动道岔四线制控制电路如图 8-55 所示。采用 ZD6-D 型电动转辙机,双机牵引,为四线制道岔控制电路。本图按道岔定位时转辙机 1、3 排接点闭合设计,若定位时转辙机 2、4 排接点闭合,需将 X1 与 X2 交叉,现场二极管颠倒极性。

由于双动道岔的位置必须一致,它们的动作也应一致,因此双动道岔可以共用一套控制电路。双动道岔控制电路室外部分的特点在于,两个道岔顺序动作,当第一动道岔转完后才接通第二动道岔电路。由定位转向反位时双动道岔的动作情况是,当 DZ_{220} 电源送向 X2 线,使第一动转辙机转到反位后,第一动的自动开闭器断开 11-12 接点,切断第一动电动机电路;接通 21-22 接点,经两动之间的外线 B2,将 DZ_{220} 电源经第二动 11-12 接点送至第二动的电动机端子 2。另一极性电源 DF_{220} 经 X4 及两动之间的外线 MH 送至第二动电动机端子 4,构成第二动电动机电路,将其转换至反位。转到位后第二动的自动开闭器将 11-12 接点断开并接通 21-22 接点,这样第二动的电动机被切断而停转,并最后切断启动电路使 1DQJ 失磁。

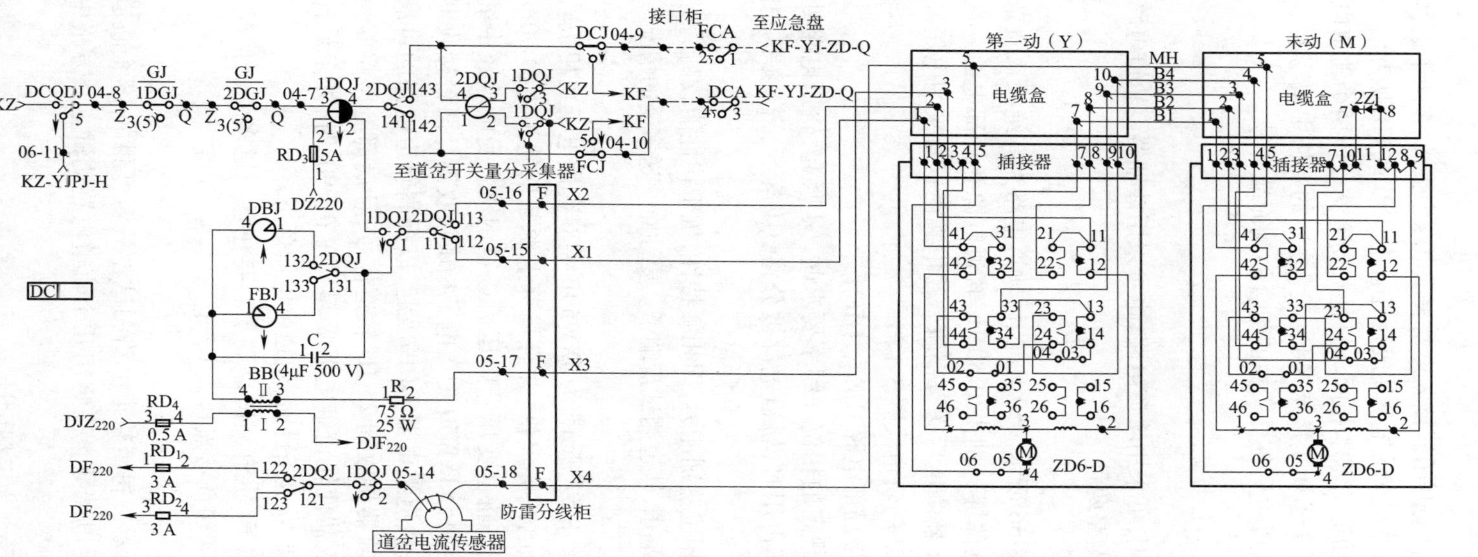

道岔	组合位置	分线柜端子				至 DGJ 接点/GJ 组合				至道岔传感器端子		至道岔开关量采集器端子	
		X1 05-15	X2 05-16	X3 05-17	X4 05-18	1DGJ-Z 14-8	1DGJ-Q ——	2DGJ-Z ——	2DGJ-Q 04-7	05-14	05-18	1DQJ-41	1DQJ-43
5/6	21-5	2F-705-1	2F-705-2	2F-705-3	2F-705-4	5-8DGJ-31	5-8DGJ-32	6-7DGJ-31	6-7DGJ-32	传感器 1-出	传感器 1-入	21-5-K-端子 4	21-5-K-端子 5
						14-203-5	14-203-6	14-203-15	14-203-16				
7/8	21-6	2F-706-1	2F-706-2	2F-706-3	2F-706-4	5-8DGJ-51	5-8DGJ-52	6-7DGJ-51	6-7DGJ-52	传感器 2-出	传感器 2-入	21-6-K-端子 4	21-6-K-端子 5
						14-205-9	14-205-10	14-205-11	14-205-12				
9/10	21-7	2F-707-1	2F-707-2	2F-707-3	2F-707-4	9-12DGJ-31	9-12DGJ-32	10-11DGJ-31	10-11DGJ-32	传感器 3-出	传感器 3-入	21-7-K-端子 4	21-7-K-端子 5
						14-204-5	14-204-6	14-204-15	14-204-16				

图 8-55 双动道岔四线制控制电路

双动道岔表示电路将两个转辙机的自动开闭器接入道岔表示电路中去,检查两个道岔都在定位或反位后,由第二动的整流二极管将交流电整流成直流电,使 DBJ 或 FBJ 吸起。

双动道岔控制电路的配线表与单动道岔基本相同。只是双动道岔处于两个轨道电路区段中,在所附配线表(见图 8-55)中"至 DGJ 接点/GJ 组合"栏中的上格中填写的是两轨道继电器名称及接点号,下格中填写的是各自所在的组合的侧面端子号。

四、轨道电路

车辆段检测轨道区段的占用和空闲,可采用轨道电路,也可采用计轴器。轨道电路有继电式和微电子式 50 Hz 相敏轨道电路两种。

1. 继电式 50 Hz 相敏轨道电路

继电式 50 Hz 相敏轨道电路如图 8-56 所示。50 Hz 相敏轨道电路为有绝缘双轨条轨道电路,牵引回流为单轨条流通。电源屏分别供出 50 Hz 轨道电源和局部电源。送电端轨道电源 GJZ_{220}、GJF_{220}经轨道变压器降压后送至钢轨。受电端由钢轨来的电压经中继变压器升压后送至轨道继电器 RGJ 的轨道线圈 3-4。

轨道继电器 RGJ 的局部线圈 2-1 接局部电源 GJZ_{220}、GJF_{220}。

当轨道线圈和局部线圈电源满足规定的相位和频率要求时,GJ 吸起,轨道电路处于调整状态,表示轨道电路空闲。列车占用时,轨道电源被分路,GJ 落下。若频率、相位不符合要求时,GJ 也落下。

由于 50 Hz 相敏轨道电路就具有相位鉴别能力,即相敏特性,抗干扰性能较高。

在所附配线表中,填写的是分线柜端子、轨道测试盘端子。要注意一送多受的情况。

2. 微电子式 50 Hz 相敏轨道电路

微电子式 50 Hz 相敏轨道电路如图 8-57 所示,为 JXW50B 型双套微电子式相敏轨道电路。局部电源和轨道电源分别由电源屏提供,并且局部电源超前轨道电源 90°。送电端轨道电源 GJZ_{220}、GJF_{220}经节能器、轨道变压器降压后送至钢轨。受电端经中继变压器升压后送至调相防雷器,再送至两台 JXW50 型微电子相敏接收器。两台接收器双机并用,只要有一台接收器有输出,轨道继电器 GJ 即吸起,以提高轨道电路的可靠性。当 25 Hz 微电子相敏轨道电路接收器接收到 25 Hz 轨道信号,且局部电压超前轨道电压一定范围的角度时,微电子接收器使轨道继电器吸起。在 $\theta=90°$时,处于最佳接收状态。当收到的信号不能完全满足以上条件时,轨道继电器落下。

在所附配表中,填写的是分线柜端子、轨道测试盘端子。要注意一送多受的情况,通过组合侧面端子间配线把 1GJ 的第 4 组前接点接入 GJ 电路。

3. 轨道电路测试盘

轨道电路测试盘盘面如图 8-58 所示。每个轨道电路测试盘最多可测试 48 个轨道电路受电端,根据车辆段的轨道电路受电端数量决定用几个轨道电路测试盘。方格中填写的是轨道电路受电端名称。

轨道电路测试盘电路如图 8-59 所示,为定型设计。

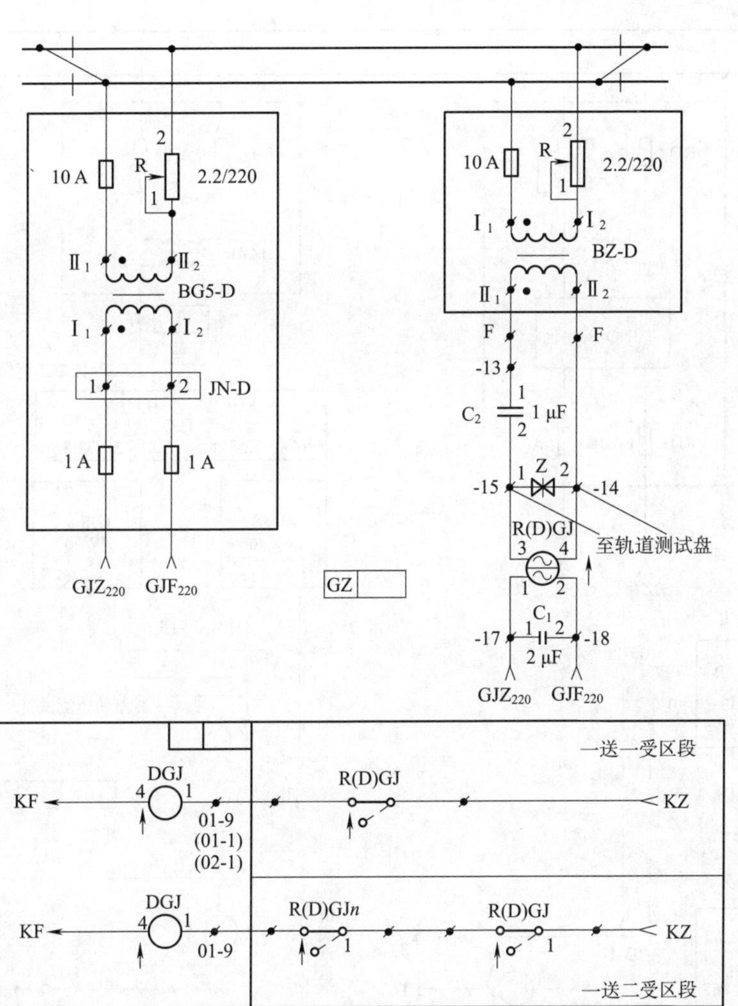

轨道区段	组合位置		分线柜端子（万可端子）		轨道测试盘端子		轨道柜侧面端子				组合侧面端子
	R(D)GJ	DGJ	C_2-1	R(D)GJ-4	R(D)GJ-3	R(D)GJ-4	R(D)GJ-1	R(D)GJ-2	R(D)GJ-11	R(D)GJ-12	DGJ-1
1DG	G_1-3(1)	102-4	01-13	01-14	01-15	01-14	01-17	01-18	01-2 KZ	01-1	01-9
			F_1-21-7-D	F_1-21-8-D	G_6-401-15	G_6-401-16	$1GJZ_{220}$	$1GJF_{220}$			
2DG	G_1-3(2)	106-10	02-13	02-14	02-15	02-14	02-17	02-18	02-2 KZ	02-1	01-1
			F_1-21-9-D	F_1-21-10-D	G_6-402-1	G_6-402-2	$1GJZ_{220}$	$1GJF_{220}$			

图 8-56　继电式 50 Hz 相敏轨道电路

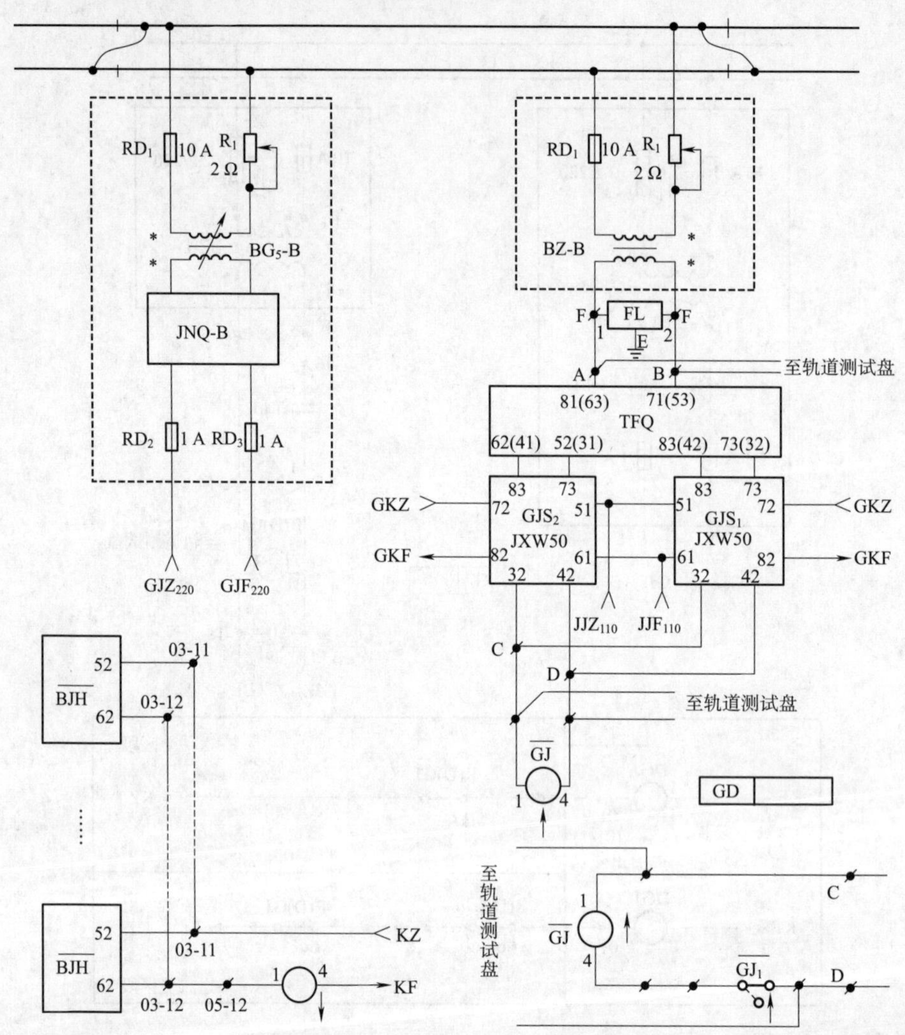

轨道区段		组合位置	组合侧面端子 轨道测试盘端子				组合侧面端子 分线柜端子		组合侧面端子间配线		
			A	B	GJ-1	GJ-4 或 GJ_1-42	A	B	C GJ-1	D GJ-4 或 GJ_1-42	GJ-4 GJ_1-41
1	1-2DG	11-2	01-15	02-15	14-201-1	14-201-18	01-15	02-15	02-1	01-1	14-201-2
			11-501-1	11-501-3	11-501-1	11-501-2	1F-301-1	1F-301-2	14-201-1	14-201-18	14-201-17
2	1-2DG_1		01-16	02-16	14-201-11	14-201-12	01-16	02-16	02-2	01-2	
			11-501-8	11-501-7	11-501-5	11-501-6	1F-301-3	1F-301-4	14-201-11	14-201-12	
3	3-4DG		01-17	02-17	14-202-1	14-202-10	01-17	02-17	02-3	01-3	14-202-2
			11-501-12	11-501-11	11-501-9	11-501-10	1F-301-5	1F-301-6	14-202-1	14-202-18	14-202-17
4	3-4DG_1		01-18	02-18	14-202-11	14-202-12	01-18	02-18	02-4	01-4	
			11-501-16	11-501-15	11-501-13	11-501-14	11-302-1	11-302-2	14-202-11	14-202-12	

图 8-57　微电子式 50 Hz 相敏轨道电路

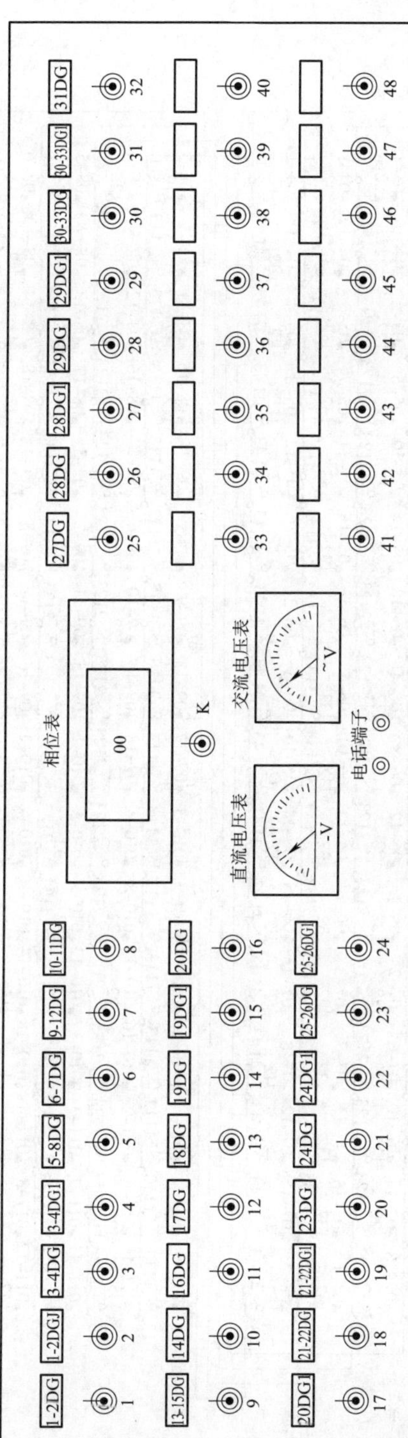

图 8-58　轨道电路测试盘面图

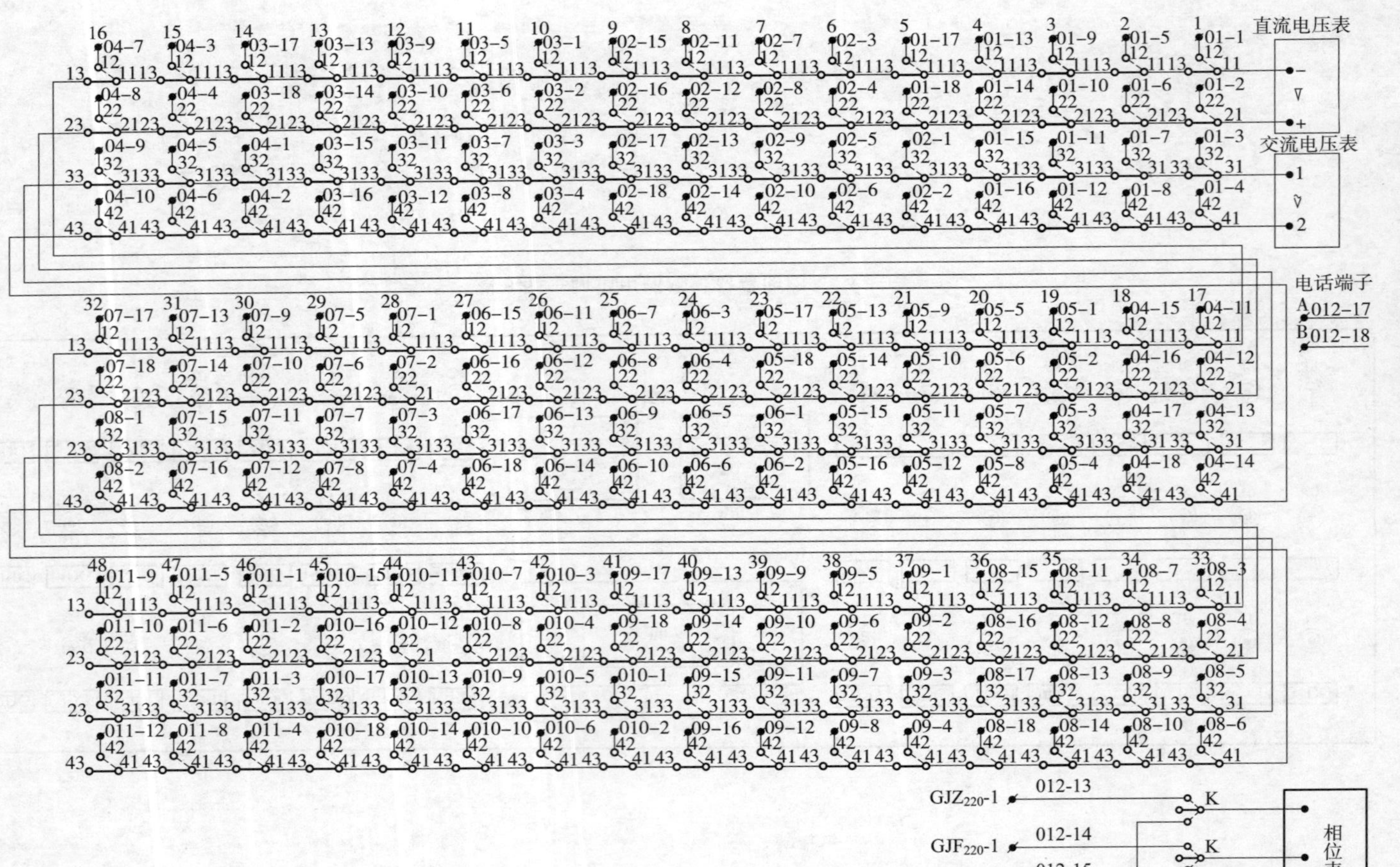

图 8-59 轨道电路测试盘电路

若采用计轴，车辆段的计轴设备控制、复位电路同正线联锁区的计轴设备控制、复位电路，详见本章第一节。

五、轨道停电报警电路

轨道停电报警电路如图 8-60 所示，由电源屏的继电器控制两个轨道停电报警继电器 GDJ，为定型电路。

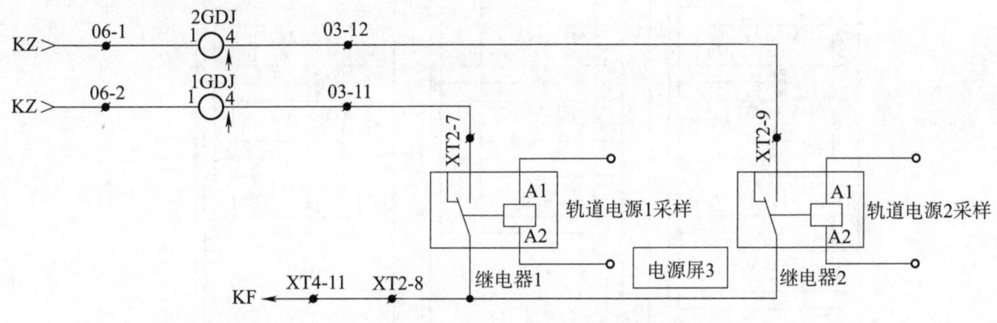

图 8-60　轨道停电报警电路图

六、灯丝报警电路

灯丝报警仪有 9 块采集板，每块采集板可对 8 架调车信号机或 4 架列车信号机进行采集，每块采集板驱动 1 个报警继电器 BJ，BJ 定位吸起，有灯丝断丝时 BJ 落下。将全站所有的 BJ 的前检点串联起来构成灯丝报警继电器 DSBJ 电路，如图 8-61 所示。图中填写的是各 BJ 所在的组合位置以及采集板号。

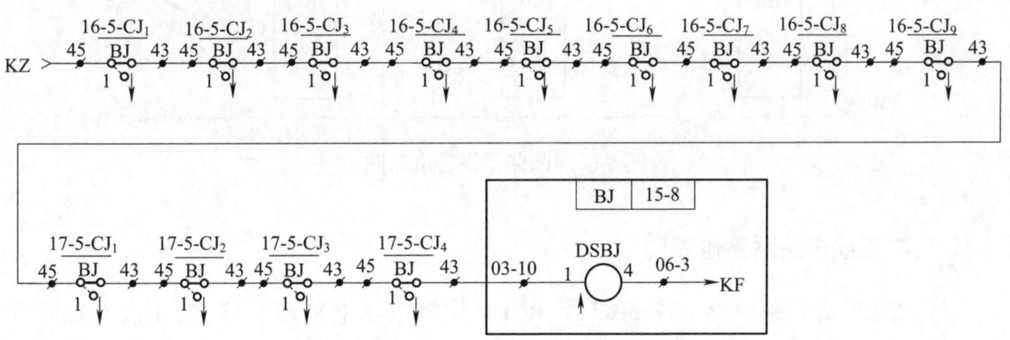

图 8-61　灯丝报警继电器 DSBJ 电路

七、断路器报警电路

断路器报警电路如图 8-62 所示，为定型电路。各断路器的端子 5 并联后接组合排架报警器 BJQ 的相应排架灯(即 BJQ-1 ~ 6 端子),各断路器的端子 7 并联后接组合柜零层 RDF 端子。

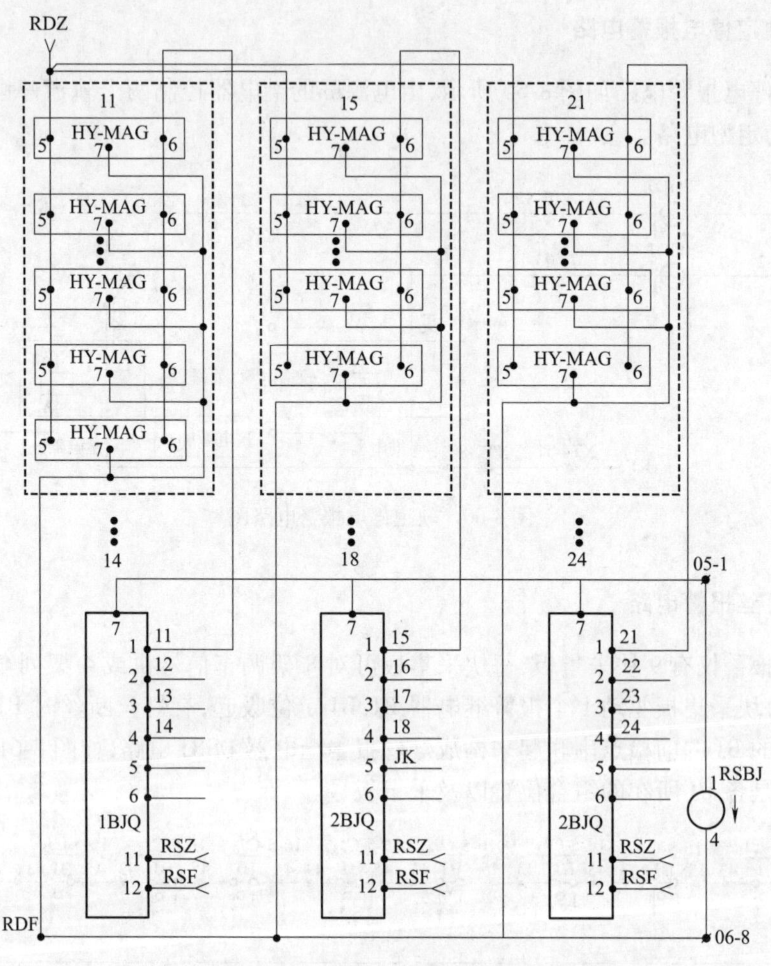

图 8-62 断路器报警电路图

八、与正线车站联系电路图

与正线车站联系电路如图 8-63 所示。采用继电器电路进行联系,正线车站设车辆段进段信号机 LXJ 的复示继电器。图中填写的是 ZL 组合位置、防雷分线柜端子号。

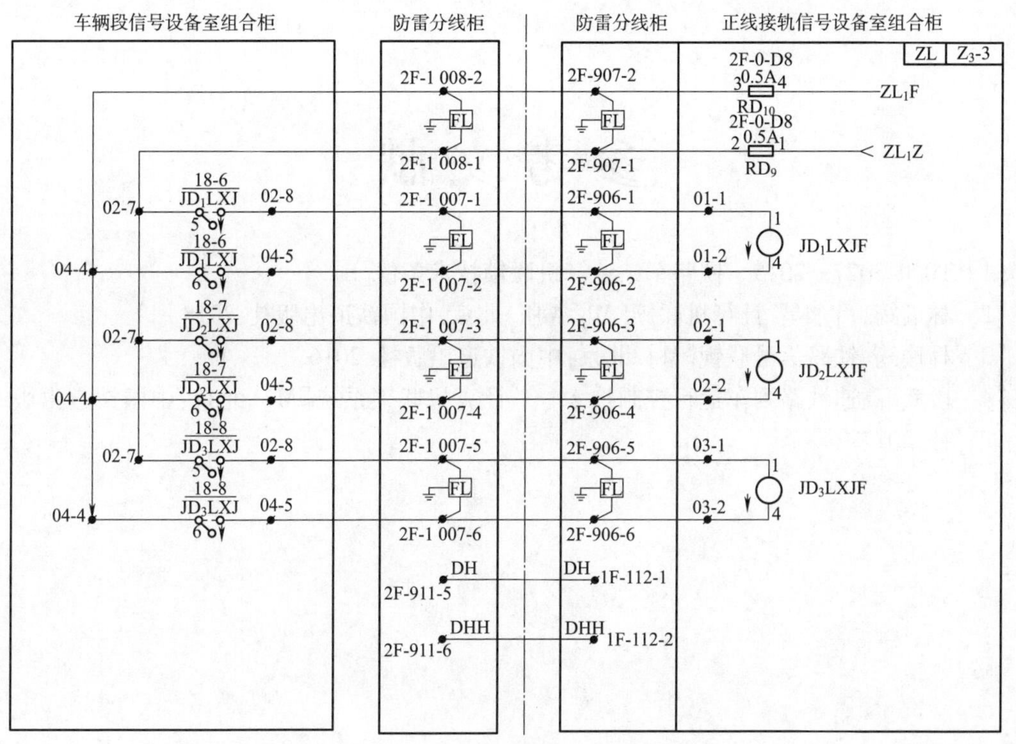

图 8-63　与正线车站联系电路图

参考文献

[1] TB/T 3027—2015　铁路车站计算机联锁技术条件[S].

[2] 林瑜筠,吕永昌.计算机联锁[M].4版.北京:中国铁道出版社,2018.

[3] 林瑜筠.铁路信号联锁[M].北京:中国铁道出版社,2016.

[4] 段武.高速铁路列车运行控制技术——计算机联锁系统[M].北京:中国铁道出版社,2017.

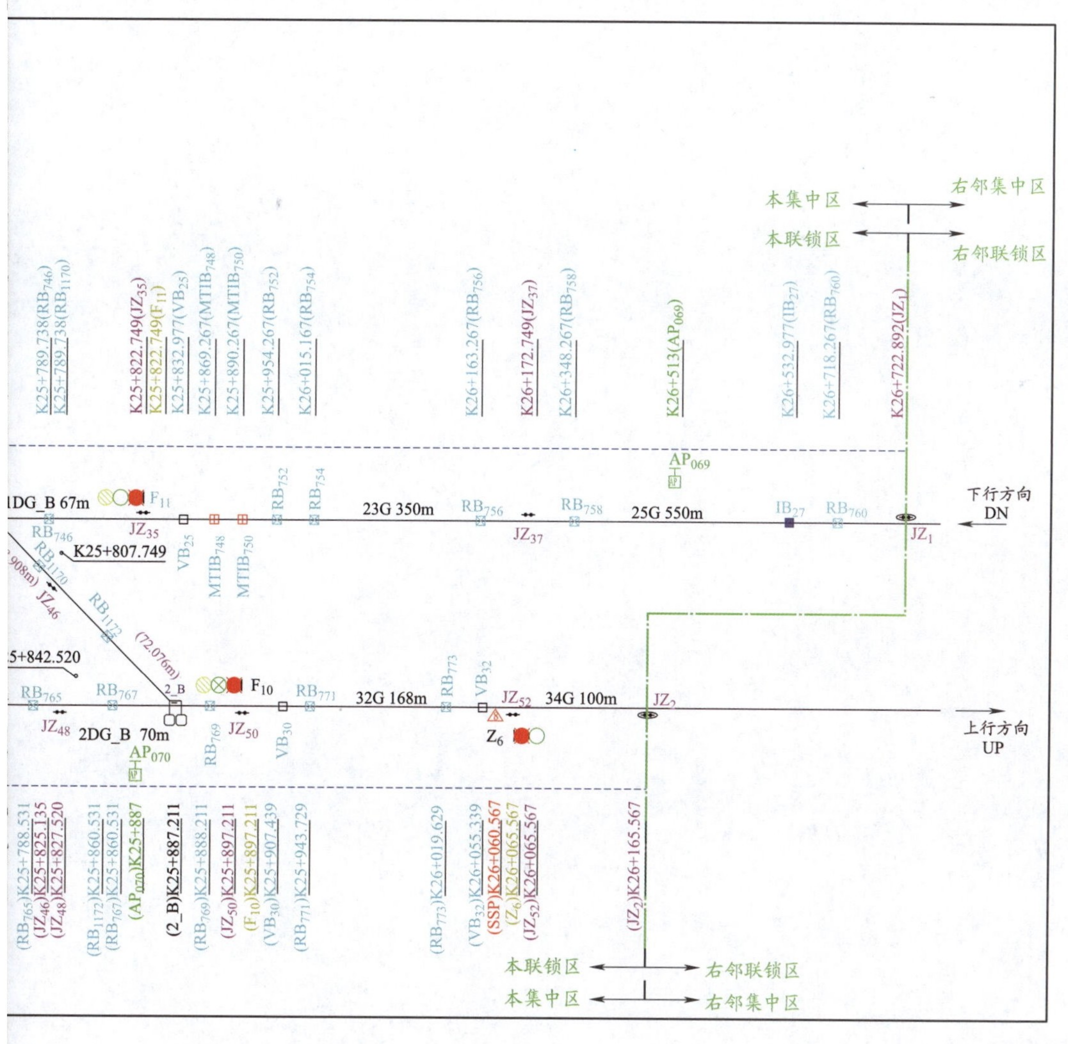

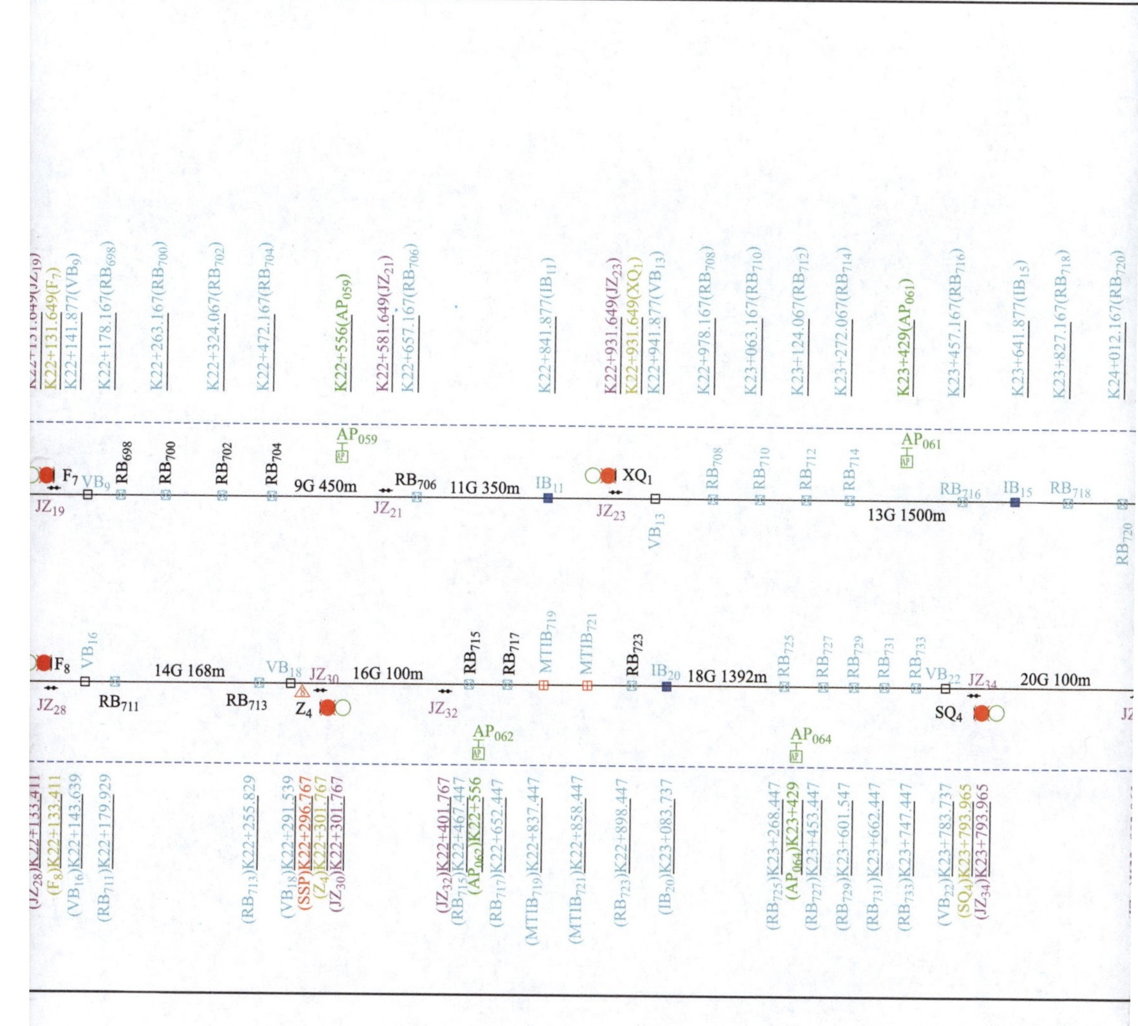

附图1 正线联锁区信号设备平面布置示意图

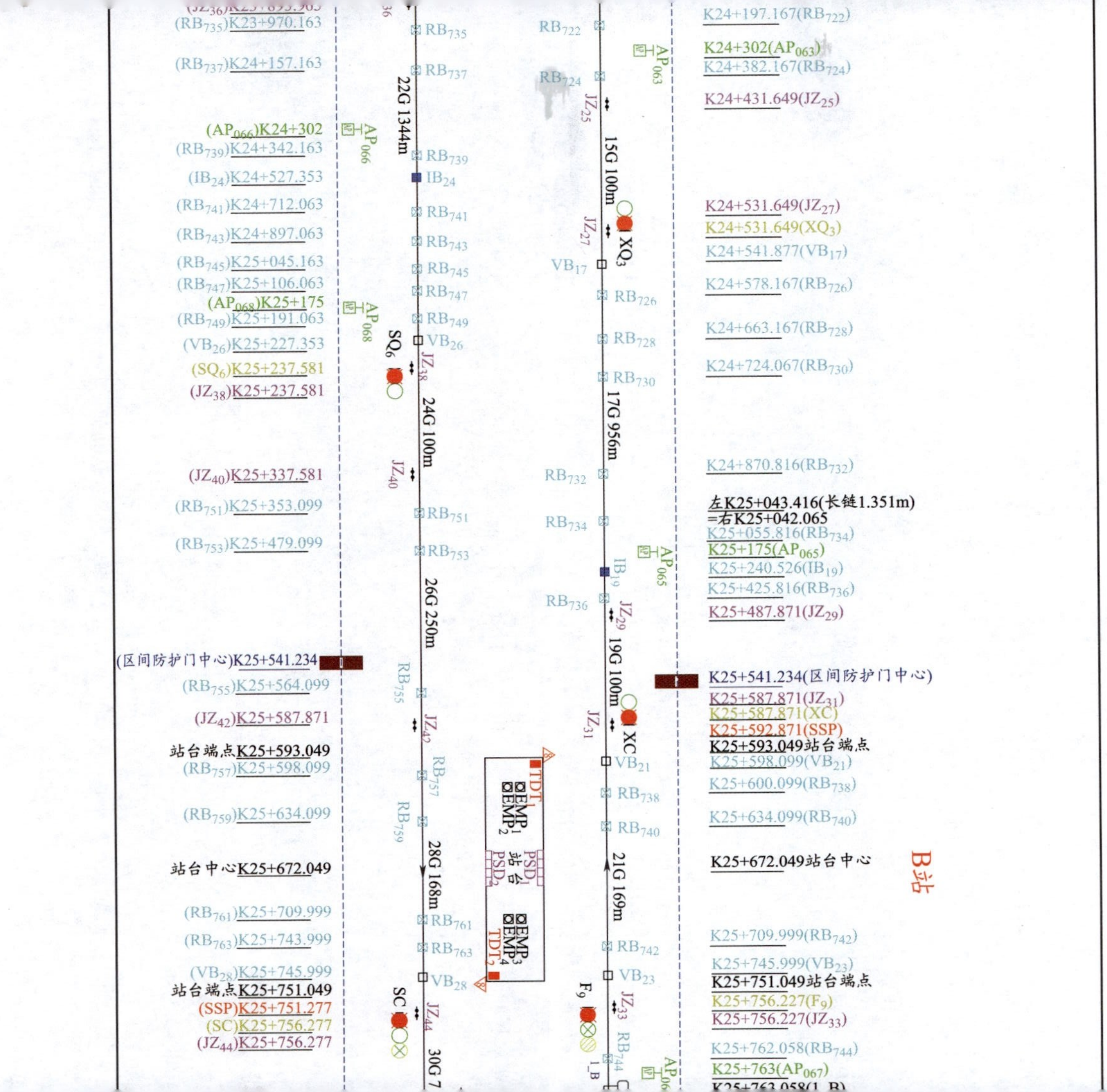

B站
K24+197.167(RB_{722})
K24+302(AP_{063})
K24+382.167(RB_{724})
K24+431.649(JZ_{25})
K24+531.649(JZ_{27})
K24+531.649(XQ_3)
K24+541.877(VB_{17})
K24+578.167(RB_{726})
K24+663.167(RB_{728})
K24+724.067(RB_{730})
K24+870.816(RB_{732})
左K25+043.416(长链1.351m)
=右K25+042.065
K25+055.816(RB_{734})
K25+175(AP_{065})
K25+240.526(IB_{19})
K25+425.816(RB_{736})
K25+487.871(JZ_{29})
K25+541.234(区间防护门中心)
K25+587.871(JZ_{31})
K25+587.871(XC)
K25+592.871(SSP)
K25+593.049站台端点
K25+598.099(VB_{21})
K25+600.099(RB_{738})
K25+634.099(RB_{740})
K25+672.049站台中心
K25+709.999(RB_{742})
K25+745.999(VB_{23})
K25+751.049站台端点
K25+756.227(F_9)
K25+756.227(JZ_{33})
K25+762.058(RB_{744})
K25+763(AP_{067})
15G 100m
17G 956m
19G 100m
21G 169m
22G 1344m
24G 100m
26G 250m
28G 168m
XQ_3
XC
F_9
SQ_6
SC
TDT$_1$
TDT$_2$
EMP_1
EMP_2
EMP_3
EMP_4
PSD_1
站台
PSD_2
(RB_{735})K23+970.163
(RB_{737})K24+157.163
(AP_{066})K24+302
(RB_{739})K24+342.163
(IB_{24})K24+527.353
(RB_{741})K24+712.063
(RB_{743})K24+897.063
(RB_{745})K25+045.163
(RB_{747})K25+106.063
(AP_{068})K25+175
(RB_{749})K25+191.063
(VB_{26})K25+227.353
(SQ_6)K25+237.581
(JZ_{38})K25+237.581
(JZ_{40})K25+337.581
(RB_{751})K25+353.099
(RB_{753})K25+479.099
(区间防护门中心)K25+541.234
(RB_{755})K25+564.099
(JZ_{42})K25+587.871
站台端点K25+593.049
(RB_{757})K25+598.099
(RB_{759})K25+634.099
站台中心K25+672.049
(RB_{761})K25+709.999
(RB_{763})K25+743.999
(VB_{28})K25+745.999
站台端点K25+751.049
(SSP)K25+751.277
(SC)K25+756.277
(JZ_{44})K25+756.277

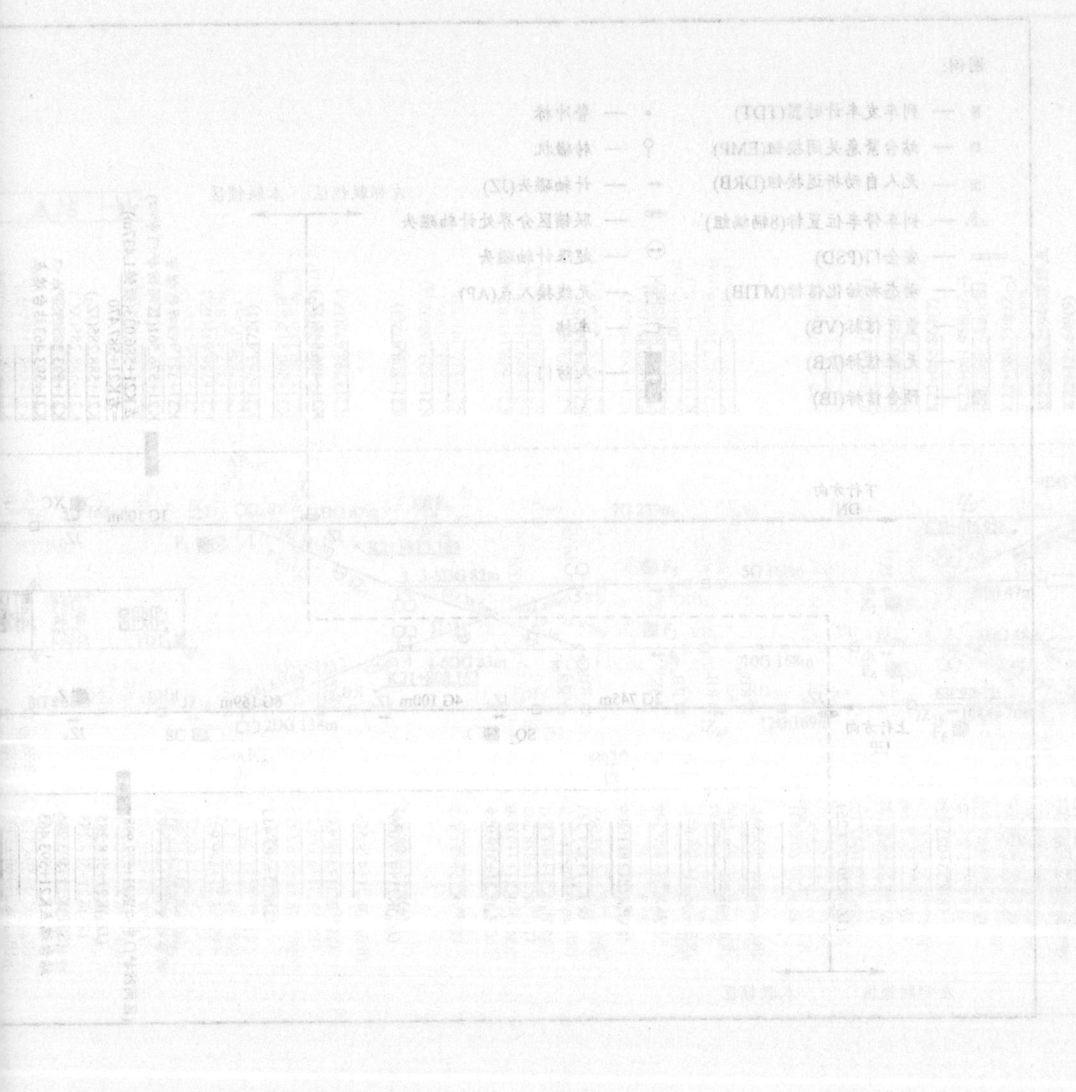